U0529551

本书得到河南省重点马克思主义学院（河南科技大学）建设专项经费支持

本书是教育部人文社会科学研究一般项目"人类命运共同体构建中的全球正义问题研究"（21YJA720004）成果之一

先秦儒学正义思想研究

路振召 著

中国社会科学出版社

图书在版编目（CIP）数据

先秦儒学正义思想研究／路振召著． —北京：中国社会科学出版社，2022.8
ISBN 978 - 7 - 5227 - 0521 - 7

Ⅰ.①先… Ⅱ.①路… Ⅲ.①儒学—正义—思想评论—中国—先秦时代 Ⅳ.①B222.05

中国版本图书馆 CIP 数据核字（2022）第 129002 号

出 版 人	赵剑英
策划编辑	孙　萍
责任编辑	刘凯琳
责任校对	冯英爽
责任印制	王　超

出　　版	中国社会科学出版社
社　　址	北京鼓楼西大街甲 158 号
邮　　编	100720
网　　址	http://www.csspw.cn
发 行 部	010 - 84083685
门 市 部	010 - 84029450
经　　销	新华书店及其他书店
印　　刷	北京君升印刷有限公司
装　　订	廊坊市广阳区广增装订厂
版　　次	2022 年 8 月第 1 版
印　　次	2022 年 8 月第 1 次印刷
开　　本	710×1000　1/16
印　　张	26.25
插　　页	2
字　　数	418 千字
定　　价	139.00 元

凡购买中国社会科学出版社图书，如有质量问题请与本社营销中心联系调换
电话：010 - 84083683
版权所有　侵权必究

谨以此书
献给陈来先生

序

正义论是 20 世纪 70 年代以来西方思想研究的中心，晚近中国思想研究中有关正义思想的研究也已引起注意，但尚在起步。路振召的专著《先秦儒学正义思想研究》在其博士论文《先秦儒学中的正义思想》基础上本于先秦儒学的文献，结合西方正义理论及国内对中国古代正义思想研究的已有成果，对先秦儒学的正义思想进行了深度挖掘和体系性的建构。

该书在广泛阅读西方正义理论的基础上，按政治正义、伦理正义、道德正义、精神正义分别展开，详细论述，最后总结了先秦儒学中正义思想的特点，指出了对中国古代政治文化的影响，以及对当代社会文化建设的意义。

全文共分六个部分：第一章理论部分在深入讨论正义与社会正义即"义"与"礼"之间辩证关系的基础上提出了对正义的探讨。第二章政论即政治正义部分讨论政治合法性论证、分配正义与程序正义等与政治相关的诸问题。第三章礼论即伦理正义部分讨论宗法制度、公私领域以及文化形式等问题。第四章讨论道德正义，从家庭、社群、原则三个层面对共同体生活进行道德反思。第五章精神正义主要描述精神从自发到自觉，最后达到自由境界的历程。第六章结论概括提炼先秦儒学中正义思想的特点，即礼义等差的分配原则、德能等宜的资格理论等和先秦正义思想对古代政治文化的影响，即伦理实体的形成、王道理想的确立、圣人人格的贞定。这些论述和观点是富有启发性的。

该书文字成熟洗练，思考深入，结构合理，体系完整，是一部研究先秦儒学正义思想的力作。

陈　来
2022 年 5 月

正义为天地立法,是天地之权衡;正义为群类代言,是宇宙之精神。正义至高无上纯而又纯,既不能趋利避害,更不能趋炎附势。循正义者不苟且,行正义者无畏惧。

　　愿正义之光洒遍世界每一个角落,照进每一个人心灵深处,照亮人类前行的路。

——题记

目 录

绪 论 ……………………………………………………………（1）
　一　历史与思想 ………………………………………………（1）
　二　思想与方法 ………………………………………………（19）
　三　精神与实在 ………………………………………………（26）

第一章　正义理论概述 …………………………………………（43）
　一　何为正义？ ………………………………………………（43）
　二　正、义与正义 ……………………………………………（70）
　三　理论内容与结构安排 ……………………………………（95）

第二章　政论——政治正义 ……………………………………（103）
　一　合法论：民之所欲，天必从之 …………………………（105）
　二　资格论：义者，宜也，尊贤为大 ………………………（130）
　三　程序论：仁以爱之，义以正之，则民治行矣 …………（148）
　四　革命论：夺然后义，杀然后仁，上下易位然后贞 ……（172）
　五　王霸论：以德行仁者王，以力假仁者霸 ………………（183）
　六　天下论：四海之内若一家 ………………………………（189）

第三章　礼论——伦理正义 ……………………………………（201）
　一　宗法论：盖治天下必始于人道，而人道不外于亲亲 …（210）
　二　分配论：万物皆得其宜，群生皆得其命 ………………（225）
　三　情法论：故礼，上事天，下事地，尊先祖而隆君师 …（236）
　四　文化论：礼义之始，在于正容体，齐颜色，顺辞令 …（245）

第四章　德论——道德正义 ……………………………………（253）
　　一　家庭论：君子之所谓孝者，先意承志，谕父母以道 ………（258）
　　二　社群论：言忠信，行笃敬，虽蛮貊之邦行矣 ……………（276）
　　三　原则论：君子贞而不谅 ……………………………………（304）

第五章　道论——精神正义 ……………………………………（316）
　　一　良心论：非礼之礼，非义之义，大人弗为 ………………（317）
　　二　工夫论：是集义所生者，非义袭而取之也 ………………（328）
　　三　境界论：利不可强，思义为愈 ……………………………（335）

第六章　结论 ……………………………………………………（376）
　　一　先秦儒学正义思想的特点 …………………………………（377）
　　二　先秦儒学正义思想对中国古代社会政治文化的影响 ……（385）
　　三　先秦儒学正义思想对当下社会政治文化建设的意义 ……（392）

参考文献 …………………………………………………………（397）

绪 论

一 历史与思想

黑格尔说:"思想的活动,最初表现为历史的事实,过去的东西,好像是在我们的现实之外。但事实上,我们之所以是我们,乃是由于我们的历史。"①

首先,就思维与存在的关系而论,存在逻辑地先在于思维。"所过者化,所存者神。"(《孟子·尽心上》)历史尽管已经远逝,但总结经验汲取教训,对已逝历史事实进行复述追思与取精用宏既是构成我们思想内容的材料基础,又是指导我们思想活动的逻辑前提。质言之,历史是思想的坚实支撑。如果没有历史,就不会有现实的思想活动。反过来说,我们的思想也不能完全脱离历史而凭空驰翔。退一步说,即使有这样的思想也不可能是现实的可以转化为当下直接行动的思想,而只能是脱离实际缺乏现实实践性的玄思和冥想。

其次,作为社会文化形态存在者的人是一种历史性的存在,他的生命活动形式和社会参与过程本身既是将来历史的现实组成部分,也要受以往历史过程和社会沉积的塑造与影响。历史不但是构成现实生活着的人的一种先在的、不可或缺的精神之维或内在规定,也同时会现实地影响着人的思维形式和思想内容,甚至会对现实的社会实践形成一种先行

---

① [德]黑格尔:《哲学史讲演录》第1卷,贺麟、王太庆译,商务印书馆1959年版,第7页。

或潜在的限定、制导与约束。人与历史的关系尚且如此，更遑论思想？人作为一种历史性的存在与文化性的绵延，其思想与活动互相影响互相塑造。而且，正是其思想与活动交互作用的过程和结果的现实集合而成为历史。所以，思想与历史究其实质乃是一而二、二而一的东西。或者，干脆可以直接说"思想就是历史，历史就是思想"。但历史与思想也不是毫无二致完全等同，至少从社会发生学的角度来说历史与思想不可能平行发展、齐头并进，而只能其中一方或先或后，另一方则寻踪蹑迹亦步亦趋或蓦然回首秋水望穿。实际上，正是历史和思想之间的差别与间隙使人类社会的发展既呈现出客观性与主观性、个体性与社会性、规律性与阶段性、必然性与偶然性的交错扭合，也构成了传统与现代的复杂面貌以及它们之间的必要张力。

（一）传统现代之张力

雅斯贝尔斯指出，在公元前500年左右的时期内，在世界范围内集中出现了人类精神生产和文化创造突飞猛进异常活跃的壮丽景观："在中国，孔子和老子非常活跃，中国所有的哲学流派，包括墨子、庄子、列子和诸子百家都出现了。和中国一样，印度出现了《奥义书》和佛陀，探究了从怀疑主义、唯物主义到诡辩派、虚无主义的全部范围的哲学可能性。伊朗的琐罗亚斯德传授一种挑战性的观点，认为人世生活就是一场善与恶的斗争。在巴勒斯坦，从以利亚经由以赛亚和耶利米到以赛亚第二，先知们纷纷涌现。希腊贤哲如云，其中有荷马、哲学家巴门尼德、赫拉克利特和柏拉图、许多悲剧作者，以及修昔底德和阿基米德。在这数世纪内，这些名字所包含的一切，几乎同时在中国，印度和西方这三个互不知晓的地区发展起来。"① 从而，使得这一时期成了世界历史的"轴心"，自此之后，人类有了进行历史自我理解的普遍框架。② 也有了不断推进自身发展的精神动力之源——"人类一直靠轴心时代所产生的思考和所创造的一切而生存，每一次新的飞跃都回顾这一时期，并被

---

① ［德］雅斯贝尔斯：《历史的起源与目标》，华夏出版社1989年版，第8页。转引自陈来《古代宗教与伦理——儒家思想的根源》，北京大学出版社2017年版，第2页。
② 参见陈来《古代宗教与伦理——儒家思想的根源》，生活·读书·新知三联书店1996年版，第2页。

它重燃火焰，自那以后，情况就是这样，轴心时期的苏醒和对轴心时期潜力的回归，或者说复兴，总是提供了精神动力。"①

雅斯贝尔斯所论揭示了世界范围内人类文化发展与思想历史进程的一般规律，具有人类一般普遍性。相似地，如果做一特殊化的理解或进一步的推论，实际上古往今来世界范围内不同的国家和民族也有其历史和文化发展的"轴心"时代。在特定的历史时期，文化发展，思想活跃，百家竞出，异彩纷呈，交相激荡，彼此融通而最终为本民族进行历史自我理解与文化自我认同提供思想基础和普遍框架的情况也俯拾皆是屡见不鲜。具体到中国，《庄子·天下》和《荀子·非十二子》等学术著作的主要目的固然是要在剖判文化和抨击异说中确立自身在学术争鸣中的主体性地位，但其中所述也大致反映了"中国轴心"时期文化发展与思想繁荣的实际情况。吕思勉先生说："吾国学术，大略可分为七期：先秦之世，诸子百家之学，一也。两汉之儒学，二也。魏晋以后之玄学，三也。南北朝隋唐之佛学，四也。宋明之理学，五也。清代之汉学，六也。现今所谓新学，七也。七者之中，两汉魏晋，不过承袭古人；佛学受诸印度；理学家虽辟佛，实于佛学入之甚深；清代汉学，考证之法甚精，而于主义无所创辟；（梁任公谓清代学术，为方法运动，非主义运动，其说是也。）最近新说，则又受诸欧美者也。历代学术，纯为我所自创者，实止先秦之学耳。"② 吕思勉先生以为自先秦以至于民国，中国学术发展可分为七期，而其中先秦学术最为重要。这是因为：两汉魏晋完全是承袭了先秦；南北朝隋唐之佛学来自印度；宋明理学虽辟佛却于不自觉间受到佛学很大的影响；清代汉学的创新在于考证方法，而非思想；最新理论学说的发端又肇始于欧风美雨的影响、涵化、孕育与洗礼。吕先生的概括可谓言简意赅，鞭辟入里。但有一点是吕思勉先生没有提及的，那就是，不惟是两汉魏晋，中国历代对于先秦学术都有所承袭亦有所创新。即使是晚近从欧美引入的新学术，其中固然有不少思想理论之类不同于中国传统学术的东西，但其目的并非简单地为引进而引进，而是要在对比讨论的基础上为理解传统学术提供新的理论审视视角和思想发展进

---

① ［德］雅斯贝尔斯：《历史的起源与目标》，华夏出版社1989年版，第14页。转引自陈来《古代宗教与伦理——儒家思想的根源》，北京大学出版社2017年版，第2—3页。
② 吕思勉：《先秦学术概论》，上海书店出版社1992年版，第1页。

路，其中更不乏中国学者直接套用西方的理论与方法来重新诠释先秦学术者。因此，一方面，我们完全可以说先秦学术是"中国轴心"时期所产生的学术思想之源头；另一方面，嗣后每一时代学术的发展都用不同方式在继承先秦学术的基础上，结合外来文明赋予了先秦学术以新的内涵和新的生命。借此，古老的中华文明一次又一次焕发出耀眼的光辉，中华民族的精神生活也由于一次又一次被注入新的内涵而得到了极大的拓展和提升。

人类历史的发展证明，这不仅仅是中国学术发展的特殊文化事实，也是世界各国各民族学术发展与思想演化的普遍历史规律。也正是在这个意义上，陈来先生说，"过去的传统把前代的创获传给我们，每一时代的文化成就都是人类精神对全部以往遗产的接受和转化，因此，传统是每一时代精神活动的前提"①。实际上，传统与现代，不过是人们为研究当下和历史之间路径走向与相互关系的方便而从时间角度对人类发展过程作出的相对性的，也是暂时性的区分与界定。尽管此二者在本质上是统一的，但对于人类发展具体时段的社会历史和思想文化乃至学术思潮的研究而言，这种区分不仅是必要的，而且是必需的。笼统地说，我们谈到具体的历史时期，不可避免地要包含物质与精神两个方面，物质方面是由历史人物或普通民众具体生产生活实践活动所形成的历史事件与历史事实，精神方面为该历史时段所产生和涌现的思想、学术与文化。于是，探寻传统与现代之间的关系就要从以下四个向度寻求答案：（1）传统的历史事实对现实的历史事实；（2）传统的思想、学术、文化对现实的学术、思想、文化；（3）现实的历史事实对传统的历史事实；（4）现实的思想、学术、文化对传统的思想、学术、文化。谈到传统与现代之间的张力无非是说二者之间的连绵承继、互相蕴含与互相影响。就以上所列举的四个方面来看，现代对传统的影响一般来说仅仅限于上层建筑、社会意识、思想文化等层面，比如现代学者对传统的再发现、再认识、再评价等，而不可能再回过头去影响传统中业已逝去的历史事件和历史事实。相应地，传统业已逝去的历史事件和历史事实也很难不经过漫长而曲折的历史过渡②来直接影响到现代的历史事实。传统对现代，主要

---

① 陈来：《孔夫子与现代世界》，北京大学出版社2011年版，第6页。
② 比如通过重温历史经验汲取历史教训等，但这种影响不是历史直接影响现实，而是经过精神抽象之后以历史思想和政治文化为逻辑中介的间接影响。

是作为历史层积、历史沉淀和历史记忆形式存在的传统的思想、学术与文化对现代的影响,不但表现在学术理论、社会意识的层面,而且有可能影响甚至直接介入当下的思想文化建设与社会政治实践,而这又要以正确认识和深刻理解传统为初步的理论准备和基本的逻辑前提。所以,陈来先生说,"研究一种思想的起源,首要是关注此种思想体系的诸元素在历史上什么时候开始提出,如何获得发展,这些元素如何经由文化的历史演进而演化,以及此种思想的气质与取向与文化传统的关联"[①]。实际上,也只有这样从传统与现代之间必要的张力作为理论切入点,才能从特殊的甚至看似偶然的、个别的事例中归结出一般的、普遍性的原理,从而充分认识和把握该种思想的深刻历史内涵和宝贵当代价值。对于中国而言,由于晚清以来中华文明在西方炮舰外交政策的野蛮打击以及随之而来的西学东渐与欧风美雨的强劲冲击之下踬踣屡经,对传统与现代之间关系的理论辨析就必然内在地要求涵盖中西思想的彼此激荡、相互渗透、相互融合与相互影响。

(二) 中西思想之差别

一方面,人类思想具有相似性和共通性,否则,就不可能进行文化交流与国际交往。另一方面,不同国家之间与不同民族之间的思想由于各种因素的影响与限制而又各自具有不同程度的差异性,否则,不同民族与国家的区分就失去了现实的文化标准、深刻的思想基础与内在的逻辑根据。就社会生活而言,"西方人讲权利,中国人则强调义务;西方人重平等,中国人习于等差;西方人按契约办事,中国人则服膺权威;西方人强调个人价值,中国传统则讲大公无私;西方人以公民立国,中国人则只知有群众而少公民意识;西方人尊崇法律,中国人则事事以道德为依归;等等。这些对立的命题在现实中不一定都像理论那样纯粹,但大体上可以用来说明中、西方文化的基本特点。这些特点不仅植根于它们各自的哲学中,同时也表现在普通人的日常生活态度和各种具体制度中"。同时,中西方"……的对立,不仅源于种种技术上的差异,而

[①] 陈来:《古代宗教与伦理——儒家思想的根源》,生活·读书·新知三联书店1996年版,第15页。

且有内在精神上的冲突。这就不是一个发达与不发达的简单进化关系，而是不同文化类型之间的相互冲突，彼此竞胜"①。梁治平以实际的社会生活为切入点对中西之间的差异之处作出了理论上的分析。乍一看来，这些不同似乎是显性的具体社会制度层面上的，但究其实质则是因为中西植根于不同的文化类型。

梁漱溟先生早就说过："我可以断言假使西方化不同我们接触，中国是完全闭关与外界不通风的，就是再走三百年、五百年、一千年也断不会有这些轮船、火车、飞行艇、科学方法和'德谟克拉西'精神产生出来。这句话就是说，中国人不是同西方人走一条路线。……若是同一条路线而少走些路，那么，慢慢的走终究有一天赶得上；若是各自走到别的路线上去，别一方向上去，那么，无论走好久，也不会走到那西方人所达到的地点上去的！"②梁漱溟先生之论主要是就生产生活方式和制度文明而言，而梁治平之论则主要是就现实的社会生活而言。他们都认为，中国文化和西方文化走在完全不同的两个方向上，如果没有两者的接触和交流，在完全封闭的条件下各自独立发展，那么谈论中国能否在"轮船、火车、飞行艇、科学方法"和"德谟克拉西"精神上赶上西方是个根本连讨论前提都不存在的伪命题。可以看得出来，梁漱溟在如何看待中西文化交流这一问题上的态度是积极的；同时，他对西方的物质文明和制度文明的认可也隐含着对中国传统文化的某种反思和批判，而梁治平的态度相较而言则更为客观和中立。

思想巨擘启超梁任公对中西文化之利弊得失有诸多发人深省的独到见解，然而究其一生，梁任公的文化主张亦有不同之变化。与《新大陆游记》相比，《欧游心影录》更表明了对中西文化深入反思之后思想成熟时期的梁启超对待中西文化客观的理性态度。梁启超认为，中西文化不同之根本原因在于思维方式之不同："从前西洋文明总不免将理想与实际分为两极，唯心唯物，各走极端，宗教家偏重来生，唯心派哲学家高谭玄妙，离人生问题都是很远……所以最近提倡的实用哲学创化哲学，都是要把理想纳到实际里头，图个人物调和。我想我们先秦学术，正是

---

① 梁治平：《新波斯人信札》，中国法制出版社2000年版，第11—12页。
② 梁漱溟：《东西文化及其哲学》，商务印书馆1999年版，第72页。

从这条路上发展出来的,孔、老、墨三位大圣,虽然学派各殊,求理想与实用一致,却是他们共同的归着点。如孔子的'尽性赞化','自强不息',老子的'各归其根',墨子的'上同于天',都是看出有个'大的自我'、'灵的自我'和这'小的自我'、'肉的自我'同体,想要因小通大,推肉合灵。我们若是跟着三圣所走的路,求现代的理想与实用一致,我想不知有多少境界可以辟得出来哩!"①

在梁任公看来,西洋文明之实用哲学创化哲学所觉醒的只不过是我们先秦学术之源头活水和不自觉的基础与前提。由此观之,梁任公对中国传统学术之赞许与推崇溢于言表。这里所说的,"把理想纳到实际里头","求理想与实用一致"其实也就是冯友兰先生所一直强调的"极高明而道中庸"。梁氏所论不仅针砭西洋文明之时弊,即使对于当下某些中国文化的研究者而言,亦可谓一针见血,切中肯綮!梁氏议论的中心在于三圣"有个'大的自我'、'灵的自我'和这'小的自我'、'肉的自我'同体,想要因小通大,推肉合灵"。诚然,人只是自然中极为渺小的一部分——作为自然而然的物质存在,只不过是物理学存在形态之"肉的自我";虽有"血气心知",亦不过是生物学存在形态之"小的自我";与社会相比,人本就极为无能为力,与浩瀚无垠的宇宙相比,个人更是近似于零,乃至于虚无。但作为"万物之灵"的人,尤其是那些"士希贤,贤希圣,圣希天"之君子"意识到人类自身的有限性,在对超越存在的探询中体验绝对"②,又总要想穷究天地宇宙之奥窔,以追求理想圆满之人生,实现由"肉的自我"、"小的自我"向"灵的自我"、"大的自我"的突破、跃迁与升华。概而言之,西方主要通过理性之探索与逻辑之把握,中国主要诉诸精神之通透与生命之体悟——"尽其心者,知其性也。知其性,则知天矣"(《孟子·尽心上》)。其目的就是要由"天道性命相贯通"到"尽性赞化",甚至要"人道合一""上同于天"。质言之,"尽心、知性、知命、知天"是中国文化的主旨与生命。

正如陈来先生所言,现代意义上的中国哲学阐释活动,"几乎就是一

---

① 梁启超:《欧游心影录》,《梁启超选集》,上海人民出版社1984年版,第732页。
② 陈来:《古代宗教与伦理——儒家思想的根源》,生活·读书·新知三联书店1996年版,第3页。

种翻译、一种向着西方哲学语言的翻译"①。这种语言翻译式的哲学阐释活动虽于中国哲学之普遍化功不可没,然于中国哲学特殊精神价值之失落亦难辞其咎。有鉴于此,本书试图以最大的努力进入古圣先贤的精神生活之中,与之同呼吸、共命运,以求在最大程度上穿透他们生命的内在。这是因为,一方面,哲学家在通过理论形式对现实世界进行一般描述和抽象提炼时是以其特殊的生命体悟为内在动因和基本路向的;另一方面,"书不尽言,言不尽意"(《周易·系辞上》),准确无误地理解思想和客观公正地表达观点都存在相当大的困难。对此,黑格尔也说:"对那具有坚实内容的东西最容易的工作是进行判断,比较困难的是对它进行理解,而最困难的,是结合两者,作出对它的陈述。"② 对于任何事物信口开河随意臧否是最低级、最简单、最容易不过的事情,而理解事物需要基本的理论功底和知识储备,相对而言就困难多了。但通过对事物进行实事求是科学严谨的理论分析,得出客观公正的价值判断则是最困难的事情。

中西文化相互激荡已逾百年,中西学术互为参照,互相为用也早已成为学术与文化发展史上的既成事实。在这种特殊的历史语境之中,以兼容并包、中西汇通的文化态度,根据最新理论之发展,对中国传统文化资源进行科学的甄别、深刻的理解、准确的判断、实事求是陈述乃至全新的诠释虽至为重要却并非易事。

(三) 古今中外之贯通

正义是现代西方政治哲学讨论的重要范畴。尽管在不同的时代有着不同的意义和内涵,但其根源却依然可以追溯到古希腊罗马时代。中西文化传统存在有目共睹的巨大差异,这种讨论是否适合于中国的历史事实,正如黄克剑所说似乎确实是一个问题。③ 但这只是问题的一个方面。

---

① 陈来:《中国近世思想史研究》,商务印书馆2003年版,第23页。
② [德] 黑格尔:《精神现象学·序言》(上卷),贺麟、王玖兴译,商务印书馆1979年版,第3页。
③ 参见黄克剑《"正"、"义"与"正义"——中西人文价值趣求之一辨》,《福建论坛》(人文社会科学版) 2002年第2期。黄克剑并没有否认中国古代存在正义思想,只是揭示了中西正义思想在表达方式和精神内涵上的差异,并最终肯定了这两种思想相互为用、彼此补充的文化价值。

另一方面，按照黄玉顺的说法，"不同民族语言系统的语义之间，既存在非等同性，也存在可对应性。假如没有非等同性，就不再是不同的民族语言，也就不存在比较之必要；然而假如没有可对应性，则不能通过互相翻译而相互理解，不同民族之间也就不可能交往沟通。但事实上不同民族国家之间一向就颇为有效地交往着，这表明可对应性是确实存在的事实"①。从表面上看来，黄玉顺的说法只是说明了中西思想之间存在相互诠释的可能性，这种论证确乎并不能解决中国是否有正义思想的存在性问题。但抛开简单化的理解，这种相互诠释的可能性实际上指向这样一个事实，那就是：不同的语言形式可能指向相同或相近的社会存在或历史事实。一言以蔽之，不同历史传统的民族与国家有可能存在相同或至少是相似的社会存在或历史事实，而社会存在与历史事实是推动语言演变、文化发展和思想演进的内在动因。由此，推而言之，不同历史传统的民族与国家也有可能存在相同或至少是相似的文化思想。这种文字游戏式的分析固然有可能揭示部分真理，但毕竟只是停留在语言层面上。那么，中国，尤其在古代中国到底是否有正义思想呢？难道，正义思想只是西方所独享的文化专利吗？

一个毋庸置疑的事实，共同体是人类社会生活的现实形式，而共同体的存续是以承认并保证利益多元为基本前提的，这理所当然的就涉及了社会正义中的核心即分配正义问题。这样说似乎表明正义仅仅关涉利益，事实上，正义问题虽然由利益分配问题所引发，它所观照的内容却不是利益关系所能涵括的，而是要远远超于利益关系之上。就西方正义理论的发展脉络而言，自由主义与社群主义的论辩实际上是唯理论与经验论之争的继续。这种理解当然是基于方法论意义上的，而不是基于本体论意义上的。自由主义与社群主义之间由于缺乏沟通而造成了彼此误读，这种理论上的偏执使自由主义与社群主义在自说自话的同时也各自在内部隐含着深刻的逻辑矛盾：罗尔斯认为正义事关权利、义务和责任的分配，不论是正义概念还是正义观念都是要处理竞争要求之间的恰当平衡，只是社会理想中的一个领域、一个部分；而社会理想只有联系于

---

① 黄玉顺：《中国正义论纲要》，《四川大学学报》（哲学社会科学版）2009年第5期。

社会合作目标才能得以理解,① 社会合作无疑又是共同体主义的理论主干。质言之,自由主义的论证从根本上说也并不能脱离共同体的价值背景。自由主义的论证事先埋下了理想国家共同体的逻辑预设,然而其指向的却是世俗的经验生活,这一点从罗尔斯《正义论》理论→制度→目的宏观的篇目安排也可以看得非常清楚。社群主义的逻辑推理虽是以现实的社会生活为理论原点开始的,其至善的理论诉求却指向了终极的价值理想。套用荀子的说法,自由主义与社群主义也都是"蔽于一曲,而闇于大理"(《荀子·解蔽》)。

究其原因,西方正义理论是围绕正义概念这一理论核心渐次展开的。其首要目的是在逻辑自洽的基础上形成理论体系,面对社会事实解决社会问题则是其次的事情,这种思维模式虽富于理论抽象和逻辑建构功能却极其容易导致事实与价值的分裂。其结果,不是像社群主义那样陷入历史的抽象,就是像自由主义那样陷入抽象的历史。社会是现实活动着的有着各自独特审美偏好和价值理想的个体抟聚而成的人群的集合,"分歧"可以是我们与他人之间关系的一个重要的构成特点,② 社群主义过于强调集体价值,无视甚至抹杀不同个体之间的意见分歧。社群主义基于共同的伦理原则、价值理想和道德要求压制甚至吞噬个体自由而对历史作了抽象化的理解,往往把历史的发展抽象为个人的标准和意志。同样,由于抽离掉了社会中不同个体的具体冲突而对人作了过度理想化的处理并以之为自由主义理论大厦的前提预设,故而自由主义所理解的历史也只能是抽象的历史。③ 中国则不然,中国传统对正义思想的阐发则是为了表达思想、陈述事实或者直接切中时弊,解决问题。也就是说,中国正义理论是以事实问题为中心的,这种思维模式虽缺乏系统性、体系性的理论建构却能较好地维护事实与价值的自在统一。比如庄子说:"由是观之,世丧道矣,道丧世矣。世与道交相丧也。道之人何由兴乎世,世亦何由兴乎道哉!道无以兴乎世,世无以兴乎道,虽圣人不在山

---

① 参见[美]约翰·罗尔斯《正义论》,何怀宏、何包钢、廖申白译,中国社会科学出版社1998年版,第9—10页。
② 参见[印]阿玛蒂亚·森《正义的理念》,王磊、李航译,中国人民大学出版社2012年版,第12页。
③ 做一个不太准确的比喻,在社群主义那里,社会等于个人而更接近于尊奉道德理想的儒家;在自由主义那里,个人等于社会而更倾向于推崇逍遥世外的道家。

林之中，其德隐矣。"(《庄子·缮性篇》)孟子也说："天下溺，援之以道。"(《孟子·离娄上》)这里的"世"或"天下溺"都是要陈述一种事实或指出一个问题。当然，在这里很难把"道"和我们所要讨论的"正义"等而视之。但在中国传统看来，"道"本来就是一个涵括度和包容性极强的概念，而"道"则主要是指价值理想，是对个人、集团和社会好坏与否的综合道德评价。就此而论，我们说"道"与"正义"存在交涵互摄关系则是没有问题的。至少我们可以退一步说，这种交涵互摄关系存在的可能性是有的。类似表达还有很多，如"中也者，天下之大本也；和也者，天下之达道也"(《礼记·中庸》)等。质言之，尽管中国古人亦有"形而上者谓之道，形而下者谓之器"(《周易·系辞上》)的辨析与分疏，但"道器不离"才是他们真正的思维习惯。

当然，现代化发轫于西方，这是不争的事实。因此，现代化也过多地带有了西方传统的烙印。就正义而言，古希腊人也往往把正义作为一种德性来进行讨论。但就西方传统而言，德性最初乃是指事物内部的功能状态这样一种个体属性，而不是像中国古代的德性更多指涉与人际有关的社会属性。或者按照桑德尔的分疏，就德性这一问题而言，古希腊之"我所是"与"我所有"是各各分离，自行其是的；而中国古代之"我所是"与"我所有"是交涵互摄，彼此统一的。[①] 这种原生性的差异意味着在中国古代社会秩序的内化或翻转：所谓内化是指社会秩序乃至宇宙秩序内在于人，指导与约束人之行为乃至思想的道德戒律与价值要求。这样做到极致就达到了一种境界，在这样的境界中，"小我融于宇宙之中而与宇宙合一，人在这个境界上看自己的内心无限深远，看外界无限广大，人的身心世界已不存在，存在的只是无限深远广大的宇宙，个人不仅是宇宙的部分，又即是宇宙的全体"[②]。这也就是陆象山所说的"宇宙即我心，我心即宇宙"。这里所说的"宇宙"不仅包含总括于空间、时间之中的所有物事，更包含这些物事内在的所有秩序和全部条理。所谓翻转是指这种社会秩序或宇宙秩序的内化使特定主体所生活之外部空间亦主观性地内化于其精神结构之中。所谓主观性是说虽然在实际的

[①] "我所是"乃是主体之本质规定，可理解为主体之内在自我；"我所有"乃是主体之外部属性，可理解为主体之外部环境。

[②] 陈来：《有无之境——王阳明哲学的精神》，人民出版社1991年版，第7页。

宇宙空间中并不存在内化或翻转这种真实的物理过程，但对于这些特定主体的心理活动或心灵感受而言，这种精神体验又确乎是真实存在的。其结果，这种倾向内在地减少和压制了人的空间争夺观念与权利冲突意识，也随之弱化了对社会秩序的外在需求与理性拷问，所以中国人多了向内的追寻而西方人多了向外的征服。中国古人对天理天道念兹在兹地追寻与体认以及他们万物一体的道德情怀正是这种内化与翻转的明证，而这种内化与翻转又反过来影响了人对自身与其生活于其中的群体、环境乃至历史传承和文化积淀关系的理解与肯认，关于这一点会在本书第五章"境界论"部分得到阐释与说明。其实，"内化"和"翻转"都只是一种形象的比喻，是为了从实践论或工夫论的意义上说明道德主体自然而然的，不加任何刻意和勉强的体悟与践行的过程。而从存在论的意义上来说，古人更倾向于认为宇宙万理都是内心本具，不假外求的。这是因为，"如果相信理智对外物之理的逐渐穷索就能够获得自我认识，那么，我心中的理必然缺少自我的自足性力量，缺少能动的创造了。因为如果人必须把外界的理内化到心中来，自我实现的最终基础就不在自我的人性之中"①。质言之，人对宇宙之理的体认同时也是内心本具之理的发显。换句话说，对宇宙之理的体认实际上是激活内心之理，使之发显的外部诱因和潜在条件。实际上，这二者处于彼此为用、相辅相成的正相关关系之中。②

古希腊人关于德性的观点有一个共同处：承认德性与城邦的不可分离性，德性的实践是在城邦这个环境中进行的，而且只有依据城邦，德性才可得到界定。由于德性在城邦生活中不可或缺的作用，因而做一个好人与做一个好公民是紧密相连的。③ 我们很难判断究竟是希腊人的德性观念造成了他们的民主意识还是城邦的民主生活型塑了希腊人的德性观念，但毋庸置疑的是希腊人德性观念的内在精神之维、古希腊的城邦民主传统使正义从一开始就具有了公共的表达空间，这就为德性正义向

---

① 杜维明：《人性与自我修养》，中国和平出版社1988年版，第136页。转引自陈来《有无之境——王阳明哲学的精神》，第40页。

② 在对内心之理与宇宙之理相互关系的理解上，心学家与理学家之间存在着微妙的差异，这里做了简单化的处理，不再详细分疏。

③ 参见［美］麦金泰尔《德性之后·译者前言》，龚群、戴扬毅等译，中国社会科学出版社1995年版，第14页。

规范正义的顺利转化①提供了历史前提，而西方社会正是沿着这条线索发展的。民主与法制所折射出来的以自由平等为核心特征的契约关系既是现代社会生活的内在精髓和重要支撑，也是正义实现的现实形式和最终保证。因此，西方对于正义的讨论大多在规范伦理学的意义上进行，但这并不是说西方完全不在德性伦理学的意义上讨论正义，而是说基于德性伦理学意义上对正义问题的讨论比较少。② 与此相反，在古代中国，尽管也存在由德性伦理向规范伦理转化的历史事实——德政向礼政的转化，以及"援礼入法"等礼法之间的复杂互动，但由于这种转化和互动未能从根本触及社会分层与最高治权的合法性问题，这就使中国式正义的表达方式显得隐晦而又曲折。③ 换句话说，在中国古代，公共空间是十分有限的，或者在比较极端的意义上甚至可以说在古代中国公共空间和私人空间是高度重合的。④ 这决定了中国古代正义具有不同于西方的独有特点，表现儒家道德理想主义的"三纲八目"，体现儒家伦理中心主义的"三纲五常"正隐含着这一深刻的历史逻辑。任剑涛认为，"就中国传统的制度安排来讲，伦理化是其基本取向。政治上的宗法制度、经济上的均平格局、法律的儒家化、教育的忠诚至上等制度取向，都以其伦理化来显示出它们的制度特质。假如从制度运作的过程来看，在制度安排的起点上，伦理动机决定着制度机制；在制度运作的实际过程中，人们的伦理景况则是制度功能得以发生、制度有效性得以保证、制度本身状态可以调整的依据；在制度运作的绩效评价上，也是以制度的伦理后果来作为评价基础的"⑤。任剑涛此论可谓条分缕析，切中肯綮。其实，梁漱溟先生早就言之凿凿，道出了中国古代社会生活的特质："伦

---

① 正义最本质的特点是公共性和普遍性，德性虽然也指向公共性但其最本质的特点是个体性，这就决定了由德性正义向规范正义的转化是历史的必然。

② 与中国传统相似，麦金泰尔正是从德性的角度来理解和讨论正义的。

③ 需要注意的是，汤武革命与民本思想尽管含有民主的因素但毕竟不能简单等同于民主思想。

④ 这里只陈述一种事实，并不做任何价值判断。实际上，如果真要做出价值评判的话，公共空间和私人空间的自然重合正是人本真的存在状态，而公共空间与私人空间的分离则是社会和人出现异化的结果。当然，尽管在中国古代社会存在公共空间与私人空间的重合，但这种重合对不同的人而言不仅有着广度和深度的不同，而且"礼不下庶人，刑不上大夫"，不同的个体由于身份的悬殊还存在质的差异。因此，这种重合是特殊的，而不是普遍的。

⑤ 任剑涛：《道德理想主义与伦理中心主义·序》，东方出版社2003年版，第2页。

理本位者,关系本位也。""伦理关系,即是情谊关系,亦即其相互间的一种义务关系。伦理之'理',盖即于此情与义上见之,更表示彼此亲切,加重其情与义,则于师恒曰'师父',而有'徒子徒孙'之说;于官恒曰'父母官',而有'子民'之说;于乡邻朋友,则互以叔伯兄弟相呼。举整个社会各种关系而一概家庭化之。"① 诸如此类的论述大致揭示了古代中国社会生活的特殊性,同时也表明了中西社会生活之根本差异。

既然正义思想尽管发轫甚早却是直至西方现代以来才成为众所瞩目的理论热点并形成了具有一定规模的理论系统,中西文化传统又如此之大异其趣,那么我们为什么还要步其后尘,食其唾余呢?

一方面,"近十年来,中国古代思想史研究中公正主题的悄然勃兴,既可以看作是国内学者对研究以罗尔斯正义论为代表的西方正义理论热潮的一种呼应,也可以视为当下现实政治推动下,对古代政治资源汲取或批判的要求"②。也就是说,一种理论研究的兴起,固然由于其内在发展逻辑的推动,但更重要的是基于现实社会生活的强烈需要。究其原因,西方正义理论的蓬勃发展一则因为西方国家内部利益格局的重大调整和社会势力的互相消长,一则因为整个国际形势的深刻变化(南北差距等问题)和世界性问题(环境污染等问题)的日益凸显。而改革开放四十多年的中国,同样被历史推到了风口浪尖:如何巩固改革开放成果进一步深化改革开放并以此为基础进一步推进政治体制改革,如何有效缩小贫富差距以使改革开放成果为全体国民所共享,如何积极理性地参与国际竞争,如何妥善解决国内利益格局的渐次调整和社会结构的深刻变化,如何处理环境污染、气候变化等世界性难题,如何解决权力寻租所滋生的群体腐败和市场导向所引发的道德缺失?如此等等,不一而足,都是中国不得不直接面对的现实挑战。工具理性的泛滥,人文价值的失落,现代性问题的凸显,世界性危机的频发又暴露了以西方资本主义为主导的发展模式的内在缺陷。我们不得不又一次把目光投向自己五千年文明所孕育的伟大传统。这是因为,一方面,"一切历

---

① 梁漱溟:《中国文化要义》,《梁漱溟全集》第3卷,山东人民出版社1989年版,第80—81页。
② 参见刘白明《近十年来中国古代公正思想研究综述》,《史学月刊》2009年第6期。

史都是当代史"①，而"人文科学具有'回顾性'，它是在解释和再解释中前进的"②。列奥·斯特劳斯同样强调，"古代伟大哲学家的学说，不仅具有重要的历史意义，也有重要的现实意义，为了了解古今社会，我们不仅必须了解这些学说，也必须借鉴这些学说，因为他们所提出的问题在我们今天依然存在"③。这不但说明了人类社会发展的文化继承性，也说明了人类理性反思的历史连续性。另一方面，源远流长的五千多年中华文明也就是晚近才遭遇重挫，而西方文明的崛起也不过才有几百年的时间。纯粹功利的考量是理性反思的致命杀手，所以我们在大力弘扬民主、自由、平等等西方现代价值的同时也不应该肆意贬低、歪曲甚至抹黑源远流长、奔腾不息、波澜壮阔的中华文明。时间是衡量一切价值的最高裁判，历史是检验真理的最终标准。在如何对待中国悠久而古老的文化传统这一问题上，我们也应该以起码的敬畏，以宏阔的历史纵深为标尺来进行客观理性的评判，至少也要报以同情的理解或者是理解的同情，而尽最大努力避免让纯粹功利的考量蒙蔽我们智慧的双眼。

就学界相关研究来看，几千年来，中国的语言文字和表达方式屡经变迁，古今之间大异其趣；另外，由于历史的与现实的各种原因的存在和影响，中西思想与文化交流虽早已开始却远未深入至对方各自的文化源头之中而融会贯通。因此，尽管目前中西正义思想对比方面的研究正在悄然勃兴，但做这方面研究的几乎全部是中国本土学者或移民海外的中国学者，而截至目前尚未见有西方学者来做中国古代正义思想研究。这在某种程度上缩小了文献收集的范围，单单从文献梳理而言，仅着眼于国内相关研究就可满足研究需要。鉴于"义利之辨"是中国伦理思想史上长期争论不休的理论难题，且此问题虽与正义问题有一定关涉，但其诠释效用却比较有限，故而笔者没有过多采用，仅取朱法贞的《儒家义利观辨正》作为代表，其对本文写作的参考意义并不太大，只是表明

---

① 参见［意］克罗齐《历史学的理论和实际》，傅任敢译，商务印书馆1982年版，第3页。
② 何卫平：《通向解释学辩证法之途·导论》，上海三联书店2001年版，第1页。
③ ［德］列奥·斯特劳斯：《政治哲学史》"第一版序"，河北人民出版社1993年版，第1页。

了中国特有问题意识的一贯性和连续性。赵馥洁之《中国传统价值观的内在冲突及其现代意义》,陈升平、郑琼现之《儒家义利观内涵辨正》均可归入此类。值得注意的是此类文章的文化立场大都是对传统社会重义轻利倾向的某种批判与纠正,这不能不让人结合市场经济建设之初的社会历史现实而萌发许多联想。

李霞2001年7月发表于《安徽大学学报》第4期之《道家平等思想及其现实意义》所谈到的平等问题间接涉及了先秦社会正义问题。就学术论文而言,中国学人对中国古代正义思想直接涉及的研究始自蒋国保。[①] 蒋文《试论先秦儒家分配正义观》载于《娄底师专学报》2002年第7期。蒋文以现代西方正义观的主要内涵(分配正义)入手,对《论语》《孟子》《荀子》进行梳理,并总结出了儒家以仁礼为基础的等差分配正义观。但对于孔、孟、荀之间的区别,蒋文并未论及。这样的分析尽管很难深入儒家思想的本质,但与传统义利之辨的话语方式相比,蒋文首次彰显了学者结合传统文化资源对新时代改革开放以来经济利益分配格局提出的新思考和新要求。2002年杨国荣发表于《浙江学刊》第5期的《儒家政治哲学的多重面向——以孟子为中心的思考》则认为尽管"孔子、孟子等儒家将社会的等级差异视为天经地义的现象,与近代民主政治理念无疑存在理论的距离。但孟子在讨论人际关系中提出'乐道忘势'等观点,则又包含着接受、认同近代民主理念的可能。孟子对于天下的区分及民为贵等较为系统的看法,为认同或接受民主政治的价值提供了一定的可能"。不仅如此,杨文还认为,孟子"注重人格在政治实践中的规范意义、强调'徒法不能以自行'、要求以善教制衡善政等,无疑对近代民主政治过分强化形式化、程序化及技术理性的偏向,可以在思维进路上形成某种纠偏的作用"[②]。总而言之,杨文在儒家政治哲学讨论的背后隐含着对先秦社会正义的探寻,这种讨论既深入了儒家政治哲学的内部又包含着对现代西方民主模式的理性反思和对结合传统文化

---

① 韩国李东俊在蒋国保之前有《孔子的人道精神与社会正义》一文,《中国社会科学院研究生院学报》1996年第2期。李氏此文本为讲演稿改成,其对正义作了泛化的理解:认为"正义即指保障国家和人民安宁和秩序的原理"。
② 参见杨国荣《儒家政治哲学的多重面向——以孟子为中心的思考》,《浙江学刊》2002年第5期。

资源建构现代中国民主生活的积极探索,是一篇值得注意的文章。

与以上那些从学理上的讨论相比,何永军于2003年3月发表于《成都高等师范学校学报》第22卷第1期的《先秦儒家公正思想发微》则是侧重于在实际制度操作方面进行讨论。尽管稍显牵强,但其分类(社会分配、司法、吏治、教育、革命)讨论的方法值得进一步学习和研究。张刚、杨思基于2004年发表在《理论学刊》第6期(总第124期)之《简论儒家政治公平思想》一文则表现出一种立足于宏观的总体把握的理论旨趣。与杨国荣之《儒家政治哲学的多重面向——以孟子为中心的思考》相比,这篇文章的提炼和概括更富于理论性和思辨性,表明了该领域研究在某种程度上的深入。[1] 李振宏从历史的角度对中国古代社会公正思想进行了探讨[2],其特点是用语严谨,不做没有限度的发挥,而且他的一些提法也是很有意义的。比如,他在《中国古代均平文化论纲》中说"社会平均,不是经济财富的绝对平均分配,而主要是指社会成员在获得一般社会利益方面的普遍性,并且在很大程度上是指君王、国家对待各阶层社会成员的一视同仁,实现社会公平"。他的这种说法就具有一定的思辨概括性和理论高度。但作为一个历史学家,他对中国古代公正问题的探讨并没有真正上升到哲学的高度。整体而言,或限于篇幅,或囿于视角,此种研究多流于简单的比附和对应,而缺少历史哲学和文化哲学作为理解正义思想的理论背景。

以上所述大致反映了近年来中国学者对中国古代正义思想的研究现状和理论热度。另一方面,"任何一种社会秩序都奠基于一定的公正观

---

[1] 参见张刚、杨思基《简论儒家政治公平思想》,《理论学刊》2004年6月第6期(总第124期)。其文大旨:"天下为公"、"等级预定"和"德性平等",是儒家政治公平思想最基本的三个要素。"天下为公"代表了儒家学者对天下万物归属特性的体认;"等级预定"体现了他们对社会整体结构的认识;"德性平等"则是儒家学者对人之特性的把握。这三者之间有着内在的逻辑:"天"的观念是儒家学者的终极信仰和力量源泉,唯天是从是他们深信不疑的自然法则;由此产生的"天下为公"观念必然导致在政治领域对血缘亲情的排斥,使社会等级在形式上向所有人敞开,从而儒家学者认为打破血缘等级政治观念要以承认天赋"等级预定"为条件;"德性平等"则是实现儒家政治平等最有效的手段。

[2] 李振宏:《先秦时期"社会公正"思想探析》,《广东社会科学》2005年第6期。《先秦诸子平均思想研究》,《北方论丛》2005年第2期(总第190期)。《先秦思想家对社会公正的探讨》,《求是杂志》2006年第21期。《中国古代均平文化论纲》,《学术月刊》2006年2月第38卷2月号。

念之上，从一定意义上讲秩序乃是公正的外化，不研究儒家公正思想就无从深入理解我国传统社会的秩序；同时也会使我们无从梳理和准确把握今天大众的公正观念，从而也就无法为我们当下的立法和司法建立牢固的合法性与正当性基础"①。这种说法虽然有些言过其实，但毫无疑问地也包含着部分真理。因为尽管"社会公正是个现代概念，但对公正公平以及正义的追求，则是任何一个民族基本的社会理想。中华民族是个崇尚公平和道义的民族，从先秦时代起，就产生了古老的社会公正意识，并有了比较明确的思想表达"②。我们当然不能说公平或公正思想本身就是正义思想，但至少这几个概念在内涵上有着高度的交叉与重合，甚至在某些情况下，可以互相诠释。

按照罗尔斯的理解，组织良好且赋予人最大自由和尊严的社会就是正义的社会。而在实际上，在中国古代社会生活中，人们也确实不断地进行着对正义的探讨与质询。当然，由于历史条件的差异和语言文字的变迁，当时的问题意识和表述方法未必完全与今天相同，但对合理幸福生活的渴慕，对理想人生的追求无疑也是中国古圣先贤不断求索的重要课题，比如当下关于"父为子隐，子为父隐"是否合乎现代法治精神广泛而深入的讨论也正说明了古人关于正义问题的阐释对于现实社会生活依然具有深远的影响和意义。"但遗憾的是，中国古代古老而鲜明的公正公平思想，则没有成为近代以来思想家们关注的对象，这在一定程度上影响了我们对中国古代文化精神的理解和认识。"③

皮锡瑞《经学历史》有言，"学愈近而愈古，义愈推而愈高；屡迁而返其初，一变而至于道"。由于历史的局限，皮锡瑞所理解的"学愈近而愈古，义愈推而愈高；屡迁而返其初，一变而至于道"可能仅限于由中华文明这一内部动因的鼓舞与推动，而难以预度学术之迁与变尚有来自西方文明这一外部诱因的竞合与激荡。生于当下，欣逢盛世，我们应该比古人有更为宏阔的理论视域和更为前瞻的理论眼光。本书的努力正是要在熟悉西方尤其是以罗尔斯的《正义论》及其对话者如桑德尔等

---

① 何永军：《先秦儒家公正思想发微》，《成都师范高等专科学校学报》2003年3月第22卷第1期。
② 李振宏：《先秦时期"社会公正"思想探析》，《广东社会科学》2005年第6期。
③ 李振宏：《先秦时期"社会公正"思想探析》，《广东社会科学》2005年第6期。

人对正义讨论的基础上，把理论触角深入中国文化传统之中，力图在正义这一问题上，使中国古人对这一问题的讨论得到一种相对客观的呈现，以使它在新的历史条件下重新焕发灿烂的光芒。这不仅有益于对中华民族优秀文化遗产的整理和发扬，对全球化条件下基于种种理论和社会现实问题而引发的对正义问题讨论的热潮也不无启迪。

二　思想与方法

我们在研究思想进程时，首先，要把思想放入历史框架之中进行理解和阐释。其次，要把握联结历史与思想关键要素的完全成熟而具有典型形式的发展点。这些关键要素的完全成熟而具有典型形式的发展点不仅是历史过程的真实内容，也是思想进程的逻辑环节，更是我们得以进入历史，理解思想的门径。正是由于人为的、主动的精神因素的注入，才使得整个宇宙演化实现了从自然过程到历史进程的跃迁，而文字、语言与逻辑正是由自然过程与历史进程交错扭合、相互碰撞而结出的精神文明之花，是考察历史进程与思想进程完全成熟而具有典型形式的发展点。文字的产生首先是为了指示具体事物，而语言则是要表述不同事物之间的客观联系，逻辑则是要在诸种事物之间的关系之上寻找一个统一的、终极的理论解释。文字→语言→逻辑的文明演进范式不但表明了人类认识能力和思维能力的发展规律，同时也表明了人类社会物质活动普遍化范围的不断扩大和精神生活抽象化程度的不断提高。正义需要尊重不同的个性和公平合理地对待每一个人，但这种尊重和对待不是各持己见、你死我活，而是要在相互商谈求同存异基础上取得共识。也就是说，正义既具有基于个体差异的个别性，也具有群体交互性和一般普遍性。这和文字→语言→逻辑的文明演进范式相统一，也和人类社会的发展规律和演化趋势相一致。

（一）文字

尽管语言的发展先于文字产生是人类社会演化的客观历史事实，但正是由于文字的产生才不但使得语言的发展开始步入成熟化和规范化的历史轨道，而且使人类历史更为详尽的记述和更为有效的传承有了全新的载体和工具。文字一经产生，就承担了指示事物、表达意义、思考问题、交流思想、记载历史、传承文化的全部功能。对于西方表音文字而言，这种文化特性或许并不显明，而对于中国之表意文字来说，文字的这种文化特性则展现得淋漓尽致。于省吾在《甲骨文字释林·序》中说："中国文字的某些象形字和会意字，往往形象地反映古代社会活动的世界情况，文字本身也是珍贵的史料。"马叙伦也说："要了解到文字的来源、构成等，实在是文化的一部分的研究。"[①] 唐兰在《古文字学导论》中也指出："纯粹形声字的形母，可以指示我们社会的进化。因为畜牧业的发达，所以牛羊犬豕等部的字特别多，因为农业的发达，有艸木来禾等部，因为石器时代变成铜铁器时代，所以有玉石金等部，因为思想的进步，所以有言心等部。"与于、马、唐三位先生相比，沈兼士走得更远，在《研究文字学"形"和"义"的几个方法》一文中，他专门写了《中国文字之史学研究》一节，指出："应用象形、会意两原则的文字，大都直接地或间接地传示古代道德、风俗、服饰、器物……等的印象到现代人心目中，简直说它是最古的史，也不为错。"

许嘉璐引黄季刚《文字声韵训诂笔记·训诂概述》云："小学家之训诂与经学家之训诂不同。盖小学家之说字，往往将一切义包括无遗；而经学家之解文，则只能取字义之一部分。""小学之训诂贵圆，而经学之训诂贵专。"[②] 此殆小学家与经学家之一大区别，然经学大家应以小学为基本工夫，舍此则必入不可知之途。此论虽由训诂而发，但就中国传统学术而言，则具有普遍意义。1936 年沈兼士写了《鬼字原始意义之试探》一文，陈寅恪致函沈氏曰："依照今日训诂学之标准，凡解释一字即是作一部文化史。"[③] 在其特殊语境之中，陈氏所说"凡解释一字即是作一部文化史"固然不能说是普遍的文化事实，然而其论却有一定的历史根据，对于中国文字的特殊性而言尤其如此。故而有不少人也试图通

[①] 《马叙伦学术论文集·中国文字之源流与研究方法之新倾向》，科学出版社 1958 年版，第 174 页。
[②] （清）王引之：《经义述闻·弁言》，江苏古籍出版社 2000 年版，第 3 页。
[③] 《沈兼士学术论文集》，中华书局 1986 年版，第 202 页。

过对文字的探究来解释中国传统哲学中的正义思想,如石永之从"义"字的"基本义、假借义、引申义的演变及先秦儒家对义的阐释来看儒家正义思想的形成"。并断言说:"荀子首先使用'正义'一词,把义落实到社会制度层面,以正义思想作为建构社会制度的基础,基本形成了儒家正义思想。"① 石永之实际上是把"义"看作可以和西方的正义概念可以互相诠释的核心范畴,并试图通过对"义"与"仁"、"义"与"礼"、"义"与"智"的相互联结与彼此关照来对中国古代正义思想作出解释。就诠释方法而言,石永之和黄玉顺是比较接近的,他们得出的结论也十分相似。明显的区别是石永之更注重文字意义上的文献学梳理,更偏重于传统学术的严谨,而黄玉顺更注重理论意义上的系统化表达,更富于西方理论思维的特征。在中国古代正义思想的研究上,石永之、黄玉顺不无同调,与他们所采用的方法类似的还有刘宝才、马菊霞等。② 也有一些学者试图从中国传统固有的与"义"有关的几个概念如"正""直""中"等来论述正义思想③,成中英亦认为中国传统正义观可从儒家经典中的"正""义""直""中"四个字得到解释④。但毫无疑问,他们都认为"义"字是代表中国传统正义思想的核心范畴。文字学的方法固然有一定的解释力,但是不能像焦金波解释"政""正""王"字那样走极端。⑤ 文字由于语言发展的要求而产生,亦为记录语言表达思想传承文化而服务。我们不能脱离具体的历史文化语境和社会文化事实就文字而论文字,而要把对文字的理解放入整个语言发展和思想框架之中。与文字变迁相为表里的一个内容就是语言的演化,或者从根本上来讲,语言的演化是文字迁变的内在动力与决定因素。恰如陈氏所言,"凡解释一字即是作一部文化史",这里的"解释"一词是很值得我们再三玩味的,而解释的功能只有语言

---

① 石永之:《论儒家正义思想的形成》,见"国学网",网址:http://sino.newdu.com。
② 刘宝才、马菊霞:《中国传统正义观的内涵及特点》,《西北大学学报》(哲学社会科学版)2007年11月第37卷第6期。
③ 王贺锋、慕旗娟:《柏拉图与孔孟"正义观"之比较》,《湖南第一师范学报》2009年2月第9卷第1期。
④ 参见成中英《知识与价值——和谐、真理与正义的探讨》,台湾联经出版事业公司1986年版,第354、363页。
⑤ 焦金波:《中国传统政治正义理念的历史建构》,《人文杂志》2005年第3期。

才能承担。

（二）语言

"历史研究的本质是把已经逝入历史深处的东西唤回到我们之中，使之重现于历史思维、历史知觉。然而，历史研究的过程正与历史运动的方向相反。就是说，历史研究可以说是'溯洄从之'，即根据历史线索——比如说经典文献及其注疏——'逆向'进入历史。"① 尽管亚里士多德说，言语是心灵过程的符号和表征，正如所有的人并不是具有同一的文字记号一样，所有人也并不是具有相同的说话声音，但这些言语和文字所直接意指的心灵过程则对一切人都是一样的。② 但就古代历史文化研究而言，"实际上，我们只能根据历史文献、考古材料和民族志资料，由近及远研究历史；就像依据《说文》和青铜器铭文解读甲骨文，根据《广韵》和《切韵》拟定上古音一样，思想史研究不能不以各种注、解、疏、传为线索和津梁进入古代思想世界，并通过持续的阐释活动不断激活传统"③。而实际情况是，单凭语言文字的记载和考古材料的解读我们并不能真正切入传统思想的内在脉络之中。这是因为，首先，语言具有模糊性和概然性，语言表述事物的过程本身就存在信息失真的诸多可能，而我们对文本的解读也会由于不同个体各个不同的心理结构、文化倾向、精神追求、价值标准、情绪状况或其他生理与心理因素的影响而导致个体理解与文本本身之间细微间隙乃至巨大差别，这也就是周易所说的"书不尽言，言不尽意"（《周易·系辞上》）。其次，考古发现可视为一种无声的历史言说，但一般来说，除直接的出土文献之外，其他的考古材料受特定历史时期科学方法与技术手段所限，可能具有巨大解释空间的可填充性与无限人文内涵的可赋予性而只能作为对思想研究的一种间接佐证。究其原因，乃是由于时间的区隔和空间的限制而使人对事物不论是理性认识还是主观言说都可能与客观事物本身存在或多

---

① 郑开：《德礼之间——前诸子时期的思想史》，生活·读书·新知三联书店 2009 年版，第 38 页。
② 参见 [希腊] 亚里士多德《范畴篇 解释篇》，方书春译，商务印书馆 1986 年版，第 55 页。
③ 郑开：《德礼之间——前诸子时期的思想史》，生活·读书·新知三联书店 2009 年版，第 38 页。

或少的不一致甚至是严重的扭曲和变形。再次,"一切有为法,如梦幻泡影,如露亦如电"(《金刚经》)。语言只能表述具象,而对那些不可言说的深藏具象背后的事物来说语言是无能为力的,而宇宙无限运动永无止息的本性又使得在大化流行之中所有可视可见可听可闻的具象相对于永恒运动的宇宙而言又都是偶然的、暂时的、生灭的、变幻的。最后,要想把握变动不居的具象背后相对而言更为稳定的东西就必须超越具体语言表述的限制。

在谈到逻辑的研究方法时,恩格斯说:"……实际上这种方式无非是历史的研究方式,不过是摆脱了历史的形式以及起扰乱作用的偶然性而已。历史从哪里开始,思想进程也应当从哪里开始,而思想进程的进一步发展不过是历史过程在抽象的、理论上前后一贯的形式上的反映;这种反映是经过修正的,然而是按照现实的历史过程本身的规律修正的,这时,每一个要素可以在它完全成熟而具有典型形式的发展点上加以考察。"[①] 形式和偶然性都是个别的、特殊的、殊相性的东西,而一旦摆脱了形式的局限和偶然性的区隔就达到了一般、普遍和共相性的实在。恩格斯认为逻辑的研究方法虽然也只是"历史的研究方法",但却能透过"历史的形式",排除"起扰乱作用的偶然性"而把握历史与思想的一般本性和普遍本质。首先,恩格斯强调了思想研究和历史研究的一致性,也就是思想和历史的一致性。其次,刨除翻译是否准确这一纯粹外部因素的影响,根据现在的语言习惯把这里容易引起歧义的定语"历史的"翻译为表述动态和强调过程的状语"历史地"或许更能贴近作者的本意。最后,恩格斯的论断也表明了逻辑的方法是准确把握思想进程的唯一方法。列宁也说:"逻辑不是关于思维的外在形式的学说,而是关于'一切物质的、自然的和精神的事物'的发展规律的学说,即关于世界的全部具体内容及对它的认识的发展规律的学说。换句话说,逻辑是对世界的认识的历史的总计、总和、结论。"[②] 在这里,列宁所说的逻辑是关于"'一切物质的、自然的和精神的事物'的发展规律","即关于世界的全部具体内容及对它的发展规律的学说","是对世界的认识的历史

---

① 《马克思恩格斯选集》第2卷,人民出版社1972年版,第120页。
② [俄] 列宁:《哲学笔记》,人民出版社1993年版,第77页。

的总计、总和、结论",实际上也就是恩格斯所说的"摆脱了历史的形式以及起扰乱作用的偶然性"之后所达到的一般的、普遍的规律性与真理性认识。也就是说,运用逻辑的研究方法可以穿透语言文字的表象而直接抵达历史与思想的深处。

(三) 逻辑

近年来,黄玉顺的研究展示了中国学人努力建构中国正义理论的致思方向。毫无疑问,他由于运用逻辑研究的方式而形成了自己独特的理论框架。黄玉顺认为:"中国正义论的总体架构是:仁→利→智→义→知→礼→乐。中国正义论的主题是礼的'损益'问题,即是由仁爱中的差等之爱所导源的利益冲突问题。然而同是仁爱中的由推扩而溥博的一体之仁却正是解决利益冲突问题的保证,即保证对他者私利、群体公利的尊重。这里存在两条正义原则:正当性原则(公正性准则、公平性准则);适宜性原则(地宜性准则、时宜性准则)。正义原则其实是正义感的自觉的理论表达,而正义感则是在当下生活中获得的一种直觉的智慧或良知。根据正义原则来进行制度规范的建构,还需要理智或理性。正义的最终目标不仅是礼,而是礼乐,即差异和谐。"①在这种理论视野的关照之下,黄玉顺还对孟子的正义思想进行了系统性的解读。黄玉顺致力于构建中国正义理论体系的努力方向是值得肯定的,但他对于一些理论核心的处理还有些粗糙和僵硬,而且过于个人化的理论建构会在某种程度上影响人们对正义思想的普遍理解和广泛接受。

相较而言,郭齐勇则由于更多地借助了西方现有的理论资源而使其对正义思想的解读显得更为清晰和明确。在《再论儒家政治哲学及其正义论》中,他以亚里士多德和罗尔斯为理论切入点,借助"应得""配得""机会公平""最不利者""实质正义""合法性""权力分配与制衡""社会自治""言路开放"等诸多西方现代政治哲学范畴,结合"天""天命""天道"中国传统固有话语系统展开深入讨论,并得出了"儒家的'道德的政治'就是要坚守政治的应然与正当

---

① 黄玉顺:《中国正义论纲要》,见"国学网",网址:http://sino.newdu.com。

性"和"儒家正义论的最有特点的内涵,乃实质的正义"这一结论。这种组织材料,展开讨论的方法因为其逻辑的明晰性而有助于人们对正义思想的广泛接受和普遍化理解。惜乎受文章篇幅所限,郭文虽未能对中国传统社会正义思想进行更为详尽和深入的讨论,但这种中西互释或者说更倾向于以中释西的研究方法是很值得肯定、继承和发扬光大的。

一般来说,重大社会事件或关键历史进程对原有认识方式或世界图景的颠覆是进行文化反思与价值重构的发生学前提,而这种文化反思与价值重构又往往要先在地依托一个比原先更为宏阔的历史文化背景来进行,文化反思的核心就是要对生命个体和整个人类从存在和价值两个方面上的意义进行反复拷问和不断追寻。也就是说,新的历史文化背景的理论建构是进行哲学反思的逻辑前提,这种历史文化背景的建构首先涉及人在世界乃至在宇宙中的位置问题,这个问题说到底也就是人精神性的自我认知和自我建构的问题。黑格尔说,当自我认识到它自己就是这个世界,这个世界就是它自己时,自我就成了精神。认识这一点对我们理解正义非常重要,因为"抽象的个别性只有从那个与它相对立的定在中抽象出来,才能实现它的概念——它的形式规定、纯粹的自为存在、不依赖于直接定在的独立性、一切相对性的扬弃。须知为了真正克服这种定在,抽象的个别性就应该把它观念化,而这只有普遍性才有可能做到"[①]。从认识发展而言,摆脱个别性,实现普遍性从而达到概念的明晰化和具体化是从经验性认识(感性认识)迈向真理性认识(理性认识)的枢纽与桥梁;从境界提升而言,以理灭欲破私立公,从个人情山欲海中跋涉出来,与普罗大众风雨同舟休戚与共是突破"肉的自我"与"小的自我"向"灵的自我"与"大的自我"迈进的重要环节。同样,正义也正是由于超越了社会正义所依存的具体社会情境而获得了趋于终极的、普遍性的和超越性的意义,"它既体现了人类智慧和思维的高度,又可以为现实中变动不居的万事万物提供一个形而上的支撑点。这个支撑点,往往蕴藏着人类的理想和智慧,是人类文明的精华

[①] 《马克思恩格斯全集》第 1 卷,人民出版社 1956 年版,第 35 页。

所在"①。因此，要想充分认识和深入理解正义思想，就不仅需要高举远慕的心态和深思明辨的理性，还要有体会真切的情感、执着专注的意志和洒脱通达的境界②。韩愈有诗云："我愿生两翼，捕逐出八荒。精神忽交通，百怪入我肠。刺手拨鲸牙，举瓢酌天浆。腾身跨汗漫，不著织女襄。"(《调张籍》)同样，我们对古人的理解也不能仅仅局限于文字和语言所表述的具象之上，我们不但要穿越文字和语言的局限，用思想本身的逻辑来把握义理，甚至要通过精神驰翱今古、呼啸六合、洞悉幽明的无限性来直达历史深处的实在。

三 精神与实在

"精神是这样的绝对实体，它在它的对立面之充分的自由和独立中，亦即在互相差异、各个独立存在的自我意识中，作为它们的统一而存在：我就是我们，而我们就是我。意识在自我意识里，亦即在精神的概念里，才第一次找到它的转折点，到了这个阶段，它才从感性的此岸世界之五色缤纷的假象里并且从超感官的彼岸世界之空洞的黑夜里走出来，进入现在世界的精神的光天化日。"③ 在现实的、感性的世界关系中，人的意识及其对应物或对立物都是以互相差异、各个独立作为其存在前提的。精神的第一规定就是尊重"它的对立面之充分的自由和独立"，其次是超越"互相差异、各个独立的自我意识"并"作为

---

① 张春华：《对社会正义的追问》，《企业家天地》2007年6月号。张以其思辨的逻辑，对正义进行了很好的概念把握，但由于其不理解正义作为精神价值的意义而做出了错误的判断。其结果也就陷入了混乱："抽掉正义的对象和具体内容形而上地把握正义时，这个徒留形式的正义只能是人们理想中欲求的对象。这个欲求对象因其理想性而成了最高的存在，但它不具任何内容，正因为这样形形色色的各种正义观才共享一个名称。有了具体内容的正义往往丧失正义的完美形式，所以各种不同的正义观很难取得人们的共识，但却都可以成为一家之言，而这也是正义在实践中常常陷入二律背反、沦为不正义的原因。"其实，他所说的"有了具体内容的正义"也就是在经验世界才能存在的社会正义，但他并不真正理解正义和社会正义之间的辩证统一关系。

② 孙正聿：《哲学通论》，辽宁人民出版社1998年版，第430页。

③ [德]黑格尔：《精神现象学》(上卷)，贺麟、王玖兴译，商务印书馆1979年版，第122页。

它们的统一而存在"。① 人的认识一旦上升到精神的层次，就能"……意识到人类自身的有限性，在对超越存在的探询中体验绝对"②。这里所谓的"绝对"即永恒，就是隐藏于互相差异、各个独立、纷繁芜杂的感性现象背后的统一原因和终极解释（天之道），也就是作为主要线索贯穿人类历史发展（包括人与自然之间的互动）始终的终极实在（即贯穿自然运动与社会生活的客观规律）。这里的"我"既可以指具体的个体，也可以指个体对于其自身和他生活于其中的历史文化环境的认同与理解，也就是冯友兰先生所说的"殊相"，而"我们"就是作为历史与文化绵延的人类全体乃至宇宙本体的精神贞定与理论抽象，也就是冯友兰先生所说"共相"和陈来先生所说的"绝对"。所谓"我就是我们，而我们就是我"和"意识到人类自身的有限性，在对超越存在的探询中体验绝对"就是不仅抛弃了所有个体性的分殊和差别达到了全部主体性的平等和兼容，而且是要用精神无限性、无差别性的力量来穿透现象世界即"殊相"的种种蔽障而达致"共相"和"宇宙本体"，并进而实现"人道合一"或"人天合一"，以获致完全的自由。正义就是精神自觉追求自由的固有本性，社会正义是精神追求自由这一永恒本性现实化、具体化和对象化的历程。自由就是不断打破和扬弃有限性与片面性，达致无限性与全体性，就是精神不断认识现实与改造现实以实现理想的自我本质的全部过程。那么，第一个问题就是什么是现实，我们生活的本质，或者换句话说，作为区别于动物和其他事物存在形式的，作为万物之灵的人的文化本质又是什么呢？

（一）具体面相

黑格尔说："……人由于有了对象，他才由自在成为自为，"③ 对象性思维与主体性认知是人类走出蒙昧步入文明的两大文化标志，人兽之

---

① 前者是超越自身的有限性，后者是超越对立面的有限性。"川泽纳污，山薮藏疾，瑾瑜匿瑕，国君含垢，天之道也。"（《左传·宣公十五年》）超越自身与对立面的各种有限性并达到与对立面的统一即可体验到绝对即天之道。
② 陈来：《古代宗教与伦理——儒家思想的根源》，生活·读书·新知三联书店1996年版，第3页。
③ ［德］黑格尔：《哲学史讲演录·导言》，贺麟、王太庆译，商务印书馆1959年版，第26页。

别就是一种对象性思维。孟子揭示了人兽之间的根本差别不是"饱食，暖衣，逸居"等生物性满足，而是人能通过接受教化明以人伦等文化性自适，也就是能够懂得"父子有亲，君臣有义，夫妇有别，长幼有序，朋友有信"之"道"：

> 人之有道也，饱食、暖衣、逸居而无教，则近于禽兽。圣人有忧之，使契为司徒，教以人伦：父子有亲，君臣有义，夫妇有别，长幼有序，朋友有信。（《孟子·滕文公上篇》）

人兽之别内含着对象性思维，而这里所谓的"人伦"就是孟子对人类自身的主体性认知。费孝通先生认为，"血缘是稳定的力量，在稳定的社会中，地缘不过是血缘的投影"[1]。费孝通先生所论揭示了传统社会中血缘在社会团结中的基础性作用，按照古人的理解，"人伦"既是由血缘派生出来的自然秩序[2]，也是人对自我生物性来源最切近基础的本能性肯认，更是积极地以自我的生物性来源为出发点上下求索而通向终极追寻的文化拷问。由此，樊浩说，"'教以人伦'是超越'近于禽兽'的文明忧患的根本解决之道。……人伦，是中国传统伦理的历史起点与逻辑始点"[3]。上引孟子的论断涵盖了家庭生活、社会伦理、政治精神的全部内容，这实际上是一个古今中外人皆共知的真理。这里的"义"既可以理解为兼容区别与断制的认识理性，也可以理解为指向责任与义务的价值理想，更可以理解为以认识理性和价值理想为基础联结而成的社会架构，实际上是一个与"道"极其接近的，可以涵括"亲""别""序""信"等认识理性与价值理想的统一标准。如此一来，孟子所说的"义"便和西方强调的以个人"自由与权利"为分际的法律指向、政府责任和制度价值发生了某种融通和黏合。而一个不争的事实是，中国传统社会的社会结构特征是"家""国"一体，由家及国，家与国构成社

---

[1] 参见费孝通《乡土中国》，生活·读书·新知三联书店1985年版，第66页。
[2] 古人甚至把天地自然乃至整个宇宙秩序都纳入血缘伦理视角之中进行理解，不管是周易的思维模式还是张载"乾称父，坤称母"的表述都说明了这一点。
[3] 潘浩：《"伦"的传统及其"终结"与"后伦理时代"》，汪怀君《人伦传统与交往伦理·序》，山东大学出版社2007年版，第3页。

会的两极，家庭道德与政治伦理又具有极大的融通性，这种融通性又是中国传统价值理想与精神追求的集中体现，因而以家庭与民族为伦理实体便具有历史现实性。① 因此，樊浩对于"人伦"的上述说法或许不乏武断和片面，却也不无道理：

> 其为人也孝弟（悌），而好犯上者，鲜矣；不好犯上，而好作乱者，未之有也。（《论语·学而》）
>
> 是故未有君而忠臣可知者，孝子之谓也；未有长而顺下可知者，弟弟（悌）之谓也。（《大戴礼记·曾子立孝》）

"孝""悌"本是一种家庭道德，是私人生活之德；而"忠""顺"则更多的是一种政治品性，是公共事务之德。但在这里，"孝""悌"成了"忠""顺"的充分必要条件：如果能做到"孝""悌"，"忠""顺"就不言而喻，自然而然就能做到的；否则，不能"孝""悌"而谈"忠""顺"则是完全不能想象的。反过来也一样，能做到"忠""顺"，毋庸置疑就必然意味着能做到"孝""悌"，这是儒家伦理思想一以贯之的经典表述。由于"悌"不仅是专指对年龄较大之兄长的感情投射和意志服从，也泛指对家庭外部所有年龄较长和职位较高之人的诚心爱戴和由衷尊敬，所以我们不能仅仅把它视为对家庭内部权威原则的一项补充。② 《论语·学而》篇的"入则孝，出则弟（悌）"，是一个周代文献中常见的模式。鉴于从"入"家到"出"门是从私人领域向公共领域的过渡，因此，"悌"可以看作"孝"与"忠"，也就是私域之德与公域之德的连接环节。③

> 君子之侍亲也，故忠可移于君；侍兄弟，故顺可移于长。（《孝经·广扬名》）

---

① 潘浩：《"伦"的传统及其"终结"与"后伦理时代"》，汪怀君《人伦传统与交往伦理·序》，山东大学出版社2007年版，第9页。
② 例如《论语·子路》"宗族称孝焉，乡党称弟（悌）焉"。另参见《墨子·非命上》"入则不慈孝于亲戚，出则不弟（悌）长于乡里"及《吕氏春秋·正名》"居乡则悌"等。
③ ［德］罗哲海：《轴心时期的儒家伦理》，陈咏明、瞿德瑜译，大象出版社2009年版，第72页。

就社会结构而言，自私有制出现以后，无论怎样的社会类型，家庭都是其最基本的组织单元。可以说，家庭既是社会紧密团结的基本纽带和社会稳定发展的重要基础，也是通过社会教育或宗族联姻等家庭关系拓展形式从私人领域向公共领域过渡的现实通道。① 因此，即使是为以公共权力控制社会生活极度张目的法家，也不反对那种并非意图加强家族势力以与国家对立而是为国家提供顺民的孝道，他甚至把"孝"看作天下的恒常之道：

> 臣事君、子事父、妻事夫，三者顺则天下治，三者逆则天下乱。此天下之常道也，明王贤臣而弗易也。则人主虽不肖，臣不敢侵也。（《韩非子·忠孝》）

"天下之常道"的说法极接近于王船山所说的"古今之通义"。"臣事君、子事父、妻事夫"与后世所说的"君为臣纲，父为子纲，夫为妻纲"意思相近，都是要宣扬前者对后者的控制和主宰或后者对前者的依附和顺从，韩非认为这是天下能否得到治理的关键。最重要的是最后一句"则人主虽不肖，臣不敢侵也"充分暴露了这个所谓"臣事君、子事父、妻事夫"的"天下之常道"对于维护君主专制统治秩序的重要作用。于是，"家庭制度之与专制政治，遂胶固而不可以分析"②。无独有偶，亚里士多德在他的《政治学》中提出，"城邦源于家庭，而家庭的组成本于主奴、夫妇、父子三伦"③。陈来先生认为，亚里士多德把主奴关系列为三伦之首，颇能体现古希腊奴隶制社会的构成特点。——即使在城邦生活的亚里士多德也同样强调君权、父权和夫权，"父权对于子女，就类于王权对于臣民的性质，父亲和他的子女之间不仅有慈孝而且有尊卑，也因年龄的长幼而分高下，于是他在家庭中不期而成为严君了"④。"君主他应该和他的臣民同样出生于一个族类，而又自然地高出大

---

① 就知识传承而言有家学，就文化熏染而言有家风，就婚姻关系而言有门户，就外交策略而言有和亲，就社会影响而言有世族。
② 《吴虞集》，赵清、郑城编，四川人民出版社1985年版，第63页。
③ [古希腊]亚里士多德：《政治学》，吴寿彭译，商务印书馆1983年版，第435页。
④ [古希腊]亚里士多德：《政治学》，吴寿彭译，商务印书馆1983年版，第37页。

众之上，这种情况同父子关系中长幼慈孝的体制完全相符。"①"也就是说，君民关系与父子关系是同构的，在这些地方，古代东西方的社会思想相近，因为古代希腊罗马的社会组织和信仰与春秋时代的中国社会相类似。"② 究其原因，则是由于"伦理本性上是普遍的东西"③。而普遍的东西不会受空间的区隔与时间的限制，即使是在不同国家和民族，也会表现出极其相似甚至是完全相同的特征。"伦理性的实体包含着同自己概念合一的自为地存在的自我意识，它是家庭和民族的现实精神。"④ 也就是说，家庭和民族是普遍的伦理性实体。特殊的个别性的人，只有不自觉地在自立自为的自我意识指导下作为家庭成员或民族公民而行动时，才是伦理性的存在。⑤（这为我们理解"子为父隐，父为子隐"的真正目的提供了一把钥匙。）这里所谓"自为地存在的自我意识"就是内化于个体生命之中的伦理精神。家庭与民族既存在密切的现实联系又有着以血缘为其原生性起源的一致性："家庭的扩大，作为它向另一原则的过渡，在实存中，有时是家庭的平静扩大而成为民众，即民族，所以民族是出于共同的自然资源的……"⑥ 而民族自觉与能动的表现或者说民族意志的定在就是国家的化身，国家在一定意义上是（包括多民族在内的集合形态的）民族作为"整个的个体"的实体性形态，是民族活动政治化的现实表现。

综上所述，以家庭、民族与国家作为理论切入点给我们理解古今中外伦理思想的发展与演变提供了一个略为共通的基础。就作为伦理学和政治哲学主要讨论对象的正义思想而言，亦是如此。要讨论中国古代正义思想，更是离不开这一点，因为在中国先秦时代无论是对政治合法性的论证还是对宗法制的反思都是紧紧围绕着家庭与民族及其与社会架构及政治秩序的关系展开的。这些问题不但包含于正义思想的主要论域之

---

① ［古希腊］亚里士多德：《政治学》，吴寿彭译，商务印书馆1983年版，第37页。
② 陈来：《古代思想文化的世界——春秋时代的宗教、伦理与社会思想》，生活·读书·新知三联书店2009年版，第6页。
③ ［德］黑格尔：《精神现象学》（下卷），贺麟、王玖兴译，商务印书馆1979年版，第8页。
④ ［德］黑格尔：《法哲学原理》，范扬、张企泰译，商务印书馆1961年版，第173页。
⑤ 潘浩：《"伦"的传统及其"终结"与"后伦理时代"》，汪怀君《人伦传统与交往伦理·序》，山东大学出版社2007年版，第5页。
⑥ ［德］黑格尔：《法哲学原理》，范扬、张企泰译，商务印书馆1961年版，第195—196页。

中，而且会随着历史的发展引领正义思想关注焦点不断发生置换，这正是本书把家庭、民族和国家①作为正义思想在历史横断面上进行研究的一个恒常原则的重要原因，而这确实可以为我们理解中国古代社会提供一个独特的理论视角。

孔子曾对西周至春秋末期的社会生活状况有一段经典的描述，这为理解诸子学的发生提供了一个十分清晰的社会文化背景："天下有道，则礼乐征伐自天子出；天下无道，则礼乐征伐自诸侯出。自诸侯出，盖十世希不失矣；自大夫出，五世希不失矣；陪臣执国命，三世希不失矣。天下有道，则政不在大夫。天下有道，则庶人不议。"（《论语·季氏》）又说"禄之去公室，五世矣；政逮于大夫，四世矣；故夫三桓之子孙，微矣"（《论语·季氏》）。在号称"周礼尽在"的鲁国尚且如此，更遑论其他诸侯国了。对此，司马迁则总结道："《春秋》之中，弑君三十六，亡国五十二，诸侯奔走不得保其社稷者不可胜数，察其所以，皆失其本已。"（《史记·太史公自序》）叔侯说："虞、虢、焦、滑、霍、杨、韩、魏皆姬姓也，晋是以大。若非侵小，将何所取？武、献以下，兼国多矣。"（《左传·襄公二十九年》）考虑到诸侯多由宗亲分封而来，诸侯与天子，诸侯与诸侯，诸侯与家臣之间有着或远或近的血缘或拟血缘关系，这种血缘断裂、骨肉相残的情况就不能不引起人的深思，"臣弑其君，子弑其父，非一旦一夕之故，其渐久矣"（《周易·坤》）。《左传》载周王室大夫辛伯给出的解释是：

并后，匹嫡，两政，耦国，乱之本也。（《左传·桓公十八年》）

杜注："并后"是"妾如后"；"匹嫡"是"庶如嫡"；"两政"是"臣擅命"；"耦国"是"都如国"。这里的"并后""匹嫡""两政""耦国"都对历史事实确有所指。司马迁的问题在辛伯那里找到了答案：

---

① 就认识发生论来说，无论是个人活动范围的不断拓展与相关知识的累积，还是个人对所接触事物的认识顺序与价值评价（正义与否）都是伴随着自身的不断成长大致按照个人→家庭→民族→国家这一现实路径逐步展开的。政治形塑道德，道德影响家庭和个人；就价值本体论或正义思想构成机理来说，国家规范民族行为和家庭生活，民族行为和家庭生活形塑个人精神面貌。个人价值观的形成主要是按照国家→民族→家庭→个人的逻辑线索渐次深化的。

在春秋时代，对家庭秩序的蔑视最终会导致国家动乱乃至社会崩溃的恶果。因此，王引之引《尔雅》谓"两政之政非政事之政，谓正卿也"①的阐释是有违辛伯的原意的。

这种思考同样体现在先儒对《春秋·隐公元年》的讨论之中，徐彦疏曰："惠公妃匹不正，隐桓之祸生。"②戴震亦云："《春秋》始乎隐，其事之值于变者三焉：诸侯无再娶之文，惠公失礼再娶……鲁之祸，惠公启之也。明乎嗣立即位之义，君臣、父子、夫妇、昆弟之间，其尽矣乎！"③孟子说齐桓公"葵丘之会诸侯，束牲、载书而不歃血。初命曰：'诛不孝，无易树子，无以妾为妻。'……"(《孟子·告子下》)。《春秋公羊传》亦有类似记载："秋，齐侯、宋公、江人、黄人会于阳谷。此大会也，曷为末言尔。桓公曰：'无障谷，无贮粟，无易树子，无以妾为妻。'"(《春秋公羊传·僖公三年》)孟子所说与《春秋公羊传》所载基本一致，所不同的只是会盟地点一在葵丘，一在阳谷，誓词一为"诛不孝，无易树子，无以妾为妻"，一为"无障谷，无贮粟，无易树子，无以妾为妻"。可以看出，其主旨都是要强调"无易树子，无以妾为妻"。诸侯会盟首先强调家庭伦理，足见家庭伦理在当时社会政治生活中的极端重要性。在先秦时期，家庭伦理是宗法制的基石，家庭伦理的淆乱与失坠意味着整个宗法制的坍塌与崩溃。钱穆先生就认为申侯勾结犬戎弑幽王以立宜臼即开春秋乱端之始：平王弑父自立已然失其道义而不为东方诸侯如鲁、齐、卫所拥戴，故有虢公立携王，晋侯杀携王。嗣后的列国内乱、诸侯兼并、戎狄横行正是周王室父子相弑骨肉相残所引发的雪崩效应。④

除了宗族内部的伦理变迁，当时政治生活的另一个侧面是由春秋向战国过渡期间"华夷之辨"话语方式的渐次弱化和民族由冲突逐渐走向融合的历史现实⑤，其表征就是战国时期"夷狄"等类似话语的渐次消

---

① （清）王引之：《经义述闻》，江苏古籍出版社2000年版，第402页。
② （东汉）何休解诂，徐彦疏《春秋公羊传注疏·隐公卷第一》。
③ （清）戴震：《戴震文集》卷一，中华书局1980年版，第23页。
④ 参见钱穆《国史大纲》，商务印书馆2012年版，第48—56页。
⑤ 张传玺先生即认为齐桓晋文，春秋五霸的背后有着复杂的民族关系，而孔子"管仲相桓公，霸诸侯，一匡天下，民到于今受其赐。微管仲，吾其被发左衽矣。岂若匹夫匹妇之为谅也，自经于沟渎而莫之知也"的评价有基于文化意义上民族本位的正义立场在其中。

退和以国命人现象的逐步产生。这两个侧面都可以在黑格尔伦理实体的理论框架中得到统一的解释：一方面，这两个侧面也都可以作为血缘共同体崩解的一个注脚，这恰好说明血亲正义（宗法制是血亲正义在中国古代的突出表现）要被一种全新的正义形式所代替，这种全新的正义形式在冲破血亲正义狭隘限制和反思历史与文化的基础上必须对新时代家庭和民族之精神生活做出新的规定和指引。正义是精神追求自由的本性，它所具有的无限性和无差别性①首先就要求不分种族、肤色、信仰或民族，对一切人、一切组织、一切团体、一切阶层都要平等对待。反之，种种限制与束缚从根本上违背正义那种精神追求无限自由的本性，也就走向了正义的反面。与此相似，中国古人也提出了"四海之内皆兄弟""老吾老以及人之老，幼吾幼以及人之幼"的大同理想②，关于这一点将在第二章"天下论"部分得到阐释和说明。

这里所谓的"夷夏之别"是基于文化意义上的，而不是基于种族意义上的。卢蒲癸说："宗不余辟，余独焉辟之？赋诗断章，余取所求焉，恶识宗？"（《左传·襄公二十八年》）随着血缘共同体的崩解和血缘意识的淡化所进一步产生的却是伦理意识的泛化，也就是任剑涛所极言之"伦理中心主义"。但值得注意的是这种"伦理中心主义"所关涉的对象不但突破了空间广延和时间绵延之中人与人之间血缘关系的限制，而且把天地万物纳入伦理关系之中进行价值审视与合理对待。自此，由家庭生活推扩和演绎出的伦理审视成了古代中国贯穿一切的宇宙精神。因此，与西方正义思想有着极大不同的是，中国正义思想很自然地把代际正义和生态正义纳入自己的理论视域之中，这种思想倾向同样在第五章"境界论"和结论部分有所阐释和反映。

（二）历史实在

单纯基于西方理论视角的研究方法确实存在诸多问题，正如张春华所言，对正义做片面的西方化的理解最终会在实际生活中走向二律背反。上文所引梁氏中西文化差异之议论固然是就中国先秦学术而言，具有

---

① 就哲学与现实的统一而言，有限即不自由，故而自由即无限制。自由乃全体或整体的自由，全体或整体即是无差别，而差别本身就是一种限制。
② 孔子"有教无类"的教育公正思想可视为大同理想之重要发端。

一定的特殊性，但其阐发的义理却具有相当的普遍性。他认为孔、老、墨虽然学派分殊，但归着点却是一样的，那就是要"因小通大"，"推肉合灵"。这里的"小"和"肉"是指具有动物性特征的生命个体，而"大"和"灵"也就是他所说的"根"和"天"，也就是人类内在的善性与精神。就实际社会生活中的个人而言，"小的自我""肉的自我"只是个体、是部分、是殊相，对应的是人的种种不合理欲望与动物性冲动、是私心杂念、是"私则万殊"的；而"大的自我""灵的自我"是整体、是全部、是共相，对应的是人的至高无上的道德理想与精神追求，是大公无私，是"公则一"的。"灵"就是根本区别于"肉"这一生物性特征的精神性因素，是人所独具的高贵和尊严。故而，"因小通大""推肉合灵"也就是要通过"自强不息""尽性赞化"而达致历史深处的精神实在。一方面，人作为动物性存在本来就有吃喝拉撒饮食男女等追求欲望满足的自然天性；另一方面，人作为历史与文化性存在又有互帮互助、"人人为我，我为人人"的社会属性。动物性存在是人类社会存在的自然生理性物质基础，社会性存在是人类社会发展的历史精神性文化保障。但作为动物性与社会性双重存在的人很自然地极容易执着于先天本具的"肉的自我"与"小的自我"，所以才有物欲横流，才有情感泛滥，才有自私自利，才有巧取豪夺，才有奴役侵略，才有磨刀霍霍，才有压迫剥削，才有种种泯灭人性的不正义的对待。[①] 其结果，就是朱熹所说的"知诱物化，遂亡其正"（《论语集注·卷六·颜渊第十二》），也就是马克思所说的人的异化。人与动物的本质区别正在于其社会性而非动物性，从人类以往发展的全部历程和未来发展的终极趋势来看，异化只是人类历史发展过程中短暂的、局部的片段。

相应地，就个人所生活于其中的社会制度环境而言，"小的自我"与"肉的自我"对应的是私有制下的残酷生存竞争和优胜劣汰，"大的

[①] 作为正常的社会，要克抑人追求不合理欲望满足的动物性鼓励弘扬人互帮互助的社会性。否则，人迟早会退回到动物世界中互相撕咬、弱肉强食、血腥残忍的生存斗争。资本主义最大的问题就是通过不断刺激人们并不一定十分合理的自然生理欲望扩大市场虚假需求或通过人为制造短缺哄抬物价以牟取暴利，这样就会进一步造成贫富分化财富分配失衡以及随之而来的资源配置效率低下乃至整个社会的土崩瓦解。

自我"与"灵的自我"对应的是天下为公下的相亲相爱和天下大同。古今中外人们之所以对正义苦苦追寻,其目的也正是不仅要"自强不息","尽性赞化"以解决人生问题,开辟人生境界,实现"人道合一","人天合一","与共相合一";而且还要"求现代的理想与实用一致",通过对社会的改造进入历史深处的精神实在,以人类的高度解放而达致社会与人生的全部自由。

(三) 以小见大

由于社会历史发展的流变性与阶段性和人类文化生活的丰富性与多样性,正义思想理所当然也会表现出一些阶段性的、"殊相性"的特征。这种特征是否存在,我们又能否把握这种特征呢?这似乎都是一个问题。众所周知,海谋曾对《精神现象学》提出过一个很有名的批评,他说:"精神现象学是被历史混淆和搅乱了的心理学和被心理学扰乱了的历史。"① 贺麟、王兴玖则认为这是由于海谋不懂得"一切心理现象、意识现象都同是意识的经验、经历和历史,都是本质的表现,都在寻求与自己的本质相统一"。更不懂得《精神现象学》历史的东西与逻辑的东西相统一的意义。② 贺麟、王兴玖的说法对我们理解正义思想的发展很有启发意义,而科尔伯格的道德发展理论正好为我们做这种理解提供了一个可供参考的解释框架。

这种理解模式肇始于席勒,他在《人的审美教育通信集》的第 24 封信里,把人及人类的发展分为"三个不同的环节或阶段"。他提出这些阶段"既是个人也是整个人类按照一定次序所必须经过的阶段……由于偶然的原因或由于外部事物的影响或由于人的自由任性,经过这些阶段的期间,有时可以拖长,有时可以缩短,但没有人可以完全躐等越过,而且经历的次序既非自然,也非人的意志可以使之颠倒"③。费希特

---

① 转引自 [德] 黑格尔《精神现象学·译者导言》(上卷) 贺麟、王玖兴译,商务印书馆 1979 年版,第 17 页。
② 转引自 [德] 黑格尔《精神现象学·译者导言》(上卷),贺麟、王玖兴译,商务印书馆 1979 年版,第 18 页。
③ 其三阶段是:人在自然状态中单纯忍受自然力量的压迫;在审美状态中他把自己从自然力量中解放出来;在道德状态中他支配自然力量。转引自 [德] 黑格尔《精神现象学·译者导言》(上卷),贺麟、王玖兴译,商务印书馆 1979 年版,第 18 页。

1804—1805年冬在柏林所做的《当前时代的基本特点》讲演中，把人的"世间生活"或"人类逐渐教养的过程"分为五个时代，也可以说是"理性发展史"的五个时代。①

黑格尔说，"各个个体，如就内容而言，也都必须走过普遍精神所走过的那些发展阶段，但这些阶段是作为精神所已蜕掉的外壳，是作为一条已经开辟和铺平了的道路上的段落而被个体走过的。这样，在知识的领域里，我们就看见有许多在从前曾为精神成熟的人们所努力追求的只是现在已经降低为儿童的知识，儿童的练习，甚至成了儿童的游戏；而且我们还将在教育的过程里认识到世界文化史的粗略轮廓"②。的确如此，在宗教统治一切的黑暗中世纪，伽利略、布鲁诺等经过长期观察和深思熟虑并冒死投身的地心说与日心说之争现在已经成了中学生甚至小学生耳熟能详的基本常识。究其原因，是因为个体发展的不同阶段代表着人际关系的不同模式。但就自然科学知识而言，人类早已由对自然界仅仅通过自身感觉器官粗陋观察和玄想推理的阶段步入通过天文望远镜和人造卫星以及科学模型的精密观察和复杂计算。而这不但是对人类以往发展阶段的精神总结，同时也由于人类历史与文化的拓展性与延续性而内含着未来历史展开过程的全部基因和人类演进趋向的全部萌芽。实际上，尽管皮亚杰和科尔伯格把他们的学说限定在个体阶段性发展的范围之内，但是其他作者（著作见罗哲海《轴心时期的儒家伦理》参考书目之 Elfenbein 1973；Döbert 1973；Habermas 1982 第 171—186 页；Eder 1980；Rosenberg；Ward；与 Chilton 1988，第 127—160 页）则着手将其理论运用于人类历史发展的

---

① （1）理性无条件地受本能支配的时代：人类天真的状态。（2）理性的本能变成外在的强制的权威时代：即确立礼教和典章制度的时代，所要求的是强制、盲目信仰和无条件地服从。这是走向罪恶的时代。（3）解放的时代：直接从统治的权威，间接从理性的本能和一般任何形态的理性权威解放出来。这是对于一切真理绝对漠不关心，完全无拘束，没有任何指导的时代；这是罪恶完成的时代。（4）理性科学的时代：在这时代里人们认识到真理是最高的东西，对真理有了最高的爱好。这是走向善的时代。（5）理性艺术的时代：在这时代里人们以确定无误的步伐正确地实现理性。这是善的完成和圣洁的状态。转引自黑格尔《精神现象学译者导言》（上卷），商务印书馆1979年版，第18—19页。

② ［德］黑格尔：《精神现象学》（上卷），贺麟、王玖兴译，商务印书馆1979年版，第18页。

研究上。①

　　这种情况在中国并非没有同调。据《春秋公羊传》，孔子写《春秋》，"所见异辞，所闻异辞，所传闻异辞"。董仲舒发挥其说，认为"《春秋》分十二世以为三等，有见有闻有传闻"（《春秋繁露·楚庄王第一》）。东汉何休明确提出"三世"的概念，他认为孔子著《春秋》，是取春秋时期242年"著治法式"，而将社会治乱兴衰分为三世：衰乱→升平→太平。此"三世"说只是讲社会从乱到治变化过程，尚未涉及社会性质转变的问题。魏晋之世，"公羊"式微，玄学大昌。直至清朝嘉庆、道光年间，"公羊"学才得以复兴，清代经学家刘逢禄（1776—1829）等人着重阐发"公羊"的"张三世"之义，说"春秋起衰乱，以近升平，由升平以极太平"。龚自珍开始将"公羊"的"三世"与《礼记·礼运》联系起来，并认为人类整个历史"通古今可以为三世"，他的这一观点已经开始含有社会进化发展的意义。19世纪末，康有为明确地把"公羊"的"三世"，《礼记·礼运》的"小康""大同"与近代进化论糅合起来，系统地提出了"三世"说历史进化论，它的基本思想是：人类社会是变化发展的；社会历史进化是沿着据乱世→升平世→太平世的轨道，由君主专制到君主立宪，再到民主共和，一世比一世文明进步，最后达到"太平大同"这一人类终极理想。"三世"进化是和平的、循序渐进的、不能躐等的，这种"三世"进化之义，是孔子所规定的。康有为的这一学说打破了"天不变，道亦不变"的说法，否定了历史循环论，在当时的社会中产生了积极的影响。②

---

　　① 参见［德］罗哲海《轴心时期的儒家伦理》，陈咏明、瞿德瑜译，大象出版社2009年版，第41页。哈贝马斯在《交往与社会进化》一书中对科尔伯格的道德发展学说作了概括并用它解释人类社会发展阶段。科尔伯格把个体道德发展分为依次发展的三个阶段：前习俗阶段，习俗阶段和后习俗的、自律的或原则化的阶段。在前习俗阶段水平，儿童能对文化规则以及好与坏、对与错之类的标准作出响应；但他们对这些标准的理解，或是依据行为（惩罚、奖赏、礼物的交换等）的物质和享乐性结果，或是依据发布上述规则与标准的人所拥有的物质力量。在习俗阶段水平，维护个体家庭、集团、国家的期望，作为可在自己的权力中予以评估的东西被接受，而不管其直接的、显而易见的结果。此时的态度不再仅仅遵从于个人愿望与社会规则，而是对社会规则的忠诚，并积极维护、支持它，以至于与卷入其中的个人与集团同一化。在后习俗的、自律的或原则化的水平上，明确出现某种为界定道德价值与原则的努力；除提出这些原则的集团或个人的权威以及个体自身对这些集团的认同以外，这些道德价值与原则亦拥有有效性和适用性。

　　② 参见李文远《康有为"三世说"的理论内涵及其重要贡献》，《学习与探索》2011年第2期（总第193期）。

梁启超在《文野三界之别》中更明确地以《春秋》之据乱世、升平世、太平世解释人类历史的发展阶段。他认为第一阶段为蛮野之人，特征是"逐便利而成群，利尽则散去……常畏天灾，冀天幸，坐待偶然之祸福，仰仗人威，而不能操其主权于己身"；第二阶段是半开之人，特征是"及谈事物之理则不能发疑以求其真是；模拟之细工虽巧，而创造之能力甚乏；知修旧而不知改旧；交际虽有规则，而其所谓规则者，皆有习惯而成"；第三阶段是文明之人，特征是"范围天地间种种事物于规则之内，而以己身入其中以鼓铸之；其风气随时变易，而不惑溺于旧俗所习惯；能自治其身，而不仰仗他人之恩威；自修德行，自辟智慧，而不以古为限，不以今自画，不安小就，而常谋未来之大成，有进而无退，有升而无降，学问之道，不尚虚谈，而以创新法为尚；工商之业，日求扩充，使一切人皆进幸福"[1]。在对于人类不同发展阶段具有不同文化气质和精神面貌这一点上，我们很容易就可以在梁启超的观点和科尔伯格的理论之间找到一些相似之处，这又为我们理解人类精神生活发展变化的阶段性特征提供了一个略为共通的基础，而这无疑会为我研究作为诸德之基和人类精神指针的正义思想的发展变化提供一种理论参照。"刘述先同意科尔伯格的普遍性理论，亦认为人类是朝向自律性的社会道德规范而发展。"[2] 罗哲海在其《轴心时期的儒家伦理》一书中更是利用科尔伯格的理论范式对中国先秦时期思想的发生、发展和演变进行了深入的探讨，这为我们提供了很好的借鉴。

人类社会早期血亲复仇和"禳祓""祈福"之类的宗教仪式和政治活动符合科尔伯格前习俗阶段之"工具理性""等利害交换"等特征。随着人类改造自然和治理社会经验的积累，习俗会逐渐在人类的生产和生活中占据重要的地位。具体到中国而言，礼的起源无疑和周人农耕文化所造成了仪礼习俗有着极大的关联，礼乐教化同样会形成新的习俗，这种情况之下的正义思想无疑是要被一些或新或旧的习俗所规范。礼崩乐坏会导致中国古代的文化精英对习俗背后深微的原则进行深刻反思，这就导致正义思想进入试图用"道""义""一"等高度抽象的范畴来把

---

[1] 参见《梁启超全集》第1卷，北京出版社2005年版，第340页。
[2] [德]罗哲海：《轴心时期的儒家伦理》，陈咏明、瞿德瑜译，大象出版社2009年版，第40页。

握伦理道德终极原则的后习俗阶段的出现。

在《精神现象学》序言中，黑格尔说："一方面的人在夸耀其材料的丰富性和可理解性，另一方面的人则至少是在鄙视这一切，而吹嘘直接的合理性和神圣性。"① 黑格尔在对前者的肯定中包含着部分批评，他认为他们只是把已经熟悉的和整理就绪的东西搬进他们的领域里，由于他们同时还占有尚未整理就绪的材料就自认为就已经把一切归属于绝对理念之下并成功地发展成为一门开展了的科学。

"但仔细考察起来，我们就会发现他们所达到的开展，并不是因为同一个理念自己取得了不同的形象，而是因为这同一个理念作了千篇一律的重复出现；只因为它外在地被应用于不同的材料，就获得了一种无聊的外表上的差别性。如果理念的发展只是同一公式的如此重复而已，则这理念虽然本身是真实的，事实上却永远仅只是个开始。如果认知主体只把唯一的静止的形式引用到现成存在物上来，而材料只是从外面投入于这个静止的要素里，那么就像对内容所作的那些任意的想象一样不能算是对于上述要求的满足，即是说，这样做出来的不是从自身发生出来的丰富内容，也不是各个形态给自身规定出来的差别，而毋宁是一种单调的形式主义。这种形式主义之所以能使内容有差别，仅是因为这种差别已经是现成的而且已为众所熟知。"②

可以看得出来，黑格尔既反对脱离材料地凭空臆想，也反对不加分析地盲目占有材料。同样，形式地，"哲学语录汇编式"③地讨论正义思想虽然也是有意义的，但并不具有决定性的意义；对正义思想的讨论同时还需要一种历史和辩证的领悟。④ 从正义思想的发展本身入手进行合乎逻辑的探讨才能真正达到对正义思想全面而深刻的理解和认识。

---

① ［德］黑格尔：《精神现象学·序言》（上卷），贺麟、王玖兴译，商务印书馆1979年版，第9页。
② ［德］黑格尔：《精神现象学·序言》（上卷），贺麟、王玖兴译，商务印书馆1979年版，第9页。
③ ［德］罗哲海：《轴心时期的儒家伦理》，陈咏明、瞿德瑜译，大象出版社2009年版，第2页。
④ ［美］罗尔斯：《正义论·译者前言》，何怀宏、何包钢、廖申白译，中国社会科学出版社1988年版，第26—27页。

"我认为,只有沿着这条自己构成自己的道路,哲学才能成为客观的、论证的科学。"①《正义论》的译者在谈到自然法和契约论时也说,"但我们也确实要注意在契约论和自然法理论中蕴含的非历史倾向。我们强调历史性不仅意味着必须把契约论本身也看作一种历史发展的产物,因而在把它作为一种方法时,也要考虑到它的历史蕴含;而且意味着按契约论原则建立起来的理论可能还需要一种历史哲学或文化哲学来提供某种依托或背景"②。何怀宏等人所论的重点在于理论的建立需要历史哲学或文化哲学作为可靠的依托或背景而不能单单奠基于抽象的概念推演。这是因为,"哪怕是最抽象的范畴,虽然正是由于它们的抽象而适用于一切时代,但就这个抽象的规定性本身来说,同样是历史关系的产物,而且只有对于这些关系并在这些关系之内才具有充分的意义"③。

黑格尔在《精神现象学》中谈到对真理的认识过程时说:"因为每个环节自身就是一个完整的个体形态,而且只当它的规定性被当作完整的或具体的东西来考察时,或者说,只有当全体是在这种规定性的独特性下加以考察时,每个环节才算是得到了充分的或绝对的考察。"④ 对任一事物的发展变化而言,每一个环节是其在时间中的绵延,而每一侧面则是其在空间中的展开。而对于处于普遍联系以及与其自身各个要素相互联系和相互作用中的每一事物而言,环节与侧面是对立统一的,是一而二,二而一的东西。因此,黑格尔所说的环节也即侧面同样适用于我们对正义思想的把握,而本书的目的就是要在正义思想的发展历程和不同面向中求得对其深刻的理解和完整的把握,也就是说力求剥掉由于古人对正义思想所进行的形形色色的表述而显现的那种偶然性,从而对正义思想本身的整体性和必然性作一相对客观的、真实的呈现。

正是基于上述的经验,本书试图把中国古代正义思想纳入"系统性的框架中加以讨论",以寻求"经验性探索与规范性需求"之间适度的

---

① [德]黑格尔:《逻辑学·第一版序言》(上卷),杨一之译,商务印书馆1966年版,第5页。
② [美]罗尔斯:《正义论·译者前言》,何怀宏、何包钢、廖申白译,中国社会科学出版社1988年版,第21页。
③ 《马克思恩格斯选集》第2卷,人民出版社1972年版,第107—108页。
④ [德]黑格尔:《精神现象学》(上卷),贺麟、王玖兴译,商务印书馆1979年版,第19页。

平衡，在充分尊重文本和历史事实经验性表述的基础上，努力揭示文本和历史事实背后所深藏的社会规律和历史逻辑。故而本书在研究中国正义思想时不但会尊重中国传统文献的话语方式，还要采用黑格尔伦理实体和科尔伯格认识演进论的理论范式，以求从纵、横两个侧面更为系统性地说明问题。

第一章 正义理论概述

正如"绪论"部分所言,现代正义思想发轫于西方,而国内当下正义思想研究热潮的悄然兴起一方面在社会层面是由于现实政治需要的推动,另一方面在理论层面是由于要对西方以罗尔斯为代表的正义理论思潮作出呼应。自然地,西方有关正义思想的相关理论及中国学者的既有研究成果就成了我们研究中国传统正义思想的一种可以凭借的理论参照。蒙培元、陈来、郭齐勇、黄玉顺、黄克剑、仝晰纲等先生的研究既为我们提供了丰富的理论素材,也为我们提供了很好的方法借鉴,本书在展开论述时充分吸收了他们的相关成果并试图作出新的阐发。

一 何为正义?

"正义"一词在西方文献中出现颇早。根据黄克剑的考察,"正义"一词最早是与"始基"和"命运"联系在一起的[①]。阿那克西曼德说:"万物由之产生的东西,万物又消灭而复归于它,这是命运规定了的。因为万物在时间的秩序中不公正,所以受到惩罚,并且彼此互相补足。"[②] 黄克剑认为这里的"公正"就是"正义"的同义语,但若是要细加考究的话,黄克剑的这种说法存在一定的问题。因为,现代意义上"公正"和"正义"都是与社会的制度价值或人的道德品性有着直接相关性的概念,而阿那克西曼德所说的"命运"和"公正"更多指的是一

[①] 黄克剑:《"正"、"义"与"正义"——中西人文价值趣求之一辨》,《福建论坛》(人文社会科学版)2002年第2期。

[②] 北京大学哲学系编译:《古希腊罗马哲学》,商务印书馆1961年版,第7页。

种宇宙秩序，与现代意义上的"正义"相比其内涵要小得多而外延要大得多。真正直接使用"正义"一词的是赫拉克利特和毕达哥拉斯学派，毕达哥拉斯学派把"正义"确定为"数"的某一特性①，而"数"在这里被他们认为是派生于万物之始基的"一元"的。赫拉克利特则断言"火产生了一切，一切都复归于火。一切都服从命运"②的同时，也指出："正义就是斗争，一切都是通过斗争和必然性而产生的。"③其实，"始基"是秩序展开的逻辑起点，或者说"始基"内在地包含着秩序的种子；而"命运"和"必然性"本身就是一种秩序。由此，我们可以说西方的正义观念一开始就是和秩序相联系的，而秩序一旦模式化或规范化并固定下来就会成为制度。所以，我们也可以说西方的正义观念首先内含着制度价值之维，是一种公共善。苏格拉底和柏拉图都认为正义贯穿于城邦和个人的整体④，是公共善和私人善或者说是制度和德性的统一。嗣后，"正义"作为价值指称的用法开始定形并频繁地出现于西方人的各类著述之中。

在中国，遍索孔子之前的"五经"文献，虽已有"正""义"二字，却没有"正""义"相连而构成"正义"一词独立使用的情况。《论语》凡二十篇，用"正"字24处，用"义"字24处，但终篇亦未见"正"与"义"两字联用为"正义"者。《孟子》凡七篇，"正"字出现39次，"义"字出现97次，亦终其篇未见"正义"一词。就目前可以检索的文献来看，荀子是最早联"正"与"义"而用为"正义"者："不学问，无正义，以富利为隆，是俗人者也。"（《荀子·儒效》）"正利而为谓之事，正义而为谓之行。"（《荀子·正名》）后儒注释经史多以"正义"为名，不过这里"正义"是要"正"经史之"义"，也就是要准确把握经史所蕴含的精深义理，这不但与现代意义上指陈制度或德性的"正义"风马牛不相及，亦与荀子所言之"正义"相隔两途。但若审荀子之所言，《儒效》中"无正义"与"不学问"、"以富利为隆"意义相

---

① 北京大学哲学系编译：《古希腊罗马哲学》，商务印书馆1961年版，第37页。
② 北京大学哲学系编译：《古希腊罗马哲学》，商务印书馆1961年版，第15页。
③ 北京大学哲学系编译：《古希腊罗马哲学》，商务印书馆1961年版，第26页。
④ 参见王玉峰《城邦的正义与灵魂的正义——对柏拉图〈理想国〉的一种批判性分析·内容提要》，北京大学出版社2009年版，第1页。

近，也就是说"正义"是"不以富利为隆"，是用来描述人之品位素养的修饰成分，这和德性意义上的"正义"一词在内涵上有着一定程度的交叉重叠。而《正名》中"正义而为谓之行"的"正义"是描述行为性质的，这同样和现代意义上的"正义"一词在内涵上有着一定程度的交涵互摄。

城邦生活形塑了希腊人的"正义"观念，但正如黄克剑所言，彼时"正义"所蕴含的"权利"意识尚未凸显。在前苏格拉底的希腊哲学中，"正义"由于内嵌于"命运"派生的宇宙秩序之中而使古希腊人因着相信"命运"秩序而相信"报应"的必然性。赫拉克利特说："一切变成火，火烧上来执行审判和处罚"①，那所谓"审判和处罚"中正隐含着某种以"应得"为核心内涵的纠正"正义"；巴门尼德《论自然》说"司报应的正直女神"掌管"以太大门"的启闭之钥，这里统合"正直"和"报应"于一身的正直女神就是"正义"的化身。"正义"与"报应"的观念一同构成"命运"秩序，但既然是在"命运"秩序的框定与限制之中，人便不再是有独立选择的自由主体，因而"正义"所表达的也不过是一种客观存在而人类在其掌控面前完全无能为力的宇宙秩序，它和人的生命历程和精神世界是根本无涉的。黄克剑认为，苏格拉底之后，希腊哲学的主题完成了从自然"命运"到精神"境界"的人文转向；这时，"正义"的指向尽管依然是秩序的和谐，这秩序的和谐更多的是就个人灵魂和城邦社会而言的，同"命运"支配下的秩序相比它具有了更多伦理意义上的人文色彩。例如，柏拉图在《理想国》中就曾经指出，"正义"对于个人意味着"理性""激情""欲望"的各当其分，对于城邦则意味着赋有"智慧"、"勇敢"和"节制"德性的人们依其德性而各司其职、各当其位。在这里，为"正义"所引导的主要是人的德性修养与城邦秩序的和谐同构，然而，各当其位、各司其职的社会分工已隐然触及"正义"所关涉的社会共同体成员的"权利"问题。②

"权利"意味着在合理的社会架构和制度背景中个体主动进行价值

---

① 北京大学哲学系编译：《古希腊罗马哲学》，商务印书馆1961年版，第25页。
② 参见黄克剑《"正"、"义"与"正义"——中西人文价值趣求之一辨》，《福建论坛》（人文社会科学版）2002年第2期。

选择并通过合法的自由行动以达至其合理目的，这里的社会架构和制度背景究其本质就是秩序。质言之，"权利"先在地内含着"秩序"这一强制性的隐匿条件。也就是说，没有秩序作为前提保障，权利就无从谈起。由于"权利"需要个体主动进行价值选择，所以"权利"意识在体现为"一种不可挽回的必然"（伊壁鸠鲁语）的命定秩序之下是无从产生的。拿破仑在同歌德讨论悲剧时说，古代悲剧在自然秩序中展开的"命运"在现代悲剧中已经代之以在人性反思中凸显的"政治"。随着人类文明的发展，人与人之间结合成的社会秩序逐渐取代自然环境而成为影响人生理寿命和社会地位的关键性决定因素，这表明作为整体活动的人类对于自然而言的主体性的不断提升。人生境界是对现存环境和秩序的精神超越，是人类主体性的集中表现。但人对精神"境界"的内向祈致客观上会弱化对社会秩序的外在需求与理性拷问，这又会内在地减少和压制人的空间争夺与权利冲突意识。正如黄克剑所言，"权利"意识催生于松开了伦理羁勒的利益权衡，它为政治秩序而非自然秩序所赋予人的"命运"感所引发和触动。在此情况之下，人所有行为的价值标准和最终意义都要通过政治秩序来进行背书。质言之，在"权利"意识之中，"命运"与基于订约而形成的政治秩序息息相关。从这种意义上来说，人既是自由的，又是不自由的。或者说，人既在"命运"之中，又在"命运"之外。人既可以通过订约而选择自由的"命运"，也可以通过不订约或毁约而选择不自由的"命运"。因此，从整体上说"权利"意识赋予了人自由选择的主体性地位。①"在西方，无论是城邦时期的希腊，还是尚未获得后来那种帝国版图的罗马，都还不是'权利'意识的摇篮，这种对于西方文化有着特殊价值的意识必得在受惠于希腊哲学的罗马世界才可能结胎。"② 更准确地说，是罗马法促使了"权利"意识的萌生。

---

① 普遍的自由选择只有在进行等价交换的市场上才有可能实现，所以"权利"只有在商品生产和市场交换成为人的生存约束和生活条件的情况下才勉强成为普遍的社会现实。当然，在资本主义社会，迫于生存和生活的压力，这样的自由选择只是形式的，而不可能是实质的。真正的自由选择，绝对的"权利"只有在物质财富充分涌流并且每个社会成员共同占用社会财富的共产主义社会才能实现。

② 黄克剑：《"正"、"义"与"正义"——中西人文价值趣求之一辨》，《福建论坛》（人文社会科学版）2002年第2期。

一般来说，法律本身就是对充满自然任性的贵族化特权的制约与限制。先秦时期中国颁布过两次法律：公元前536年，郑子产铸刑书。晋叔向批评说："昔先王议事以制，不为刑辟，惧民有争心也……民之有辟，则不忌于上，并有争心，以征于书，而徼幸以成之，弗可为矣。夏有乱政而作《禹刑》，商有乱政而作《汤刑》，周有乱政而作《九刑》，三辟之兴，皆叔世也。今吾子相郑国，作封洫，立谤政，制参辟，铸刑书，将以靖民，不以难乎？……民知争端矣，将弃礼而征于书。锥刀之末，将尽争之。乱狱滋丰，贿赂并行，终子之世，郑其败乎！肸闻之，国将亡，必多制，其此之谓乎！"（《左传·昭公六年》）公元前513年，晋赵鞅、荀寅在今河南汝水之滨以范宣子刑书铸刑鼎，孔子批评说："晋其亡矣，失其度矣。夫晋国将守唐叔之所受法度，以经纬其民，卿大夫以序守之。民是以能尊其贵，贵是以能守其业。贵贱不愆，所谓度也。文公是以作执秩之官，为被庐之法，以为盟主。今弃是度也，而为刑鼎，民在鼎矣，何以尊贵？贵何业之守？贵贱无序，何以为国？且夫宣子之刑，夷之蒐也，晋国之乱制也，若之何以为法？"（《左传·昭公二十九年》）叔向的论据倒因为果，其论证也不符合逻辑；孔子尽管遵从了历史主义，但其先入为主的批评某种程度上充满了偏激。一言以蔽之，叔向和孔子都对法律能否实现社会治理表现出了极大的怀疑和不信任。究其原因，是因为在叔向和孔子眼中"贵贱不愆，所谓度也"。礼制秩序以阶级等差为基础，而以平等为核心价值的法律会抹平礼制所维持的阶级等差。与叔向和孔子的法律观恰恰相反，亚里士多德说："已成立的法律获得普遍的服从，而大家所服从的法律又应该本身是制定得良好的法律。"[1] 西塞罗更是明确地表示，"国家是人民的事业。可是人民……是指一个人群因服从共同的正义的法律和享受共同的利益而造成的整体结合。国家的精神目的就是维护正义，物质目的就是保护私有财产。国家是人民为了正义和保护私有财产，通过协议建立起来的政治组织"[2]。

叔向和孔子反对颁布法律，而亚里士多德和西塞罗不仅主张法治而且倡导用"本身是制定得良好的法律"和"正义的法律"来进行社会治

---

[1] ［古希腊］亚里士多德：《政治学》，吴寿彭译，商务印书馆2017年版，第202页。
[2] 参见谷春德、吕世伦《西方政治法律思想史》，辽宁人民出版社1986年版，第97—99页。

理。"本身制定得良好"和"正义"是一个意思，都是说法律本身就要符合正义原则的要求。从上面的材料可以看出，一方面，在社会治理上，古代西方重视法治而古代中国则重视礼治而贬抑法治；另一方面，与同时期的西方相比，中国先秦时期的国家观念极其模糊。[①]与古代其他民族的法律相比，罗马法也表现出了更多的历史自觉和公共理性。与中国先秦时期铸刑鼎类似，公元前450年，在保民官和平民的努力下，罗马元老院被迫颁布《十二铜表法》，其内容包括传唤、审判、求偿、家父权、继承及监护、所有权及占有、房屋及土地、私犯、公法、宗教法以及对前后五表的补充，是一套包括实体法和程序法，内容完备的法律体系。

就治理社会的政治工具而言，权力由于依附于特殊的个体、阶级、阶层和具体的历史处境而具有个别性、特殊性、偶然性和任意性；而作为权力对立物并脱去了偶然性和任意性的真正表达国家意志的法律[②]虽然也会随着时代的发展而增损补益，但由于其彻底的公共指向性[③]相对而言先在地具有不同程度的一般性、必然性和稳定性。法律的发展也遵循着一定的规律，那就是随着行政治权的不断扩大和社会发展与文化交往的不断增多，法律会出现普遍化的趋势，而这种普遍化趋势发展到一定程度就会导致像亚里士多德和西塞罗那样对法律本身进行终极意义上的追寻和形而上的思考。罗马法最初只是面向罗马人自己的"市民法"或"公民法"，随着罗马帝国政治版图的不断拓展和贸易往来的与日俱增，"万民法"这一用于罗马人与非罗马人之间和非罗马人相互间的律法应运而生。但无论是"公民法"还是"万民法"，都只是形而下意义上经验形态的具体法令和律条，尚缺乏一种哲学为它提供超越经验有限性的形而上的理论依据并据此以贯入某种趋于无限性或神圣性的终极追求。机缘巧合，衍生于斯多葛派哲学的"自然法"观念最终成全了罗马

[①] 中国先秦社会更像是一种松散的联邦，说松散是因为这样的联邦不是通过政治法律手段抟聚在一起的，而是通过礼义文化手段结合而成的。从这种意义上来说，中国先秦时期的国家观念是极其模糊的。

[②] 法律虽然也是由特定阶级所制定的，但与直接依附于特定个体、阶级、阶层、集团的权力相比更具有普遍性，也更能代表国家意志。

[③] 一方面，尽管法律具有阶级性，为维护特定阶级的特殊利益而服务，但法律却要面向全体公众；另一方面，真正的法律至少在形式上要坚持人人平等。

的法律精神。"万民法""公民法"在被"自然法"——以自然体现一种神圣的道德秩序而断定自然本身就具有绝对合理性的大法——作了哲学点化后,罗马法开始透出别一种韵致。① 当罗马法学家提出"根据自然法,一切人都是生而自由的"这样的论断时,他们也为"正义"作了一个有着经典意义的界说:"正义乃是使每个人取得他的权利的一个固定而永恒的力量。"② 由于"权利"必要奠基于自由之上,显而易见,在这里自由已经牢固地与正义结盟。所谓"固定而永恒的力量"就是说正义会突破任何偶然性东西的限制而直指永恒的自由。当"权利"成为"正义"的核心价值之后,"正义"就脱除了苏格拉底、柏拉图所赋予它的德性意义上的精神外衣,而回复到了秩序和谐的价值内涵,只不过是这里的"自然法"代替了古希腊的自然"命运"。"自然法"的说法为古希腊的自然"命运"注入了人文反思的精神性因素,把人类对自身命运的关注从自然秩序拉回到了社会政治生活。

诚如黄克剑所言,为格劳秀斯、斯宾诺莎、霍布斯、洛克、孟德斯鸠、卢梭等所大力倡扬的近代自然法,其实是对古代自然法赋有近代祈向和时代构想的价值肯认与精神回溯。对"正义"永恒价值的普遍性认可,对"权利"形上意义的无条件追寻构成了近代自然法的生命与灵魂,生而自由的每个共同体成员的当有权利是近代自然法学者们立论时贯穿始终的中心话题。虽然源自古代的"社会契约论"并不是每个自然法学者都赞赏的,但它在整个思潮中仍作了自然法理论的核心环节。人类反思的"人权"观念从这里萌蘖,社会治理的民主意识亦由此奠基。诚然,在近代自然法学派诉诸"正义"申说"权利"或诉诸"权利"申说"正义"时,所致力的主要在于政治变革,但逻辑所致,却并不囿于政治的畛域。此后,无论"自然法"和"契约论"在黑格尔乃至罗素等哲学家那里遇到了怎样的责难,那从逻辑悬设中引出的价值观念却已深入人心,乃至于20世纪当罗尔斯再度借着契约论而阐述一种"正义"观时,我们依然感受得到这一切并非只是历史的遗响。罗尔斯声称自己所宣说的"正义"是"公平的正义",实际上它正同近代自然法学派就

---

① 参见黄克剑《"正"、"义"与"正义"——中西人文价值趣求之一辨》,《福建论坛》(人文社会科学版)2002年第2期。
② 参见[东罗马]查士丁尼《法学总论》,商务印书馆1989年版,第5、7页。

个人"权利"而探求一种公正的社会制度的意向一脉相承。①"权利"首先指向一种现实的物质利益或精神诉求,是一种"善",是要满足人的某种欲求;其次,"权利"又要以公正的社会制度作为逻辑支撑,指向对社会架构终极意义的追求。质言之,"权利"这一概念本身内含着两个向度:那就是"正当"与"善",而这两个向度也揭示了人是生物性存在与社会性存在的对立统一。

(一) 正当与善

正当与善可以说是近代西方伦理学的两个基本范畴,它们之间的关系也就成为伦理学讨论的主要论域之一,西方伦理思想史上目的论与义务论两大流派的分野就与此有关。目的论认为善是独立于正当的,是更优先的,是我们据以判断事物正当与否的根本标准(一种目的性标准);正当则依赖于善,是最大限度增加善或符合善的东西,而依对善的解释不同,就有各种各样的目的论,如功利主义、快乐主义、至善论等。义务论则与目的论相反,认为正当是独立于善的,是更优先的。康德就是义务论的一个突出代表。② 何怀宏等认为就西方传统而言,正义在某种程度上可以说是正当的一个子范畴,或者说,正义即是应用于社会制度时的正当。而实际上,特别就中国自身的传统来说,正义毋庸置疑地比正当具有更广泛的理论向度,正当应该是正义的一个子范畴,正义比正当更抽象、更普遍。这不仅仅是由于"义"字所包含的丰富意蕴,更主要的是由于正义不单单是指向社会制度,而更多的是指向道德标准和精神要求,甚至后者占有更重要的地位。③

一方面,罗尔斯认为,政治哲学所说的公平主要是形式的和程序性

---

① 参见黄克剑《"正"、"义"与"正义"——中西人文价值趣求之一辨》,《福建论坛》(人文社会科学版) 2002 年第 2 期。

② 参见 [美] 约翰·罗尔斯《正义论·译者前言》,何怀宏、何包钢、廖申白译,中国社会科学出版社 1998 年版,第 10 页。

③ 关于从"义"字之字源和词源学意义上梳理正义思想的文章请参看中国儒学网所载石永之《从"义"字看儒家正义思想的形成》。尽管由于中国文字的特点和"义"字本身的丰富内涵使其部分涵盖了正义思想的某些内容,但文字本身有其表达的局限,而思想的发展的演变却有其固有的逻辑与线索。就此而言,单单从字源或词源角度梳理思想是不合适的,至少在逻辑上是不周全的。

的，而不是内容的和实质性的。① 这是因为就公平而言，内容和实质是偶然性的，由于其与具体的历史处境相联系而不具备一般性和普遍性；形式和程序正因其没有具体的内容和实质而具有一般性和普遍性，而公正只有表现为形式和程序才具有广泛的适用性和普遍的约束力。"因此，虽然作为公平的正义允许在一个组织良好的社会中承认优越性的价值，但是追求人类至善必须限制在自由社团的原则的范围之内。人们以和他们组成宗教团体相同的方式结合起来，以促进他们的种种文化和艺术利益。由于他们的活动具有更多的内在价值，他们不使用强制的国家机器来为自己争取更多的自由或更大的分配份额。"② 至善不是形式和程序性的，而是内容和实质性的，不同的人有不同的理解和要求，因而至善是异质的、偶然的、任意的。所以，至善论不适合作为一个至高无上的具有唯一裁判权威的政治原则，即使追求至善本身蕴含着内在价值。质言之，作为公平的正义独立于善并高于善的要求，只有这样才能使正义保持价值中立而不至于受特定个人或社会集团的影响。按罗尔斯的理解，内在价值是一个属于文化范畴的哲学概念，而平等自由或其他原则的正当性问题则是依赖于正当性的政治概念。"至善标准强调，社会基本结构中各种权利的分配，应旨在最大限度地追求总的内在价值。至善论认为尽管个人享有的权利和机会的结构很可能影响他们实现潜在权力和优越性的程度，但是并不能由此推论说，对各种基本自由的一个平等分配是最好的解决办法。"③ 罗尔斯之所以要反对至善论，正是因为至善论并不把对各种基本自由的平等分配作为正义理论的首要原则。质言之，与基于功利主义立场的至善论相比，罗尔斯更推崇平等的价值。

另一方面，罗尔斯特别强调正当原则或正义原则对善观念的规定或限制作用。他说："正当原则和正义原则使某些满足没有价值，在何为一个人的善的合理观念方面也给出了限制。人们在制订计划和决定志向时要考虑这些限制。因此，在作为公平的正义中，我们并不把人们的倾

---

① 姚大志：《何谓正义——当代西方政治哲学研究》，人民出版社2007年版，第49页。
② [美]罗尔斯：《正义论》，何怀宏、何包钢、廖申白译，中国社会科学出版社1998年版，第328页。
③ [美]罗尔斯：《正义论》，何怀宏、何包钢、廖申白译，中国社会科学出版社1998年版，第329页。

向和癖好看作既定的（无论它们是什么），然后再寻求满足它们的最好方式。相反，他们的欲望和志向从一开始就要受到正义原则的限制，这些原则制定了人们的目标体系必须尊重的界限。"[1]罗尔斯的本意是强调正义原则优先于个体追求，或者说是公共善优先于个体善；个体的兴趣、爱好、欲望和志向在满足正义原则价值要求的前提下才有意义。

罗尔斯的出发点当然是没有问题的，但他的逻辑推理确实存在一定的理论漏洞。首先，社会与个体，或者说集体与个人是辩证的统一：一方面，个人或个体是集体或社会的生物学和人类学前提，是组成集体或社会的细胞或单元，没有个人或个体也就没有集体或社会；另一方面，集体或社会又是个人或个体存在和发展的社会学和文化学前提，没有集体或社会作为个人或个体生存发展的社会文化背景，人就只能停留在动物阶段上而不可能成为真正意义上的人，但在罗尔斯的表述中我们看到的是集体或社会与个人和个体处于截然对立的分裂状态之中。其次，"求则得之，舍则失之，是求有益于得也，求在我者也。求之有道，得之有命，是求无益于得者也，求在外者也"（《孟子·尽心上》）。正如麦金泰尔所言，善有内在善与外在善之别。所谓内在的善就是内在于行为之中，个别人对这种善的占有非但不会造成这种善的匮乏，反而会为其他人同样合理地拥有这种善创造更好更充分的条件，其结果是，人类实现卓越的力量以及相关的人类目的和善观念都被系统地扩展了。这种内在的善主要是指道德的善，也包括符合德性良知或至少是不违背德性良知或善良风俗的某种技能、技艺，或对宇宙中任何事物或社会中任何领域良好的感知力、理解力和表达力等诸如此类的东西，接近于孟子所说的"求在我者也"。而外在的善是独立于行为之外的，对外在的善的获取途径是偶然的、任意的，少数人甚至个别人的过度占有就必然会造成整个社会的匮乏，这种外在的善究其实质就是物质利益——金钱、财富、权力等可以通过合法途径获得，亦可以通过非法和不道德的手段攫取的东西，接近于孟子所说的"求在外者也"。这种理论上的分疏极其类似于中国传统所充分阐扬的"义利之辨"。"人之异于禽兽者几稀"，如果

---

[1] ［美］罗尔斯：《正义论》，何怀宏、何包钢、廖申白译，中国社会科学出版社1998年版，第30—31页。

没有内在道德善作为基本的支撑，再完备、再精致的规则大厦都会轰然倒塌，公共善或者罗尔斯所谓的正当或正义原则也将荡然无存。值得注意的是，道德虽然具有一种溢出效应，有利于社会的秩序化和良性发展；但道德要求不同于法律约束，是要首先对行为主体自身负责的，是一种指向公共领域并增进公共善的个体善。一个值得深思的问题是，作为社会评价体系和主流舆论宣传，我们到底是该用内在善来统摄外在善，还是应该用外在善统摄内在善，这说到底其实还是"义利之辨"的问题。于此，我们可能就会对儒家极力倡导的以德才兼备道德优先为标准进行社会资源（名位体系）配置的良苦用心抱以同情的理解或理解的同情。①

作为一种理论对比，至善这一范畴本身中的"善"字映射和覆盖了麦金泰尔内在的善与外在的善的全部总和。罗尔斯所谓追求至善本身所蕴含的内在价值与麦金泰尔所谓内在的善在很大程度上存在交叉与重叠。实际上，说正当即正义原则不依赖于善，归根结底是由于预设了正义原则的形式性、程序性、唯一性、根源性（从逻辑上说，正义原则必须是唯一的，否则便不能称之为原则）和善的异质性、偶然性和任意性。如果说，善也是同质的、唯一的、普遍的、无差异的，那么正义原则依赖于善就不会再有任何逻辑矛盾。实际上，外在的善当然是异质的、偶然的、任意的；而真正纯粹内在的善或更准确地说道德的善或文化的美或更准确地说文明的美则无论古今中外都完全是同质的、唯一的、普遍的、无差异的，因而也是永恒的人性之光和人类之美。因此，我们有必要打破西方正当与善的二元分析模式，对正义的本质作出一种全新的探索。

（二）正义界说

文天祥《正气歌》有云："天地有正气，杂然赋流形。""当其贯日月，生死安足论。地维赖以立，天柱赖以尊。""三纲实系命，道义为之根。"冯友兰先生认为这里的"'正气'，大概不是孟子所说的'浩然

---

① 从积极方面而言要提倡道德优先、"人人为我，我为人人"，从消极方面而言要反对——至少不能鼓励金钱至上、一钱遮百丑与"有钱任性，没钱认命"的拜金主义。

气'的原来的意思"。这是因为冯先生认识到文天祥在这首诗里所涉及的诸种行为不仅是社会中的道德行为,而且具有超社会的终极意义。接下来,冯先生以"共相""殊相"为基本解释框架,从境界的角度对文天祥的诗作出了诠释。但对于何为"正气"这个问题,冯先生认为"不必深考"。毫无疑问的是,尽管没有明说,冯先生还是注意到了诗中"正气"所蕴含的本体论意义。① 按中国传统哲学的理解,也只有"道"或"天道"才既具有"地维赖以立,天柱赖以尊"的本体论意义,文天祥也把这种"正气"称之以"道义",因此,把这里的"正气"理解为"正义之气"应该是符合文天祥的原意的。

正义是人类永恒的追求,但把正义作为明确的理论话语进行广泛而深刻地讨论则是20世纪70年代以后的事情。抛开自由主义、社群主义、共和主义等西方话语方式的种种幻象,我们说正义无非有两种:一为分析的或认识的正义,一为体验的或直觉的正义。就分析或认识而言,"正义"是人们对社会正义的抽象,是人们对社会正义形而上的求索与追问,是对社会正义概念式的、理论化的把握,约略相当于"义";而社会正义则是人们诸种正义思想或正义理念在实际的、现实的社会生活中的落实和体现。它要求人们按照正义理念进行制度建构和生活规划,约略相当于"礼"。用冯友兰先生的说法来讲,社会正义关照的是社会中的诸种道德价值,属于"实际",是殊相,也就是朱子所谓的"分殊";而正义关照的是这些道德价值的"真际",是共相,相当于"义",也就是朱子所说的"理一"。就体验或直觉而言,社会正义则指向某种社会关系,是对此种社会关系合当与否的反思与追问,仅具道德意义;"正义"则指向一种绝对的精神性的价值,是要超越个体具体历史处境而进入永恒,自觉地与人类价值这一共相合一,"当其贯日月,生死安足论",此时就超越了道德意义而具有了天地自然与宇宙境界的意义。孔子说:"君子之于天下也,无适也,无莫也,义之与比。"(《论语·里仁》)《中庸》说:"君子之道,本诸身,征诸庶民,考诸三王而不缪,建诸天地而不悖,质诸鬼神而无疑,百世以俟圣人而不惑。"(《礼记·中庸》)这里的"无适也,无莫也""征诸庶民,考诸三王而不缪,建诸

---

① 参见冯友兰《三松堂全集·三松堂自序》,河南人民出版社2001年版,第226页。

天地而不悖，质诸鬼神而无疑，百世以俟圣人而不惑"说的就是要超越个体具体的历史处境而达致整个人类的全体性和普遍性，此时的"义"或正义乃是一种绝对性的东西。

正义的绝对性，其一是说正义就是正义，它不可能是非正义或别的东西。"正义永不受损坏。他之束缚，永无松懈。"[1] 任何一个时代、任何一个民族、任何一个个体都在不懈地追求他人正义对待自己的同时奋力反抗不正义的对待，而没有任何人去追求不正义的对待而反抗正义的对待。当然，历史上不乏以不正义地压迫与奴役他人为目的者；亦不乏奴性十足、不惜牺牲人格和尊严为代价而以赢得主子赏识和赐予为人生最高理想者。且不说他们是不是在追求他们自己的价值原则所锚定的"正义"理想而免于他们所理解的"不正义"的对待，但他们毕竟只是历史中的少数，他们的存在实际上只不过是为大多数人追求正义理想和反抗不正义的现实提供更为浑厚的激发力量和更为宏阔的历史背景。而且，愈是在受到不正义的对待时，愈是在思想被禁锢，尊严被践踏，良知被压抑，理想被褫夺，精神被阉割的极端不正义、不自由状态下，愈是能燃起人们呼唤正义、寻求正义的熊熊烈火。愈是在这样不正义的情况下，人们愈是不可遏抑地受这种伟力的鼓舞与推动。质言之，反抗不正义，追求正义是任何时代，任何民族，任何个人永恒的、绝对的、确定不移的方向和趋势。

其二是说正义具有对其他诸种道德规范的优先性与超越性，如荀子"从道不从君，从义不从父，人之大行也"（《荀子·子道》），罗尔斯"由正义保障的权利不受制于政治的交易或社会利益的权衡"[2] 等诸种说法都表明了这一点。但相较而言，桑德尔的表述更为清楚明白，"正义不仅仅是作为偶然的因素被权衡和考虑的许多价值中最重要的一种价值，而且更是权衡和估量各种价值的定律。正是在此意义上，正义作为'诸价值的价值'，并不将自身看作它所规划之诸多价值的同类物。当诸价值间的相互冲突与诸善观念间的相互竞争无法解决时，正义就是彼此赖

---

[1] ［英］配克威尔：《古代哲学史料·巴门尼德》（Bakewell: Source Book in Ancient Philosophy），第29页。转引自冯友兰《三松堂全集》第2卷，河南人民出版社2001年版，第69页。

[2] ［美］罗尔斯：《正义论》，何怀宏、何包钢、廖申白译，中国社会科学出版社1998年版，第27页。

以和解和调解的标准。正义本身相对于其他价值和善具有某种优先性。任何善观念都不可能驳倒正义要求,因为这些要求具有质的不同,其有效性是以一种不同方式确立的。正义一般独立于社会诸价值之外,独立于充满争议的各种主张之外,作为一公平决策的程序置于这些价值和主张之上"①。在这里,桑德尔表达了和罗尔斯相似的观点,他们都认为正义是其他诸种价值的内在根源和先在规定,是其他价值和善的标准而不是与其他诸种价值并列且处于同等重要地位的价值之一,故而也就具有绝对的优先性。

其三是说从社会正义中抽象出正义这一理念也是人类社会反思的绝对方向。正义正是超越了社会正义所依存的具体社会情境而获得了普遍性的意义,"它既体现了人类智慧和思维的高度,又可以为现实中变动不居的万事万物提供一个形而上的支撑点。这个支撑点,往往蕴藏着人类的理想和智慧,是人类文明的精华所在"②。如果说桑德尔所谓的"正义不仅仅是作为偶然的因素"尚不能说明正义的绝对性与必然性的话,则其正义"更是权衡和估量各种价值的定律"的论断则充分表明了这一点。尽管对于不同的国家和民族而言,他们有着各自的发展阶段和历史脉络;尽管对于不同的社会群体而言,他们有着各自的生活环境和利益诉求;尽管对于不同的个体而言,他们有着各自的价值目标和人生理想,但他们都要追求正义的生活而拒绝不正义的生活,也正是对正义的普遍性追求充分彰显了正义的必然性和绝对性。"人生而自由",而正义就是自由的别名。正义的绝对性、必然性和普遍性,或者说正义本身其实就是人们无处不在、无时不有的精神愈挫愈勇,不断冲破种种束缚,追求自由的本性,是唯一不变的、永恒的人类共相。但精神对正义的普遍性的追求又是通过现实的,具有不同阶级地位、不同社会视角、不同价值立场和不同人生境界的具体的人的具体活动来实现的,故而正义又会表现出种种相对性的特征。

正义的相对性,其一是说正义是与非正义相比较而存在的。《道德经》说"天下皆知美之为美,斯恶矣;皆知善之为善,斯不善矣",黑

---

① [美]桑德尔:《自由主义与正义的局限》,万俊人等译,译林出版社2001年版,第29页。
② 张春华:《对社会正义的追问》,《企业家天地》2007年6月号。

格尔亦说，"恶的东西正是善的东西的条件和需要"①。其二是说正义有不同的层次，或者说对正义的衡量有不同的尺度，如王夫之所说"有一人之正义，有一时之大义，有古今之通义"②。也就是说衡量正义有三种尺度：个体尺度、社会尺度和历史尺度。正义的层次性或相对性就表现于在特殊的环境条件下，对这三种尺度的选择有着逆向选择的绝对优先性。也就是说，历史尺度要优先于社会尺度，社会尺度要优先于个体尺度。王夫之亦有此种表述，他说："以一人之义，视一时之大义，而一人之义私矣；以一时之义，视古今之通义，而一时之义私矣；公者重，私者轻矣，权衡之所自定也。"③但这种历史正义选择的相对优先性并不排斥个体正义和社会正义的绝对合理性，而最理想的境界是使个体尺度、社会尺度、历史尺度三种尺度完美地结合为一体，"三者有时而合，合则亘千古、通天下、而协于一人之正，则以一人之义裁之，而古今天下不能越。有时而不能交全也，则不可以一时废千古，不可以一人废天下"④。其结果是主体获致完全的自由——"以一人之义裁之，而古今天下不能越"。这其实就是"与天合一"或"与道合一"，也就是冯友兰先生所说的"与共相合一"。如果，实在不能使三者合一，就坚持历史尺度对社会尺度和社会尺度对个体尺度的优先性，根据传递原则，这样说实际上已经蕴含了历史尺度对个体尺度的优先性在其中。⑤

这种正义观是中国传统正义观典型的也是最高的表达。这是因为，首先，"一人之正义"的说法承认并尊重个体价值选择的合理性，在这种意义上，个体就是主体，因为其拥有选择价值目标的自由和建构价

---

① ［德］黑格尔：《精神现象学》（下卷），贺麟、王玖兴译，商务印书馆1981年版，第68页。
② （清）王夫之：《读通鉴论·卷十四·东晋安帝第十四》，岳麓书社1996年版，第535页。
③ （清）王夫之：《读通鉴论·卷十四·东晋安帝第十四》，岳麓书社1996年版，第535页。
④ （清）王夫之：《读通鉴论·卷十四·东晋安帝第十四》，岳麓书社1996年版，第535页。
⑤ 《十三经·左传·卷六·僖公二十四年》："二十有四年春王正月。夏，狄伐郑。秋七月。冬，天王出居于郑。晋侯夷吾卒。杜注：襄王也。天子以天下为家，故所在称居。天子无外书出者，讥王蔽于匹夫之孝，不顾天下之重，因其避母弟之难。书出言其自绝于周。杜注所谓的"讥王蔽于匹夫之孝，不顾天下之重"也透露出了这种思想。

理想的能力;① 但毫无疑问的是这样的正义首先是个别的,是完全指向主体自身的,它既包含着个体对宇宙、社会、人生的认识和理解,更包含着对主体自我的认同与承诺。而"一时之大义"中的"一时"则是对"一人"的反向限定:说反向限定是因为这种限定不是顺着"一人"这样的个体来的,而是朝向相反的,即与"一人"对应的另一端——"多人"去的,只不过这里用"一时"这个时间概念涵盖了空间概念。也就是说,空间的概念、主体多元化的概念是内涵于"一时"这个时间概念之中的。如此一来,正义便突破了个体的局限,具有了群体性或社会性,也就是说,对正义的思考由主体之内走向了主体之间,走向了群体,这样的正义是特殊的。"选则不遍,教则不至,道则无遗者矣。"(《庄子·天下》)就社会而言,个体的存在固然有其自然偶然性;就历史而言,群体的存在亦有其社会任意性,而一般意义上的正义具有普遍性、必然性和绝对性,所以要扬弃"一人"和"一时",要追寻并达到"古今之通义"。正是因为"古今之通义"超越了时间和空间的双重限制而使正义具有了普遍性、必然性和绝对性。其三,"己所不欲,勿施于人"(《论语·颜渊》《论语·卫灵公》)。一方面是说谈论正义要以承认价值多元和他者的主体性地位作为基本的前提,就人们的认识程度、思想倾向和精神追求而言,不存在绝对同一的永恒不变的毫无差别的正义,至少在所有判断主体之外还存在一个相对独立的价值系统。这个价值系统是一个永远开放的系统,是人类共同体中全部成员进行价值取舍的终极标准,人们可以逐步地、不同程度地接近,但却永远难以企及。也就是说,任何时代,任何群体,任何个人都不可能完全地、永恒地占有正义这一人类共相。另一方面是说不同身份和地位的人对正义也有着不同的理解和要求,这种理解和要求实际上反映着对他们自身现实生活状况的理性批判和对他们未来理想生活的现实追求。当作如此理解时,作为精神追求自由本性的正义就超越了纯粹抽象的、概念式的、形而上的思辨形态步入实际社会生活而获得了社会正义这一指向实际社会内容的、现

---

① [美]桑德尔:《自由主义与正义的局限》,万俊人等译,译林出版社2011年版,第66—82页。桑德尔在其《自由主义与正义的局限》中从哲学人类学的视角对罗尔斯提出了批评,其最重要的一个方面就是批评作为罗尔斯理论支点的道德主体作为选择主体并不能真正地选择,作为建构主体也不能真正地建构。

实的、物质的、形而下的表现形式，这也就是"礼以义起"，就是社会制度的创生。对此，亚里士多德也表达了类似的看法，他说："由正义衍生的礼法，可凭以判断（人间的）是非曲直，正义恰正是树立社会秩序的基础。"① 同时，社会正义反过来也引导人们对正义进行不断反省和重新认识，这时正义就部分具有了规范伦理乃至制度伦理的内容。"礼有损益"，在不同的历史时期，社会正义有不同的表现形式，但其基本原则即"义"也就是正义是有章可循的。所以孔子说："殷因于夏礼，所损益，可知也；周因于殷礼，所损益，可知也；其或继周者，虽百世可知也。"（《论语·为政》）这里夏礼、殷礼、周礼等礼在不同历史时期的不同表现形式就是社会正义，礼在不同历史时期的不同形式之间陈陈相因的根本原则就是"义"，也就是正义或正义原则。②

精神本身是混一的、普遍的、圆融的，没有任何区别与界分；而思想虽来自于精神的推动却直接指向具体的现实，是精神与现实交涵互摄的中介与桥梁。一旦受到现实纷繁芜杂、光怪陆离的摄动与牵引，混一普遍圆融的精神就开始分裂而为歧异特殊杂多的思想，而当正义由高高在上的精神通过思想这一历史与逻辑相统一的中介落实于现实的社会生活中时就表现为社会正义。社会是一种有目的的联合体。它产生于众多个人的思想和行为的有计划的协调，个人预计从共同实现某一特定的目的会于己有利，因而聚合一起共同行动。③ 社会关系正是在协调众多个人思想和行为中产生的，它既是进行协调的历史前提，又是协调的客观结果。"社会被当作这样的有机体，其中每个成员的成功要求其他所有成员的合作，而社会正义的目标则是确定能使每个人为社会幸福作出充分贡献的制度安排。"④ 从不太严格的意义上讲，这种说法是没有太大问题的。但在实际上，对社会的不同理解必然会造成对社会正义不同的理论界定，而不同的理论界定也就决定了可能要采用不同的理论展开方式。

---

① ［古希腊］亚里士多德：《政治学》，吴寿彭译，商务印书馆1995年版，第9页。
② 关于正义与社会正义同义与礼之间辩证关系的对比讨论来自黄玉顺的启发。
③ 参见［德］斐迪南·滕尼斯《共同体与社会·译者前言》，林荣远译，商务印书馆1999年版。
④ ［英］戴维·米勒：《社会正义原则》，应奇译，江苏人民出版社2001年版，第4页。

就对社会的不同理解而言，一种是把社会理解为人类活动的全体，另一种是理解为与政治国家既相对应又辩证统一的他方。若依第一种理解，则诸如政治、经济、法律、家庭、伦理等凡涉及道德评价的领域均可纳入社会正义的理论视域之中进行文化反思，此社会正义则属于人类学、社会学、政治哲学、伦理学等的多重交叉与彼此互渗。若依第二种理解，则社会只是独立于政治国家的自治领域，只能在政治运行之外对其进行纯粹的理论讨论。或者直接说，此种理解意义上的社会是与实际的政治过程无涉的，社会正义也只能属于伦理学讨论的范畴。众所周知，政治对社会正义有着巨大的导向和形塑作用，离开政治很难对社会正义展开深入讨论，因此，我们在对社会正义展开讨论时就只能回到对社会的第一种理解上。由上所述，把社会理解为人类活动的全体对于我们深刻理解社会正义有着一种理论上的优越性。

一方面，这种优越性表现在会为理解社会正义思想的发展提供一个较为真实和近乎立体的文化图式和历史背景，这对于研究先秦正义思想而言尤其有利。因为先秦时代的基本社会规范是礼，而礼是一种历史文化共同体，又在历史之外，既在历史之中，把血缘对人的凝聚作用在时间的维度加以延伸，在空间的维度加以扩大，礼对历史的理解是自然的理解。荀子说：

> 以类行杂，以一行万，始则终，终则始，若环之无端也，舍是而天下以衰矣。天地者，生之始也；礼义者，治之始也；君子者，礼义之始也；为之，贯之，积重之，致好之者，君子之始也。故天地生君子，君子理天地；君子者，天地之参也，万物之总也，民之父母也。无君子，则天地不理，礼义无统，上无君师，下无父子，夫是之谓至乱。君臣、父子、兄弟、夫妇，始则终，终则始，与天地同理，与万世同久，夫是之谓大本。故丧祭、朝聘、师旅一也；贵贱、杀生、与夺一也，君君、臣臣、父父、子子、兄兄、弟弟一也；农农、士士、工工、商商一也。（《荀子·王制》）

"以类行杂，以一行万，始则终，终则始，若环之无端也，舍是而天下以衰矣"是由现象到本质，由具体到抽象的宇宙本体论。这里的

"杂"和"万"指的是此岸具体的、形而下的"殊相",也就是各个不同的具体事物;而"类"和"一"则是指彼岸抽象的、形而上的"共相",也就是贯穿所有事物的客观规律。"始则终,终则始,若环之无端也"是说客观规律须臾不停的永恒性和普遍性,"舍是而天下以衰矣"的说法表现出了明显的客观唯心主义思想倾向和理论特征。分而论之,从宇宙发生学的角度来说,天地、礼义、君子各主一端:"天地者,生之始也;礼义者,治之始也;君子者,礼义之始也。"也就是说,天地万物是生命的开始,礼义节文是治理的关键,君子行止是礼义的载体。"君臣、父子、兄弟、夫妇,始则终,终则始,与天地同理,与万世同久,夫是之谓大本。"在荀子看来,和天地自然万事万物循环往复生生不息的发展变化一样,人类的历史无非是君臣、父子、兄弟、夫妇之伦的首尾贯穿,是"天地同理","万世同久",天人合一,天人同构的。因此,合而言之,天地、礼义、君子又是统一的。"故天地生君子"是唯物主义,"君子理天地"是能动反作用。"君子者,天地之参也,万物之总也,民之父母也"是从积极意义上正面说明君子的重要作用,"天地之参,万物之总"的说法从本体论角度一下把君子抬高到了与天地万物并列的高度。而"无君子,则天地不理,礼义无统,上无君师,下无父子,夫是之谓至乱"从消极意义上反向论证君子的不可或缺,从实践论角度强调了君子充分发挥主体性的意义。毫无疑问,荀子的思想是精英主义。荀子认为君子是礼义自我实现的历史工具和逻辑中介,而"为之,贯之,积重之,致好之"就是君子之所以为君子所应肩负和固守的历史使命、社会责任与本质定在。只要在社会实践中充分发挥君子"为之,贯之,积重之,致好之"的主观能动性,认识到"故丧祭、朝聘、师旅一也;贵贱、杀生、与夺一也,君君、臣臣、父父、子子、兄兄、弟弟一也;农农、士士、工工、商商一也"的深刻道理,就可以实现"以类行杂,以一行万,始则终,终则始,若环之无端也"的高度自由。曹刿也说:"……夫礼,所以整民也。故会以训上下之则,制财用之节;朝以正班爵之义,帅长幼之序;征伐以讨其不然……"(《左传·庄公二十三年》)也就是说礼或者说中国古代正义所面对的对象是自然、政治、经济、文化统合为一的社会历史文化的整体。

另一方面,这种模式还会为理解社会正义提供彼此独立又互相联系的三重视角：个体视角、社会视角与国家视角。而这三重视角对应着社会正义的三个层面：精神正义、道德正义与政治正义。

赵文静说："一般地讲，社会正义就是指人与人之间，个人与社会之间关系的均衡合理状态，或者社会用于分配社会成员和其他社会主体的权利与义务，调节各种利益关系所恪守的规范尺度。其核心是对社会关系调节的均衡要求，也就是说使双方的权利与义务之间，付出与索取之间，以及各自的作用与地位之间，权利与义务之间彼此对等，以达到社会生活的井然有序。在这里，正义应用和评价的对象是社会关系，以及作为其不同表现形态的社会制度、社会结构等，因而可称之为社会正义。由此可见，社会正义作为社会的一种'良心'或'美德'，是对社会体系的存在、结构及其运行状态合理与否的追问，它旨在按正义的要求去建构和变革社会关系和社会制度，使社会更加美好，更符合人性的要求。"① 凭实而论，赵文静的这种分疏是合理的，但其又说"在日常用语中，'正义'一词还有另一种含义即指个人的中正美德，这时它应用和评价的对象是个人，相对于社会正义可称之为个人正义。个人正义是对个人存在及其行为合理与否的追问，它旨在规范个人行为，使之成为一个好公民，进而维护社会生活秩序的正常运转。个人正义作为个人的一种'美德'，它主要包含两方面的价值取向：其一是'不作恶'，即限制自己的行为，不致损害他人的利益。所谓'己所不欲，勿施于人'，表达的就是这个意思。其二是自觉维护正义面前人人平等的原则，以一种尺度对待包括自己在内的所有人。可见，所谓个人正义无非就是社会正义的要求在个人身上的具体体现而已，二者并没有本质的区别"②，这种说法则不太合适，因为这种说法不仅抹杀正义和社会正义的辩证关系，更不懂正义超越性的意义。个人正义可以包含个人的中正美德，也可以包含对个人存在及其行为合理与否的追问，也可以包含对个人行为的规范，以使之成为一个好公民；但个人正义最重要的指向却是精神性的自我认同，是抛除有限性、差别性、特殊性而逐渐接近并融入无限性、无

---

① 赵文静：《中国儒家与罗尔斯关于正义理论之比较》，硕士学位论文，大连海事大学，2008年。
② 赵文静：《中国儒家与罗尔斯关于正义理论之比较》，硕士学位论文，大连海事大学，2008年。

差别性和普遍性的过程,是个人向"天""道""绝对"等终极实在的积极靠拢与主动回归。这也就是黑格尔所说的,"当意识超越了无思想性,即,当它不再把这些并非差别的差别当作差别时,它就认识到本质在它那里呈现时的直接性乃是本质与它的自我的统一,它因而就认识到它的自我乃是有生命的自在"①。实际上,语言的符号表达和思想的逻辑推演都离不开范畴的组合与联结,而范畴本身就是对事物的一种区分与限定。也就是说,当正义通过思想这一中介落实于现实的社会生活而表现为社会正义时,自由就折断翅膀而受到了限制,但精神绝对的、无差别的、普遍的本性又会抗拒一切束缚对自由的压抑,而最后又必将冲破范畴、语句、概念、思想,乃至习俗、礼法等种种限制而"一翔冲天"并再度自由翱翔于正义的天空。

毋庸置疑,就共时态而言,社会与国家都是由一个个个体组成的;就历时态而言,我们亦可认为社会和国家都是由个体成长生发出来的。就社会个体而言,作为社会的细胞,作为精神和文化形态的存在,他首先要表现为精神和行为的主体性。"水火有气而无生,草木有生而无知,禽兽有知而无义,人有气、有生、有知,亦且有义,故最为天下贵也。"(《荀子·王制》)荀子认为与水火草木不同,人不但有气息,有生命,有知觉,更重要的是有"义"。当然,这里的"义"可以是一种审慎的实践理性"适宜"或"合当",也可以是一种超越的价值理性"仁义"或"正义"。而实际上,在实践理性和价值理性背后都有个体的价值标准、价值判断和价值取舍在其中。暂且抛开对善和正当这种西方式的目的论或义务论的伦理学判断,这种价值判断和价值取舍在社会生活与社会实践的层面上不可避免地会表现为个体的自我统一性或自我一致性,即个体的自我理解和自我认同。恰当而合理的自我理解与自我认同不但直接指向用以界定自我的关键性实践②,也暗含着对他者独立价值与意义以及自我与他者合理边界的肯认与尊重。换句话说,恰当与合理的自我理解与自我认同隐匿地以社会结构的公正和良性作为强制性的逻辑前

---

① [德]黑格尔:《精神现象学》(下卷),贺麟、王玖兴译,商务印书馆1979年版,第165页。
② 桑德尔用"用以界定自我的关键性实践"来定义宗教信仰,在这里我们进一步拓展其含义。

提和制度背景。这种自我认同正是人类尊严的精神性基础,它关乎着人类的人格尊严和精神自由,我们称之为精神正义。孟子说:"自暴者,不可与有言也;自弃者,不可与有为也。言非礼义,谓之自暴也;吾身不能居仁由义,谓之自弃也。"(《孟子·离娄上》)放弃礼义和仁义,放弃对精神正义的追求就是放弃人之为人的人格和尊严,就是自暴自弃。就此而言,"人们追求'正义',就是追求崇高"①。这里的"自暴"与"自弃"的"自"恰恰说明基于个体的精神正义是个别的,是指向主体自身的。由上所述,正义要求个体在自我肯认的同时还要实现对自我的超越。这是因为,单纯个人的自我理解和自我认同总是存在不同程度的片面性和差异性,而正义则是关系性的,扬弃这些片面性和差异性是正义本身的题中应有之义。通过由先天血缘联系与后天生产合作或社会交往与生活际遇所框定的共同生命场域而结成各种各样的共同体既是个体扬弃片面性的重要社会途径,也是个体超越差异性的现实历史通道。

共同体是人类社会产生与发展的自然基础和基本形式,而"共同体是一种持久的和真正的共同生活",是"一种原始的或者天然的人的意志的完善的统一体"②。荀子说人"力不若牛,走不若马,而牛马为用"的原因就是因为"人能群,彼不能群也"(《荀子·王制》),这里的"群"就是共同体。因此,作为社会意义上的人,共同体生活是其不可避免的自然事实。当然共同体的分类方法有多种:一般而言,按其自然形态可分为血缘共同体、地缘共同体、职缘共同体和文化共同体;按功能形态可分为情感性共同体、功能性共同体和构成性共同体。共同体生活要求其成员遵守一定的规则,这种规则就是道德;道德无疑是对个体精神生活的一种显性文化指引与隐性制度限制,对共同体道德生活的精神与文化反思就是道德正义。就道德正义自发地统合了多数个体的共同价值要求并形成了一定的道德理性这一点而言,道德正义是对基于个体的精神正义的扬弃和超越。但道德正义主要着眼于与个体社会生活和社会实践关系切近的共同体,而且越是自然性的、原生性的如家庭之类的共同体越是对个体的精神生活和道德倾向产生较大较强的影响,而与个

---

① 高清海:《人就是"人"》,辽宁人民出版社2001年版,第240页。
② 参见[德]斐迪南·滕尼斯《共同体与社会》,林荣远译,商务印书馆1999年版。

体社会生活和社会实践关系相对而言比较疏远的共同体是不在其视域之中的。与基于个体的个别性的精神正义相比，基于共同体的道德正义是特殊的。因此，尽管道德正义是对精神正义的扬弃与超越，但基于共同体特殊性的道德正义还是具有一定程度的差异性和片面性。

如果说，以上所述类型的共同体是自然生成的话，那么国家就是靠政治力量形塑而成的想象共同体，国家赋予超越于各级各类共同体或社会组织之上并为各级各类共同体或社会组织所共同认可共同分享的政治神圣性。国家通过对资源和权力的分配影响并塑造着社会正义的各个方面，对政治合法性和国家功能的道德反思就是政治正义所要讨论的内容。政治正义的讨论具体要涉及政治合法性问题，基于政治过程的程序正义问题和基于政治结果的补偿正义等问题。于人类社会组织发展而言，为个体→共同体（包括家庭和社团）→国家；于人类精神生活演进而言，则为精神正义→道德正义→政治正义。离群索居、画地为牢、坐井观天，势同不分香臭、不辨美丑的动物，囿于裙带党同伐异沉迷家庭无异嗷嗷待哺、奶腥未断的婴儿。质言之，人对生活的反思与认识只有上升到国家政治乃至国际政治的层面与高度才算真正脱离了婴儿阶段和动物状态。"风声雨声读书声，声声入耳；家事国事天下事，事事关心。"风雨属之自然，读书归于社会。家事属之私人领域，国事归于公共空间，天下事更高一层。家事→国事→天下事这一历史与逻辑的统一不仅反映着人类精神成长的真实过程，也暗含着人类社会发展的现实逻辑。

道德正义着眼家庭和社会团体，政治正义着眼国家和天下全局。与道德正义相比，政治正义由于系统而强有力的国家机器的主导和参与而更为自觉与主动，是对道德正义的部分扬弃与超越，但我们并不能以道德正义作为精神正义与政治正义的逻辑中项就简单武断地推论出政治正义高于精神正义。恰恰相反，由于精神正义具有明确的主体归属性和完全的自觉能动性，因此具有绝对属人性的精神正义反而有可能是对硬制度性的政治正义和软制度性的道德正义的扬弃与超越。这一点在落后的政治理念需要被质疑，反动的政治组织需要被消灭，僵化的政治结构需要被打破，腐败的政治制度需要被颠覆或在社会糜烂、道德沦丧、文化腐朽、人心不古、世风日下，需要凤凰涅槃浴火重生时表现得尤为重要、明显和强烈。首先，精神正义→道德正义→政治正义的分析模式只是基于从人类历史发展纵向上由个人→共同体（家庭与社团）→国家的社会发生论审视；而从决定与形塑个体精神形成的政治与社会背景本体论而言，则遵循由国家→共同体（家庭与社团）→个体的逻辑顺序。其次，从人类历史发展的横断面而言，每一个个体都别无选择地生活于共同体社会的涵容和国家政治的覆盖之下。自然地，每一个个体对自身及其环境的理论反思与道德审视也兼具精神正义、道德正义与政治正义三重理论面向。

综上所述，正义是人们对社会正义的理论抽象，是人们对社会正义形而上的求索与追问，正义反映人们不断追求自由的精神指向。而社会正义是人们正义理念在社会生活中的落实和体现，社会正义反映了人们对包括国家在内的共同体生活中制度建构及生活规划的道德反思。对社会正义的探讨包括精神正义、道德正义和政治正义三个方面，它不仅关乎人们现实的社会生活，也关乎着人类的精神自由和人格尊严。① 在精神正义、道德正义、政治正义这三者中，精神正义是最活跃的因素，精神正义不仅引导着人们对道德正义和政治正义的价值反思，也引领着人们向自由王国的不断迈进。正义之所以发生，正是因为精神的存在，而精神追求自由的本性就是正义。合而言之，精神正义、政治正义、道德正义均可称之为社会正义，乃正义这一人类共相之殊相化或具体化的表现。分而言之，或就社会动力学或社会生活实际过程而言，精神追求自由的本性亦即精神正义引领人们对道德正义、政治正义（政治合法性、国家功能、社会资源配置方案、政治权力边界等诸多问题）进行理论反思和道德批判，政治正义影响甚至形塑精神生活和道德生活；精神正义亦能依据时代变迁和社会发展对道德生活和政治理念做出精神性反思和理论性建构。较为相似的是，易小明在其博士论文《正义新论》中把正义分为类正义、群体正义和个体正义三种。他认为类正义的本质是平等，群体正义的本质是在差异与平等之间，个体正义的本质是正视差别。

---

① 参见［德］奥特弗利德·赫费《政治的正义性——法和国家的批判哲学之基础·译者的话》，庞学铨、李张林译，上海译文出版社2005年版，第3—4页。把正义分为精神正义、道德正义与政治正义乃是由于参照了奥特弗里德·赫费之《政治的正义性——法和国家的批判哲学之基础》，只不过用精神正义代替了郝费所谓的神圣正义。

当然，基于不同的理论需要对正义可以有不同的分类：比如我们可以根据理想与现实之间的内在张力，将其分为积极正义与消极正义，也就是麻宝斌所说的"应然正义"与"实然正义"。[①] 这里所说的积极正义类似于罗尔斯所说的完全服从理论所设计的人类理想状态，这里的社会是完全按照正义原则组织起来的。而消极正义则类似于部分服从理论所设计的针对非正义状态所采取的纠正措施，这种肯定形式与否定形式的正义在生活现实之中很容易理解。其实质是精神不断追求自由理想，冲破现实束缚所造成的物化异化与复归自身之循环往复过程中辩证统一的两个环节。

（三）正义何为？

"诸子之学，皆起于救世之弊，应时而兴。"（《淮南子·要略》）"百川异源而皆归于海，百家殊业而皆务于治。"（《淮南子·氾论》）——如果不对功利主义作过于狭隘的理解，那么任何一种理论的提出或任何一种研究的开展无疑都具有一种或多或少的功利性指向。基于西方的自由主义传统和契约论的理论视角，罗尔斯在其名著《正义论》开篇就说"正义是社会制度的首要价值，正像真理是思想体系的首要价值一样。一种理论，无论它多么精致和简洁，只要它不真实，就必须加以拒绝和修正；同样，某些法律制度，不管它们如何有效率和有条理，只要他们不正义，就必须加以改造或废除。每个人都拥有一种基于正义的不可侵犯性，这种不可侵犯性即使以社会整体利益之名也不能逾越"[②]。可以看出，在对待正义理论的本质与内涵这一问题上，罗尔斯是反对任何形式的功利主义的，但《正义论》所追求的功利正是要确立正义在社会制度中的绝对地位。罗尔斯认为正义是社会制度的首要价值，是忠诚、羞耻、正义感等道德情感和道德态度的决定性基础与逻辑性前提。这不得不使人想起西方曾经盛极一时的人与环境关系的讨论。毫无疑问，罗尔斯更倾向于环境决定人这一论点，但正像《正义论》中第一

---

① 参见麻宝斌《社会正义何以可能》，《吉林大学社会科学学报》2006 年 7 月第 46 卷第 4 期。
② ［美］罗尔斯：《正义论》，何怀宏、何包钢、廖申白译，中国社会科学出版社 1998 年版，第 3 页。

小节"正义的作用"所呈现的那样,这并不影响我们理解正义对于社会的积极作用。① 恰恰相反,我们似乎可以从中国历史的深处听到同样的呐喊:"世丧道矣,道丧世矣。"(《庄子·缮性篇》)"道术将为天下裂。"(《庄子·天下篇》)"滔滔者,天下皆是也,而谁以易之?"(《论语·微子》)"天下溺,援之以道。"(《孟子·离娄》)在这里,"世"之含义近于社会生活的实际样态,而"天下"则可理解为一种制度结构观照下的国际格局或世界观念,"天下溺"意味着制度的崩溃或现实制度对于公认价值规范的乖离与背叛。庄子所谓"世丧道""道丧世",乃至"天下溺"的社会危机实际上都是由礼崩乐坏所导致的。罗哲海认为,激起周代哲学家以哲理思索、进行系统化质疑的缘由,首先就在于习俗性伦理所面临的危机。② 这里极受推重的"道"是解决世俗性伦理所面临的危机,恢复制度价值的终极原则,实际上就是罗尔斯所极言之正义。③

政治哲学要尊重政治社会现实与历史文化传统,要奉行某种程度的历史主义,即要解决政治理论的可行性与政治社会的稳定性问题。④ 作为政治哲学核心范畴的正义就是要在对偶然性与或然性进行客观解释的基础上建立起对社会集体善的统一期望,赢得超越一切信念差异的全体人类共通之物,并以此来在社会制度和内在心灵两个方面同时获得一种人类自身健康成长和人类社会良性发展的内在稳定性。人类的生活和社会的发展都无一例外地充满了诸多不可预期的偶然性和无数难以把握的或然性,这是在自然演化历程和人类生产生活中都普遍存在的客观事实。就这些客观事实本身来说,由于其与人的理性认识和主观意志毫无关系,也就无所谓正义或者不正义,正像庄子所云"复仇者不折镆干;虽有忮心者,不怨飘瓦"(《庄子·达生》)。自然事物或自然事实无所谓正义或非正义,但处理这种事物或事实的方式与态度则涉及正义问题,原

---

① 参见[美]罗尔斯《正义论》,何怀宏、何包钢、廖申白译,中国社会科学出版社1998年版,第3—6页。
② [德]罗哲海:《轴心时期的儒家伦理》,陈咏明、瞿德瑜译,大象出版社2009年版,第56页。
③ 关于"道"与正义的关系的讨论参见本书第11页的相关阐释。
④ 姚大志:《何谓正义——当代西方政治哲学研究》,人民出版社2007年版,第50—51页。

封不动只是承认自然分配的任意性是不正义的。对自然事实的认识和处理则不仅反映着人自由的程度,也关乎正义这一价值判断。

作为具体的、现实的社会个体,个人的生命活动只是极其偶然地嵌入社会历史进程之中的。暂且不论生命的开始结束与个人际遇,即使自然禀赋、家庭出身、制度背景等相对稳定的因素也从一开始就充满着极大的自然偶然性和社会任意性,而这些因素又深刻地影响和制约着个人能力的形成与发挥。故而,卢梭说,"人生而自由,却无往不在枷锁之中"。正如罗尔斯所言,在自然的自由体系中,最初的分配是由隐含在"向才能开放的前途"这一概念中的安排所调节的……它要求一种形式的机会平等:即所有人都至少有同样的合法权利进入所有有利的社会地位。但由于没有做出努力来保证一种平等的或相近的社会条件(除了保持必要的背景制度所需要的之外),资源的最初分配就是总受自然和社会偶然因素的强烈影响。比方说,现存的收入和财富分配方式就是自然资质(自然禀赋,即自然的才干和能力)与社会条件(家庭背景等)的先前分配与积累的结果,这些自然禀赋或得到发展,或不能实现,它们的运用受到社会环境以及诸如好运和厄运这类偶然因素或有利或不利的影响。我们可以直觉到,自然的自由体系最明显的不正义之处就是它允许分配的份额受到这些从道德观点看是非常任性专横的因素的不恰当影响。① 也就是说,由于每个人实际起点和自然禀赋的不同,即使在"上如标枝,民如野鹿"(《庄子·天地》)这样自然的自由社会体系中,形式的机会平等并不能产生人们所期待的结果平等。如何对待和处理这些结果的不平等,如何对待那些由于各种各样的不可抗力和不可控制因素而在社会竞争中处于劣势的人们是正义理论要面对的重要问题之一。正义要求我们把每一个人都当作完全同样的人来平等对待,而不管他们的自然禀赋、家庭出身、成长环境、机遇运气、当下财富和社会地位等诸如此类与其主观努力、自在价值或内在规定无关的所有纯粹偶然的、任意的外部因素的影响与限制。②

罗尔斯极力反对功利主义的一个重要原因就在于它在决定一个正义

---

① [美]罗尔斯:《正义论》,何怀宏、何包钢、廖申白译,中国社会科学出版社1998年版,第72—73页。
② 孔子所倡导的"有教无类"的教育公平即与此类似。

社会应鼓励什么样的道德性格时非常依赖于自然事实和人类生活中的偶然因素，而作为公平的正义的道德理想则较深刻地孕育在伦理学理论的首要原则之中。① 就罗尔斯的道德理想而言，尽管由于其忽略了历史的合力问题而导致其理论的此岸性难以得到现实保证，但正义由于要排斥自然偶然性和社会任意性的影响，而表现为对恒定的规范结构的探寻。其目的，毋庸置疑就是要为人类社会的发展提供一个公正、安全、稳定、和谐的环境，并把这种环境视为人类社会发展的内部动力，甚至是人类本身所不可或缺的内在品格与精神禀赋。借由正义，人类可以通过"单一的起点和目的"② 联合起来而渐次臻于大同之境。

二　正、义与正义

与西方"正义"（δικη Justitia Justice）概念多指向共同体成员的权利相比，先秦儒家使用较多的概念是"正"和"义"。"正直为正，正曲为直。"（《左传·襄公七年》）"正"，本义作居中裁判，不偏不倚，如"正经界"之类，后转义为"公正""正直"。儒家多以"正"心为修身成德之具。"义"，"仪"之本字，本义为"威仪""仪态"等摹态主词而转义为摹状谓词"美好""适宜"，又由摹状谓词转为衡量标准"合当"，最后又由衡量标准"合当"转为价值本体"义理"，这时的"义"已经成了价值主词。儒家以"义"为人之常德，"义"从摹态主词转为摹状谓词，又从摹状谓词转为价值主词。摹态主词→摹状谓词→价值主词这一由现象到本质由功能到本体的理论追溯和演化逻辑表明了人们从对事物外部形式特征的评价与肯认转向对宇宙和自我内部价值根源的探求与追寻。这不但标志着人理性认识的不断进步，更标志着人价值自我的渐次觉醒。"学也，禄在其中矣。"（《论语·卫灵公》）尽管先秦儒家不是绝对地排斥利益，甚至认为"君子求义，利在其中"，把利作为

---

① ［美］罗尔斯：《正义论》，何怀宏、何包钢、廖申白译，中国社会科学出版社1998年版，第31页。
② Jaspers 1949，第17页。转引自［德］罗哲海《轴心时期的儒家伦理》，陈咏明、瞿德瑜译，大象出版社2009年版，第32页。

"义"所内含的应有之义；但儒家更注重"君子喻于义，小人喻于利"（《论语·里仁》）的"义利之辨"，认为"因民之所利而利之"（《论语·尧曰》）才是君子所追求的"义"，而对于君子本人来说要"见得思义"（《论语·季氏》《论语·子张》）、"见利思义"（《论语·宪问》）。质言之，正是在"义利之辨"的道德视域之中，儒家凸显了其对"义"与西方截然不同的理论意趣和价值追求。

"正""义"这两个字在儒家典籍中有其通常的用法：如"割不正，不食"、"席不正，不坐"（《论语·乡党》）、"君子正其衣冠"（《论语·尧曰》）、"其冠不正"（《孟子·公孙丑上》）等句中的"正"以及"天下之通义"（《孟子·滕文公上》）、"其义则丘窃取之矣"（《孟子·离娄下》）、"其义一也"（《孟子·万章下》）等句中的"义"。"君子之德风，小人之德草。草上之风，必偃。"（《论语·颜渊》）"正""义"在先秦儒学那里指涉的也多是修身立德，是指通过对自身的反省与检束来提高道德修养，净化社会风气，最后形成良好的社会风尚。孔子有"子帅以正，孰敢不正"（《论语·颜渊》）、"其身正，不令而行；其身不正，虽令不从"、"不能正其身，如正人何"（《论语·子路》）等，以及"信近于义"（《论语·学而》）、"君子喻于义"（《论语·里仁》）、"质直而好义"（《论语·颜渊》）、"见得思义"（《论语·子张》）、"君子之仕也，行其义也"（《论语·微子》）等说法。孟子有"我亦欲正人心"（《孟子·滕文公下》）、"其身正而天下归之"（《孟子·离娄上》）、"吾未闻枉己而正人者也"（《孟子·万章上》）、"各欲正己也"（《孟子·尽心下》）等，以及"亦有仁义而已矣"（《孟子·梁惠王上》）、"贼义者谓之残"（《孟子·梁惠王下》）、"羞恶之心，义之端也"（《孟子·公孙丑上》）、"君义，莫不义"（《孟子·离娄上》）、"由仁义行，非行仁义也"（《孟子·离娄下》）、"舍生而取义者也"（《孟子·告子上》）、"怀仁义以相接者也"（《孟子·告子下》）、"居仁由义"（《孟子·尽心上》）、"而义不可胜用也"（《孟子·尽心下》）等说法。

孔孟也讲"正人""正物"，但"正人""正物"都是从"正己"说起的，是讲自身道德修养的社会示范效应。孔子所谓的"不能正其身，如正人何"固然是以"正其身"为"正人"的前提，而孟子所谓"正己而物正者也"（《孟子·尽心上》）也恰是把"物正"的可能性推原于

"正己"。把全部社会责任归之于自身，以严肃的道德内省来砥砺自我，并以此作为提示他人道德义务的价值基础和逻辑前提，这是儒家之"正"的核心内涵。作一扩展的理解，儒家的"正"实际上内在地包涵着"忠"和"恕"的观念在其中。孔子还说"政者，正也"（《论语·颜渊》），虽然这里的"正"与政治有关，但这"正"主要是就当政者"正其身"而言的，所以孔子亦言："子帅以正，孰敢不正"（《论语·颜渊》）。儒家学说主张"内圣外王"，但对于儒者来说，"外王"只是"内圣"的自然推扩，用孟子的话说，即所谓"君仁，莫不仁；君义，莫不义；君正，莫不正。一正君而国定矣"（《孟子·离娄上》），这依然是就统治者自身而言的。政治以"正君"为本，必致轻忽政治制度或社会结构的理性建构。儒家以"君君、臣臣、父父、子子"为正名之本，其目的在于在强调伦理实体对处于伦理关系中的伦理个体具有逻辑先在性和绝对决定性的基础上，明确区分与界定君、臣、父、子的相应道德责任与道德义务，是一种以道德教化覆盖甚至统御政治建构的社会治理模式。现代"权利"意识作为一种政治意识而非伦理意识是以个体的政治独立性而非伦理统一性作为前提条件的。正因如此，从某种程度上说，儒家的伦理中心主义内在地抑制和削弱了人们基于"权利"意识而对社会公正进行制度层面的理性反思。"自天子以至于庶人，一是皆以修身为本。"（《礼记·大学》）当然，由内至外、由心灵达致社会"各尽其分，各安其位"的和谐是最高层次的和谐，但这种以道德责任和道德义务强调道德修养的倾向会内在地取消对"权利"要求和社会地位的公正问题进行理性反思和实际变革的内在冲动与现实需要。[①]

通过以上对文献的梳理，我们可以发现，尽管"正"、"义"或"正义"都不能与现代意义上的正义思想相为轩轾；但一方面它们又都与现代意义上的正义思想有着互相比勘的可能性，另一方面，在"正""义""正义"这三个概念中，"义"是较为核心的概念。那么，究竟什么是"义"呢？

《说文解字》："义，己之威仪也，从我羊。"段玉裁注："郑司农注

---

① 参见黄克剑《"正"、"义"与"正义"——中西人文价值趣求之一辨》，《福建论坛》（人文社会科学版）2002年第2期。

《周礼·肆师》：'古者书仪但为义，今时所谓义为谊。'是谓义为古文威仪字，谊为古文仁义字。""义之本训为礼容各得其宜，礼容得宜则善矣。""威仪出于己，故从我……从羊者与美善同意。"[①] 郑司农与段玉裁认为义与仪、谊与义皆为古今字。即汉代的仪字在周代写作义字，汉代仁义之义字，在古代写作谊字。但仝晰纲等人认为"谊"字较为晚出，"仪"字则是由"义"字孳乳而出的。[②] 义字在甲骨文中已经出现，于省吾认为卜辞"義"为地名[③]，而"義京"则是与"宜"礼相关的祭祀场所[④]，后遂演为地名。《尔雅·释天》："起大事，动大众，必先有事乎社而后出谓之宜。"杜预亦云"宜"乃"出兵祭社之名"[⑤]。《左传》云："凡邑有宗庙先君之主曰都，无曰邑；邑曰筑，都曰城。"释例曰："若邑有先君宗庙，虽小曰都，尊其所居而大之也；然而都而无庙，故宜称城。"（《春秋左传正义·庄公二十八年》）也就是说，"都"和"邑"的区分首先是社会政治意义上重要与否的区分，其次才是自然地理意义上大小的区分："若邑有先君宗庙，虽小曰都"，"都而无庙，故宜称城"，衡量是否是都的主要标准是看有没有宗庙，目的是要"尊其所居而大之也"，只是由于地面广大而没有宗庙的都只应该称为"城"。"京"本意为或天然或人为的高亢之地，与"城"和"邑"一样仅具自然地理意义；而"義京"则与"都"相类，具备了人文社会内涵。陈梦家说，"義京"这一地名是由"義"附缀"京"组合而成的，[⑥] 而"義京"所负载的社会政治意义与宗教文化内涵正是由"义"所赋予的。

礼分吉、凶、军、宾、嘉。"用命赏于祖，弗用命戮于社"（《尚书·甘誓》），军礼起源甚早。在上古，出征之前和战争凯旋都要在社举行誓师、告捷、献俘之类的仪式。另外，为杀一儆百砥砺士气和表示杀

[①] （清）段玉裁：《说文解字注》"义"条，浙江古籍出版社2006年版，第633页。
[②] 参见仝晰纲、查昌国、于云翰《中华伦理范畴·义》，中国社会科学出版社2006年版，第5—6页。
[③] 于省吾主编：《甲骨文字诂林》（第三册）"義"条，中华书局1996年版，第2436页。
[④] 《殷契粹编》415，《殷契粹编》411，《殷墟文字甲编》3361均有"宜于义京羌三人，卯十牛"。
[⑤] （唐）孔颖达：《十三经注疏·春秋左传正义·卷二十七·成公十三年》（下册），中华书局1980年版，第209页。
[⑥] 陈梦家：《殷墟卜辞综述》，中华书局1988年版，第266页。

罚之公正无私，斩杀逃跑败北者（弗用命）亦在社主前施行。这是"宜"祭的应有之义，而"羲京"正是进行这种宗教祭祀活动的场所。据此，仝晰纲等推断说："因此，'义京'一名实乃包含了三义：刑杀场所之名、刑杀之事和刑杀之准则。随着历史推移，'义京'作为具体祭祀场所，日渐衰微，终至灰飞烟灭，但其所曾具有的宗教文化内涵却沉淀于'义京'一名中，化为文化因子，保存下来，并衍生出新意。以甲骨文、金文中的合文字消亡的规律推之，'义京'其字其义演变的大致路径，盖是由合文分离为两个独立字的'义'、'京'，进而'义京'一名因其所表示的祭祀场所之不存而为人所淡忘而终至于消逝，义、京亦分离开来成为没有历史文化意蕴联系的两个字。其前作为祭祀场所的'义京'所具有的宗教文化内涵，亦沉淀于'义'字中而融入商周文化大潮，且随之而演进。'义'的内涵演进大轨迹，盖是随着作为刑杀场所被遗忘，'义'渐而扬弃了作为地名的内涵，表现在文字上就是'义'字从合文之'义京'中分离出来，进而作为刑杀之事名的内涵也渐从'义'观念中隐而消逝，而作为戎事、刑杀准则一义则日渐彰显，成为'义'范畴的核心内容。沿抽象化方向继续演化，进而杀罚、断狱、戒恶的准则皆可曰义。若是论不误，那后世作为伦理范畴之义所具有的主阴、冷峻的文化特色，主尊、戒恶、公正诸伦理内涵皆可从商之'义京'中求索出其所由来。"[①] 再回到《说文解字》："义，己之威仪也，从我羊"，"威仪"自然有"冷峻""戒恶""主尊"之意；而"我"之古义亦有荷戈之意，故而暂且不论仝晰纲等人关于由合文"义京"到分字"义"与"京"的推论是否合理，但其所总结出的"义"的"主阴""冷峻"等文化特色和"主尊""戒恶""公正"等伦理内涵确实很有道理。此外，刑杀场所只是具象的实存，刑杀之事就脱离了具象的限制而指涉社会活动，刑杀之准则是对诸多刑杀之事的总结与抽象并反过来指导所有刑杀之事。故而，其所说的"义京"三义由刑杀场所之名→刑杀之事→刑杀之准则的发展过程既符合人类认识由个别到特殊，由特殊到普遍，由具体到抽象的演化规律又符合人类社会

[①] 参见仝晰纲、查昌国、于云瀚《中华伦理范畴·义》，中国社会科学出版社2006年版，第3—4页。

发展由简单到复杂，由自发到自觉，由感性到理性的内在逻辑。

仝晰纲等人的这种推断是从文字学方法中得来的，而黄玉顺则通过逻辑把握得出了相似的结论，他说："中国正义论的基础是由周公和孔子奠定的。孔学称为'仁学'，因为'仁'无疑是孔学的核心观念；但孔学的宗旨是'礼'的重建，因此，称孔学为'礼学'也未尝不可。然而在'仁'与'礼'之间，将两者沟通起来的，则是'义'，就此而论，孔学也可以称之为'义学'。'仁'是一切存在者之存在的本源，'礼'是社会的制度规范，而'义'则是赖以建构制度规范的价值尺度，亦即正义原则。"① 综合考察仝晰纲等和黄玉顺的论述，他们共同的交集是认为"义"代表公正，"是赖以建构制度规范的价值尺度，亦即正义原则"。那么先秦儒家又是如何展开对"义"的论述的呢？下面我们参引《中华伦理范畴·义》的相关章节和内容，并以此为基础展开深入讨论。

（一）君子之于天下也，无适也，无莫也，义之与比

孔子曰："义者，宜也。"（《礼记·中庸》）冯友兰先生说，孔子的"义是事之'宜'，即'应该'，它是绝对的命令"②。"绝对命令"这一说法来自康德。就"绝对"与"相对"而言，"相对"是指"暂时的"、"有条件的"或者"有待的"，而"绝对"则是"永恒的"、"无条件的"或"无待的"。"绝对命令"是指内在道德律令的强制和约束，既不是外在命令，也不是外在规范，更不受外部环境的影响与外在条件的限制。由于这种约束与强制是自己加之于自己而与任何外部力量或外在动因完全无涉，因而判断与裁决的标准是内在于自身之中并且是自足而完满的。故何为义，何为不义，就需自我判断，自我裁决。段玉裁《说文解字注》"义"条曰："义之本训谓礼容各得其宜，礼容得宜则善矣。"又曰："义必由中断制也，从羊者，与美善同义。"③ 仝晰纲等人认为，在义观念演变的过程中，段玉裁说的"义"的这两层含义，不是同时并起的，而是有先后之分的。前者属西周礼乐传统之义，后者则是孔子传统之义。西周之义强调外在礼容合适，合规范，孔子之义则主自我裁制（由中断

---

① 黄玉顺：《孔子的正义论》，《中国社会科学院研究生院学报》2010 年 3 月第 2 期。
② 冯友兰：《中国哲学简史》，北京大学出版社 1996 年版，第 37 页。
③ （清）段玉裁：《说文解字注》，上海古籍出版社 1981 年版，第 633 页。

制）。两者不是对立的，也非互相排斥，但其有外在规范和内在自律之别。"由中断制"之义是价值自我和主体意识觉醒之后的观念，亦是《论语》中义观念的基本内容。仝晰纲等人所论甚确，因为一方面，"一个人想要成为真正的人，他必须是一个特定的存在（存在在那里 dasein），为达此目的，他必须限制他自己。凡是厌烦有限的人，决不能达到现实，而只是沉溺于抽象之中，消沉暗淡，以终其身"①。而"由中断制"就是建立在价值自我和主体意识兴起之后的自我约束与自我限制；另一方面，由西周时期外在礼仪规范到孔子时代内在道德约束的发展路径既符合道德发展规律的普遍要求，也体现了人类主体意识觉醒的真实过程。

孔子曰："君子之于天下也，无适也，无莫也，义之与比。"（《论语·里仁》）"义之与比"就是义与之俱或惟义所在、惟义是从，用更通俗的说法就是身不离义、义不离身或者说是与义为一。这里的"义之与比"是与时间和地点状语"无适""无莫"相互发明，相对为释的。由此可以断定，这样的义既没有具体的外在标准和实质内容，更不受具体历史处境的约束与外在条件的限制。正是基于此，冯友兰先生说，孔子"义的观念是形式的观念……其形式的本质就是……'应该'"②。首先，冯友兰先生"义的观念是形式的观念……其形式的本质就是……应该"的说法呼应了他先前所作的"义是事之'宜'，即'应该'，它是绝对的命令"的论断；其次，冯友兰先生这里所说的"形式"是从亚里士多德意义上说的，这样的"形式"虽没有具体的内容却是决定具体内容的内在动因和逻辑要件，因而也更具必然性和普遍性。冯友兰先生上言甚确，它对理解孔子之"义"，尤其是"义"与其他伦理范畴的关系尤为重要。"吾欲载之空言，不如见之于行事之深切著明也。"（《史记·孔子世家》）孔子的仁、礼范畴，都不是凭空而来的抽象观念，它们均需见之于具体历史处境下的切实行动与具体事务，方可落到实处。施仁行礼都可说是事，均有一个"宜"与"不宜"即"义"与"不义"的问题。因此，孔子之"义"，不仅是一个与仁、礼并列的独立伦理范畴，亦是

---

① ［德］黑格尔：《小逻辑》，商务印书馆1980年版，第204—205页。此对道家正切中肯綮。

② 冯友兰：《中国哲学简史》，北京大学出版社1996年版，第37页。

一个裁制众德，使其适宜合度的最高也是最终的价值原则。

  君子义以为上，君子有勇而无义为乱，小人有勇而无义为盗。（《论语·阳货》）

  韩愈说"仁与义为定名，道与德为虚位"，其意是说"仁与义具有确定的伦理内涵，而'道'与'德'是不同思想体系共用而分别赋予不同内涵的概念，因而，'道'与'德'这两个概念不像仁与义那样具有确定的伦理内涵"①。也就是说，就儒家而言，"道与德"的内涵是由"仁与义"所赋予的，没有"仁与义"，"道与德"是无从谈起的。与此相似，孔子这里所说的"义以为上"也并不是要贵义而贱勇，而是强调说不论是对君子还是小人都要用义来裁制勇，若无义之裁制则勇就趋于流荡而沦为"乱"或"盗"。"勇"的道德价值要靠"义"来赋予和限定，无"义"之"勇"就不成其为真正的勇而沦为"乱"或"盗"。非惟于勇如此，于仁、礼、道、忠、信、孝等道德规范亦是同然，故而孔子于诸种道德规范多联言称之为"仁义""礼义""道义""忠义""信义""孝义"。由此可见，"义"是最具抽象性和普遍性的概念，而"仁""礼""道""忠""信""孝"作为"义"的修饰成分正是由于分有或具备了"义"的部分内涵而成为其所以然的样子。这种关系亦类似于朱子的"理一分殊"，"义"是"理一"，是终极的正义原则；而"仁""礼""道""忠""信""孝"则是"分殊"，是具体的社会正义。正因如此，张岱年先生说，孔子之"义乃立身之本，是行为之最高标准"②，所谓"义乃立身之本"就是说"义"是安身立命的价值原点，是人生意义的终极支撑。"君子义以为质"就是说"义"是君子的本质规定性，是决定一个人到底是不是君子的最终边界。如此一来，义自然就成为君子加强自身修养的最高道德要求。

  君子义以为质，礼以行之，孙以出之，信以成之，君子哉！

---

① 陈来：《宋明理学》，华东师范大学出版社2004年版，第19页。
② 张岱年：《中国哲学大纲》，中国社会科学出版社1994年版，第387页。

(《论语·卫灵公》)

"君子义以为质",这里的"质"可以理解为本质或所应持守的根本原则,这时的"义"和"礼"、"孙"、"信"则是一种体用关系。"义"是"体",但这样的"体"——本质或所应持守的根本原则是通过"礼以行之""孙以出之""信以成之"之"用"而得以凸显或实现的。但"君子义以为质","修己以敬"的内圣工夫本身并不是最终的目的,其最终的目的是要达到"修己以安人"(《论语·宪问》)、"修己以安百姓"(《论语·宪问》)的外王,但要想做到"修己以安人""修己以安百姓"就必须先明白"君子喻于义,小人喻于利"(《论语·里仁》)的道理。考诸"子贡问曰:'今之从政者何如?'子曰:'噫!斗筲之人,何足算也?'"(《论语·子路》)可知,在孔子眼中道德之高下才是君子与小人的真正分野。正如仝晰纲等人所说,孔子"其贵义贱利,尊君子,薄小人的主旨不在批判庶民的'喻于利',而是在批评'今之从政者'不能'喻于义',且以'义'为根据将他们归入道德层面的'小人'(斗筲之人),'义'由之也就成了孔子批评当时贵族公卿的理论武器。'义'在西周本是贵族间相互维系之伦理规范,流行于贵族之中,为贵族所有而民无与焉,所谓'礼不下庶人'是也。经孔子创造性转换,'义'则由贵族所有转而为士所据,成为士与贵族分庭抗礼的礼乐文化资源,'正'则成为在位者之价值标准,以及士修己立身的精神凭借与伦理规范"[①]。在这里,我们对"义"和"礼不下庶人"到底有没有一种对应关系,乃至"义"在西周究竟是不是贵族间相互维系之伦理规范暂置阙如而只保持一种谨慎的怀疑。但有一点仝晰纲等人所论是对的,正是孔子成功地把"义"从社会身份象征转化成了道德文化标示。这种转化既拓展了"义"的内涵,同时,也使"义"的实践主体突破了原有贵族或士大夫阶层的狭小限制而更具广泛性和普遍性。这种转化本身是符合"义"普遍性、抽象性与终极性的要求的,一个终极性、普遍性的概念,必须落实到普罗大众的切实行动上才能真正实现其普遍性和

---

① 仝晰纲、查昌国、于云翰:《中华伦理范畴·义》,中国社会科学出版社2006年版,第32页。

现实性。

正如俞樾所说,这里的"义利之辨"是"盖为卿大夫之专利者而发"①。其目的一方面是使君子在"见得思义"(《论语·季氏》)、"见利思义"(《论语·宪问》)的基础上不断加强自身道德修养。另一方面,最重要的是要执行"节用而爱人"(《论语·先进》),"因民之所利而利之"(《论语·尧曰》)的富民政策,并在此基础上通过教化使百姓也能归于"义"。孔子的这一思想在孟子和荀子那里得到了进一步的完善和发展。

(二)居仁由义,大人之事备矣

子思为孔子之孙。孟子"受业于子思之门人",他的"仁义"说、集义养气说、恒产恒心论都是在对孔子思想加以继承基础上的进一步发展。

> 仁,人心也。义,人路也。舍其路而弗由,放其心而不知求,哀哉!(《孟子·告子上》)
>
> 仁,人之安宅也。义,人之正路也。旷安宅而弗居,舍正路而不由,哀哉!(《孟子·离娄上》)
>
> 居恶在?仁是也。路恶在?义是也。居仁由义,大人之事备矣。(《孟子·尽心上》)
>
> 夫义,路也。礼,门也。惟君子能由是路,出入是门。(《孟子·万章下》)

在西方哲学的发展进路中曾经产生过由本体论到方法论的理论转向,在孔子思想与孟子思想之间,我们看到了类似的现象。只不过西方哲学所讲的本体主要是指终极存在,而中国儒学所指涉的本体主要是指道德根据。西方哲学所讲的方法论主要是认识论或实践论,而中国儒学所指涉的方法论主要是修养论或工夫论。孔子说,"君子义以为质"(《论语·卫灵公》),"君子义以为上"(《论语·阳货》)。如果说孔子把

---

① (清)俞樾:《群经平议》,转引自程树德《论语集释》,中华书局1990年版,第267页。

"义"理解为一种普遍的道德原理,是一种道德本体论的话;孟子则把"义"作为提升自身道德修养的一种现实的、具有可操作性的方法或途径而更倾向于是一种修养工夫论。"仁,人心也。义,人路也。"(《孟子·告子上》)"仁,人之安宅也。义,人之正路也。"(《孟子·离娄上》)"居恶在?仁是也。路恶在?义是也。"(《孟子·尽心上》)"夫义,路也。礼,门也。"(《孟子·万章下》)"形而上者谓之道,形而下者谓之器。"(《周易·系辞上》)孔子所说的"上"和"质"都是经过哲学抽象的理论性概括,而孟子所说的"人心""人路""安宅""正路""居""路""门"都是具体的与生活息息相关的实践性话语。由此可见,就对于"义"的理解和把握而言,孔子更偏重于理论抽象而孟子更偏重于实践体验。在孟子看来,"义"是通达"仁"和进入"礼"的唯一途径或方法,一个人纵然有仁心或识礼,若"舍其路而弗由",非但仁与礼都无从表达,而且其至会走向仁与礼的反面。

> 所以谓人皆有不忍人之心者,今人乍见孺子将入于井,皆有怵惕恻隐之心。非所以内交于孺子之父母也,非所以要誉于乡党朋友也,非恶其声而然也。
> 由是观之,无恻隐之心,非人也;无羞恶之心,非人也;无辞让之心,非人也;无是非之心,非人也。恻隐之心,仁之端也;羞恶之心,义之端也;辞让之心,礼之端也;是非之心,智之端也。人之有是四端也,犹其有四体也。有是四端而自谓不能者,自贼者也;谓其君不能者,贼其君者也。
> 凡有四端于我者,知皆扩而充之矣,若火之始然,泉之始达。苟能充之,足以保四海;苟不充之,不足以事父母。(《孟子·公孙丑上》)
> 人皆有所不忍,达之于其所忍,仁也;人皆有所不为,达之于其所为,义也。人能充无欲害人之心,而仁不可胜用也;人能充无穿踰之心,而义不可胜用也。人能充无受尔汝之实,无所往而不为义也。士未可以言而言,是以言餂之也;可以言而不言,是以不言餂之也,是皆穿踰之类也。(《孟子·尽心下》)

孟子阐述的中心在于"忍"字。贾谊说:"恻隐怜人谓之慈,反慈

第一章 正义理论概述

为忍。"(《新书·道术篇》)"所不忍"和"所忍"是性质不同、截然相反的两种心理活动或心灵状态。"所不忍"是一种经由潜在价值标准即"由中断制"之心所激发的类似于同情或共情的道德情感，而激发的过程就是"由中断制"，其逻辑前提在于存在他者的视域；"所忍"则由于没有道德情感的附丽而更倾向于一种单纯受生理欲望或自身情志鼓动与牵引而产生的自然而然的动物性生命活动，是完全出于自我孤立唯我独尊罔顾其余的生命意志而丝毫没有预留他者存在的空间。[1]"人皆有所不忍，达之于其所忍，仁也"，一方面是说"有所不忍"的道德之维乃人普遍存在之天性；另一方面是说把"有所不忍"的道德情感推扩开来并以之规约和引导人之动物性自然生命意志的过程就是"仁"。"仁"是一种心理活动或心灵状态，是他者视域的闪现，是人类善性的苏醒，是道德情感的发动。"人皆有所不为，达之于其所为，义也"正是接着上面的"人皆有所不忍，达之于其所忍，仁也"说的。与"所不忍"与"所忍"指心理活动或心灵状态不同的是，这里的"所不为"和"所为"指示的是特定历史处境下的具体活动或行为。"有所不为"，其实就是道德情感或内心良知不允许自己做的事情。把这种"有所不为"之心，实际上也就是把"由中断制"的道德之心，类推并扩充到曾经做过[2]或即将要做的事情上——"达于其所为"，就是义。"义"是主体意识的复苏，是道德理性的觉醒，是道德律令的伸张，是欲望自我的克抑。由此可见孔孟之"义"的一些不同之处：对于孔子来说"义"就是"由中断制"之心，是一种价值标准。而对于孟子来说，"义"不仅仅是"由中断制"之心这样一种价值标准，更重要的是把这个标准落实到行为之上的"知行合一"的践行过程。义作为"人之正路"，固然要落实到立身行事上，但立身行事过程中对"不为"或者"所为"进行权衡和选择的价值依据则是内心的良知，也就是"由中断制"之"义"。

"羞恶之心，义之端也"。按照孟子的理解，从道德发生学的角度来

---

[1] "忠""恕""诚""信"等，尤其是"忠""恕"可以有助于我们理解"所不忍"和"所忍"。有"忠"故有"不忍欺"，有"恕"故有"不忍怨"，舍此则皆可"所忍"，可以完全凭由自己的意志而思想和行动。

[2] 曾子曰："吾日三省吾身：为人谋而不忠乎？与朋友交而不信乎？传不习乎？"(《论语·学而第一》)反省自我，勇于改过也是义。

· 81 ·

说,"义"与"羞恶"这一道德情感相关联。"羞辱"是别人施与而自己被动接受的,而"羞恶"这种自觉自为的道德情感则是精神行为主体主动对自身非道德行为或非道德情感的贬抑和限制,关乎行为主体的精神自由和人格尊严。贬抑即不圆满,限制即不自由。① 所以,这里的"义"首先是一种精神正义,是精神自由一翔冲天的价值支点。反过来说,"人能充无穿踰之心,而义不可胜用也。人能充无受尔汝之实,无所往而不为义也"(《孟子·尽心下》)。人只要能把"无穿踰之心"和"无受尔汝之实"之类生活中的小节推扩开来循义而为就不但能避免"羞恶"这一道德情感对道德主体自身精神的贬抑、约束与限制而使精神处于平稳、舒适、流畅、愉悦、和谐等安然自足的自由状态,而且甚至能使精神处于充盈、饱满、昂扬、奔放、激越等造作有为的激发状态。因此,也只有把自己的仁义之心扩而充之到日常生活的每一细节之中,积日既久成为自然而然的思维模式和行为习惯乃至沉淀于潜意识之中而内化为不自觉地影响和决定人思维模式与行为习惯的深层次精神结构和下意识心理导向,然后再顺心而行,方能达到"义不可胜用"(《孟子·尽心下》),"无所往而不为义也"(《孟子·尽心下》)的自由境界。若扩而充之的内修工夫不足,仅把义作为知识对象或行为规范遵而行之,在孟子看来,这就是"行仁义",而非"由仁义行"(《孟子·离娄下》)。其结果定如王夫之所言,是"的止于此而失之于彼,虽有所全,而其所不全者正多也"②。其实,这说到底还是一个"自律"与"他律","无待"与"有待"或"自由"与"不自由"的问题。"由仁义行"是"自律",就是完全不自觉地由自己内在的道德情感所推动,是无所待的,是主动的,是自足而自由的,是"从心所欲,不逾矩"(《论语·为政》)。而"行仁义"则是按照"仁义"的要求勉而行之,是被动的,是由外在于己的"仁义"的推动,是有所待的,是"他律",是不自足,因而也是不自由的。孟子认为,人若要是能坚持践行"义"这条"人路",将人心本有的"义之端"扩而充之,最后不但能够在行动上获得"义不可胜用"(《孟子·尽心下》),"无所往而不为义也"(《孟子·尽

---

① 荀子说:"故与人善言,暖于布帛;伤人之言,深于矛戟。"(《荀子·荣辱篇第四》)
② (清)王夫之:《船山全书·八·四书训义》,岳麓书社1990年版,第948页。语言的作用之所以大于布帛和矛戟,就是因为人有精神自由和人格尊严。

心下》)的自由境界,而且还会不自觉地表现出凛然不可侵犯的道德高度和无往而不胜的精神勇气,而这又会使人切实地感觉到自己被一种"浩然之气"所充盈、所包裹、所鼓舞、所激荡,而这个过程就是"集义"以"养气"。① 这就涉及了孟子的修养工夫论,将在本书第五章之第二部分详论之,在此仅一笔带过,不作详述。

曾子"不动心"的方法是"守义",孟子的"集义"与曾子的"守义"有相似之处。然而正如仝晰纲等人所言,曾子与孟子亦有不同:曾子的"守义",是就事论事,遇事反躬自问,不直则屈于"褐宽博",直则"虽千万人,吾往矣"。孟子由"集义"而得的"浩然之气"则是一种道德气质,一种精神境界,是集许许多多的义之行为而自然生出的人生气度。就此而言,孟子的"集义",原出于曾子,而其成就则比曾子又高一层,进一步。② 从字面上来看,"守"即"防守",即"见招拆招",是消极的,虽不是完全被动但至少也不是主动;而"集"即"集中",即"背负青天朝下看"与"居高屋之上建瓴水也",则是主动的、积极的,与"守"相比有着更多精神性与主体性因素的自觉参与。如果简单套用一下上引陈来先生"生活世界"的说法,那么我们可以说曾子主要生活于现实世界,而孟子主要生活于他所主动建构的具有现实超越性的"生活世界",但孟子的"生活世界"非但不脱离实际反而是出于一种冷静的、理性的现实主义态度,这种现实主义态度正是为了对治社会的混乱和失序。

> 孟子见梁惠王。王曰:"叟不远千里而来,亦将有以利吾国乎?"
>
> 孟子对曰:"王何必曰利?亦有仁义而已矣。王曰'何以利吾国'?大夫曰'何以利吾家'?士庶人曰'何以利吾身'?上下交征利而国危矣。万乘之国弑其君者,必千乘之家;千乘之国弑其君者,必百乘之家。万取千焉,千取百焉,不为不多矣。苟为后义而先利,不夺不餍。未有仁而遗其亲者也,未有义而后其君者也。王亦曰仁

---

① 参见仝晰纲、查昌国、于云翰《中华伦理范畴·义》,中国社会科学出版社2006年版,第55页。
② 参见仝晰纲、查昌国、于云翰《中华伦理范畴·义》,中国社会科学出版社2006年版,第58页。

义而已矣,何必曰利?"(《孟子·梁惠王上》)

"王何必曰利?亦有仁义而已矣。"就这句话本身而言,孟子无疑对"利"持消极的态度,作出的评价也是否定性的。如果脱离具体的语境,这句话极容易给人一种误解:好像孟子在义利关系上似乎只讲义,不讲利,但事实并非如此。因为,这句话只是针对特定的对象"王"即国君而言的。实际上,早期儒家在对待义利问题上最重视利的莫过于孟子,只不过孟子像孔子一样是主张"因民之所利而利之"(《论语·尧曰》)的富民思想,而且与孔子相比,孟子更强调政府所应担负的社会责任。

在对"王何必曰利?亦有仁义而已矣"这一王者所应持有的义利观的证明上,孟子的论证逻辑是推己及人的类推原理。他假设国君如果说"何以利吾国?"那么大夫也会群起效尤,站在自己利益的角度说"何以利吾家?"士人以至于老百姓也同样都会说"何以利吾身?"观念影响思想,思想决定行动。其结果必然是人人利字当头,各谋私利。这样一来,社会团结就会分崩离析,再加上资源有限却物欲横流,最后的结果只能是"上下交争利而国危矣"。对于国君而言,最现实而迫近的危险是被臣下篡弑,而"万乘之国,弑其君者必千乘之家"。按理说,这样的"千乘之家"其财富"不为不多矣",但他为何还要与君主"交争利"以至于弑君犯上呢?孟子认为,其根源就在于"苟为后义而先利,不夺不厌"。即假若举国上下都先利后义,其结果必然是欲壑难填,弱肉强食,人人自危,最后就连国君也难以善终。孟子是要说明对于国君治理国家来说,社会风气与舆论导向很重要:为国者"曰利",一味追求利益,其结果必然适得其反,不但害人害己,而且会扰乱社会,遗祸无穷,"何必曰利"的道理就在这里。这个道理和孔子"君子喻于义,小人喻于利"(《论语·里仁》)的主张是一致的,其目的都是要统治者尤其是国君要以仁义为治国纲领,而统治者的仁义又体现在其"因民之所利而利之"的利民富民思想上。①

---

① 参见仝晰纲、查昌国、于云瀚《中华伦理范畴·义》,中国社会科学出版社 2006 年版,第 61—62 页。按孟子的理解,像"曰利"那样倡扬利欲必然会导致无视社会秩序践踏社会正义的丛林法则大行其道。社会本来就像行驶在大海之上的航船,需要同心协力、同舟共济才能战胜激流险滩大风大浪而到达胜利的港湾。相反,如果人人各怀私利就会导致大船倾覆。

（孟子）曰："无恒产而有恒心者，惟士为能。若民，则无恒产，因无恒心。苟无恒心，放辟，邪侈，无不为已。及陷于罪，然后从而刑之，是罔民也。焉有仁人在位，罔民而可为也？是故明君制民之产，必使仰足以事父母，俯足以畜妻子，乐岁终身饱，凶年免于死亡。然后驱而之善，故民之从之也轻。今也制民之产，仰不足以事父母，俯不足以畜妻子，乐岁终身苦，凶年不免于死亡。此惟救死而恐不赡，奚暇治礼义哉？"（《孟子·梁惠王上》）

《孟子·滕文公上》亦云："民之为道也，有恒产者有恒心，无恒产者无恒心。苟无恒心，放辟邪侈，无不为已。及陷乎罪，然后从而刑之，是罔民也。焉有仁人在位，罔民而可为也？是故贤君必恭俭礼下，取于民有制。"对在位者而言，孟子坚决主张先义后利；在治民方面，孟子则尊重人民的财产权，极力主张"制民之产"，以利为先。管仲说："仓廪实而知礼节，衣食足而知荣辱。"相似地，孟子这里的"恒产"是固定的产业收入和生活来源。"恒心"，是稳定持久的仁义之心，或可称之为道德稳定性。孟子认为对于普通民众来说基本的生活保障是其道德生活的基础和前提，没有了基本的生活保障，人直接面对的就不是道德问题而是生存竞争。残酷无情的生存竞争有可能会使普通民众泯灭人性，直接回归到与自身生物性欲望相同一的动物性上。这其实也就是现在我们常说的以人为本，关注民生。

孟子的这种说法与孔子"君子喻于义，小人喻于利"的思想一脉相承，又有发展。其发展主要体现在对利更为重视，于士于民都如此。先说其士的义利观。"无恒产而有恒心者，惟士为能"，就此而言，士当然是"喻于义"者，在义利不可得兼时则应舍利取义，甚至是舍生取义。"生，亦我所欲也。义，亦我所欲也。二者不可得兼，舍生而取义者也。"（《孟子·告子上》）这是孟子为士人立身进退所确立的大原则、大方向。

在治民之"义"方面，孟子完全秉承了孔子先富后教，以义导利的原则，且比孔子说得更为具体。孟子一贯主张，得民心者得天下。得民心的方法就是："所欲与之聚之，所恶勿施尔也。"（《孟子·离娄上》）这和"民之所欲，天必从之"（《尚书·泰誓上》）的民本思想是一致的。孟子认为，百姓最大的欲望是求利，至少是利而后义，故君主"与之聚之"之要旨，莫重于为民寄存一份固定的生计产业，它直接关乎民心之走向。他说："民之为道也，有恒产者有恒心，无恒产者无恒心。苟无恒心，放辟邪侈，无不为已。"（《孟子·滕文公上》）"民之为道也"，就是民心变化的趋势、规律或者治理民众的道理。无恒产则无恒心，百姓若没有基本的生活保障就不会有稳定的仁义之心，他们若没有稳定的仁义之心，就会胡作非为，什么事都可以干得出来。故孟子主张，君主要得民心，使百姓有恒常的向义之心，第一要务就是为民制备一份"恒产"，其规模至少要让百姓能活下去。他说："明君制民之产，必使仰足以事父母，俯足以蓄妻子，乐岁终身饱，凶年免于死亡。然后驱而之善，故民之从之也轻。"孟子相信，百姓有了一份"乐岁终身饱，凶年免于死亡"的产业以维持生存和劳动力的再生产后诱导其向善，他们就易于听从。当时的财富、产业主要是土地，故国君为民制产，就是让民有自己的田地。他说："五亩之宅，树之以桑，五十者可以衣帛矣……七十者可以食肉矣。百亩之田，勿夺其时，八口之家可以无饥矣。谨庠序之教，申之以孝悌之义，颁白者不负戴于道路矣。老者衣帛食肉，黎民不饥不寒，然而不王者，未之有也。""五亩之宅""百亩之田"就是孟子理想中的百姓之"恒产"，其治民之"义"的一个基本目标，就是希望君主尊重私有产权，让百姓每家都有这样一份"恒产"。

在治民之"义"方面，孔子确立了"因民之所利而利之"，先富后教，以义导利等原则。孟子的贡献则主要体现在把这些原则转化为政府的责任，且这个责任是具体而可量化的。如为民制产的恒产论，其最低标准是百姓能"仰足以事父母，俯足以蓄妻子，乐岁终身饱，凶年免于死亡"，其理想状态则是数口之家有百亩私产。这些主张丰富了治民之"义"的内涵，且对中国社会产生了深远的影响。①

（三）夫义者，内节于人而外节于万物者也

荀子重视礼治，多次谈到"隆礼"。因此，荀子所说的"义"也通

---

① 参见全晰纲、查昌国、于云翰《中华伦理范畴·义》，中国社会科学出版社2006年版，第63—65页。

常是指"礼之义"。也就是说"义"是"礼"的形上支撑与价值内涵，"礼"是"义"的形下基础与外在表现。换句话说，"义"与"礼"是"质"与"文"或内容与形式的关系。荀子说："遇君则修臣下之义，遇乡则修子弟之义，遇友则修礼节辞让之义，遇贱而少者，则修告导宽容之义。"（《荀子·非十二子》）"贵贵、尊尊、贤贤、老老、长长，义之伦也。"（《荀子·大略》）这里所言的"义"是指君臣父子、兄弟长幼之间天然先在的人类伦理内涵和社会道德责任。他又说："礼也者，贵者敬焉，老者孝焉，长者弟焉，幼者慈焉，贱者惠焉。"（《荀子·大略》）其意是说礼所要表达的正是因人而异（宜）的"敬""孝""弟""慈""惠"等诸如此类的伦理内涵和道德责任。两相对照，其所言的"礼也者"和"义之伦"完全可以互相诠释。荀子的义与礼亦有重要差别：

> 仁，爱也，故亲。义，理也，故行。礼，节也，故成。仁有里，义有门。仁非其里而虚之，非礼也。义非其门而由之，非义也。推恩而不理，不成仁。遂理而不敢，不成义。审节而不知，不成礼。和而不发，不成乐。故曰：仁义礼乐，其致一也。君子处仁以义，然后仁也。行义以礼，然后义也。礼反本成末，然后礼也。三者皆通，然后道也。（《荀子·大略》）

首先，荀子这里讲的是仁、义、礼三者之间以及它们与道的关系。荀子认为只要通达"仁""义""礼"，就能入于道。也就是说，"道"是荀子在这里阐述仁、义、礼关系的话语重心和理论落脚点。但"道"毕竟是虚悬的一格，它与仁、义、礼的关系又是借由通达仁、义、礼三者之间的关系而得以体悟和证明的。从"礼，节也，故成""仁非其里而虚之，非礼也""义非其门而由之，非义也""行义以礼，然后义也"等可以看出，荀子论述的中心在于"礼"。孟子也阐述过仁、义、礼三者之间的关系，荀子此论正是对孟子仁、义、礼思想的发挥：

> 仁，人心也。义，人路也。舍其路而弗由，放其心而不知求，哀哉！（《孟子·告子上》）

> 仁，人之安宅也。义，人之正路也。旷安宅而弗居，舍正路而

不由，哀哉！(《孟子·离娄上》)

居恶在？仁是也。路恶在？义是也。居仁由义，大人之事备矣。(《孟子·尽心上》)

夫义，路也。礼，门也。惟君子能由是路，出入是门。(《孟子·万章下》)

孟子说得很明白："仁"是人之安宅，"义"是"人路"，"礼"是门户。毫无疑问，孟子主要是在说"仁""义"之间的关系，其重点是在说明"义"对于"仁"的重要性，而"礼"则是顺便提及的，不是孟子所要论述的中心内容。而荀子则说得比较曲折和委婉："仁非其里而虚之"的"其里"其实也就是孟子所说的"安宅"。"义，理也，故行"，一方面，"故行"的"行"本身就是要行在道路上；另一方面，"理，治玉也。从玉里声"(《说文解字》)。"理"本身就有"纹理""纹路"的意思，也就是说荀子这里所说的"义"也是孟子意义上的"人路"，而且比"人路"更概括、更抽象。孟子虽明确讲"礼，门也"，但综合孟子所论，他所讲的"门"当为"仁"之门。荀子则说"义有门"，"义非其门而由之，非义也"，又说"行义以礼，然后义也"；综合荀子所论，其意也是说"礼，门也"，只不过"礼"为"义"之门，义要通过行礼才能最终得到彰显。质言之，孟子从内心修养和精神境界的角度主观化地强调"义"，与"义"关联性和指向性最强的概念是"仁"；荀子则从道德规范和价值原则的角度客观化地突出"义"，并明确指出实现"义"的方法和途径是行礼。[①] 换句话说，同样是"义"，对于孟子和荀子来讲，他们有着截然不同的理论预设：孟子的理解主要为工夫论意义上的；荀子的理解主要为本体论意义上的。再来具体看一下荀子是如何理解仁、义、礼的关系的：

"节"即节制，也指事物固有的度量与合理的边界，"礼，节也，故成"之"节"，有节度准则、度量分界、自我裁制等内涵；"故成"是节制行为使之合当、适宜方可合礼。"内外上下节者，义之情也。"(《荀子·强国》)通过节制自己的行为使之达到合理的限度而内外上下相互

[①] 就对"义"的理解而言，荀子更接近于孔子。

第一章　正义理论概述

和谐是"义"的本质要求，反过来说"礼"的目的就是要节制行为使之合乎"义"的要求，故下文说"义有门"，"义非其门而由之，非义也"，此"门"指礼，是指具体的实践性的礼仪节文。义不经礼之节度，就不能成为义，因此有"行义以礼，然后义也"的要求。也就是说，只有符合适当的行为规范，通过适当的行为符号才能准确表达适当的道德情感。理有天理、地理、物理、事理、伦理、情理等诸多分类，"义，理也，故行"之"理"乃属事理或情理，其义为合当或应该。在这种语境中，"义"既有追根溯源本体论意义上的形上认识属性，又有修身养性工夫论意义上的形下实践属性。"义者，循理。"（《荀子·议兵》）说的就是"义"的修身养性工夫论意义上的实践属性，即义应依理而行。具体说来，"义"有三层内容：其一，明理。荀子曰："以义应变，知当曲直故也。"（《荀子·不苟》）"曲直"即事理或情理，义需通过明理而知人事之曲直。因此，荀子反复强调人要学礼义，"礼义者，圣人之所生也，人之所学而能，所事而成者也"（《荀子·性恶》）。其二，义为理之行，即"义者，循理""义，理也，故行"。他又说："义者循理，循理，故恶人之乱之也。彼兵者，所以禁暴除害也，非争夺也。"（《荀子·议兵》）这是用否定的方式，说出了"义，理也，故行"的内容。即自"理"言，义是禁暴除害之则；自"行"言，义是铲恶除暴之行。孔子说："唯仁者能好人，能恶人。"（《论语·里仁》）好善与恶恶本来就是事物一体之两面，[①] 这里的"恶人"就是"义"。这里的"能"是说恶恶或"恶人"需要强大的精神气魄与意志力量，无果敢刚毅之力者不足以言义。故荀子说："处仁以义，然后仁。"（《荀子·大略》）即爱人需有裁断方可为仁，否则就是孔子所说的没有政治站位和道德立场的"乡愿"。裁断即是义，无力乏勇者不可以裁断，这和孔子"唯仁者能好人，能恶人"的说法是一致的。荀子又说："遂理而不敢，不成义。"（《荀子·大略》）杨倞注："虽得其理而不敢行，则不成义。义在果断，故曰'非知之艰，行之惟艰'。"正因为行之惟艰而需要坚韧和伟力，因此刚毅不屈是"义"所固有的重要内涵。对此，荀子有着清醒的认识，

[①] "好人"与"好善"是积极的，可以使人向外发散的道德情感；"恶人"与"恶恶"是消极的，可以使人向内收束的道德情感。

他说:"坚刚而不屈,义也。"(《荀子·法行》)其三,义是行为之合当或适宜。荀子把义之行比作水流:"水,大遍与诸生,而无为也,似德;其流也,埤下裾据,必循其理,似义。"(《荀子·宥坐》)水滋润天地万物,但不居功自傲,这方面像德;水顺应地势而流,但不执守一端,这方面像义。荀子以水喻义,意在强调,义在行仁履礼或除暴安良过程中,要因时变化而使行为无不得中适宜。他在《不苟》中说,君子评价人之行为,"唯其当之为贵","当"就是合时宜,何谓合时宜,"其时矣"是也。"时"就是合时宜。申徒狄恨道不行,负石自沉于河,"是行之难为者也","然而君子不贵"。申徒狄的行为之所以难为而不可贵,就在其不合时宜地慷慨赴义,死得"非礼义之中"。杨倞注:"中,时止则止,时行则行。"因此,"义之为行",要在能因时变应。荀子曰:

> 君子崇人之德,扬人之美,非谄谀也。正义直指,举人之过,非毁疵也。言己之光美,拟于虞舜,参与天地,非夸诞也。于是屈身,柔从若蒲苇,非慑怯也。刚强猛毅,靡所不信,非骄暴也。以义应变,知当曲直故也……君子能以义屈信变应故也。(《荀子·不苟》)

王先谦注:"以义应变者,以义变通应事也。义本无定,随所应为通变。故曰变应……《易·系辞》'精义入神以致用也','入神',变也,'致用',应也。"荀子这里告诉我们,君子之所以能"崇人之德,扬人之美""举人之过""言己之光美,拟于虞舜,参于天地""于是屈身,柔从若蒲苇""刚强猛毅,靡所不信"等本无定性的行为转化为君子之行,原因就在于"君子能以义屈信变应",通权达变。但这里的"屈信变应",通权大变的原则是"以义",也就是说要根据正义的要求。就这一点而言,荀子和孟子对"义"的理解是一致的。

综上所述,就规范"行"这一层面而言,荀子之义具有明理、循理、刚毅、因时变化等内涵,其作用是维护社会的公平正义和人类的精神自由。荀子在《强国》篇中就义这方面的作用说了一段概括性的话:"夫义者,内节于人而外节于万物者也,上安于主而下调于民者也。内外上下节者,义之情也。然则凡为天下之要,义为本而信次之。""节",

即度量分界，也就是由事物内在规定性所决定的事物发生质变的临界点。"情"，即形式表现，也就是事物呈现出来的具体样态和整体面貌。把这段话归纳以言之，就是义的作用为"内外上下节者"，即义使人、自然万物皆能各安其位，各得其正。因此，治国理政要以"义为本"。不唯如此，荀子所谓"夫义者，内节于人而外节于万物者也"，"外节于万物"的说法实际上是把"义"从由内在规定人的社会和伦理秩序扩展成了规定万事万物的自然秩序或宇宙原则，这种理解和古希腊罗马时代的正义思想和自然法思想十分接近。①

同孔孟一样，荀子也重视义利之辨。他说："唯利之见，是贾盗之勇也……义之所在，不倾于权，不顾其利，举国而与之，不为改视，重死持义而不挠，是士君子之勇也。"（《荀子·荣辱》）又说："不学问，无正义，以富利为隆，是俗人者也。"（《荀子·儒效》）君子虽死而持义不挠，重利而忘义则为小人。这是早期儒家义利观的基本原则，荀子也秉承了这一传统，但与孔孟不同的是，在荀子眼中义利不是截然对立的。他说：

> 义与利者，人之所两有也。虽尧舜不能去民之欲利，然而能使其欲利而不克其好义也。虽桀纣亦不能去民之好义，然而能使其好义不胜其欲利也。故义胜利者为治世，利克义者为乱世。（《荀子·大略》）

与孔子相比，孟子较为重视利，但孟子讲利有其特殊的语境和针对性。与孟子相比，荀子更是做了普遍化的推理。就此而言，荀子比孔子和孟子更客观，更辩证，也更接近唯物主义对人的客观认识。一方面人具有动物性，动物性决定其"欲利"性；另一方面人具有社会性，社会性决定其"好义"性。荀子把义利视为"人之所两有"，认为君子、小人从本性来说皆好义，都欲利，即便是尧舜也仅能做到使民"欲利不克其好义"而"不能去民之欲利"。纵是桀纣暴乱之世，

---

① 参见仝晰纲、查昌国、于云瀚《中华伦理范畴·义》，中国社会科学出版社2006年版，第66—68页。

"亦不能去民之好义"，只不过"能使其好义不胜其欲利也"。因此，小人亦有好义之心，但这种好义之心能不能发展壮大则与君王治世之策的政治导向息息相关。与孔孟"君子喻于义，小人喻于利"这种义但归于君子，利仅属于小人的义利截然二分的观点不同，荀子强调义利为人之两有，人不可能除去义利，但应该义以克利。这一看法，与他对欲望的认识有关。

他说："性者天之就也，情者性之质也，欲者情之应也。"（《荀子·正名》）"性者，天之就也，不可学，不可事。"（《荀子·性恶》）性是人类生而就有的自然性存在，非人力所能为也。"性"的本质构成要素是"情"，"情"的激发因素和具体反映为"欲"。如果抛掉"情"这个中间环节，也可以直截了当地说"欲"是"性"的具体反映。由之荀子断定，"人生而有欲"（《荀子·礼论》），人追求欲望的满足是很自然的行为。实际上，荀子把"性"作了虚化的处理：从存在论意义上说，性、情、欲固然皆是"无待而然"的自然性存在；但从发生论意义上说，"性"是有待于"情"的，而"情"的发显又有待于"欲"的激发。在欲→情→性的自然存在结构之中欲是初始的，也是最核心、最关键的因素。因此，欲望是人的本能，简单地主张去欲或寡欲都是违背自然规律的不明智行为，当然也是根本行不通的。"凡语治而待去欲者，无以道欲，而困于有欲者也。凡欲治而待寡欲者，无以节欲，而困于多欲者也。"（《荀子·正名》）在荀子看来，等到消灭人的欲望再谈治国理政实际上是被不合理的欲望所束缚而无法顺利疏导合理的欲望；等到抑制人的欲望再去治国理政实际上是被过多的欲望所操控而不能成功节制欲望。一言以蔽之，荀子既反对"去欲"，也不赞成"寡欲"。诚然，尽管人人都有欲望，而且每个人的欲望都是天然合理的。但实际上，一方面人与人之间的欲望可能存在冲突；另一方面，在一定的历史条件下，满足欲望的手段相对来说也可能十分有限。质言之，尽管从理论上说每个人都有权利最大限度地追求自己欲望的满足，但在现实上并不是说任何欲望都能得到满足，这就需要发挥心的调节功能，对欲望进行合理的节制或疏导。

"欲不待可得，所受乎天也。求者从所可，受乎心也。"（《荀子·正名》）荀子明确把欲望本身和满足欲望的行为进行区别，称前者为

"欲",后者为"求"。"欲"是"非人力所能预也"的自然存在,无关乎正义或不正义。"求"虽然主要由"欲"所推动,但还要受"心"之裁制,即行为主体可以经过理性权衡以决定是否应该去求或用什么手段去求。在"求"的过程中,无论是目标的筛选或是手段的权衡都与行为主体的道德标准和价值追求息息相关,因此也必须要接受正义的裁判。"人之所欲生者甚矣,人之所恶死者甚矣,然而人有从生成死者,非不欲生而欲死也,不可以生而可以死也。"(《荀子·正名》)欲生恶死是人本能性的最大欲望,但有人却舍生赴死,这一本"欲"生而实"求"死的事例生动说明了"欲"与"求"的区别。

在中国思想史上,尽管"欲"与"求"的区别早在孟子"鱼与熊掌"的论说中就已经呼之欲出,但孟子只是谈到了对"鱼与熊掌"的"欲"以及"求""生"或"求""死"的价值选择问题,却始终没有从哲学的更深层面明确提出"欲"与"求"的区别。荀子首次对"欲""求"作出了明确的理论界定,通过对"欲"与"求"的理论分析,荀子认为,"欲"是受之于上天的自然,"求"是系之于人心之人为,二者根源完全不同。因此,人之"欲利"是否害义,是否为乱,关键在于人的内心能否作出理性的裁制与判断,而不在"欲"本身。"心"所作出的理性判断可以遏制某些不可能、不必要或不应该满足的非理性欲望,也可以产生某些新的可以满足欲望的活动。如果心之判断合理,欲多也无伤于治。如果心之判断不合理,欲寡也无益于治。荀子正是通过"心"对价值判断和理性选择作用的强调而突出了人在道德选择过程中的主体性地位。

欲不可能彻底根除,亦不可能完全得到满足,故不必去欲或寡欲,唯应以心导欲或以心节欲。"进则近尽,退则节求"(《荀子·正名》),导欲或节欲的目的是协调人们之间的欲望以求最大可能地满足人们的合理欲求。也就是说尽最大努力满足能够满足的合理欲望,而对不能满足或不合理的欲望则加以疏导或节制。这是因为人的欲望不可能穷尽,如果放任人人各遂其欲、各得其利,欲望之间的相互冲突会导致社会的动荡和混乱,致使人人连基本的生存欲望都得不到保证。因此,需要以心导欲以义制利以保证社会的长期稳定和良性发展而为人们遂欲得利提供基本的外部条件和环境保证。那么,以心导欲与以义制利的标准是什么?

又如何才能做到以心导欲和以义制利呢？

荀子认为人"力不若牛，走不若马，而牛马为用，何也？曰，人能群，彼不能群也。人何以能群？曰分。分何以能行？曰义"（《荀子·王制》）。"义"的作用就是"分"。从哲学分析角度讲，"分"就是差别，就是矛盾；从社会治理角度讲，"分"就是按照贵贱、贤愚、亲疏、长幼等自然秩序或社会标准把人分属于不同的位阶和等级，赋予其不同的角色和身份，而"分"所依照的原则和标准则是"义"。一言以蔽之，"义"是"分"的标准和原则，"分"是"义"的落实和执行。荀子认为，何谓贵何谓贱的标准是礼，把这个标准通过"分"运用于实际且把具体人群区别开来就是"义"。社会人群经"义"的裁断编排，就井然有序了。"赏贤使能，等贵贱，分亲疏，序长幼，此先王之道也……仁者，仁此者也；义者，分此者也。"（《荀子·君子》）义的根本作用就是将人群按贤愚、贵贱、亲疏、长幼诸标准逐一区分开来。这样，各人的欲求就有了度量分界。"进则近尽，退则节求"（《荀子·正名》），根据与其角色身份相符的合理的度量分界，统筹兼顾各种外部可能性条件来以"求"导"欲"，这样人的合理欲求就都可以得到满足。"人生而有欲，欲而不得，则不能无求，求而无度量分界，则不能不争，争则乱，乱则穷。先王恶其乱也，故制礼义以分之，以养人之欲，给人之求。使欲必不穷乎物，物必不屈于欲，两者相待而长。"（《荀子·礼论》）也就是说，义有满足人求利欲望的功能，但这里礼义的作用仍是"分"，让每个人明白自己的身份地位及其身份地位所应该有的欲求之度量分界。若无义之"分"和引导，人人任情欲而为，一则丧义，二则必为情欲所困而不能遂其欲求。以义导之，则既好义，亦可兼赅欲利。"故人一之于礼义则两得之矣，一之于情性则两丧之矣"（《荀子·礼论》）。专一于礼义则得礼义情性两兼；专一于情性则礼义情性两失。因此，义的作用说到底无外乎通过合理的欲望管理来"养人之欲，给人之求"。从消极意义或者不太积极意义上来说，也不过是求得一个"欲必不穷乎物，物必不屈于欲"的社会财富与社会欲求的相对平衡罢了。

若从义与社会财富关系的层面看，荀子义的功能则不止于"养人之欲，给人之求"，还有培养和满足人新的欲求的作用。因为，在荀子看来义能促进社会财富增长。荀子认为社会之所以普遍贫穷的原因在于

"无分"。他反复强调："人之生不能无群，群而无分则争，争则乱，乱则穷矣。"这似乎是说，"无分"是人民相对贫困的根源。故推行礼义，"明分使群"是富民富国富家之要务。他说："义以分则和，和则一，一则多力，多力则强，强则胜物……故序四时，裁万物，兼利天下，无它故焉，得之分义也。"(《荀子·王制》)总之，只要行义，"明分使群"，通过优化组合，使人各尽其能，人们就能团结一致，致力于物质生产，其结果就是物质财富"浑浑如泉源，汸汸如河海，暴暴如丘山，不时焚烧，无以藏之"(《荀子·富国》)。一旦社会财富如此富足，这就从物质层面解除了人们满足欲望的外部限制。按其"欲""物""两者相待而长"的原则，义可以促进财富增长，亦可以培养人新的欲求。正因为荀子义的主旨是"分"，将社会人群，分出等级秩序，故他和孔孟的贫富不均有伤于义的看法不同，认为贫富差异是必要且合理合义。《王制》说，"两贵之不能相事，两贱之不能相使"是"天数"，非人力所能改变。若人人无贵贱贫富之别，人人皆贵皆富，或人人都贱都穷，一方面，谁也指挥不动谁，社会也将无法治理而大乱；另一方面，也会由于需求的单一化和消费倾向的同质化而窒息社会发展的活力甚至导致更为剧烈的社会冲突。因此，"制礼义以分之，使有贫富贵贱之等，足以相兼临者"，才是养天下之大本。[①] 以现代观点视之，由合理的社会分工和公正的激励机制所造成的贫富差距不但可以促进市场细分和商品与服务的多元化，也可以形成一种拉动效应来促进整个社会的良性发展，这和荀子的看法是相似的。

三　理论内容与结构安排

就具体的历史传统和社会现实而论，中国与西方无论是在社会生活、文化形态，还是在思维习惯方面都存在巨大的歧异与差别。但通过以上简要地对正义和社会正义恒定规范结构的探寻，完全可以使人类借由

[①] 参见全晰纲、查昌国、于云翰《中华伦理范畴·义》，中国社会科学出版社2006年版，第68—74页。

"单一的起点和目的"①而联合起来。这里"单一的起点和目的"实际上也就是一种路径,经由这个路径,我们可以直抵人类存在的普遍价值与意义。客观性、普遍性对治基于个体而产生的情感主义和相对主义。正义指向的是共同体的善,亦要求去除偶然性、片面性、特殊性、任意性。要想彻底解决道德相对主义,只有扬弃个体的偶然性、片面性、特殊性与任意性而把自己看作人类这一兼赅时空永恒存在的文化共同体的成员。接下来的问题就是如何按照理论内容的内在要求来逻辑地组织论述的结构。

陈来先生在谈到"中国路径"时说,"我们今天要开放各种讨论,不要把这个变成'中国特殊论',好像中国什么都特殊,什么都和别的国家不一样。这就忽略了中国文明对人类文明的普遍性贡献。也不能都说什么都是中国最好,中国就是普遍的,其他都是特殊的或者不良的。在描述中国的特殊方面的时候,不能忽略中国文明和中国价值对人类文明的普遍性贡献。这一定要通过研究来给予肯定。比如从西周到孔子,到春秋战国时代,它在价值上提出的东西,和西方明显不一样,这不是特殊的,同样是普遍的。这就是对世界文明的普遍性贡献"②。本书亦本照陈来先生所论特殊性与普遍性之辩证关系,尤其着眼中国传统思想之普遍价值,按照儒学中正义思想的内在脉络依次展开。

黑格尔在《精神现象学》中谈到对真理的认识过程时说,"因为每个环节自身就是一个完整的个体形态,而且只当它的规定性被当作完整的或具体的东西来考察时,或者说,只有当全体是在这种规定性的独特性下加以考察时,每个环节才算是得到了充分的或绝对的考察"③。黑格尔所说的环节并不仅仅是指真实可见的具有实物形态的事物,而且指事物及其各要素之间在抽象的理论把握之下的一种逻辑过渡或范畴关联。对任一事物的发展变化过程而言,每一个环节是其普遍性与特殊性在时

---

① Jaspers 1949,第17页,转引自[德]罗哲海《轴心时期的儒家伦理》,陈咏明、瞿德瑜译,大象出版社2009年版,第32页。
② 《光明日报》2011年3月21日国学版。
③ [德]黑格尔:《精神现象学》(上卷),贺麟、王玖兴译,商务印书馆1979年版,第19页。

间中的绵延,而每一个侧面则是其普遍性与特殊性在空间中的展开。而对处于普遍联系以及与其自身各个要素相互联系,相互作用中的每一事物而言,环节与侧面是对立统一的,是一而二、二而一的东西。因此,黑格尔所说的环节也即侧面同样适用于我们对正义思想的把握。本文的目的就是要在对正义思想的不同面向的探寻中力图求得对其完整的把握和深刻的理解,也就是说力求剥掉由于古人对正义思想所进行的形形色色、零零碎碎的表述而显现的那种偶然性与或然性,从而对正义思想本身的必然性与规律性作一客观的真实呈现。

庞学铨等人总结说,"郝费认为,正义可分为三种:政治的正义性、道德的正义性、神圣正义"[①],而"政治的正义性也就是指法和国家的道德观念,它是区分法和国家形式是否合法的准则,因而是法和国家道德批判的基本概念"[②]。质言之,政治正义主要是指制度的德性,它不仅不是偶然地评估政府部门的公共行为;而且是"被看作是可以向法和国家要求的东西"。"道德的正义性"也就是郝费所说的"个人的正义性",它主要包括两个层次:第一,在不完善的层次上,道德正义是指"由于坚定的和始终不渝的意志"而表现出来的行为的性质;第二,在完善的层次上,道德正义"是一个人的基本态度或立场,是他的性格。这是一种合道德的品质"[③]。宗教信仰属于终极问题,而以法和国家为形式的共同体生活是否合法则属于前终极问题。郝费认为,"对法和国家讨论来说,具有基本重要意义的不是把前终极问题与终极问题区分开来,而是认识到个人的终极问题并不一定是法和国家的终极问题。因为,不仅在一些宗教事情上,而且在配偶和职业选择上,我们都否认共同体具有决定权。其原因倒不是像有人认为的那样在于这类选择不有调和性,而是说这类选择正如宗教问题一样属于法和国家提供与保护的、但不得去损

---

① [德]奥特弗里德·郝费:《政治的正义性:法和国家的批判哲学之基础·译者的话》,庞学铨、李张林译,上海译文出版社2005年版,第3页。
② [德]奥特弗里德·郝费:《政治的正义性:法和国家的批判哲学之基础》,庞学铨、李张林译,上海译文出版社2005年版,第3页。
③ 参见[德]奥特弗里德·郝费《政治的正义性:法和国家的批判哲学之基础》,庞学铨、李张林译,上海译文出版社2005年版,第35—36页。

害的那种个人自由"①。庞学铨等概括出来的郝费所谓的神圣正义实际上就是罗尔斯所谓关乎人们选择终极宗教信仰或精神生活方式的正义（也就是精神正义）。看得出来，罗尔斯和郝费都认为政治正义是影响和决定道德正义和精神正义的制度基础。以人类及其社会生活的一般性、共通性和普遍性为立足点，以上述对正义思想的分类为基础，我们也将以精神正义、道德正义、政治正义的外在分类为"经"，以积极正义、消极正义的内在张力为"纬"来展开我们的讨论。实际上，与其参照奥特弗里德·郝费的分类方法，我们毋宁采取黑格尔的辩证思维：在黑格尔那里，精神的本质是自由，精神追求自由的本性贯穿人类伦理、道德、法律等价值反思和政治、经济、社会等历史实在的全部过程。伦理、道德、法律都不过是精神通过政治、经济、社会等实在形态不断异化自身又复归自身这一循环往复历程中的具体片段。从本体论角度来看，社会存在决定社会意识；但从实践论或认识论的角度来看，精神与社会意识具有积极能动的反作用。在整个社会运动过程当中，精神追求自由的活动是价值反思不断跃迁和历史形态渐进演化的内在动力。

一方面，就精神的统一性和无差别性而言，它所对应的主体要么是个人，要么是人类全体；另一方面，从概念的、逻辑的、终极的意义上来说，或者从人兽之别的角度来说，个人和人类全体只有量的区分而没有质的差别，或者干脆可以直接说个体即人类。相应地，在精神发展史上，我们也很难说到底是个别文化英雄引领了人类精神的发展历程，还是人类共同生活孕育了社会个体的精神世界。实际上，这只是一个问题的两个方面，我们很难对其作出明确的、泾渭分明的区分与界定。就精神发展的历史事实而言固然如此，但作为一种理论展开顺序，我们又不得不采用一种相对而言比较合理而合乎逻辑的结构安排，正所谓"物有本末；事有终始。知所先后，则近道矣！"（《礼记·大学》）

黑格尔认为，"伦理是个体与整体混沌未分的那种精神，因而是真实的精神"②。在"公共体性"的伦理阶段，"人们也只是意识到自己的公

---

① ［德］奥特弗里德·郝费：《政治的正义性：法和国家的批判哲学之基础》，庞学铨、李张林译，上海译文出版社2005年版，第14页。
② 樊浩：《道德形而上学的精神哲学基础·绪论》，中国社会科学出版社2006年版，第9页。

共本质，还没有产生真正的自我意识"①。而"个体性"的道德则是"自由主体觉醒的结果，因而是对自身具有确定性的精神"②。也就是说，在伦理阶段"个体与整体混沌未分的那种精神"是真正的精神，而以自我意识为基础的"个体性"的道德则是精神在一定程度上异化了的产物和结果，而对"个体性"的扬弃正是精神克服异化回归自身的过程。这与孔子所说的"大道之将行也，天下为公……故人不独亲其亲，不独子其子……货恶其弃于地也，不必藏于己。力恶其不出于身也，不必为己……今大道既隐，天下为家，各亲其亲，各子其子。货力为己……"（《礼记·礼运》）那种"天下为公"和"天下为家"的情况很类似。用黑格尔的话来说，伦理是精神"自在地存在的自由"，是个体与整体或者说是与自在的、自然的共同体先天的统一；而道德则是精神"自为地存在的自由"，是个体与整体分离之后在自我意识基础上形成的精神，但其所指向的是依然是共同体，只不过这样的共同体是经由政治、经济、文化等后天的人文力量整合而成的，道德正义的讨论正是在这样的人为共同体范围之内进行的。就道德本身的逻辑展开和发展顺序而言，家庭伦理作为精神的自在形态是我们讨论的起点，③而讨论政治正义则必定要涉及国家这一想象的政治共同体。当然我们也可以把这种想象的政治共同体扩展到国际层面而对世界范围内的族群正义进行理论探讨。从个体到家庭到社会再到世界的理论展开顺序大致反映了正义思想发展的内在逻辑，但这种回复并不是简单的自我回复，而是包含全部由个体到整体，由个别到一般的普遍化，也就是精神扬弃"个体性"复归"整体性"的过程。因此，我们从对国家这种想象的政治共同体的讨论扩展到整个世界而对族群正义进行理论探讨就不仅是必要的，而且是必需的，

---

① 樊浩：《道德形而上学的精神哲学基础·绪论》，中国社会科学出版社2006年版，第13页。
② 樊浩：《道德形而上学的精神哲学基础·绪论》，中国社会科学出版社2006年版，第9页。
③ 如果严格按照黑格尔对伦理与道德的区分的话，把家庭伦理放入道德正义之中进行讨论是不合适的。实际上，尽管家庭生活是以"公共体性"的伦理关系为主，但家庭生活的本质正是要在对血亲伦理"公共体性"进行价值肯认的前提和基础之上培壅和激发个体的自我意识，以使之明晰血缘级次本身所内含的社会意义和文化价值。故而，罗尔斯把家庭生活的影响作为道德发展和形成的初始阶段。从这个意义上来说，把家庭伦理放入道德正义之中进行讨论也未必不可。

因为只有这样才能借由正义来把握精神追求自由活动由个体到整体由家庭到世界由局部到全部由个别到一般由特殊到普遍的全貌。就道德认识形成的隐性机制和潜在影响而言，正如罗尔斯所说的那样，政治起着基础性和决定性的作用。在社会承平之时，精神的作用在于维护正常的政治秩序和道德生活，因此精神正义也是从属于政治正义与道德正义的。但在社会矛盾积累到一定程度而出现政治腐败、道德沦丧、社会失序也就是孔子所深为痛心的礼崩乐坏之时，精神的力量就会重新异军突起，通过对政治、道德、社会、文化的整体性反思而对全部社会秩序和整体精神生活进行重新建构。概而言之，如果说政治和道德主要指向一种人间秩序的话，那么精神则主要指向一种终极意义，是政治和道德所借以确立的内在支撑和价值背景。伦理则是秩序与意义混元合一的存在状态，是政治、道德乃至精神原生性的发生学前提。在封建诸侯的先秦时代，礼乐文明是统合中国古代政治、社会、文化生活的主要文化历史形态。在对上述各种因素综合考虑和反复权衡的基础上，第一章为基本理论，而从第二章开始，我们的讨论即按照政论、礼论、德论、道论的顺序依次展开。

另一方面，理想与现实之间存在永恒的张力：人究竟是受道德理性的引领与塑造，还是受感性欲望的奴役与支配？从终极的意义上来说，人类到底有没有一个合乎理性的价值皈依，人类的尊严到底何在？我们的生活，我们的历史到底能不能彰显和证明人类的高贵和尊严？我们可以畅想未来，但我们又必须面对现实。我们可以憧憬正义完全实现的一般人类全景式理想，但"除去天地之害，谓之义"（《礼记·经解》），我们又不得不面对纠正正义受到扭曲异化的特殊历史阶段片面性的现实，而实际的历史进程恰恰就是在对理想的不懈追求和对现实不正义的不断纠正中不断趋近正义完全实现的人类全景式的共同理想。当然，这可能是一个永远接近而又永远难以企及最终目标的漫长旅程，但这种理想与现实，一般与特殊之间的理论分析无意间就轻慢和嘲弄了非历史决定论的苍白空洞与软弱无力。正所谓"极高明而道中庸"，理想与现实，一般与特殊又往往以诸如否定之否定等之类的辩证统一形式表现出来。借此，正义才真正获得由自在到自为，由逻辑到历史的真实表达空间。

正如黄玉顺所说，孔子、孟子乃至整个儒家所说的"义"有两层不同的意义：一是对行为性质的价值判定，是说一种行为符合某种现存既有的制度规范；二是对这种制度规范本身的价值判定，是说这种制度规范本身是正当而适宜的。正义论所要着重研究的是后者，因为后者是更根本的问题：一种符合某种制度规范的行为之所以被判定为正义的，根本是因为这种制度规范本身被判定为正义的；否则，一种行为即便符合制度规范，也未必是正义的行为。通俗地说，人要遵纪守法，前提是这种法纪本身是正义的。实际上，制度规范本身也是一种行为的后果，因为制度规范的建构活动本身是一种行为；判定这种行为的正义与否，根本上当然不是现行既有的制度规范，而是正义原则。所以，孟子认为，行为的根本依据不是礼制，而是正义："非其义也，非其道也，禄之以天下弗顾也，御马千驷弗视也；非其义也，非其道也，一介不以与人，一介不以取诸人。"（《孟子·万章上》）这就是说，问题的关键在于："其所取之者，义乎、不义乎？"（《孟子·万章下》）正义论的宗旨，也就是探究如何建构一种正义的制度规范。[①] 而制度规范是经由政治活动建构的，于是这就牵涉到对政治正义的探讨。

"政治问题在一切民族和文明中，都是早期哲学的思考对象，但在不同的文明体系中政治哲学的问题意识和讨论方式并不相同。如古希腊以城邦为基础的政治思想突出'正义'的观念，把正义作为追求的目标，从荷马时代到柏拉图、亚里士多德，都把正义作为政治领域的中心问题和最高美德。在古希腊人看来，正义是调整人际关系的道德准则，也是一种适当的界限和限度。古希腊也讨论了命运、逻各斯和自然法的思想，成为早期政治哲学的重要观念。在中国，从西周至春秋时代，并没有出现以'正义'为中心的讨论，而是提出了一些特有的论述，如天和民、天和礼、天和德的关系等。这些虽然还未形成政治哲学的体系，但无疑已经是具有政治哲学意义的论述和命题；这些论述和命题构成了儒家古典政治哲学的背景和前提，和古希腊前期政治哲学形成了对照。"[②] 陈来先生的言下之意是说：首先，政治哲学是哲学思考中的核心内容；其次，正义问题是政治哲学中的核心问题；最后，从西周至春秋时代形成的对

---

① 黄玉顺：《孟子正义论》，载《纪念孔子诞辰 2560 周年国际学术研讨会论文集》之"儒学的当代使命"，第 256 页。
② 陈来：《中国早期政治哲学的三个主题》，《天津社会科学》2007 年第 2 期。

"天和民""天和礼""天和德"的关系的讨论可视为和古希腊罗马时期西方对正义问题的讨论具有一定理论可比性的文化追问和精神反思。陈来先生的论述为我们探讨先秦政治正义提供了一个很好的思考范式和理论框架，接下来我们就以天、德、民为核心范畴来展开先秦政治正义的讨论。

第二章
政论——政治正义

　　上引西塞罗所论以正义的法律保护全体人民的共同利益和私有财产只是人们长久以来共同渴望的政治理想，但实际上，国家的逻辑前提却是首先要维护社会各阶级或各阶层的存在，也就是说要使社会各阶级或各阶层具备一定的生存、生活和生产条件。只有这样，阶级关系才能发生，国家才有其存在的社会基础和逻辑前提，政治权力的运行才有其现实的社会领域和公共空间。也就是说，从表面上看国家貌似伸张全社会的普遍利益，但实际上是要追求隶属于统治阶级的特殊利益并把兼顾普遍利益作为实现其特殊利益的必要条件，这种倾向极易导致对人们各种形式或隐晦曲折、或明目张胆的奴役与剥削。一方面，对个体合法权利的蔑视和人格尊严的践踏会从精神上导致部分民众主体性的彻底丧失，以至于使他们自觉或不自觉丧失对民族和国家的热爱以及对社会和政治的关心；甚至是使他们丧失对自由的向往，以至于自觉或不自觉地逃离自由，沦为完全依附于统治者的工具和奴隶。另一方面，从肉体上也会造成对民众的折磨与摧残，以至于最后使之整个陷入生死选择的怪圈——你要么隶属于一个阶级，要么选择一个阶级，否则此路不通，死路一条——当社会进入一方必须以消灭另一方或必须以依附一方消灭另一方作为自身存在的社会基础和逻辑前提这种荒诞不经的零和博弈时，其实意味着社会团结的分崩离析和政治秩序的灰飞烟灭。世俗生活的土崩瓦解会使人骤然成为精神生活上流离失所无枝可依的孤魂野鬼，生死存亡的严峻考验会使人重新堕入动物世界中弱肉强食你死我活的丛林法则，精神和肉体的双重折磨会迫使人们在神性与兽性之间做出艰难选择以召回自己或真实或虚妄的主体性并借以从精神和肉体两方面保存自身。但无论是神性的升华还是兽性的堕落，其必然的一个结果就是自在灵魂与本然人性的消退与黯淡。湮灭人性的社会终归是涂满虚伪狡诈荒诞不经的空中楼阁而非人类生存繁衍的生活常态,而人性湮灭的本质就是维系人与人之间正常关系的伦理之亲和感情之爱等社会纽带或社会属性的褫夺与断裂。

当然,上面所描述的黯淡场景只是社会矛盾积累到临界状态之后的非正常时期,在正常情况下人们更需要一种奠基于世俗生活之上的心灵慰藉和精神皈依,这种心灵慰藉与精神皈依又往往建立在人与人之间的社会归属与情感需要上,而社会归属与情感需要在客观上会使人心甘情愿地让渡一部分自由以信托给自己所隶属的大大小小的政治组织或包括家庭和社团在内各种各样的社会团体。这种温情脉脉而又不堪一击的人性之维又会为各种各样极权主义的存在与发展提供了普遍而广泛的社会心理学基础,弗洛姆认为,"极权主义运动吸引着渴望逃避自由的人们。现代人获得了自由,然而在内心深处却渴望逃避自由。现代人摆脱了中世纪的束缚,却没有能够自由地在理性与爱的基础之上营造一种有意义的生活,于是,他便想以顺从领袖、民族或国家的方式,以寻求新的安全感"[①]。当信托成为生活习惯,当依赖成为文化心理,就意味着主体意识的湮没与沉沦,这反过来也会影响与塑造国家视域中的个体形象。巴洛说:"国家对个体的兴趣并不在于将其当作个体,而仅仅当作某个行业或阶层或'利益集团'的成员而组织,以满足自身经济或行政方面的需求。结果每一个个体就此变成国家的奴隶。"[②] 巴洛和弗洛姆之言颇有道理,但其所说的只是问题的一个方面。问题的另一个方面是,国家作为想象的共同体,它产生于社会而又凌驾于社会之上并成为宰制社会的异己力量。政治权力虽然从本质而论应该是天下之公器,但公职人员承载权力拥有权力与行使权力的个体性和以权力监管权力与以权力交换权力的理论困境和逻辑悖论又不可避免地隐藏着种种权力失范的可能性风险和以公代私或者甚至干脆以私废公的现实性冲动,而这又会不可避免地造成利益流向通道的板结和社会身份辨识的固化。于是以国家活动为主要内容的政治运作使现实的共同体生活在某种程度上发生扭曲和变形,

---

① [美] 弗洛姆:《健全的社会·前言》,孙恺详译,王馨钵校,上海译文出版社 2011 年版,第 1 页。
② [英] R. H. 巴洛:《罗马人》,黄韬译,上海人民出版社 2000 年版,第 189 页。

第二章 政论——政治正义

分配不公导致正当与善的分离与隔绝,从而使裙带关系等自然偶然性与以私废公等社会任意性芒角乍现乃至渐露峥嵘。政治正义正是对这种由权力分配而导致的扭曲与变形的限制和补偿,罗尔斯正是要寻找一种可使自然天赋和社会环境中的偶然因素归于无效的正义观,这种寻找体现了把那些从道德观点看来是任意专横的自然因素和社会影响排除到一边的思想。

政治正义的目的就是要为国家存在的历史前提及其各因素之间的逻辑联系提供合法性论证,从终极价值的意义上为社会各阶级的存在和发展以及政治权力存在和运行提供理论辩护与精神保证。"一个政权的生命,必须依赖于某一种理论之支撑。此种理论同时即应是正义。正义授予政权以光明,而后此政权可以绵延不倒。否则此政权将为一种黑暗的势力,黑暗根本无可存在,必趋消灭。"① 从逻辑上来说,存在先于作用。因此,为政治权力提供合法性辩护乃是政治正义的第一要义,而为全体国民的权利与自由提供法律保证乃是政治合法性辩护之后的事情。

一 合法论:民之所欲,天必从之

彼得·布劳说:"稳定的组织权力要求合法化。肯定地说,人们可以被迫去从事劳动和服从命令,但强迫地使用权力会导致对抗,有时是积极的反抗。在社会之中与社会之间的权力冲突以对抗和反抗作为特征,而反抗也发生在组织之中,有效的操作必然会导致它们在那儿被保持在最低的水平上,尤其会导致成员们在履行他们日常义务时不表现反抗以及心甘情愿地服从上级的指示。只有合法的权力才获得心甘情愿地服从。"② 让-马克·夸克更是言简意赅,他说:"合法性即是对统治权力的承认。"③ 因此,所谓"有效的操作"、合法化或政治合法性论证的目

---

① 钱穆:《国史大纲》,商务印书馆1996年版,第213页。
② [美]彼得·布劳:《社会生活中的交换与权力》,孙非、张黎勤译,华夏出版社1988年版,第230—231页。
③ [法]让-马克·夸克:《合法性与政治》,佟心平等译,中央编译出版社2002年版,第12页。

的是要消除或减弱组织之中的敌对和反抗以使人们心甘情愿地服从,这实际上就是意识形态劝说或政治合法性辩护。也正是在这个意义上,福柯说:"权力和知识是直接相互包含的;没有知识领域的相关建构,就没有权力关系;同时不预先假定并建构权力关系,也就没有知识。"①

姚大志在谈到政治体制及其合法性论证时说,"就政治制度而言,无非有君主制、贵族制、民主制三种。君主制的统治者是一个人(君主),贵族制的统治者是一些人(统治阶级或精英),民主制的统治者是所有的人(公民)。贵族制是由一个阶级、阶层或集团掌握政权,为其辩护的有阶级论、神授论、知识论。阶级论主张应该由某个特殊阶级来实行统治,神授论主张应该由上帝的某些代表来实行统治,知识论主张应该由某些拥有专门知识的人来实行统治。知识论的现代变种是精英统治论(meritocracy)。沃尔策认为,就挑战民主制度而言,真正的对手只能是知识论形式的贵族制,而支持这种政治制度的理论之首创者就是柏拉图"②。现在,让我们结合姚大志的论述探讨一下中国古代政治体制的实际情况。

"故天子有田以处其子孙,诸侯有国以处其子孙,大夫有采以处其子孙。是谓制度。"(《礼记·礼运》)董仲舒对天子的解释是"德侔天地者称皇帝,天佑而子之,号称天子"(《春秋繁露·三代改制质文》)。《礼记·礼运》所谓的制度的实质是赋予特定阶层以特殊占有的权利,也就是马克思所说的特殊利益。这虽然与现代价值格格不入,却充分揭示了这种制度的贵族制性质,而且这种贵族制带有着鲜明的神授论特征。董仲舒所说的"德侔天地"是一个很含混的说法,从某种程度上说带有自然法的特征。董仲舒认为虽然皇帝与天子的主要区别在于能否得到"天佑",但其内在规定性却是一致的,那就是"德侔天地"。《周语》亦云:"国之将兴,其君齐明中正,清洁惠和,其德足以昭其馨香。"(《国语·周语上》)这里的"德"是政治清明,国家兴盛的条件和前提,而且这里的"德"也就是"齐明中正,清洁惠和",是特指一国之

---

① 转引自姚大志《何谓正义——现代西方政治哲学研究》,人民出版社2007年版,第376页。

② 参见姚大志《何谓正义——当代西方政治哲学研究》,人民出版社2007年版,第309页。

君而言的。这里的"明"和"聪明齐圣"(《尚书·囧命》)、"谟明弼协"(《尚书·皋陶谟》)、"知之曰明哲,明哲实作则"(《尚书·说命》)一脉相承,而"知之曰明哲"就明显含有知识论的特征。对此,《尚书·泰誓》表达得更为明白显豁:"亶聪明作元后,元后作民父母。"

首先,按照罗尔斯的理解,精英统治论和知识论形式的贵族制都倾向于功利主义。其次,至于姚大志转引沃尔策"就挑战民主制度而言,真正的对手只能是知识论形式的贵族制,而支持这种政治制度的理论之首创者就是柏拉图"这一论断是值得商榷的,也是值得深入思考的。一方面,实际上,中国先秦时期的社会治理模式从本质上来说应该就是知识论形式的贵族制,这种社会治理传统或政治文化意识可以追溯到更早的历史时期。所不同者,西方更重视理性(认识理性、实践理性)知识而中国更重视德性(道德理性、价值理性)实践,而且中国古人大都认为认识理性、实践理性先天地涵盖于道德理性和价值理性之中。另一方面,把知识论形式的贵族制作为民主制度的真正对手既表明了沃尔策对知识论形式贵族制的重视,也隐含着对知识论形式贵族制某种程度的理解、同情与认可,这个观点本身也是一个值得认真研究的问题。暂且不论姚大志对三种政治制度的界定是否准确,也不论他转述沃尔策的观点是否正确,但毫无疑问的是,我们肯定不能把先秦政治制度归入民主制之列,说先秦之政治结构是君主制也不尽如人意。因为,在春秋时期臣对君并非像后世君主制那样绝对服从。相反,说其是贵族制则较为接近历史事实。比如《左传》载:

> 秋,诸侯复伐郑。宋公使来乞师,公辞之。羽父请以师会之,公弗许。固请而行。故书曰"翚帅师",疾之也。杨注:疾之者,恶其不听公命也。[1]

隐公元年即公元前722年郑国发生共叔段之乱,叛乱失败后叔段奔共,其子公孙滑奔卫,郑卫自此交恶,互有征伐。隐公三年,宋穆公传位于其侄公子与夷,立与夷为殇公而使其子公子冯居于郑国。隐公四年

---

[1] 杨伯峻:《春秋左传注》,中华书局2009年版,第37页。

春，卫州吁弑桓公完而立。州吁好兵，为转移国内政治矛盾而与宋结盟，伙同陈、蔡讨伐郑国。由于隐公事先接受了众仲对卫州吁的"不务令德"，政治前景暗淡的判断，所以，"宋公使来乞师，公辞之"。但公子翚不顾隐公的极力反对，"固请而行"。对此，隐公也莫可奈何，史官也只能通过书"翚帅师"来隐晦地谴责他不听隐公的命令。通观《左传》一书，类似的情况还有很多。不惟如此，在卫国还出现过多次讼君、逐君的事情。所以我们认为先秦政治制度更接近于贵族制而非秦汉之后的皇权专制。如果以马克思主义立场、观点、方法做分析，就先秦贵族制的合法性论证而言，单说其是阶级论、神授论或知识论也不太合适，而实质上乃是一种神授论、阶级论与知识论的混合，《左传·隐公三年》载：

> 宋穆公疾，召大司马孔父而属殇公焉，曰："先君舍与夷而立寡人，寡人弗敢忘。若以大夫之灵，得保首领以没；先君若问与夷，其将何辞以对？请子奉之，以主社稷。寡人虽死，亦无悔焉。"对曰："群臣愿奉冯也。"公曰："不可。先君以寡人为贤，使主社稷。若弃德不让，是废先君之举也，岂曰能贤？光昭先君之令德，可不务乎？吾子其无废先君之功！"使公子冯出居于郑。八月庚辰，宋穆公卒，殇公即位。君子曰："宋宣公可谓知人矣。立穆公，其子飨之，命以义夫！《商颂》曰：'殷受命咸宜，百禄是荷'，其是之谓乎！"

宋宣公力病重时并没有传位给他的儿子与夷，而是让位给了他的弟弟和，并说"父死子继，兄终弟及，天下通义也。我其立和！"宋穆公和病重时留下政治遗嘱要将君位还给他哥哥宋宣公力的儿子与夷，并特意交代大司马孔父嘉说，"请子奉之，以主社稷"。杨伯峻注：社稷即国家，国必有土，土神曰社；民必有食，谷神曰稷。故《礼记·王制》谓天子以太牢祭社稷，诸侯以少牢祭社稷。《礼记·曲礼下》"国君死社稷"，犹言为国而死；《礼记·檀弓下》"能执干戈以卫社稷"，犹言保卫国家。[①]《礼记·礼运》甚至说："国有患，君死社稷为之义，"意思是说

[①] 参见杨伯峻《春秋左传注》，中华书局2009年版，第29页。

君主事国家之事，国家有难，君主为国家而死，是正义的。这至少包含了三方面的含义：首先，君主不等于社稷；其次，社稷高于君主；最后，君主为社稷殉难是其职责范围之内的事情。我们暂且不管宋宣公与宋穆公之间君位传承是否秉承了殷商"兄终弟及"的遗风，也不论这里"君子曰"对宣公的赞扬与《公羊传》"宋之祸，宣公为之也"（《春秋公羊传·隐公三年》）的批评孰是孰非。至少，杨伯峻认为社稷即国家确实极有道理：统治者在维护自身阶级或阶层利益之外还具有管理社会事务的功能性考量，根据职能需要设置岗位，以岗定编以职定责考校功过循名责实是国家组织产生的前提。"仲尼曰：山川之灵，足以纪纲天下者，其守为神；社稷之守者，为公侯。"（《国语·鲁语下》）在这里，社稷是主要的，是主体性的存在；而公侯则只是为了要守社稷，是附属于社稷的功能性的存在。① 在这种理论视角之下，社稷与国家便有某种相互诠释的可能性。而一定地域的国土和一定数量的民众又是国家得以成立的物质前提，所以孟子说："民为重，社稷次之，君为轻"（《孟子·尽心下》）。实际上，社稷即国家的论断也基本揭示了先秦政治制度君权神授的宗教神秘主义色彩。

> 帝颛顼高阳者，黄帝之孙而昌意之子也。静渊以有谋，疏通而知事；养材以任地，载时以象天，依鬼神以制义，治气以教化，絜诚以祭祀。北至于幽陵，南至于交址，西至于流沙，东至于蟠木。动静之物，大小之神，日月所照，莫不砥属。（《史记·五帝本纪》）
>
> 高辛生而神灵，自言其名。普施利物，不于其身。聪以知远，明以察微。顺天之义，知民之急。仁而威，惠而信，修身而天下服。取地之财而节用之，抚教万民而利诲之，历日月而迎送之，明鬼神而敬事之。其色郁郁，其德嶷嶷。其动也时，其服也士。帝喾溉执中而遍天下，日月所照，风雨所至，莫不从服。（《史记·五帝本纪》）

---

① "国必有土，土神曰社；民必有食，谷神曰稷"的说法表明，土神"社"和"谷神"稷本身就是一种为了主宰和管理土地和谷物的功能性存在。

这里所谈到的颛顼和帝喾都是传说中的圣王，也是先秦儒家抒发道德理想与建构政治蓝图的人格载体。"仁而威，惠而信，修身而天下服。取地之财而节用之，抚教万民而利诲之，历日月而迎送之，明鬼神而敬事之。其色郁郁，其德嶷嶷。其动也时，其服也士"的说法与功利主义学派所描绘的具有完全理性和同情能力的公平观察者不同，这些圣王所具备的认识理性和行动能力不但接近于神灵，而且所有认识理性和行动能力是以高度的道德自觉为基础的。"静渊以有谋，疏通而知事""聪以知远，明以察微"固然都有知识论的成分，但这里更强调的是神授论："依鬼神以制义"和"顺天之义"意思接近，都是强调"天"和"鬼神"对政治的主导性和决定性作用。正因如此，所以才"絜诚以祭祀"，"明鬼神而敬事之"，而这种宗教性活动反过来又塑造了统治者的权威："动静之物，大小之神，日月所照，莫不砥属"，"日月所照，风雨所至，莫不从服"。陈来先生说"从政治哲学的角度来看，《尚书》的天命观是古代政治思考最重要的资源"①。这里"依鬼神以制义"和"顺天之义"都是说政治统治的合法性来自于鬼神或上天，那么先秦儒学②中的天究竟是指什么呢？

（一）惟天降命，福善祸淫

冯友兰先生认为天有五义，即物质之天、主宰之天、运命之天、自然之天与义理之天：物质之天是与地相对之天；主宰之天即所谓皇天上帝，有人格的天、帝；运命之天即人生中我们所无可奈何者，如孟子所谓"若夫成功者则天也"之天；自然之天即指自然之运行，如《荀子·天论篇》所说之天；义理之天即谓宇宙之最高原理，如《中庸》所说"天命之为性"之天。③ 结合冯、陈两位先生的看法，天命观中的"天"实际上兼有主宰之天、运命之天与义理之天的三重内涵。关于天命观，我们在第五章第三节之第二部分另有详细讨论，故不再赘述。在这里，

---

① 陈来：《孔夫子与现代世界》，中华书局2009年版，第157页。
② 《诗经》《尚书》等六经乃是儒学产生之前的文献典籍，是儒学借以产生的母体。鉴于儒学是对于六经文化精神的继承与发扬，后世儒家也把六经作为理论关注的核心文献，故而这里也把六经笼统称为儒学。
③ 冯友兰：《三松堂全集》第2卷，河南人民出版社2001年版，第281页。

第二章　政论——政治正义

我们仅从文献的角度结合冯友兰先生的分疏对天与政治合法性的关系做一下梳理。通观《尚书》一书，其中涉及"天"者有49篇，共278次，在很多时候，这里的天都是作为有着独立意志的主宰之天出现的：

"皇天眷命，奄有四海"，"四海困穷，天禄永终"，"天降之咎"。（《尚书·虞书·大禹谟》）

"天命有德，五服五章哉。天讨有罪，五刑五用哉。"（《尚书·虞书·皋陶谟》）

"敕天之命"，"天其申命用休"。（《尚书·虞书·益稷》）

"天用剿绝其命。今予惟恭行天之罚。"（《尚书·夏书·甘誓》）

"惟天监下民。"（《尚书·商书·高宗肜日》）

"先王顾諟天之明命"，"天监厥德"。（《尚书·商书·太甲》）

"有夏多罪，天命殛之"，"致天之罚"。（《尚书·商书·汤誓》）

"天道福善祸淫"，"上天孚佑下民，罪人弗僭"。（《尚书·商书·汤诰》）

"天毒降灾荒殷邦"。（《尚书·商书·微子》）

"天既讫我殷命"，"故天弃我"，"天何不降威大命不挚"。（《尚书·商书·西伯戡黎》）

"皇天弗保"，"克享天心，受天明命"，"非天私我有商，惟天佑于一德"，"惟天降灾祥"。（《尚书·商书·咸有一德》）

"皇天降灾。"（《尚书·商书·伊训》）

"天乃赐王勇智。"（《尚书·商书·仲虺之诰》）

"天其永我命于兹新邑。"（《尚书·商书·盘庚》）

"天既遐终大邦殷之命"，"天亦哀于四方民"。（《尚书·周书·召诰》）

"皇天无亲，惟德是辅。"（《尚书·周书·蔡仲之命》）

"天降割于我家不少"，"天降威"，"予造天役"，"天休于宁王，兴我小邦周"，"今天其相民"，"天閟毖我成功所……天亦惟用勤毖我民"，"矧今天降戾于周邦"，"天惟丧殷"，"天亦惟休于前宁人"。（《尚书·周书·大诰》）

"天惟时求民主，乃大降显休命于成汤，刑殄有夏"，"惟天不

· 111 ·

畀纯","天降时丧","天惟降时丧","天惟求尔多方，大动以威","天惟式教我用休，简畀殷命，尹尔多方","天惟畀矜尔"。（《尚书·周书·多方》）

"尔殷遗多士，弗吊旻天，大降丧于殷。我有周佑命，将天明威，致王罚；敕殷命终于帝。肆尔多士，非我小国敢弋殷命。惟天不畀允罔固乱，弼我，我其敢求位。惟帝不畀，惟我下民秉为，惟天明畏。""亦惟天丕建保乂有殷","惟时上帝不保，降若兹大丧。惟天不畀，不明厥德。凡四方小大邦丧。罔非有辞于罚"。（《尚书·周书·多士》）

"惟天阴骘下民。"（《尚书·周书·洪范》）

"今天动威。"（《尚书·周书·金滕》）

"惟天降命","天降威","故天降丧于殷"。（《尚书·周书·酒诰》）

"天降丧于殷","天不庸释于文王受命","格于皇天","天惟纯佑命"。（《尚书·周书·君奭》）

"皇天改大邦殷之命。"（《尚书·周书·康王之诰》）

"天乃大命文王","天惟与我民彝大泯乱","爽惟天其罚殛我"。（《尚书·周书·康诰》）

"天齐于民","今天相民","天罚不极"。（《尚书·周书·吕刑》）

"皇天震怒","天佑下民","天命诛之","厎天之罚，天矜于民。民之所欲，天必从之","惟天惠民，惟辟奉天，有夏桀，弗克若天","天乃佑命成汤","天其以予乂民","恭行天罚"。（《尚书·周书·泰誓》）

"皇天眷佑。"（《尚书·周书·微子之命》）

"皇天既付中国民。"（《尚书·周书·梓材》）

由以上材料不难看出，这里的"天"都是作为主词出现的，实际上就是会喜怒哀乐，有着独立意志和行动能力的"帝"或"上帝"，也就是冯友兰先生所说的"主宰之天"。一方面，从积极的意义上说，"天"的眷佑是政治合法性的重要保证；另一方面，从消极的意义上说，当统治者不敬时"天"就会"震怒""降害""降丧""罚殛"，直至最后终结其统治。与天相比，作为宾词出现的人是完全被动地从属于天的，没有任何能动性和主体性可言，一个统治集团对另一个统治集团的攻伐也是打着"致天之罚"的旗号进行的。"天"也正是通过"佑"和"罚"这两种对立统一的管理功能与价值定位为政治合法性提供了终极保证，这是"君权神授"思想的最早起源。对此，《礼记》总结道：

> 子曰："唯天子受命于天，士受命于君。故君命顺则臣有顺命，君命逆则臣有逆命。《诗》曰：'鹊之姜姜，鹑之贲贲，人之无良，我以为君。'"（吕大临曰：此章重在述事君不可使为乱之事也。天道无私，莫非理义，君所以代天而治者，推天之理义，以治斯人而已。君命合乎理义为顺天命，为臣者将不令而从；不合则为逆天命，为臣者虽令不从矣。此所以有逆命、顺命之异，然后知其不可使为乱也。）①

董仲舒说："天以天下予尧舜，尧舜受命于天而王天下。"（《春秋繁露·尧舜汤武》）"唯天子受命于天，天下受命于天子。"（《春秋繁露·为人者天》）在董仲舒看来天似乎确实是有着独立意志的行动主体，而在吕大临这里"君权神授"或"天子受命于天"即"天命"的实质是代天而治，只不过是要"推天之理义，以治斯人而已"。吕氏的说法带有明显的宋学特征，那就是"君权神授"的合法性保证由"合乎理义"的政治理性所代替。以吕氏的说法来推断先秦的思想当然是靠不住的，但审之所引材料以及上面的分疏，可以看出，《尚书》中所出现的"天"尽管有喜怒哀乐，但并非是喜怒无常，而是要"福善祸淫"。质言之，这里的"天"有着明确的价值判断和强烈的道德指向，那就是"佑民"与"伐罪"。甚至，"民之所欲，天必从之"，也就是说民心向背是上天意志的最终决定因素。如此一来，"天"的主体性地位被虚化而成为虚悬的一格，而功能性地位则得到了凸显而实际上成了民众利益诉求的代言人，成了把民众推演为政治合法性最终保证的逻辑中介。

---

① （清）孙希旦：《礼记集解·卷五十一·表记第三十二》，中华书局1989年版，第1316页。

但这只是政治合法性从价值本位上论证的一个方面，另一方面，还需要为政治实际运行过程提供程序意义上的合法性依据。"大哉，尧之为君，唯天为大，唯尧则之，荡荡乎，民无能名焉。"（《孟子·滕文公》）"乃命羲和，钦若昊天，历象日月星辰，敬授人时。"（《尚书·尧典》）"凡礼之大体，体天地，法四时，则阴阳，顺人情，故谓之礼。"（《丧服四制》）《礼记·礼运》亦云：

> 故政者，君之所以藏身也。是故夫政必本于天，殽以降命。命降于社之谓殽地，降于祖庙之谓仁义，降于山川之谓兴作，降于五祀之谓制度。此圣人所以藏身之固也。故圣人参于天地，并于鬼神，以治政也。处其所存，礼之序也；玩其所乐，民之治也。故天生时而地生财，人其父生而师教之，四者君以正用之，故君者立于无过之地也。（《礼记·礼运》）

"古之人造文字者，三画而连其中谓之王。三画者，天、地与人也；连中者，通其道也。取天地与人之才而参之，非王者孰能当是？故王者必法天，以大仁覆育万物，既化而生之，又养而成之。"（《艺文类聚·卷十一》）

"故政者，君之所以藏身也"是说君主必须通过参与政治来负担政治责任和政治义务。质言之，政治活动是君主的合法性之所在，不理朝政的君主一直被斥为不合格的昏君暗主。"是故夫政必本于天"则是说"天"又是政治合法性的根源，这里的"天"既是"主宰之天""运命之天"，更是"义理之天"而与"物质之天"或"自然之天"在内涵上关涉甚少。黄克剑认为，所谓自然法就是以自然体现一种神圣的道德秩序而称自然本身所具有的合乎理性的大法。[①] 这里"是故夫政必本于天""王者必法天"讲的是为政要像"尧之为君，唯天为大，唯尧则之""体天地，法四时，则阴阳"那样遵循类似于西方所说的"自然法"，也就是董仲舒所谓的"圣人副天之所行以为政"（《春秋繁露·四时之副》）。

---

① 参见黄克剑《"正"、"义"与"正义"——中西人文价值趣求之一辨》，《福建论坛》（人文社会科学版）2002年第2期。

一方面，这固然是由处于农耕时代的中国地理环境和气候条件所决定的；另一方面，这种顺应自然规律的方法可以避免不必要的人力物力上的浪费，以最大可能地为尽量多的人提供最基本的生活保障——这在科技不昌，生产力发展水平低下所造成的短缺经济时代是必然的，也是没有选择的选择。最值得注意的是王者要像天那样"以大仁覆育万物，既化而生之，又养而成之"，这里以"天"的名义要求统治者保障民众生命权和生活权——尽管提出这种要求的根据只是具有软约束性质的道德责任——"仁"而不是具有硬约束性质的宪政责任或法律义务。

从上面所摘引的《尚书》材料可以看出："天"虽然有着自己的喜怒哀乐和独立意志，但并不是喜怒无常需要人们时时讨好的"上帝"。"天命有德"（《尚书·虞书·皋陶谟》），"天监厥德"（《尚书·商书·太甲》），"惟天佑于一德"（《尚书·商书·咸有一德》），"皇天无亲，惟德是辅"（《尚书·周书·蔡仲之命》），这里的"天"有着一种严格的理性，其或"佑"或"罚"并不是单纯出于自己的好恶，乃是根据统治者的德行。用拟人的手法来讲，这里为"天"所具备和秉承并借以平抑和克制自身具有自然偶然性和社会任意性的一己之好恶的道德理性就是"天之义"，也就是决定人间政权合法性的正义原则；而"是故夫政必本于天"或"王者必法天"就是政治合法性的保证，这也就是所谓的"顺天之义"。

"顺天之义"就是"知民之急。仁而威，惠而信，修身而天下服。取地之财而节用之，抚教万民而利诲之，历日月而迎送之，明鬼神而敬事之。其色郁郁，其德嶷嶷。其动也时，其服也士"（《史记·五帝本纪》）。这里所讲到的贵民、修身、节财、抚民、教民、敬鬼、事神实际上还是指向"知民之急"等社会治理之类的公共事务。如此一来，对"义"的解释权就由"天之义"转向了"人之事"。一方面，同儒家一样，墨子所讲的"义"也完全是指人事而言的，但墨子除了像儒家那样关注社会治乱之外还关注个人命运；另一方面，在对人本质的理解上，儒家倾向于道德人假设而墨子有些类似于经济人假设。[①]

---

① 这种说法只是为了更好地理解儒家与墨子对人认识上的不同。实际上，说墨子那里有经济人假设是不合适的，因为墨子主张兼爱而经济人主张自利；但反过来说墨子也重视利益故而也可以勉强作这样的比较。

> 然则天亦何欲何恶？天欲义而恶不义。然则率天下之百姓以从事于义，则我乃为天之所欲也。我为天之所欲，天亦为我所欲。然则我何欲何恶？我欲福禄而恶祸祟。若我不为天之所欲，而为天之所不欲，然则我率天下之百姓以从事于祸祟中也。然则何以知天之欲义而恶不义？曰：天下有义则生，无义则死。有义则富，无义则贫。有义则治，无义则乱。然则天欲其生而恶其死，欲其富而恶其贫，欲其治而恶其乱。此我所以知天欲义而恶不义也。（《墨子·天志》）

这样的"义"是决定生、死、富、贫、治、乱的根本原则。也就是说"义"不但能决定个人命运，还能决定社会稳定性，它既是道德价值，又是制度价值，这里的"义"实际上就是正义。然而，"天欲义而恶不义"，这里的正义其最终保证力量依然是"天"。就以上材料来看，墨子的"天"尽管也是与"义"相勾连的，但整体而言，墨子所说的"天"是主体性的，而非功能性的；与儒家对于"天"的理解相比，它带有更多类似于殷商时代"帝"或"上帝"的色彩。

在宋穆公让位其侄子公子与夷的例子中，宋穆公也认为自己之所以能够"主社稷"，是由于"先君以寡人为贤"，也就是说因为宋宣公认为穆公有贤德。穆公之所以要传侄不传子，一方面是不想落下"弃德不让"的恶名，另一方面是要"光昭先君之令德"，类似的表达还有很多，以下仅举几例为证：

> 无骇卒，羽父请谥于族，公问于众仲。众仲对曰："天子建德。"据杜注，建德者，建立有德之人而以为诸侯也。[1]
>
> 夏四月，取郜大鼎于宋。戊申，纳于大庙，非礼也。臧哀伯谏曰："君人者，将昭德塞违，以临照百官，犹惧或失之，故昭令德以示子孙。"[2]
>
> （晏子）对曰："若有德之君，外内不废，上下无怨，动无违

---

[1] 杨伯峻：《春秋左传注》，中华书局2009年版，第60—61页。
[2] 杨伯峻：《春秋左传注》，中华书局2009年版，第86页。

事，其祝史荐信，无愧心矣。是以鬼神用飨，国受其福，祝史与焉。其所以蕃祉老寿者，为信君使也，其言忠信于鬼神。其适遇淫君，外内颇邪，上下怨疾，动作辟违，从欲厌私。高台深池，撞钟舞女，斩刈民力，输掠其聚，以成其违，不恤后人。暴虐淫从，肆行非度，无所还忌，不思谤讟，不惮鬼神，神怒民痛，无悛于心。其祝史荐信，是言罪也。其盖失数美，是矫诬也。进退无辞，则虚以求媚。是以鬼神不飨其国以祸之。"（《左传·昭公二十年》）

据杜预的注解，众仲认为天子选择建立诸侯的标准是德，没有德，诸侯也就失去了其政治合法性。臧哀伯则认为宣扬美德，杜绝邪恶并以此垂范百官是国君不可推卸的责任和义务，也是国君内在的本质规定性，舍此，则其政治合法性就不复存在。我们暂且不论公子与夷是否有德，但从穆公、众仲和臧哀伯的话中可以看出，君德是政治合法性论证的一个重要方面。而晏子则从"有德之君"、"是以鬼神用飨，国受其福"和无德"淫君""是以鬼神不飨其国以祸之"正反两方面作出了详细的解释与论证。政治合法性保证由"天"向"德"的观念转换表明了中国古代政治哲学的祛魅历程和人文主义发展新路向。有铭文的青铜器既是考古资料，又是历史文献。考古学家认为西周时期青铜器的意义已经与商代不同，"它不再是作为礼仪上同神灵交流的工具，而是现实生活中荣耀和成就的表证"[①]。这从一个侧面为我们所说的人文主义转向提供了考古学、文献学和历史学意义上的有力佐证。

（二）皇天无亲，惟德是辅

刘军宁等人认为，"不管一种权威具有多么深刻的制度特征，人们都未能阻止服从其权力的该集体成员注重掌权者的个人威望"[②]。这种个人威望当然包括政治社会地位和组织与领导能力等综合因素，但更重要的是掌权者个人的德性和人格魅力。顾颉刚、刘起釪等认为，作为道德意

[①] Wu Hung, *Monumentality in Early Chinese Art and Architecture* (Stanford, CA: Stanford University Press, 1995), p. 63. 转引自［美］李峰《西周的灭亡——中国早期国家的地理和政治危机》，徐峰译，汤惠生校，上海古籍出版社2007年版，第15页注。

[②] 刘军宁等主编：《公共论丛》，生活·读书·新知三联书店1996年版，第93页。

义的"德"字，在甲骨文中是没有的，到周代金文和文献中才出现。德实际是西周统治者意识形态方面的一个范畴。殷代没有此德字，因为殷代尚没有形成而且也不具备德的观念，他们用杀戮的权威和上帝的权威来进行统治。他们把上帝的权威看作绝对的，一切休咎祸福是凭上帝的意旨无条件降下的，并不根据人的愿望来降祸福。他们遇事要占卜，就是在探明上帝意旨后去做任何事情，而不问其德还是不德。① 若以理性的观点视之，顾、刘的观点明显有些过于偏激。因为，一方面，文字和相应的观念尽管关系密切但并不能完全等同，没有相应的文字并不表明就没有相应或类似的观念存在；另一方面，尽管远古的德可能并不是我们现在所理解的那个样子，但自有人类起，道德就是人类社会须臾不可离的内在精神之维和隐性制度环境，舍此则必无基本的社会团结，人类也就无法生存。正如陈来先生所说的"早期德性人格的观念，是首先在政治领域作为对社会管理者的要求提出来的，任何普遍性的东西总是要通过特殊的具体的路径来表现，尤其在开始生长的阶段"②。因此，人类早期的道德观念是指向公共事务的。这里所说的"普遍性的东西"指的是"德性人格的观念"，从泛化的意义上来说就是道德；而"特殊的具体的路径"指的是政治领域中的公共事务。陈来先生的言下之意是说：第一，道德具有普遍性；第二，具有普遍性的道德必须借由政治领域中的公共事务这一"特殊的具体的路径"才得以产生。

王太军、王庆五也认为从根本上看，支配着中国历史神话的基本精神或者说贯穿中国历史发展的人文线索，是对远古神祇——近古帝王身上"德"的尊崇。活跃在这种崇德气氛中的是一些富于伦理色彩对文明有重大贡献的文化超人。相反，有力地征服自然的超人反而居于不显著的地位。他们认为中国上古各种文献所记载的文化成就，无论是艺术的，如《诗经》《楚辞》；历史的，如《春秋》及"三传"；思想的，如诸子百家；哲学的，如《老子》《庄子》《易经》；还是神话的，如《山海经》等，无不打上侧重伦理、注重社会功用的印记。总而言之，对社会政治和公共事务的深刻关切超过了对发展个性的要求和对人生问题的哲

---

① 参见顾颉刚、刘起釪《尚书校释译论》，中华书局2005年版，第1033页。
② 陈来：《古代宗教与伦理——儒家思想的根源》，生活·读书·新知三联书店1996年版，第325页。

理思索。①

王太军、王庆五所罗列文献可谓洋洋大观，但除《诗经》外这些文献都是晚出的。荀子云："书者，政事之纪也。"（《荀子·劝学篇》）孔颖达《尚书正义序》亦云："夫书者，人君辞诰之典，右史记言之策。古之王者事总万机，发号出令，义非一揆：或设教以御下，或展礼以事上，或宣威以肃辰曜，或敷和而散风雨，得之则百度惟贞，失之则千里斯谬。枢机之发，荣辱之主，丝纶之动，不可不慎。所以辞不苟出，君举必书，欲其昭法诫，慎言行也。"② 我们再来看一下"政事之纪"且"辞不苟出"的《尚书》，《尚书》③ 全文统共33005字，而"德"字在48篇中出现，出现频率多达224次。其中的"德"主要是针对君主提出的要求，极少数是对臣子和民众而言的：

"帝德广运"；"皋陶迈种德，德乃降"；"惟德动天，无远弗届"。（《尚书·虞书·大禹谟》）

"天命有德。"（《尚书·虞书·皋陶谟》）

"天既孚命正厥德。"（《尚书·商书·高宗肜日》）

"德惟治，否德乱"；"先王惟时懋敬厥德"。（《尚书·商书·太甲下》）

"尔惟德，罔小，万邦惟庆；尔惟不德，罔大，坠厥宗。"（《尚书·商书·伊训》）

"王其疾敬德"；"其稽我古人之德"；"王敬所作，不可不敬德"；"惟不敬厥德"；"肆惟王其疾敬德，王其德之用，祈天永命"；"其惟王位在德元"。（《尚书·周书·召诰》）

"惟文王、武王敷大德于天"；"惟公懋德"；"以荡陵德"；"惟

---

① 参见金太军、王庆五《中国传统政治文化新论》，社会科学文献出版社2006年版，第49—50页。
② 《十三经注疏·尚书正义》，北京大学出版社2000年版，第3页。
③ 大致而言，明清以降的疑古思潮是唐宋时期疑经运动的继续和发展，对《古文尚书》真伪的争论也是由来已久，而终经阎若璩《尚书古文疏证》而被定案为伪书。毛奇龄《古文尚书冤词》就力辨其真，今人张岩《审核〈古文尚书〉案》亦辩之甚详。这里所用的是《今古文尚书》，一方面是由于上述原因；另一方面，退一步说，即使《古文尚书》在文献学角度上被定为伪作，依然不妨碍从思想史意义上对其进行诠释和阐发。

德惟义"；"厥德允修"。(《尚书·周书·毕命》)

"皇天无亲，惟德是辅；民心无常，惟惠之怀。"(《尚书·周书·蔡仲之命》)

"罔不明德慎罚"；"惟我周王，灵承于旅，克堪用德。惟典神天，天惟式教我用休，简畀殷命，尹尔多方"；"非我有周秉德不康宁，乃惟尔自速辜"；"尔尚不忌于凶德"。(《尚书·周书·多方》)

"兹亦惟天若元德。"(《尚书·周书·酒诰》)

"王义嗣德。"(《尚书·周书·康王之诰》)

"不敢替厥义德，率惟谋从容德。"(《尚书·周书·立政》)

"同力度德，同德度义。"(《尚书·周书·泰誓上》)

"王惟德用。"(《尚书·周书·梓材》)

从以上引文可以看出，"天"实际上成了政治合法性的形上预设，而"德"才是政治合法性的现实保证。这种思想在《尚书·咸有一德》中得到了集中体现：

> 伊尹既复政厥辟，将告归，乃陈戒于德。曰：呜呼！天难谌，命靡常。常厥德，保厥位。厥德匪常，九有以亡。夏王弗克庸德，慢神虐民，皇天弗保。监于万方，启迪有命，眷求一德，俾作神主。惟尹躬暨汤咸有一德，克享天心，受天明命。以有九有之师，爰革夏正。非天私我有商，惟天佑于一德；非商求于下民，惟民归于一德。
>
> 德惟一，动罔不吉；德二三，动罔不凶。惟吉凶不僭在人，惟天降灾祥在德。今嗣王新服厥命，惟新厥德，终始惟一，时乃日新。任官惟贤材，左右惟其人。臣为上为德，为下为民。其难其慎，惟和惟一。德无常师，主善为师；善无常主，协于克一。俾万姓咸曰：大哉王言！又曰：一哉王心！克绥先王之禄，永底烝民之生。呜呼！七世之庙，可以观德；万夫之长，可以观政。后非民罔使，民非后罔事。无自广以狭人，匹夫匹妇不获自尽，民主罔以成厥功。(《尚书·商书·咸有一德》)

第二章 政论——政治正义

一方面,"天难谌,命靡常"(《尚书·咸有一德》),"皇天无亲"(《尚书·蔡仲之命》),不仅是指统治家族的可替换性,也意指权力的授予可以不分种族。另一方面,毫无疑问的是,在这里,权力授予的主体是天,换句话说,从理论上来说天是决定政治合法性的价值之源。但考之"天命有德"(《尚书·虞书·皋陶谟》)、"天既孚命正厥德"(《尚书·商书·高宗肜日》)、"德惟治,否德乱"(《尚书·商书·太甲下》)、"尔惟德,罔小,万邦惟庆;尔惟不德,罔大,坠厥宗"(《尚书·商书·伊训》)、"天命佑于一德"(《尚书·商书·咸有一德》)可以看出,决定国家治乱乃至统治者能否继续维持其统治的权柄已经由想象中的授予主体"天"转移到了具有"德"这一特殊品性的授予客体其实也就是人的手上,这就为禅让制提供了形而上的理论依据。"否德,忝帝位。"(《尚书·虞书·尧典》)"舜让于德。"(《尚书·虞书·舜典》)"群后德让。"(《尚书·虞书·益稷》)对于这种德让天下之风,孔子由衷地赞叹说:"泰伯,其可谓至德也已矣!三以天下让,民无得而称焉。"(《论语·泰伯》)陈来先生指出:"从早期禅让的政治文化传统,到夏商两代,在君权神授观念的同时,也都传留了一种由君主领袖的美德和才智来建立政治合法性的传统。事实上,这种从才和德方面建构统治合法性的意识,不仅为君主和民众共同接受,而且在氏族部落禅让制度中更是必然如此的。"[1] 陈来先生的论述充分揭示了中国古代正义思想中德能等宜资格选拔论具有十分久远的历史渊源。黄玉顺认为,这种"推""让",也就是正义原则中的正当性原则。[2] 对此,孟子的说法很有概括性,他说:"孔子曰:'唐虞禅,夏后、殷、周继,其义一也。'"尧让舜是和平的政权交接方式;而殷代夏,周代殷都是暴力革命的方式,但在孟子看来,这些政权变革虽然形式不同,但其本质即"其义"是相同的,这也就是"德"或者正义。在以德为核心价值追求的社会治理模式中,分享着治权的臣子的德性也是整个社会关注的焦点与中心,故而有"后德惟臣,不德惟臣"(《尚书·周书·囧命》)、"德懋懋官,功懋懋赏"(《尚书·商书·仲虺之诰》)、"其谓君抚小民以信,训

---

[1] 陈来:《古代宗教与伦理——儒家思想的根源》,生活·读书·新知三联书店1996年版,第293页。
[2] 黄玉顺:《孔子的正义论》,《中国社会科学院研究生院学报》2010年3月第2期。

诸司以德，而威莫敖以刑也"及"召诸司而劝之以令德"(《左传·桓公十三年》)等诸如此类的说法。

陈来先生所说的"早期德性人格的观念，是首先在政治领域作为对社会管理者的要求提出来的，任何普遍性的东西总是要通过特殊的具体的路径来表现，尤其在开始生长的阶段"①这一观点是非常深刻的，和罗尔斯在一定程度上达到了某种和谐。就西方传统而言，德性这一概念更是经历了复杂的演变，而中国则似乎并不存在这种问题。再看《咸有一德》，"夏王弗克庸德，慢神虐民，皇天弗保"，是说夏王的失德就是因为他"慢神虐民"。最值得注意的是"非商求于下民，惟民归于一德"中的"求"字更说明了民众的重要性。穆子直接讲"恤民为德"(《左传·襄公七年》)，把对民众的体恤和关爱作为"德之义"或"德"的本质性规定。实际上，自从产生之初，中国的德性观念就深深根植于民本思想之中。

(三) 德惟善政，政在养民

在中国古代，一些情况下，忠也是对君主尽职政务提出的政治义务和道德要求。鲁庄公九年，在齐公子纠与公子小白的嗣位之争中鲁国支持公子纠回国嗣位并伙同管仲在公子小白自莒返齐途中设谋伏击。公子小白虽被射中带钩却幸免于难并将计就计于庄公九年夏速返齐国成功嗣位为齐桓公。庄公九年八月，齐、鲁战于乾时。鲁军大败，"公丧戎路，传乘而归"(《左传·庄公九年》)。鲁庄公十年春，即公元前684年春，齐国兴兵讨鲁：

> 十年春，齐师伐我。公将战，曹刿请见。其乡人曰："肉食者谋之，又何间焉。"刿曰："肉食者鄙，未能远谋。"乃入见。问："何以战？"公曰："衣食所安，弗敢专也，必以分人。"对曰："小惠未遍，民弗从也。"公曰："牺牲玉帛，弗敢加也，必以信。"对曰："小信未孚，神弗福也。"公曰："小大之狱，虽不能察。必以情。"

---

① 陈来：《古代宗教与伦理——儒家思想的根源》，生活·读书·新知三联书店1996年版，第325页。

对曰:"忠之属也,可以一战,战则请从。"公与之乘,战于长勺。(《左传·庄公十年》)

《尚书·洪范》早有"谋及卿士,谋及庶人"的说法,① 曹刿本非"肉食者"但能顺利进见鲁庄公,还当场否定了庄公借以迎战的"小惠"和"小信"这两个理由。由此足见《洪范》的说法有着一定的历史依据,或者换句话说,曹刿论战是对古老政治传统的一种历史沿袭。

鲁宗伯夏父弗忌云:"祀,国之大事也。"(《左传·文公二年》)刘康公亦云:"国之大事,在祀与戎。"(《左传·成公十三年》)但在曹刿看来,对祭祀的恭敬虔诚——"牺牲玉帛,弗敢加也,必以信"只不过是"小信未孚,神弗福也",并不足以成为迎战并战胜齐国的理由。也就是说,宗教祭祀活动的态度并不是决定政治活动效果的根本因素,这种人本主义倾向从根本上否定了对神祇忠信之类迷信活动的现实意义。同样,曹刿认为在统治阶级内部的小恩小惠——"衣食所安,弗敢专也,必以分人"由于忽略了人民的大部分——"小惠未遍,民弗从也",也不足以成为迎战齐国的理由。相反,只有实事求是,忠于职守——"小大之狱,虽不能察,必以情",才"可以一战",才是决定政治活动效果的根本因素。曹刿所说的"忠之属也"之"忠"就是指鲁公对于鲁国臣民尤其是对普通民众所应尽之政治义务和道德责任,这是先秦时期民本思想的集中体现。这种作为政治伦理的"忠"接近于罗尔斯所说的建立于正义制度之上的有关职责和义务的,被称为"公平的正当"的原则。一个明显的事实是,在阐明这个原则时,罗尔斯更注重其前提即制度的正义性以及权力与义务的对等性即公平。② 相较而言,中国古人所谓政治伦理的"忠"更注重行为主体所应尽之义务,而不管这种义务是对臣子提出的,还是对君主提出的。

隐公四年即公元前719年春,卫州吁弑其君桓公完。

> 公问于众仲曰:"卫州吁其成乎?"曰:"臣闻以德和民,不闻

---

① 这里依然抛开关于《今文尚书》与《古文尚书》的种种歧见。
② 参见[美]罗尔斯《正义论》,何怀宏、何包钢、廖申白译,中国社会科学出版社1998年版,第108—114页。

以乱。以乱，犹治丝而棼之也。夫州吁，阻兵而安忍。阻兵，无众；安忍，无亲。众叛、亲离，难以济矣。夫兵，犹火也；弗戢，将自焚也。夫州吁弑其君，而虐用其民，于是乎不务令德，而欲以乱成，必不免矣。"①

这里的"和"可以理解为"治理"或"管理"，其目的是要增强国家实力与促进社会团结，国家实力和社会团结增强的一个客观结果就是君位的稳固和社会政治秩序的进一步稳定。在众仲看来，"治理"或"管理"即"和民"的途径有两种，即"以德"或"以乱"。众仲的重点在于强调"以德和民"是君位稳定的前提条件，而"以乱"和民，即通过使用暴力篡夺政权只会导致众叛亲离，不但不能保住君位，甚至于难免有杀身之祸。事实的发展证明了众仲的推测，州吁由于不用"令德"和民，而不能稳定君位，最后又被卫人所杀。此正像《尚书》所讲的"民心无常，惟惠之怀"（《尚书·周书·蔡仲之命》）、"德惟善政，政在养民"、"正德，利用，厚生，惟和"、"好生之德，洽于民心，犯于有司"（《尚书·虞书·大禹谟》）。这一方面说明了君主要"恤民为德"（《左传·襄公七年》）、善待民众，而不能"虐用其民"；另一方面也从相反的方向充分说明了民众对统治稳固的极端重要性。对此，《左传·桓公六年》甚至还提出了"民者，神之主也"的说法。

桓公六年，即公元前706年，楚王熊通率师侵随（湖北随州）。为谋取楚国在汉水流域的优势存在，楚大夫斗伯比不仅要离间汉水以东地区的诸姬之国，而且试图设计以疲弱之卒诱歼随军。随少师中计，随侯听信少师意欲追击楚师，随贤臣季梁极力劝阻。随侯认为祭祀时"牺牷肥腯，粢盛丰备"就是"忠于民而信于神"，而季梁则表达了不同的意见：

> 季梁止之，曰："……臣闻小之能敌大也，小道大淫。所谓道，忠于民而信于神也。上思利民，忠也；祝史正辞，信也。今民馁而君逞欲，祝史矫举以祭，臣不知其可也。"公曰："吾牺牷肥腯，粢

---

① 杨伯峻：《春秋左传注》，中华书局2009年版，第36—37页。

盛丰备，何则不信？"对曰："夫民，神之主也。是以圣王先成民而后致力于神。故奉牲以告曰'博硕肥腯'，谓民力之普存也，谓其畜之硕大蕃滋也，谓其不疾瘯蠡也，谓其备腯咸有也。奉盛以告曰'絜粢丰盛'，谓其三时不害而民和年丰也。奉酒醴以告曰'嘉栗旨酒'，谓其上下皆有嘉德而无违心也。所谓馨香，无谗慝也。故务其三时，修其五教，亲其九族，以致其禋祀。于是乎民和而神降之福，故动则有成。今民各有心，而鬼神乏主，君虽独丰，其何福之有！君姑修政而亲兄弟之国，庶免于难。"随侯惧而修政。楚不敢伐。（《左传·桓公六年》）

季梁认为对神灵进行祭祀和奉献的目的并不是要向神灵表达敬畏与虔诚，而是要通过与国家实力相匹配的奉献向神灵反映民众的生活状况以核准君主的政治文化品性和社会治理绩效并据以做出相应的福佑或责罚。民众能否得到治理，民生是否得到改善成了宗教活动的社会文化学前提。"是以圣王先成民而后致力于神"，圣明的君主首先要把民生工作搞好，在此基础之上再进行宗教文化活动才有其实际的价值和意义。一方面，季梁所论把"神"从操控人类命运的主体变成了君主治理绩效的监管者和对民众基本生活的保障者，其实质是由于从价值本位的立场上把民众置于神灵之上而空前地拔高了民众的重要性。另一方面，尽管"民者，神之主也"、"上思利民，忠也"和"民之所欲，天必从之"（《尚书·泰誓上》）、"天使自我民视，天听自我民听"（《孟子》引《泰誓》）、"古人有言曰：人无于水监，当于民监"（《左传·襄公三十一年》引《泰誓》）接近，是中国古代民本思想的集中体现，但毫无疑问的是，这里强调的"政在养民""以令德和民""恤民为德""民者，神之主也"等，其目的是为"可以一战"、"使君位安定"或"民和而神降之福"，说到底是出于一种工具理性意义上的精心算计而不是出于价值理性意义上的历史感悟。

子曰："民以君为心，君以民为体。心庄则体舒，心肃则容敬。心好之，身必安之；君好之，民必欲之。心以体全，亦以体伤；君以民存，亦以民亡……"（《礼记·缁衣》）

"心庄则体舒,心肃则容敬。"就时间发生角度而言,"心庄"与"心肃"在先,是诱因;而"体舒"与"容敬"在后,是后果。就逻辑蕴含关系而言,"心庄"与"心肃"是原因而"体舒"与"容敬"是结果。也就是说,在"心"与"体"的关系中"心"绝对起主导作用,所以尽管这里"心以体全,亦以体伤;君以民存,亦以民亡"是后来"君者,舟也;民者,水也。水能载舟,亦能覆舟"等诸如此类对君主提出深刻警示的历史先声,但"民以君为心,君以民为体""君好之,民必欲之"的说法表明作为"体"的民众与作为"心"的君主相比仅具被动承受性而没有任何主观能动性和行为主体性可言,这彰显了传统民本思想与现代民主思想的根本区别。相较而言,孟子民贵君轻的思想已经接近了民主思想的现代表达:

> 孟子曰:"民为贵,社稷次之,君为轻。是故得乎丘民而为天子,得乎天子为诸侯,得乎诸侯为大夫。诸侯危社稷,则变置。牺牲既成,粢盛既洁,祭祀以时,然而旱干水溢,则变置社稷。"(《孟子·尽心下》)

"民为贵"的说法首先就在价值论层面上把民众放到了至高无上的位置上,充分表达了对民众的尊重。"社稷"虽然起源于宗教文化活动,但这一借代用法所指向的其实质却是蕴含着公共伦理的国家行为,以至于后来社稷就成了国家的代名词。"社稷"本身所提出的仪式规程与价值要求类似于现代制度所强调的公共秩序和公共善,而"得乎丘民而为天子"更是涵盖了现代民主理念中的"一致同意"原则。这里的"得"是说政治合法性不仅来源于民众普遍的同意和认可,而且来自于民众以实际行为所提供的切实保障与支持,这与现代西方民选政治让民众单纯通过选举进行意思表示的程序民主又有着实质性的不同。因为,在程序民主中不仅可能由于贿选而使意思表示本身存在失真的危险,而且计票环节也极其容易被人上下其手。而"得乎丘民而为天子"并不存在意思表示这一中间环节,是民众通过自身行为直接举手或"踹票",故而不存在意思表示失真的任何可能。但缺陷也是显而易见的——由于没有通过选举这一民意的公开商讨与理性整合过程作为必要的社会缓冲,民众的直接"踹票"行为可能会仅仅出于情感的拒斥或利益的驱动而缺乏公共空间的集体净化与公共理性的审慎反思。质言之，在"得乎丘民而为天子"这一政治表达中，伸张的是民心民意，压制的是公共空间与公共理性。

总而言之，在孟子这里，民众是真正的国家实体，政治行为要诉诸社稷所要求的基于神灵而非基于人类的公共理性，君主在公共生活中只是作为象征性的政治符号而存在。质言之，孟子的政治制度设计有些类似于立宪君主制的虚君制。"是故得乎丘民为天子，得乎天子为诸侯，得乎诸侯为大夫。"同时我们也要看到，孟子对政治公共性的要求仅仅停留在对最高治权合法性的限定上，而其对最高治权之外的政治权力的合法性论证并没有诉诸民众的公共理性而是保留于天子、诸侯等统治者的自然偶然性与社会任意性之中。质言之，从根本上说孟子的公共理性是不彻底不完全的。当然一种可能的解释是，既然"得乎丘民而为天子"，天子是民众公共理性的结果和产物，按照逻辑就应该具有完全的理性。那么，天子的所有行为包括授权于诸侯的政治行为从逻辑上来说也都是理性的，因此也是具有充分合理性和合法性的行为。相似地，诸侯授权于大夫的合法性也可按同样的道理类推出来。在这里，我们看到，孟子基于合法性认定的推理似乎是自上而下的逐级分有逻辑或者说是由内至外的层层传递原则。民众虽然重要，但其重要性也仅限于政权合法性论证时价值本体论意义层面上。在实际政治过程中，民众只是政治活动的客体或对象而不是政治活动的主体，民众的政治地位只有在政权更迭时才能得以充分凸显，而这正是传统民本思想与现代民主思想的根本区别之所在。

整体而言，民本思想与民主思想的重要差别主要表现在政治制度设计上对政治决定、政治决策、政治控制、政治评价等政治过程中政治活动主体与政治活动客体的功能设置与标准认定上，而在社会政策方面，二者则表现出了一种高度相似甚至是完全相同的关注民众生存权利和生活利益的价值取向。无论如何，民众作为政治活动的终端都不可或缺，没有一定数量的民众，君主的政治活动就缺少了基本的社会保证，君主的政治统治就失去了应有的社会基础。在传统社会中，从文化学的意义上来讲人是由他所附属的社会阶层或伦理实体而得以规定的①，因此民众与个人只有量的区分，而没有质的差别。而在实际社会生活中，民众则由具体的人聚合而成，减损一个人就是民众这一社会群体切切实实的削弱。量变引起质变，若推之极限，民众就会荡然无存，政治就会名存实亡。因此，"行一不义，杀一无罪，而得天下，仁者不为也"（《荀子·王霸篇》）。由此，保证民众生存，改善民众生活就成了基本的施政纲领。"见利而让，义也。"（《礼记·乐记》）儒家认为对于百姓的生活需求，应当普遍地、不分高下地加以满足，这接近于"按需分配"或平等分配的原则。不过，这种"平等分配"有其独特的时代、文化内容，它不是指现代政治伦理中通过再分配与三次分配对生产要素初次分配中不平等分配的结果进行平衡、纠正与改善，而是指在君王与民众之间的实际物质利益配置方式：君王应当减免征税，让民以利，藏富于民，至少要保障人民的基本生产生活的正常进行。不仅如此，"百姓足，君孰与不足？百姓不足，君孰与足？"（《论语·颜渊》）在考虑君主的需要之前还要优先满足民众基本的生活欲求。

> 古者公田藉而不税，市廛而不税，关几而不征，林、麓、川、泽以时入而不禁，夫圭田无征。用民之力，岁不过三日。田里不粥，墓地不请。（《礼记·王制》）

"初税亩，何以书？讥。何讥尔？讥始履亩而税也。"（《公羊传·宣公十五年》）由于公田借民力而耕，所以对于私田就不能再征税，否则就会像《公羊传》所说的那样受到讥讽和谴责。《谷梁传》也说："初税亩。初者，始也。古者什之，籍而不税。初税亩，非正也。古者三百步为里，名曰井田。井田者，九百亩，公田居一。私田稼不善，则非吏；公田稼不善，则非民。初税亩者，非公之去公田，而履亩十取一也。以公之与民为已悉矣。古者公田为居，井灶葱韭尽取焉。"（《谷梁传·宣公十五年》）《谷梁传》谈到了"井田制"和"什一之税"，后世儒者赞

---

① 天子、诸侯、大夫、士等由礼制所规定的社会阶层与伦理实体是对立统一完全一致的社会存在。

同"什一之税"者甚多,在这里我们看到《公羊传》和《谷梁传》对"什一之税"均持反对态度。"市廛而不税,关几而不征",是说在商品流转环节同样也要减免税负降低流通成本以保证市场繁荣。除此之外,不能把山林川泽之物视为己有。相反,要允许民众在适宜的时候捕猎砍伐以满足正常的生产和生活需要。同时,要保证不能任意征发劳役以免劳民伤财。同时还要控制土地买卖,以防土地兼并以免民众生活无着。孔子告诫贪得无厌的君主:"百姓足,君孰与不足?百姓不足,君孰与足?"(《论语·颜渊》)孟子也继承这一思路,要求君主减免征税:"易其田畴,薄其税敛,民可使富也。食之以时,用之以礼,财不可胜用也。"(《孟子·尽心上》)"有布缕之征,粟米之征,力役之争。君子用其一,缓其二。用其二而民有莩,用其三而父子离。"(《孟子·尽心下》)对此,荀子的阐述最为全面和概括:"轻田野之税,平关市之征,省商贾之数,罕兴力役,无夺农时,如是,则国富矣,夫是之谓以政裕民。"(《荀子·富国》)

"夫是之谓以政裕民"的民本思想从价值本位的意义上为"是故夫政必本于天"的合法性论证提供了最权威的终极解释。实际上,也只有在这个意义上,才能理解上面季梁所说的:"是以圣王先成民而后致力于神。故奉牲以告曰'博硕肥腯',谓民力之普存也,谓其畜之硕大蕃滋也,谓其不疾瘯蠡也,谓其备腯咸有也。奉盛以告曰'絜粢丰盛',谓其三时不害而民和年丰也。奉酒醴以告曰'嘉栗旨酒',谓其上下皆有嘉德而无违心也。所谓馨香,无谗慝也。"按照季梁的理解,祭祀仪式的种种要求本身并不是要事神致福,而是要向神灵实实在在地表明物质财富丰盈即"民力普存"和社会风气良好即"上下有嘉德而无违心"。季梁这段话的中心还是要强调要以民为本,只有"民和"才能使"神降之福",所以,他劝说随侯修其德政,务其教化,以民事致神福:"故务其三时,修其五教,亲其九族,以致其禋祀。于是乎民和而神降之福,故动则有成。今民各有心,而鬼神乏主,君虽独丰,其何福之有!君姑修政而亲兄弟之国,庶免于难。"

"德惟善政,政在养民。"(《尚书·大禹谟》)政治合法性论证由君权神授高度抽象的一般宗教神学"天之义"经奴隶主贵族相对特殊的唯心主义"德之义"而最终指向普罗大众普遍①的唯物主义"民本思想"这一由天→君→民也即从一般→特殊→普遍的范式变换所蕴含的人文主义转向有力地说明了先秦时期政治理性化程度的不断提高,而政治理性又突出表现为对政治资格的标准化认定和对政治过程的规范化控制上。

二 资格论:义者,宜也,尊贤为大

上面材料中众仲说要"和民以德",是说要用德来治理民众;季梁也说"民和而神降之福",是说社会和谐才能得到神的福佑,而众仲所说的"和民以德"的目的正是要达到季梁所说的"民和而神降之福"的效果。那么,究竟什么是"和"呢?《国语》云:"夫和实生物,同则不继。以他平他谓之和,故能丰长而物生之。若以同裨同,尽乃弃矣。故先王以土与金、木、水、火杂以成百物。"(《国语·郑语》)由此可知,"和"其实就是建立在差别性基础之上的复杂统一性,就是使万物各适其性,各安其位。"和民"就是使民众在各安其位,各司其职,各尽其用,各取所得的基础上互帮互助、和睦相处、彼此同情、互相关爱,从而使社会达到"民和"与"上下皆有嘉德而无违心"的和谐共生状态。这与罗尔斯所设计的以自由和权利为核心,彼此冷淡而又秩序良好的社会存在根本上的区别。现代西方政治哲学中的社会治理模式多以法律所保障的个人权利为凝聚社会共识以增进社会团结的中介,而中国古代则更倾向于以建立在与先在的血缘联系或拟血缘联系相应的身份划分所负载的道德责任、道德义务和道德情感来促进社会团结。而究竟谁能做到使民众各安其位就牵涉到资格评估问题,对于国家和社会治理者而言尤其如此。

> 君子不尽利,以遗民。……故君子仕则不稼,田则不渔,食时不力珍。大夫不坐羊,士不坐犬。……犹争利而忘义而亡其身。(《礼记·坊记》)

---

① 由于这里的"民"不包括奴隶在内,故而这里的"普遍"也仅仅具有相对的意义。

畜马乘，不察于鸡豚。伐冰之家，不蓄牛羊。百乘之家，不蓄聚敛之臣。与其有聚敛之臣，宁有盗臣。此谓国不以利为利，以义为利也。长国家为务财用者，必自小人矣。彼为善之，小人之使为国家，灾害并至，虽有善者，亦无如之何矣？此谓国不以利为利，以义为利也。(《礼记·大学》)

以上两则材料都是对在位者的道德要求：国家的治理是谋求百姓之利，而非聚敛财物。如务于积财，和盗贼无异。如果使小人治理国家，不仅危害国家，而且残害百姓。治理国家不应以财物为利，而应以道义为利；政府不能与民争利而要让利于民，这就是政治合法性之所在。实际上，在治理国家的过程中，官僚阶层是大政方针的具体贯彻者与各项政策的规划制定者和实际执行者，作为现实政治过程的参与主体和各级政府意志的现实定在，他们是决定政治活动成败的关键环节与核心要素。对官僚的甄别和铨选不但会影响社会的流动性和活力，也同样会影响到社会的公正与效率。君子让利于民，小人但求自利。尊君子，斥小人从来就是儒家所积极倡导的用人原则。

(一) 德懋懋官，功懋懋赏

尽管《尚书》早就有"德懋懋官，功懋懋赏"的说法，但周建立之后，由于统治者觉得"扞御侮者莫如亲亲"(《左传·僖公二十四年》)而开始封建诸侯，也就是"文、武、成、康之建母弟，以屏藩周"(《左传·昭公九年》)，具体情况又见《左传·定公四年》之记载：

> 子鱼曰："……昔武王克商，成王定之，选建明德，以蕃屏周。故……分鲁公以大路、大旗，夏后氏之璜，封父之繁弱，殷民六族：条氏、徐氏、萧氏、索氏、长勺氏、尾勺氏，使帅其宗氏，辑其分族，将其类丑，以法则周公，用即命于周。是使之职事于鲁，以昭周公之明德。分之土田陪敦，祝、宗、卜、史，备物、典策，官司、彝器。因商奄之民，命以《伯禽》而封于少皞之虚。分康叔以大路、少帛、綪茷、旃旌、大吕，殷民七族：陶氏、施氏、繁氏、锜氏、樊氏、饥氏、终葵氏；封畛土略，自武父以南，及圃田之北竟，

取于有阎之土，以共王职。取于相土之东都，以会王之东搜。聃季授土，陶叔授民，命以《康诰》，而封于殷虚。皆启以商政，疆以周索。分唐叔以大路、密须之鼓，阙巩、沽洗，怀姓九宗，职官五正。命以《唐诰》，而封于夏虚，启以夏政，疆以戎索。三者皆叔也，而有令德。故昭之以分物。不然，文、武、成、康之伯犹多，而不获是分也，唯不尚年也……"（《左传·定公四年》）

由以上材料可知，分封给诸侯的不但有土地和一定数量的民众，还有"大路""夏侯氏之璜""密须之鼓"等礼器乐器以及"祝、宗、卜、史"之类的宗教人员，"官司""职官五正"等行政管理制度和《伯禽》《康诰》等文化指导思想。正如陈来先生所言，这其实是人类历史上封建殖民的最初形态。[①]虽然封建的首要原则是"选建明德"而"非尚年也"，而且受封的不仅仅是姬姓之后——"一以封前代帝王子孙，一以封周之亲族，一以封周初功臣"（《史记》），但考之"故封建亲戚以蕃屏周。管蔡郕霍，鲁卫毛聃，郜雍曹滕，毕原酆郇，文之昭也。邗晋应韩，武之穆也。凡蒋邢茅胙祭，周公之胤也"（《左传·僖公二十四年》）、"（周公）兼制天下，立七十一国，姬姓独居五十三"（《荀子·儒效篇》），可以说封建以血缘亲族（或拟血缘关系）为主体和以血缘亲疏为标准则是毫无疑问的。"先王规方千里以为甸服，其余以均分公侯伯子男"（《国语·周语中》），具体情况恰如孟子回答北宫锜所说：

天子之制，地方千里，公侯皆方百里，伯七十里，子、男五十里，凡四等。不能五十里，不达于天子，附于诸侯，曰附庸。天子之卿受地视侯，大夫受地视伯，元士受地视子、男。大国地方百里，君十卿禄，卿禄四大夫，大夫倍上士，上士倍中士，中士倍下士，下士与庶人在官者同禄，禄足以代其耕也。次国地方七十里，君十卿禄，卿禄三大夫，大夫倍上士，上士倍中士，中士倍下士，下士

[①] 参见陈来《古代思想文化的世界——春秋时代的宗教、伦理与社会思想》，生活·读书·新知三联书店2002年版，第192页。

第二章 政论——政治正义

与庶人在官者同禄,禄足以代其耕也。小国地方五十里,君十卿禄,卿禄二大夫,大夫倍上士,上士倍中士,中士倍下士,下士与庶人在官者同禄,禄足以代其耕也。耕者之所获,一夫百亩。百亩之粪,上农夫食九人,上次食八人,中食七人,中次食六人,下食五人。庶人在官者,其禄以是为差。(《孟子·万章下》)

按照阎步克先生的说法,这里的"公侯伯子男"是"外爵称",而"公卿大夫士"则是"内爵称"。而且,阎步克先生认为"公卿大夫士"是中国最早的官员等级,而这种官员等级又是以"爵本位"为中心的。① 也就是说,不管是周王朝、大国还是小国,除了微小的差异(大国"卿禄四大夫",次国"卿禄三大夫",小国"卿禄二大夫")外,存在高度的政治同构:"职事、官位、食禄与爵等的具体联系在于策命。"② 更切中肯綮的说法是"盖古者有爵者必有位,有位者必有禄,有禄者必有土,故封建、命官,其实一也"③。"故天子有田以处其子孙,诸侯有国以处其子孙,大夫有采以处其子孙。是谓制度。"(《礼记·礼运》)这就形成了宗法笼罩之下的世卿世禄制度。世卿世禄制度是以血缘为中心的身份固化原则,是宗法意识的集中体现,其目的是要为血缘崇拜的祭祀享贡等宗法活动服务。

"夫先王之制,邦内甸服,邦外侯服,侯卫宾服,蛮夷要服,戎狄荒服。甸服者祭,侯服者祀,宾服者享,要服者贡,荒服者王。日祭、月祀、时享、岁贡、终王,先王之训也。"(《国语·周语上》)"夫是之谓视形式而制械用,称远近而等贡献,是王者之至(制)也。"(《荀子·正论》)这里所说的甸服、侯服等,都是就距离上说的。这里所说的祭、祀、享、贡等,都是就不同形式的祭祀说的。"祭"是每天都要举行的,"祀"是每月都要举行的,"享"是每季都要举行的。那些诸侯国都按照他们距离京都的远近贡献东西参加祭祀。近的地方,每天的祭祀都要送

---

① 阎步克:《从爵本位到官本位——秦汉官僚品位结构研究》,生活·读书·新知三联书店2009年版,第34页。
② 杜正胜:《编户齐民——传统政治社会结构之形成》,台湾联经出版公司1990年版,第325页。
③ 齐思和:《周代锡命礼考》,载《中国史探研》,中华书局1981年版,第50页。

东西参加。远的地方,每年要送东西参加。最远的荒服,只是在旧天子去世新天子即位时,才朝见一次。这就叫"称远近而等贡献"。所以周天子同诸侯国的关系主要就是朝、贡,贡的东西主要是帮助祭祀用的。①同样,"国之大事,在祀与戎"(《左传·成公十三年》)。"祀,国之大事也。"(《左传·文公二年》)也就是说,宗教祭祀在诸侯国内也是最重要的社会政治与文化活动。非惟诸侯国如此,卿大夫之家也是如此。可以说宗法意识是覆盖并统摄政治、经济、文化等社会生活全部领域的核心意识,宗法活动内在的社会文化基础是血缘递延和祖先崇拜,而其外部制度保证则是世卿世禄制度,因此世卿世禄的世袭制几乎是宗法制的必然选择。也就是说,先秦时期实际上是以贡赋为基础的世卿世禄之制,而这种藩篱是极难突破的。

> 齐侯使管夷吾平戎于王,使隰朋平戎于晋。王以上卿之礼飨管仲,管仲辞曰:"臣,贱有司也,有天子之二守国、高在。若节春秋来承王命,何以礼焉?陪臣敢辞。"王曰:"舅氏,余嘉乃勋,应乃懿德,谓督不忘。往践乃职,无逆朕命。"管仲受下卿之礼而还。君子曰:"管氏之世祀也宜哉!让不忘其上。《诗》曰:'恺悌君子,神所劳矣。'"(《左传·僖公十二年》)

孔子称赞管仲说:"管仲相桓公,霸诸侯,一匡天下,民到于今受其赐。微管仲,吾其被发左衽矣。"(《论语·宪问》)而这里的"君子曰"主要是称赞管仲的谦逊与退让。但功高盖世的管仲之所以推让而不敢受上卿之礼,正是由于齐国还有上卿国氏、高氏。国、高二氏均为齐之世卿,类似的情况还有很多,如晋之三郤,郑之七穆,鲁之季孙氏、叔孙氏、孟孙氏等,他们在政治、经济、文化、社会等方面均享有不容置疑的特权。

在古代中国,嫡长子继承制是宗法制的基石。黑格尔认为嫡长子继承制虽然也是对机会公平的限制,但它和选贤任能的人才录用制度并不

---

① 冯友兰:《中国哲学史新编》,人民出版社1998年版,第62页。

矛盾。① 这是因为嫡长子继承制规定的只是最高政权的递延问题，它与一个社会的开放程度不发生直接的相互关系。而"宗君合一"的宗法制也自有其人才选拔机制，《礼记·乡饮酒义》载：

> 是故古者天子之制：诸侯岁献，贡士于天子，天子试之于射宫。其容体比于礼，其节比于乐，而中多者，得与于祭；其容体不比于礼，其节不比于乐，而中少者，不得与于祭。数与于祭而君有庆，数不与于祭而君有让；数有庆而益地，数有让而削地。故曰："射者，射为诸侯也。"是以诸侯君臣尽志于射以习礼乐。夫君臣习礼乐而以流亡者，未之有也。吕氏大临曰："古之选士，中多者得与于祭，盖礼乐节文之多，惟射与祭为然。能尽射之节文，而不失其诚，可以奉祭祀矣。能心平体正，持弓矢审固而中多，其敬可以侍鬼神矣。"②

上面材料是说"射"成了考察诸侯与士的德性品质以决定其陟黜赏罚的重要程序。"六艺：礼、乐、射、御、书、数。"（《周礼·地官司徒》）"射"为"六艺"之一，作为古代进行贵族教育的必要内容之一，历来受到极大的重视。子曰："君子无所争，必也射乎！揖让而升，下而饮，其争也君子。"（《论语·八佾》）在儒家看来，"射"展示的不仅是一种技能技艺，同时也是君子之道。对此《礼记》的解释是"射者，仁之道也。射求正诸己，己正而后发。发而不中，则不怨胜己者，反求诸己而已矣"（《礼记·射义》）。也就是说，射的过程和结果都完全由自己负责而与他人无关，于是射便成了一门自我检视、自我反省、自我提

---

① 参见［美］罗尔斯《正义论》，何怀宏、何包钢、廖申白译，中国社会科学出版社1998年版，第300—301页。"黑格尔认为对机会平等的限制（例如嫡长子继承权）是十分重要的，这可以确保一个因其独立于国家、利润追求及市民社会的种种偶然因素而特别适合于政治统治的地主阶级的地位。特权家族和财产制度使得它们所支持的人生就一种为整个社会的利益的更明确的普遍利益的观念。当然，一个人不需要赞同一个严格的等级制度；相反，他可能认为为了统治阶级的朝气，必须让有特殊才能的人有可能通过奋斗进入统治阶层而且被完全承认。但是它的前提还是和拒绝公平机会原则一致的。"

② （清）孙希旦：《礼记集解·卷六十·射义第四十六》，中华书局1989年版，第1440—1441页。

高、自我超越的德育教程。较为极端的说法认为射的结果直接标示着射者是君子还是小人,"射者何以射,何以听?循声而发,发而不失正鹄者,其惟贤者乎。若夫不肖之人,则彼将安能以中?"(《礼记·射义》)在这种思维逻辑之下,正像上面所征引之《礼记·射义》中的材料所反映的那样,射成了辨识贤愚乃至铨选人才的一种方法和手段。对此孙希旦提出了质疑:

> 愚谓古者王国之人才,天子用之;侯国之人才,诸侯用之。盖教化美而贤才多,则不必借才于境外,而无忧不足,而王者以公天下为心,则才之在诸侯与在王朝,一也,岂必使诸侯悉贡其贤者与我,而独不与贤者治其国乎?且三岁贡士,以千八百国每国二人通计之,岁常至千余人,加以成均之所教,乡大夫之所兴,用之必不能尽,必有壅滞失职之患矣。《诗》《书》《周礼》《左传》,初无诸侯贡士之事,独《尚书大传》言之,此书驳杂,不足信也。又谓"大射为将祭择士,中多者与于祭,中少者不得与于祭",亦恐不然。考之《周礼》祭祀之礼,奉牲、赞币,以及宗、祝、巫、史之属,皆有常人,所谓"宗人授事,以爵以官",恐无临祭而射以择之之理。大射之礼,委曲繁渎,而且将不暇给矣。是大射者,特君臣相与习射之事,而"将祭择士"乃附会之说也。①

一谓境外借才之说有违常理;二谓三岁贡士之论难经推敲;三谓文献学上证据不足;四谓以射择士委曲繁渎。孙希旦的论证可谓周密,但孙希旦所否定只是通过"射""将祭择士"的具体方式,而没有从一般意义上否定人才选拔机制。实际上,即使确有此类机制,它也只是局限于贵族范围之内。罗尔斯认为贵族制等级社会的不正义,是因为它们使出身这类偶然因素成为判断是否属于多少是封闭的和有特权的社会阶层的标准。这类社会的基本结构体现了自然中发现的各种任性因素。②《公羊传》说"讥世卿",董仲舒亦云:"观乎世卿,知移权之败。"(《春秋

---

① (清)孙希旦:《礼记集解·卷六十·射义第四十六》,中华书局1989年版,第1441页。
② [美]罗尔斯:《正义论》,何怀宏、何包钢、廖申白译,中国社会科学出版社1998年版,第102页。

繁露·王道》)对于这种任性因素,先秦儒家也一直持积极的反对态度。在人才铨选与录用问题上,儒家主张面向社会选贤任能的机会平等原则,这种方案至少在向全社会开放而非封闭在贵族之内这一大方向上与罗尔斯是一致的。

(二)贤者在位,能者在职

对于以宗法为核心的世卿世禄这一贵族制度而言,王公士大夫与庶人之间不仅存在难以逾越的鸿沟,而且其固化了的社会政治身份和政治文化特权是可以按照一定的原则世袭和传递下去的。

一般而言,人们身份的取得大致有两种来源:或是源于先天条件,如家庭背景自然禀赋等提供的诸种机缘和便利;或是源于后天努力幸运机遇所取得的社会名望和地位。客观地讲,先天条件具有自然偶然性,一个人生于什么样的家庭,具有什么样的禀赋完全是偶然的东西。而后天所获得的社会名望和地位也具有社会任意性,我们不能说什么样的人必定会获得什么样的社会地位。世卿世禄制度不但用家庭出身的自然偶然性统摄了政治地位获取的社会任意性,更进而把这种任意性上升为绝对不变的必然性,而这种必然性又先在地为出身的自然偶然性所规定。一方面,这种身份世袭制尽管保证了社会分层的延续性和稳定性,并进而形成一种超稳定的社会政治文化结构,但却由于摒除了社会层级之间的流动性而窒息了社会的活力。另一方面,偶然性对必然性的僭越并没有使偶然性真正上升为必然性,反而把必然性降低到了偶然性的地位,其表现就是在宗法社会中政治继承人能否真正继承和保留社会政治文化遗产并使之发扬光大具有巨大的不确定性。这种不确定性无疑又加大了社会治理的机会成本和社会僵化、政治衰退乃至社会动乱的风险。对此,荀子就旗帜鲜明地提出了反对意见:

> 虽王公士大夫之子孙也,不能属之礼义,则归之庶人。虽庶人之子孙也,积文学,正身行,能属于礼义,则归之卿相士大夫。(《荀子·王制》)

荀子主张的实质就是要通过文化教育打破由血缘关系造成的身份壁

垒进而实现不同社会层级之间的相互流动。那么一个人对其自然天赋和社会出身及相关文化环境是否持有权利呢？罗尔斯认为一个人拥有什么样的自然天赋完全靠运气，其中没有应得的成分。但实事求是地说罗尔斯的理解稍微有些极端，因为自然天赋尽管受基因等先期社会资本积累和历史文化遗传这两种因素的影响与形塑，但自然天赋毕竟不具有稀缺性，一个人拥有的多了并不就意味着其他人拥有的必然会减少。而社会出身及相关文化环境则完全不同，在一定的历史时期，对于同一共同体内的所有成员而言，社会资源具有极大的稀缺性，一个人拥有社会资源的增多必然意味着他人拥有同种资源的相对减少。社会资源是个体在自然禀赋基础上发展其各种能力的外部依赖因素，而能力又决定着他在社会分工中的地位及其对未来生活的前景预期，这种影响又不可避免地会不断遗传下去而进一步影响到下一代的自然禀赋和成长环境。质言之，社会出身及相关文化环境对社会资源配置的影响在世代延续中极有可能会不断叠加和放大，这种叠加和放大的马太效应会极大地损害社会基本的公平和正义。① 因此，在一个正义的社会中，要鼓励自然天赋的发展而适当限制依赖社会出身及相关文化环境方面的发展，并努力加强两者之间的相互流动以实现资源的优化配置。但实际上，两者都不是权利的最终来源，权利的最终来源只能是社会本身。因为，自然禀赋的培育和发掘需要相当的社会条件而社会出身及相关文化环境都可视为资源配置世代累加而造成的社会后果。尽管如此，我们还是应承认并鼓励自然天赋在社会竞争中的先天优势和在初次分配即劳动分配中的积极作用，使社会资源按照发展于自然禀赋之上的先天能力进行有效配置以促进效率；而在二次分配即税费担负上应该本着能力越大责任越大的原则使天赋高能力强收入多的人合理承担较高税负；在三次分配即福利分配中则应尽最大努力排除这种影响而使天赋低能力差收入少的人合理多分得一些福利以为其生活生存需要提供基本保障。因为自然天赋在初次分配中已经得到了承认，也已经发挥了其应有的作用而社会福利的主要目的是保障

---

① 任何事物都具有两面性：一方面，家庭的优越固然可以提供比较好的生活和学习环境；另一方面，养尊处优锦衣玉食也会减少参加社会实践攻坚克难的机会，以至于可能会消磨人的斗志而不利于培养能力，更不利于激发人超越自我追求卓越的潜能。在这样的情况下，良好的家风家教就显得尤其重要。

第二章 政论——政治正义

在社会竞争中不利者即弱势群体的基本生活与生存权利。而对于社会出身及相关文化环境则在这三次分配中都应该努力排除其影响，以免其影响程序正义和起点公平。荀子正是要反对先天出身决定论，而更推崇后天努力，其逻辑前提是一种起点公平兼程序正义的思想。这里的"属之于礼义"就是一种程序正义。而实现了程序正义的结果就是孟子所说的"莫如贵德而尊士，贤者在位，能者在职"（《孟子·公孙丑上》）。同样，让我们再来看一下《礼记》：

> 司马辨论官材，论进士之贤者，以告于王，而定其论。论定然后官之，任官然后爵之，位定然后禄之。大夫废其事，终身不仕，死以士礼葬之。有发，则命大司徒教士以车甲。凡执技论力，适四方，裸股肱，决射御。凡执技以事上者，祝、史、射、御、医、卜及百工。凡执技以事上者，不贰事，不移官，出乡不与士齿；仕于家者，出乡不与士齿。（《礼记·王制》）
>
> 凡语于郊者，必取贤敛才焉，或以德进，或以事举，或以言扬。曲艺皆誓之，以待又语。三而一有焉，乃进其等，以其序，谓之郊人，远之于成均，或以取爵于上等也。（《礼记·文王世子》）

桑德尔认为，在贵族统治的世袭社会中，个人生活前景系于他所出生于其中以及他人身所依附的阶层、等级。在这里，自我有着最充分的文化归属，他（她）与其社会条件是几乎无法分辨的。在这样的贵族制中，人的主体性被湮没于他所出生于其中的以及他人身所依附的阶层、等级等极具社会任意性的环境条件之中，是毫无自由可言的。相反，尽管由潜在变为现实需要一定的机会际遇、社会条件和制度环境，但自然天赋作为潜在的能力却是人实实在在的构成因素。天赋自由的体系则是理想化了的制度环境，它作为一种假定的人的构成因素，取代了源自出身的固定身份，每个人都被视为自由的，每个人都能以自己的能力和资源尽其所能在市场上竞争，以获取奖赏。通过期望基础从身份到契约的转化，天赋自由体系通过更狭义地限制个人，修补了等级社会中血缘联系、家庭背景和政治归属方面的任意性，也就是使人与环境相区别和分离。当然，身体和智慧等天赋能力方面的一些任意性被保留了，但大多数任意性却沉淀在社会与文化的社会偶然性而非家庭与血缘的自然偶然性或阶层与阶级的政治偶然性中。① 在天赋自由的政体中，一个人的生活前景受这样一些因素的支配，而这些因素与其说可以归结到他个人的身上（在一种强构成性意义上），还不如归结到他拥有潜在能力的天然身份。由于减轻了压在个人身上的这种等级身份负担，天赋自由原则仍旧设想了一个具有深厚构成的自我，他负荷着社会和文化的偶然性负担。向机会公平的转化也同样如此，它既剥除了自我的社会偶然性和文化偶然性，也剥除了自我的天然身份。在一种"公平的精英统治"中，阶级地位和文化劣势的影响更多地反映在社会中，而不是个人身上，那些有着可比能力以及"应用该能力的相同愿望的人们，不论他们在社会体系中的初始思维如何，都应该拥有同样的成功前景，这就是说，不管他们出身的经济地位如何"。在这一意义上，精英统治的概念才能通过较少地归因于自我，而较多地归因于其境况，而延伸天赋自由的逻辑。② 桑德尔"天赋自由体系通过更狭义地限制个人，修补了等级社会中的任意性，也就是使人与环境相区别和分离"的说法是极其准确的，但他所说的"更狭义地限制个人"中的"个人"主要是指享有政治经济文化等种种特权贵族成员；而对于贵族之外的普通社会成员而言，则不仅不是限制，反而是极大地扩展了他们的生命向度，在社会竞争中赋予了他们更大的自由。儒家主张选贤任能的机会公平也是要主张一种建立于天赋自由体系之上的精英政治。

《礼记》的表述说明了在人才选拔录用上德才兼备，能力优先的原则。对此，《中庸》说："义者，宜也，尊贤为大"。这里的"贤"本身

---

① 一方面，抹去了特殊的血缘与家庭自然偶然性或阶级与阶层政治偶然性之后的竞争环境更接近罗尔斯所设想的无知之幕，这样的理论预设更纯粹、更客观、更公正，也更具一般性和普遍性；另一方面，对自然环境的依赖是动物的本能性倾向。对于人类而言，与动物相比固然最核心、最本质的进步就是人类在一定程度上能够摆脱对自然环境的依赖。更为重要的是，人类不仅可以摆脱对自然环境和社会环境的依赖，而且可以对自然和社会进行革命性改造。摆脱对自然环境的依赖只表明人类区别于动物，对自然与社会的革命性改造才能凸显主体性和人之所以为人的高贵和尊严。就此而言，世袭制对既定政治结构和利益分配的屈服更接近动物对于自然环境的本能性适应。换句话说，世袭制把人变回被剥夺了主体性而失去了革命性与创造性自由的社会动物。

② 参见［美］桑德尔《自由主义与正义的局限》，万俊人等译，译林出版社2001年版，第115页。

就是指德才兼备之人。德行和才能都属于内在的善,而幸福虽然和人的主观评价有关,但我们绝不能说幸福纯粹只是一种内心主观感觉而和外在客观条件毫无关系。个人享有的权利和机会的结构很可能影响他们实现潜在权力和优越性的程度。① 当一个富于政治理想和远大抱负的人把自我实现看作最高的幸福时,他所占有的政治和社会地位无疑会对他的幸福指数产生决定性的影响。康德对德行和才能与幸福的内在统一性表现出了谨慎的乐观,他说:"一个可能的世界的最高的善必然是德行与幸福在同一个人身上的统一,就是幸福恰恰与道德相称,"② 他还说:"通过我们的意志而实现出来的至善里面,德行和幸福被思想为必然地联系在一起的。"③ 相似地,先秦儒家对德行与幸福内在统一性的乐观态度坚定得近乎信仰。"故大德必得其位,必得其禄,必得其名,必得其寿。故天之生物,必因其材而笃焉。故栽者培之,倾者覆之,诗曰:'嘉乐君子,宪宪令德!宜民宜人;受禄于天;保佑命之,自天申之!'故大德者必受命。"(《礼记·中庸》)康德所谓"可能的"所表达的只是一种盖然性与或然性的推测,"被思想为"则只是表达一种主观思维组织起来的潜在联系而非客观存在的现实联系。相反,"故大德必得其位,必得其禄,必得其名,必得其寿"表达的则是政治地位经济待遇社会名望以及生理寿命与道德之间绝对的肯定的必然的联系。一言以蔽之,"故大德者必受命"。

一方面,正如前论,道德具有良性的社会溢出效应,一个人越有道德,他对社会和他人的贡献越大;另一方面,从不太严格的意义上来说,道德修为的高下全由自己负责而与种族遗传、家庭环境、运气机遇等仅具自然偶然性或社会任意性的外部条件毫无关系,因此从应得或分配正义的角度来讲把道德作为配置社会资源的标准是没有任何问题的。但对于能力来说,情况则复杂得多:能力要受自然天赋、种族遗传、家庭环境、运气机遇等诸多自然偶然性和社会任意性因素的影响,一个人的能力也可能并不一定完全与其主观努力程度成正相关关系。因此,如果单单把能力作为配置社会资源的标准可能会造成资源配置结果的极度不正义。单单遵循

---

① [美]罗尔斯:《正义论》,何怀宏、何包钢、廖申白译,中国社会科学出版社1998年版,第329页。
② [德]康德:《实践理性批判》,韩水法译,商务印书馆2005年版,第124页。
③ [德]康德:《实践理性批判》,韩水法译,商务印书馆2005年版,第124页。

"前途向才能开放的原则,用机会平等作为一种在追求经济繁荣和政治统治中释放精力的手段"①,会使机会平等原则沦为形式而造成更大的不正义。此时,"机会的平等仅意味着一种使较不利者在个人对实力和社会地位的追求中落伍的平等机会"②。这其实是一种隐性的基于自然天赋能力的等级制,这不仅会形成阶级和阶层的固化,而且会造成较贫困阶层文化的枯萎与凋零。罗尔斯认为一个开放的社会应该"鼓励最广泛的遗传差异"③,给所有的遗传差异提供公平平等的生存环境和发展机会。

尽管罗尔斯认为,"虽然作为公平的正义允许在一个组织良好的社会中承认优越性的价值,但是追求人类至善必须限制在自由社团的原则的范围之内。人们以和他们组成宗教团体相同的方式结合起来,以促进他们的种种文化和艺术利益。由于他们的活动具有更多的内在价值,他们不使用强制的国家机器来为自己争取更多的自由或更大的分配份额。至善论不适合作为一个政治原则"④。但他也承认,内在价值是一个属于价值范畴的概念,平等自由或其他原则的正当性问题依赖于正当性的观念。⑤ 这意味着制度或环境对个人道德品质的依赖,因此,即使是臧仓这样卑鄙无耻的小人也承认"礼义由贤者出"(《孟子·梁惠王下》),更遑论孔子所说之"君子之德风,小人之德草。草上之风,必偃"(《论语·颜渊》)了。也就是说,大量道德高尚贤者的涌现必然会形成一种良性的社会示范效应并进而优化社会文化与道德环境。正如罗尔斯所言,个人享有的权利和机会的结构很可能影响他们实现潜在权力和优越性的程度。⑥ 这是儒家坚持"先富后教"的教化观的重要原因。因为,只有"富"才能

---

① [美]罗尔斯:《正义论》,何怀宏、何包钢、廖申白译,中国社会科学出版社1998年版,第106—107页。
② [美]罗尔斯:《正义论》,何怀宏、何包钢、廖申白译,中国社会科学出版社1998年版,第106—107页。
③ [美]罗尔斯:《正义论》,何怀宏、何包钢、廖申白译,中国社会科学出版社1998年版,第106—107页。
④ [美]罗尔斯:《正义论》,何怀宏、何包钢、廖申白译,中国社会科学出版社1998年版,第328页。
⑤ [美]罗尔斯:《正义论》,何怀宏、何包钢、廖申白译,中国社会科学出版社1998年版,第329页。
⑥ [美]罗尔斯:《正义论》,何怀宏、何包钢、廖申白译,中国社会科学出版社1998年版,第329页。

为民众实现其潜在权力和优越性提供基本的物质条件和社会机会，只有"教"才有可能形成良好的社会与文化环境。

> 凡居民，量地以制邑，度地以居民，地邑民居，必参相得也。无旷土，无游民，食节事时，民咸安其居。乐事劝功，尊君亲上，然后兴学。（《礼记·王制》）

既然兴学教化的前提是"无旷土，无游民，食节事时，民咸安其居"，这就要求对在社会竞争中处于不利地位的人们进行特殊的照顾，"季春之月，天子布德行惠，开府库，出币帛，周天下"（《礼记·月令》）。郑玄注：周谓给不足也。"周天下"或"给不足"就是罗尔斯所一直强调的对社会最不利者予以特别照顾的差别原则。原则的论证在于确立个人权利，政策的落实在于实现集体目标。原则是高度抽象的，反而要落实到具体；政策是具体的，反而要超越具体之局限。权利从一般意义上说是绝对的，从具体意义上说是相对的，但总的来说具有对目标的优先性。具体意味着对抽象的限制，而且具体指向抽象所指的他者。

（三）养耆老以致孝，恤孤独以逮不足

罗尔斯说："在自然的自由体系中，最初的分配是由隐含在'向才能开放的前途'这一概念中的安排所调节的……它要求一种形式的机会平等：即所有人都至少有同样的合法权利进入所有有利的社会地位。但……资源的最初分配就是总受自然和社会偶然因素的强烈影响。比方说，现存的收入和财富分配方式就是自然资质（自然禀赋，即自然的才干和能力）的先前分配积累的结果，这些自然禀赋或得到发展，或不能实现，它们的运用受到社会环境以及诸如好运和厄运这类偶然因素的有利或不利的影响。我们可以直觉到，自然的自由体系最明显的不正义之处就是它允许分配的份额受到这些从道德观点看是非常任性专横的因素的不恰当影响。"[①] 选贤任能要以机会平等作为前提，但实际上即使做到

---

① ［美］罗尔斯：《正义论》，何怀宏、何包钢、廖申白译，中国社会科学出版社1998年版，第72—73页。

了机会平等而由于每个人的自然天赋、成长背景、机会运气的不同也会导致结果的不平等。也就是说机会平等只是一种形式平等，要达到实质的平等就需要：一、从消极的意义上对统治者的欲望进行适度的限制以节约社会的资源和财富；二、从积极意义上对初次分配结果进行合理的调整以保证社会最不利者基本的生存和生活需要。

> 非恶富也，恐失富也。且夫富，如布帛之有幅焉，为之制度，使无迁也。夫民生厚而用利，于是乎正德以幅之。使无黜嫚，谓之幅利。利过则为败。吾不敢贪多，所谓幅也。（《左传·襄公二十八年》）
>
> 大人之忠俭者，从而与之；泰奢者，因而毙之。（《左传·襄公三十年》）
>
> 君子有五耻：居其位，无其言，君子耻之。有其言，无其行，君子耻之。既得之而又失之，君子耻之。地有余而民不足，君子耻之。众寡均而倍焉，君子耻之。（《礼记·杂记》）

这里的"幅"和"忠俭"都是要求在位者不能放任自己的欲望，而是要进行合理的约束和限制。"内外上下节者，义之情也"（《荀子·强国》），这里的"幅"和"忠俭"即是"节"，也是"义之情"，即也是正义的应有之义。其目的一方面是要达到"居其位，无其言，君子耻之。有其言，无其行，君子耻之。既得之而又失之，君子耻之。地有余而民不足，君子耻之。众寡均而倍焉，君子耻之"这样高度的道德自觉，另一方面也出于要避免"利过多为败"这样审慎的理性考虑。其前提是统治者几乎占有了全部的资源，且看下面齐景公与晏子的对话。

> （景）公曰："然则若之何？"（晏子）对曰："不可为也。山林之木，衡鹿守之；泽之萑蒲，舟鲛守之；薮之薪蒸，虞侯守之；海之盐蜃，祈望守之；县鄙之人，人从其政。偪介之关，暴征其私。乘嗣大夫，强易其贿；布常无艺，征敛无度；宫室日更，淫乐不违。内宠之妾，肆夺于市；外宠之臣，僭令于鄙。私欲养求，不给则应。民人苦病，夫妇皆诅。祝有益也，诅亦有损。聊、摄以东，姑、尤

以西,其为人也多矣!虽其善祝,岂能胜亿兆人之诅?君若欲诛于祝史,修德而后可。"公说,使有司宽政,毁关,去禁,薄敛,已责。"(《左传·昭公二十年》)

从晏子的话可以看出,就齐国而论,贪官污吏层层盘剥,统治阶级骄奢淫逸,"私欲养求,不给则应",以至于民生涂炭民不聊生——"民人苦病,夫妇皆诅"。齐景公之所以"使有司宽政,毁关,去禁、薄敛、已责",其目的还是要避免"亿兆人之诅"。

自五四新文化运动以来,有不少人把儒家所推崇的精英治国的政治理想作为反民主的典型予以无情地批判。但罗尔斯并不是一般地批评封建制或贵族制,相反,他认为建立在天赋自由体系和对社会精英高度道德要求基础之上的理想封建制也有可能像现代民主制度一样为他所构建的正义原则提供政治保障。① 选贤任能的天赋自由体系保证了自由优先和机会平等原则,而对社会精英的道德要求则保证了差别原则,儒家所一直主张的选贤任能和义利之辨刚好同时满足了这两个方面的所有要求。儒家所欲求的德性,是理性欲望,是一种内在的善,而不是外在的善。这种内在的善不仅不会造成对他人权利或利益的侵犯,反而会为他人权利或利益的实现提供隐性制度条件。这种德性虽归之于个人,但其终极目的却指向社会,是一种具有社会意义的集体善。中国儒家的历史使命感非常强烈,这是道德经验的特性,其根本原因在于道德虽然是指向自我的与内向的要求,但它的客观效果确是社会整体福利的有效增加和良性循环。

当代自由主义者极力主张个体的自由和权利,但权利是由宪法和法律所赋予的,是被动获取的;而权力则是个体所拥有的影响甚至引领与塑造社会政治的现实能力,是主动行使的。作为抽象概念上的法律人,

---

① [美]罗尔斯:《正义论》,何怀宏、何包钢、廖申白译,中国社会科学出版社1998年版,第74—75页。"按照自然贵族制的观念,除了形式的机会平等所要求的以外,不再作任何调节社会的偶然因素的努力,但是,具有较高自然禀赋的人们的利益将被限制在有助于社会的较贫困部分的范围之内。贵族制的理想适用于一个开放的体系,至少从一种法律的观点看是这样的,那些从它受惠的人的较好境况只有在这种时候才被看作是正义的:假如对处在上层的人给得较少,那么那些处在下层的人得到的东西也会减少。以这种方式,'贵人行为理应高尚'(noblesse oblige)的观念被自然的贵族制观点所吸取了。自然的贵族制也是两个正义原则的一种可能解释,一种理想的封建制也可能试图满足差别原则。"

他拥有权利;而作为现实生活中的社会人,他拥有权力,而且权利的现实运用就是权力。此时,个人就与社会形成了一种良性的互动——权力既是权利的结果,又是权利的实现。权利既是权力的形上反映,又是权力运用的前提条件和逻辑空间。正如罗尔斯所言,当社会中的较不利者由于缺乏手段而不能有效地行使他们那一份与别人相同的影响力时,他们就陷入对政治事务的冷淡和抱怨之中。① 当社会中弱势群体的基本生活权利得不到保证时,社会就会像剥洋葱一样被渐次剥离以至于引起阶级基础的动摇和统治系统的崩溃。

古典文献中"无胥戕,无胥虐,至于敬寡,至于属妇"(《尚书·梓材》)与"上与病者粟"(《庄子·人间世》)以及"养耆老以致孝,恤孤独以逮不足"(《礼记·王制》)讲的就是差别原则。贫富悬殊造成的教育资源不平衡和社会机会不平等不但会把部分原本应该是建设社会的主力军变为社会的累赘与负担,甚至恶劣的生存环境还有可能把他们变为侵蚀整个社会健康肌体危害社会良好秩序的癌变细胞或试图颠覆国家政权的反政府反社会力量。因此,给社会竞争中不利者以特殊照顾的差别原则与把贫富分化限制在一定范围之内是维护社会稳定与良性发展的一体之两面。所以,作为事物的另一端,还要有效防止兼并。尽管差别原则的主要作用在于维护整个社会的稳定性和完整性,但差别原则的核心是要把人作为目的而不能作为手段。罗尔斯之所以极力反对功利主义理论,就是因为"它在决定一个正义社会应鼓励什么样的道德性格时非常依赖于自然事实和人类生活中的偶然因素,而作为公平的正义的道德理想则较深刻地孕育在伦理学理论的首要原则之中……"②。罗尔斯所说的伦理学理论的首要原则就是要把人作为目的而不能作为手段,也就是不但要保证人最基本的生存和生活权利,同时还要充分承认人之所以为人的尊严。我们不能因为一个人先天缺乏创造财富的能力或后天丧失了创造财富的机会就无视他生活与生存的危机或漠视他生命的自在价值,否则,我们与受制于丛林法则的飞禽走兽又有什么区别呢?质言之,我

---

① [美]罗尔斯:《正义论》,何怀宏、何包钢、廖申白译,中国社会科学出版社1998年版,第224页。
② [美]罗尔斯:《正义论》,何怀宏、何包钢、廖申白译,中国社会科学出版社1998年版,第31页。

们不能用一个人所拥有现实财富的多少或他创造财富的潜在能力的大小来工具理性主义地衡量他的自在价值。相反，人的尊严与价值是先在而无须加以论证的，也是内在而无须以其他任何可量化的物质形态如金钱与财富或不可量化的非物质形态如地位与声誉作为外在的确证或支撑。

> 故人者，其天地之德，阴阳之交，鬼神之会，五行之秀气也。（《礼记·礼运》）
>
> 古之人造文字者，三画而连其中谓之王。三画者，天、地与人也；连中者，通其道也。取天地与人之才而参之，非王者孰能当是？故王者必法天，以大仁覆育万物，既化而生之，又养而成之。（《艺文类聚·卷十一》）

《礼记·礼运》把人看作"天地之德，阴阳之交，鬼神之会，五行之秀气"，也就是认为人的地位是高于天地、阴阳、鬼神与五行的，这就从本体论的意义上无条件地充分肯定了人的价值与尊严。《艺文类聚》一方面把人作为与天、地并列具有同等地位的一方，另一方面要求统治者要对所有人甚至万物承担起"王者必法天，以大仁覆育万物，既化而生之，又养而成之"的义务和责任。充分保证人们基本的生存和生活权利是王者责任与义务的题中应有之义，由《礼记·礼运》和《艺文类聚》的引文我们足可以看出古人对于人类尊严和基本生存生活权利的重视。

罗尔斯极力批评功利主义通过对公平观察者（impartial spectator）的观念和同情的认同，而设想把个人的原则应用于社会。[1] 毋庸置疑，公平观察者的理论假设至少包括三重意涵：（1）公平观察者是完全价值中立的，他自己没有任何价值偏好，也不会倾向于任何人或任何一方；（2）公平观察者是完全理性的，也就是说是全知甚至是全能的；（3）公平观察者具有与其他任何人都有感而遂通的同情能力。综合以上三点可以推出，所谓的公平观察者只有具有超人格者或者说只有中国传统意

---

[1] [美] 罗尔斯：《正义论》，何怀宏、何包钢、廖申白译，中国社会科学出版社1998年版，第26—27页。

上的圣人才能勉强胜任。问题在于，对这样超人人格者的肯定就意味着先在地以某些人与一般人之间在能力、德性与智识上的巨大不平等为自然前提和逻辑预设。除了公平观察者之外，其余所有人都只是不具任何主体性的对象性存在。其结果，就是用虚假的个人原则取代实际的社会合作，这就是为马克思主义所极力批判的历史唯心主义。其理论结果，毋庸置疑会暗藏着为集权甚至是专制辩护的种种危险。

其实，罗尔斯亦含有功利主义的因素——如他对平等的要求，对处境最差者的同情等，亦不外是他所批评的公平观察者的角色。他认为功利主义倾向于用行政效率来取代社会正义问题，并把作为社会制度价值的正义转化为公平的旁观者个人内在德性的仁爱，这种公平观察者的理论建构首先预设了一个高不可及的超越于社会众人之上的具备完全理性的道德与智识权威。但实际上，正是由于制度安排永远不可能尽善尽美包罗无遗，更不可能有效解决所有问题，才不得不引入道德的力量。正因如此，郝费说，"道德评价并不是从外面加到法和国家制度上，而是法和国家制度所固有的。因为不管我们是否进行政治评价，是否抗议不公正或自由地认可一种合法的法和国家制度，在所有这些情形下，都会提出这样的问题：现存制度是否也是好的和正确的。并且，我们不局限于用是否适合任意的目标和目的来衡量好的和正确这个问题，也不满足于用少数或多数人的幸福作为衡量的尺度。我们要求有一种超越这一切的保证，一种道德的保证，并称之为正义"①。可以看出，在反对功利主义这一问题上，郝费和罗尔斯的理论立场是完全一致的。法和国家制度的价值理想固然有其道德维度，但这种价值理想能否成为现实则取决于法和国家制度是否提供了足够的程序保障，没有相应的程序作为保障，任何高妙的价值理想只能流于空谈而难以真正实现。

三 程序论：仁以爱之，义以正之，则民治行矣

"我们可以说，野蛮人之所以不是恶的，正因为他们不知道什么是

---

① [德] 奥特弗里德·郝费：《政治的正义性：法和国家批判的基础·序》，庞学铨、李张林译，上海译文出版社2005年版，第2页。

善。因为阻止他们作恶的，不是智慧的发展，也不是法律的约束，而是情感的平静和对邪恶的无知。"①卢梭认为只要保持情感的平静就可以远离善恶，而中国古代对"已发"和"未发"的讨论的中心论题也是要保持情感的平静问题。《礼记》说："直情以径行者，戎狄之道也。"（《礼记·檀弓下》）这是因为感性化的情绪与个人的价值定位和审美偏好及其生理与心理欲望能否得到满足以及满足的程度，甚至和身体状况都有着直接而极大的关系。"春女感阳则思，暮士见秋则悲。"所谓触景生情，情绪的产生有着极大的自然偶然性，而其指向也常常带有社会任意性的特征。情绪之喜怒思忧恐或喜怒悲思哀恐惊的内容虽然除生命安全受到毁灭性威胁而导致的生物本能性的惊怖与恐惧之外常常是由特定民族特定历史时期的社会形式或社会意义所赋予的，但其最终实现与合理调节却要诉诸甚至取决于主体对于宇宙社会人生的个人领悟与价值选择，道德情感更是如此。正如桑德尔所说："至关重要的事业和信念，可以是令人敬佩的和英雄般的，也可以是狂迷的和恶魔般的。情境化的自我可以展示出团结和品格的深度，也可以展示出偏见和心灵的狭隘。"②亚里士多德说："凡是不凭感情治事的统治者总比感情用事的人们较为优良。法律恰正是全没有感情的；人类的本性（灵魂）便谁都难免有感情。"③荀子云："赏不欲僭，刑不欲滥。赏僭则利及小人，刑滥则害及君子。"（《荀子·致士》）郝费也说，"凡是同情和厌恶起作用的地方，公正必然就受到威胁"④。这都要求我们在做出道德判断的时候要遵从一定的基础性原则，保持价值的中立。

严复先生有言，"西之教平等，故以公治众而贵自由。自由，故贵信果。东以教立纲，故以孝治天下而首尊亲。尊亲，故薄信果。然其流弊之极，至于怀诈相欺，上下相循，则忠孝之所存，转不若贵信果者之多也"⑤。"以公治众"和"以教立纲"的核心区别：一是法治，二是德

---

① [法]卢梭：《论人类不平等的起源和基础》，李常山译，东林校，商务印书馆1962年版，第99页。
② [美]桑德尔：《自由主义与正义的局限》，万俊人等译，译林出版社2011年版，第6页。
③ [古希腊]亚里士多德：《政治学》，吴寿彭译，商务印书馆1983年版，第163页。
④ [德]奥特弗里德·郝费：《政治的正义性：法和国家的批判哲学之基础》，庞学铨、李张林译，上海译文出版社2005年版，第34页。
⑤ 《原强修订稿》，王栻主编：《严复集》第1册（上），中华书局1986年版，第31页。

治。可以看出，严复先生推崇法治而贬斥德治，认为中国之所以道德沦丧到"怀诈相欺，上下相徇"，正是因为中国多了"以教立纲"的道德教化而缺乏"以公治众"的法律精神。陈寅恪先生却说，"二千年来华夏民族所受儒家学说之影响最深最巨者，实在制度法律公私生活之方面"①。那么中国到底讲不讲法治，道德与法律又有着什么样的关系呢？《尚书》早就讲"儆戒无虞，罔失法度"（《尚书·虞书·大禹谟》）。可见，中国也不是完全不讲法治。美国著名法学家富勒将道德区分为"义务的道德"和"愿望的道德"两个部分："义务的道德是对人类固有秩序的社会生活的基本要求，愿望的道德则是人们对至善的追求；而其中义务的道德可以直接转化为法律，由法律来保障它的实施。"② 可见，道德与法律也不是毫无关系。尽管如此，对于政治生活而言，完全靠道德的约束确实存在极大的风险。

黑格尔认为，"王权的第三个环节所涉及的是自在自为的普遍物，这种普遍物从主观方面来说就是君主的良心，从客观方面来说就是整个国家的制度和法律；所以王权以其他环节为前提，而其他每一环节也以王权为前提"③。这里所谓的"自在自为的普遍物"也就是富勒所说的道德，在这一点上，富勒和黑格尔确有相似之处；但黑格尔"这种普遍物从主观方面来说就是君主的良心，从客观方面来说就是整个国家的制度和法律；所以王权以其他环节为前提，而其他每一环节也以王权为前提"的论断实际上是用主观与任性覆盖并统领了客观与必然，而富勒则是首先承认人类固有秩序的客观存在的，这又使这两个人本来类似的表达产生了根本的差异。"不受制约的权力却极易由于其反复无常而漠视正义与安全的要求，这种反复无常使得法律无法衡量不同人的行为的法律后果。"④ 亚里士多德也说："谁说应该由法律遂行其统治，这就有如说，唯独神祇和理智可以行使统治；至于谁说应该让一个个人来统治，

---

① 陈寅恪：《审查报告三》，见冯友兰《中国哲学史》下，华东师范大学出版社 2000 年版，第 440 页。
② 参见崔永东，转引自冯国保《试论先秦儒家德治思想的内在逻辑与历史价值》，《哲学研究》2007 年第 7 期。
③ ［德］黑格尔：《法哲学原理》，范扬、张企泰译，商务印书馆 1961 年版，第 306—307 页。
④ ［美］埃尔曼：《比较法律文化》，贺卫方、高鸿钧等译，生活·读书·新知三联书店 1990 年版，第 93 页。

这就在政治中混入了兽性的因素。常人既不能完全清除情欲,虽最好的人们(贤良)也未免有热忱,这就往往在执政的时候引起偏向。法律恰恰正是免除一切情欲影响的神祇和理智的体现。"① 所以君主的德性与良心是不可靠的,因此在中国古代,表达道德稳定性的"信"受到了足够的重视:

> 天行不信,不能成岁;地行不信,草木不大。春之德风,风不信,其华不盛,华不盛则果实不生;夏之德暑,暑不信,其土不肥,土不肥则长遂不精;秋之德雨,雨不信,其谷不坚,谷不坚则五种不成;冬之德寒,寒不信,其地不刚,地不刚则冻闭不开。天地之大,四时之化,而犹不能以不信成物,又况乎人事?君臣不信,则百姓诽谤,社稷不宁;处官不信,则少不畏长,贵贱相轻;赏罚不信,则民易犯法,不可使令;交友不信,则离散郁怨,不能相亲;百工不信,则器械苦伪,丹漆染色不贞。夫可与为始,可与为终,可与尊通,可与卑穷者,其唯信乎!信而又信,重袭于身,乃通于天。以此治人,则膏雨甘露降矣,寒暑四时当矣。(《吕氏春秋·离俗览》)

"信"本身是指一种个人所拥有的道德品质,也就是富勒所说的"愿望的道德"。博登海默说:"那些被视为是社会交往的基本而必要的道德正义原则,在一切社会中都被赋予了具有强大力量的强制性质。这些道德原则的约束力的增强,是通过将它们转化为法律规则而实现的。"② 在古代社会,由于权力的高度集中使得这种本属于个人的道德稳定性就极其容易转化为政治运作和社会生活中的制度稳定性,这也就是富勒所说的"义务的道德",其作用在于通过对民众提供合理而稳定的生活预期来规范社会秩序。这种"义务的道德"是对王权任性的一种限制,这种限制为人们根据其合法愿望进行生产和生活即正当行使其权利

---

① [古希腊]亚里士多德:《政治学》,吴寿彭译,商务印书馆1981年版,第7、168—169页。
② [美]博登海默:《法理学——法哲学及其方法》,邓正来译,华夏出版社1987年版,第368页。

提供了政治可能性空间。罗尔斯说:"纯粹程序正义是由公平机会原则来保证的,公平机会原则是分配正义的前提和基础。纯粹程序正义巨大的实践优点是:在满足正义的要求时,它不需要追溯无数的特殊环境和个人在不断改变着的相对地位。"① 在罗尔斯看来,建立在公平机会原则基础之上的纯粹程序正义是正义原则的基石,而纯粹程序正义的核心是排除对特殊环境和个人地位的关注,实际上就是要保持制度相对于个人而言的绝对稳定性。"赏不僭而刑不滥"(《左传·襄公二十六年》),"赏罚无章,何以沮劝?君失其信而国无刑,不亦难乎?!"(《左传·襄公二十七年》)中国古代对"信"的要求也就是对制度稳定性的要求,而制度稳定性本身就是公平与正义的体现。

> 尺寸寻丈者,所以得长短之情也。故以尺寸量短长,则万举而万不失矣。是故尺寸之度,虽富贵众强,不为益长;虽贫贱卑辱,不为损短,公平而无所偏,故奸诈之人不能误也。(《管子·明法解》)
>
> 昔先圣王之治天下也,必先公,公则天下平矣。平得于公。尝试观于上志,有得天下者众矣,其得之以公,其失之必以偏。凡主之立也,生于公。故《洪范》曰:"无偏无党,王道荡荡;无偏无颇,尊王之义;无或作好,尊王之道;无或作恶,尊王之路。"天下非一人之天下,天下之天下也。阴阳之和,不长一类;甘露时雨,不私一物;万民之主,不阿一人。(《吕氏春秋·贵公》)

公平而正义的制度规范的最大特征就是完全独立于人的出生环境、地位身份、财富状况等各种自然偶然性或社会任意性之外。"是故尺寸之度,虽富贵众强,不为益长;虽贫贱卑辱,不为损短。"这里的"富贵众强""贫贱卑辱"说的就是自然偶然性和社会任意性,这里的"尺寸",即度量权衡实际上就是一种制度规范。管子认为,只要按公平正义的制度规范办事就能做到"万举而万不失矣"和"奸诈之人不能

---

① [美]罗尔斯:《正义论》,何怀宏、何包钢、廖申白译,中国社会科学出版社1998年版,第88页。

第二章 政论——政治正义

误也"。

《吕氏春秋》对"信"的论证先采取了一种自然主义的方式——"天行不信,不能成岁;地行不信,草木不大。春之德风,风不信,其华不盛,华不盛则果实不生;夏之德暑,暑不信,其土不肥,土不肥则长遂不精;秋之德雨,雨不信,其谷不坚,谷不坚则五种不成;冬之德寒,寒不信,其地不刚,地不刚则冻闭不开。天地之大,四时之化,而犹不能以不信成物,又况乎人事?"这实际上是从自然天道的角度强调了程序或制度稳定性的重要性。但自然主义的论证只是一个理论预设或逻辑铺垫,后面"天地之大,四时之化,而犹不能以不信成物,又况乎人事?君臣不信,则百姓诽谤,社稷不宁;处官不信,则少不畏长,贵贱相轻;赏罚不信,则民易犯法,不可使令;交友不信,则离散郁怨,不能相亲;百工不信,则器械苦伪,丹漆染色不贞。夫可与为始,可与为终,可与尊通,可与卑穷者,其唯信乎!信而又信,重袭于身,乃通于天。以此治人,则膏雨甘露降矣,寒暑四时当矣"所说的道德稳定性和制度稳定性才是论述的重点,"信而又信,重袭于身,乃通于天。以此治人,则膏雨甘露降矣,寒暑四时当矣"更是从发生论的角度重点指出了人文主义对于自然主义的决定性意义:膏雨甘露,寒暑四时本来是客观存在的自然现象,在短时期内不会受人类活动的影响和干预,更不可能受个别人具体行为的影响。因此,"信而又信,重袭于身,乃通于天。以此治人,则膏雨甘露降矣,寒暑四时当矣"的说法从表面上看是天人相应的宇宙发生论,实际上则是抑天尊人的价值本体论。如所周知,一方面人既是有着多种生理欲求的生物性存在,另一方面人又是有着独特文化信仰的社会性存在。那么,这里的"尊人"到底要尊重人的哪一方面呢?

> 子谓子产,"有君子之道四焉:其行己也恭,其事上也敬,其养民也惠,其使民也义"。(《论语·公冶长》)

毋庸置疑,君子是为社会所共同认可和普遍推尊的人。而君子之所以被推尊和认可,是因为他们践行了"君子之道"——"其行己也恭,其事上也敬,其养民也惠,其使民也义。"尽管由于行为对象不同而对行为主体的具体要求也不同，但毫无疑问，这里的"恭""敬""惠""义"都是指向文化价值和道德要求。而这里的"义"一方面是正当，另一方面是"适宜"，也有节制的意思，其实这三重意思是互相融通的，都是要用一定的标准或程序来限制统治者的行为，这里的"义"从价值和程序两方面为民本主义提供了保证。

"贵族制等级社会的不正义，是因为它们使出身这类偶然因素成为判断是否属于多少是封闭的和有特权的社会阶层的标准。这类社会的基本结构体现了自然中发现的各种任性因素。"① 民本主义是对于这样的任性因素和偶然因素的一种价值约束与道德平衡，不管出于什么目的，民本主义要求贵族统治者尊重民众的基本需求，对民众抱有一种脉脉的温情。但更重要的是对统治者个人的情欲需要慎重对待，以至于用制度和程序进行限制以防止私欲泛滥所导致的权力滥用。究其实质，是要求统治者的偶然性与特殊性服从于民众的必然性与普遍性。换句话说，是要求统治者个人情欲必须服从于道德律令，是要求统治者个人意志必须服从于社会需要和历史规律。

（一）刑不过罪，爵不逾德

对于政治活动而言，其内容的、实质性的政治结果是由政治过程和政治程序来保证的。因此姚大志说："政治哲学所说的公平主要是形式的和程序性的，而不是内容的和实质性的。"② 而对于任何一个国家或民族而言，法律都是最重要的制度环境，程序正义也主要是由法律来提供和保证的。

亚里士多德说："法的实际意义却应该是促进全邦人民都能进于正义和善德的（永久）制度。"③ 也就是说法律是最基本的公共善，那么又如何增进这种公共善呢？亚里士多德说："要使事物合于正义（公平），须有毫无偏私的权衡；法律恰恰正是这样一个中道的权衡。"④ 荀子说：

---

① ［美］罗尔斯：《正义论》，何怀宏、何包钢、廖申白译，中国社会科学出版社1998年版，第102页。
② 姚大志：《何谓正义——当代西方政治哲学研究》，人民出版社2007年版，第49页。
③ ［古希腊］亚里士多德：《政治学》，吴寿彭译，商务印书馆1983年版，第138页。
④ ［古希腊］亚里士多德：《政治学》，吴寿彭译，商务印书馆1983年版，第169页。

"不知法之义而正法之数者，虽博，临事必乱。"（《荀子·君道》）那么究竟什么是"法之义"呢？《孔子家语》云："齐五法，……以之礼则国安，以之义则国义。"王肃注："义，平也。刑罚当罪则国平。"王肃所谓的"刑罚当罪"也就是孔子所说的"刑罚"之"中"（《论语·子路》），也就是说同样的犯罪事实必须接受同样的法律判决，面对同样的法律后果，这和现代"罪刑相当"的法律思想是一致的。其实对于什么"法之义"荀子也有自己的解释："故公平者，听之衡也；中和者，听之和也。其有法者以法行，无法者以类举，听之尽也。偏党而无经，听之辟也。"（《荀子·王制》）这里的"听"就是孔子所说"听讼，吾犹人也，必也使无讼乎！"（《论语·颜渊》）的"听讼"之"听"，也就是依据法律客观评判是非曲直。这里的"衡"就是标准的意思，"故公平者，听之衡也"就是说"公平"是评是非、断曲直的标准；这里的"中和"也是说持中而不能偏激或偏颇，和"公平"在意涵上有交叉重叠之处。"无法者以类举"也是说在面对具体的案例时，即使没有成文法可以参照，也要本着"公平"的"法之义"触类旁通。对此，荀子还有更具体的表述："内不可阿子弟，外不可以隐远人"（《荀子·正论》），"无恤亲疏，无偏贵贱"（《荀子·王制》）。管子也以水为喻，表达出了公平正义的思想，"夫水……量之不可使概，至满而止，正也；唯无不流，至平而止，义也……是以水者，万物之准也，诸生之淡也，违非得失之质也。"（《管子·水地》）公平正义的前提是对不同行为主体同等看待，这是合理区分法律责任的逻辑前提，① 但在远古时期并非如此。

"如果杀人者消失不见了，该怎么办呢？这种情况在这类蒙昧地区和居民很少的地区，是很容易发生的。土著的习俗就接受了古代的学说，罪犯的整个家族都负有责任；所以当杀人的事众所周知的时候，特别是当真正的罪犯消失不见的时候，罪犯的亲属就要以逃跑来自救。甚至七周岁的儿童都知道，他们是否跟杀人者有亲戚关系，假如有，就要赶快躲藏起来。在这里我们得出了两个原则，任何一位研究者如果他是从最早阶段按迹探求法律学的历史的话，他实在应该把这两个原则清楚地记住。他将在近亲复仇的原始法律中看到，社会为了自己的幸福而利用了

---

① 参见杨豹《荀子的社会正义观》，《东方论坛》2009年第2期。

把人跟低等动物区分开的近亲复仇的天性；同时由于认为整个家族对它的每一成员的行动都负有责任，社会就利用家族对每个人的影响力，作为保持人们之间和平的手段。无论是谁，看到近亲复仇的影响时就不能否定它的实际合理性，也不能否认它在那种还没有专门的法官和刽子手的阶段上，对于制止人的暴行的益处。"①

正如比较人类文化学所显示的，在采用公法之前的部落习惯是以复仇为原则，强调以眼还眼、以牙还牙，并以连带责任为特征。可以说，连带责任是血亲复仇的基本特征，它从相反的、消极的方向说明了血缘关系在氏族生活乃至后来家族生活中的重要性。黑格尔认为血亲复仇极易陷入冤冤相报的恶性循环之中，是极其野蛮的。相反，"罚弗及嗣"（《尚书·虞书·大禹谟》）、"父不慈，子不祗，兄不友，弟不恭，不相及也"（《左传·僖公三十三年》）、"父子兄弟，罪不相及"（《左传·昭公二十年》）则体现了文明的发展和社会的进步：

> 古者，刑不过罪，爵不逾德，故杀其父而臣其子，杀其兄而臣其弟。刑罚不怒罪，爵赏不逾德，分然各以其诚通。是以为善者劝，为不善者沮，刑罚綦省而威行如流，政令致明而化易如神。《传》曰："一人有庆，兆民赖之。"此之谓也。乱世则不然：刑罚怒罪，爵赏逾德，以族论罪，以世举贤。故一人有罪而三族皆夷，德虽如舜，不免刑均，是以族论罪也。先祖当贤，后子孙必显，行虽如桀、纣，列从必尊，此以世举贤也。以族论罪，以世举贤，虽欲无乱，得乎哉！《诗》曰："百川沸腾，山冢崒崩；高岸为谷，深谷为陵。哀今之人，胡憯莫惩！"此之谓也。（《荀子·君子篇》）

亚里士多德说："已成立的法律获得普遍的服从，而大家所服从的法律又应该本身是制定得良好的法律。"② 从刑赏的主体而言，像这样抛开刑罚与爵赏中统治者自身的好恶，既不迁怒于人，又不滥赏无度是道德稳定性和制度稳定性的集中表现。从刑赏的客体而言，"命由自造，祸

---

① ［英］爱德华·泰勒：《人类学》，连树声译，广西师范大学出版社2004年版，第390页。
② ［古希腊］亚里士多德：《政治学》，吴寿彭译，商务印书馆1965年版，第167页。

第二章 政论——政治正义

福自承",首先就是要把自身之外包括其他所有人在内的自然偶然性因素和社会任意性影响排除在外。而且,否定株连亲属的连带责任,反对"刑罚怒罪,爵赏逾德,以族论罪,以世举贤",必然含有推崇个人责任和人格价值的观念,这同样体现了法律公平正义的思想。与儒家相比,法家更注重法治:

> 人主离法失人,则危于伯夷不妄取,而不免于田成、盗跖之祸。何也?今天下无一伯夷,而奸人不绝世,故立法度量。度量信则伯夷不失是,而盗跖不得非。法分明则贤不得夺不肖,强不得侵弱,众不得暴寡。托天下于尧之法,则贞士不失分,奸人不侥幸。寄千金于羿之矢,则伯夷不得亡,而盗跖不敢取。尧明于不失奸,故天下无邪;羿巧于不失发,故千金不亡。邪人不寿而盗跖止。如此,故图不载宰予,不举六卿;书不著子胥,不明夫差。孙、吴之略废,盗跖之心伏。人主甘服于玉堂之中,而无瞋目切齿倾取之患;人臣垂拱于金城之内,而无扼腕聚唇嗟唶之祸。服虎而不以柙,禁奸而不以法,塞伪而不以符,此贲、育之所患,尧、舜之所难也。故设柙,非所以备鼠也,所以使怯弱能服虎也;立法,非所以避曾、史也,所以使庸主能止盗跖也;为符,非所以豫尾生也,所以使众人不相谩也。不恃比干之死节,不幸乱臣之无诈也;恃怯之所能服,握庸主之所易守。当今之世,为人主忠计,为天下结德者,利莫长于如此。故君人者无亡国之图,而忠臣无失身之画。明于尊位必赏,故能使人尽力于权衡,死节于官职。通贲、育之情,不以死易生;惑于盗跖之贪,不以财易身,则守国之道毕备矣。(《韩非子·守道篇》)

西塞罗说,"国家是人民的事业。可是人民……是指一个人群因服从共同的正义的法律和享受共同的利益而造成的整体结合。国家的精神目的就是维护正义,物质目的就是保护私有财产。国家是人民为了正义和保护私有财产,通过协议建立起来的政治组织"[①]。与古代西方政治思想

---

① 参见谷春德、吕世伦《西方政治法律思想史》,辽宁人民出版社1986年版,第97—99页。

主要以国家公共性和人民价值本位为立论基础不同，中国古代法家政治思想主要以国君权威性和社会现实治理为立论中心。面对"今天下无一伯夷，而奸人不绝世"的残酷社会现实，韩非主张任法不任德，认为道德是靠不住的；他认为只要实行法治，社会就能得到很好的治理。与法律紧密相连的一个问题就是刑罚，法律的社会作用和现实价值实际上是由刑罚来体现的。对此，梁治平先生有着更为深刻的认识，他说："在中国，法自始是帝王手中的镇压工具，它几乎就是刑的同义词。而在古代希腊罗马，法却凌驾于社会之上，可以确定和保护不同社会集团的利益。"① 一言以蔽之，梁治平先生认为古代希腊罗马的法律可以保护不同社会集团的利益，而中国古代的法律只是帝王维护其统治的专制工具。其实，这也是儒家贵德贱刑的原因之一。但儒家并不是一味地反对刑罚，而是主张德主刑辅。因为他们认为尽管道德教化对于社会良性发展很重要，但刑罚对消除犯意和震慑犯罪也是很有现实意义。

(二) 礼以行义，刑以正邪

季康子问政于孔子曰："如杀无道，以就有道，何如？"孔子对曰："子为政，焉用杀？子欲善，而民善矣。君子之德风，小人之德草。草上之风，必偃。"（《论语·颜渊》）可见孔子是主张德主刑辅的，类似的表述还有很多：

> 子曰："道之以政，齐之以刑，民免而无耻；道之以德，齐之以礼，有耻且格。"（《论语·为政》）
> 子曰："夫民教之以德，齐之以礼，则民有格心。教之以政，齐之以刑，则民有遁心。故君民者子以爱之，则民亲之；信以结之，则民不倍；恭以莅之，则民有孙心。《甫刑》曰：'苗民匪用命，制以刑，惟作五虐之刑，曰法。'是以民有恶德，而遂绝其世也。"（《礼记·缁衣》）

"民免而无耻"就是"民有遁心"；"有耻且格"就是"民有格心"。

---

① 梁治平：《法辩》，贵州人民出版社1992年版，第83页。

质言之，重道德教化轻刑罚惩戒是儒家一贯的态度。其实这是中国固有的传统，《尚书》亦云："罔不明德慎罚"（《尚书·周书·多方》），"克明德慎罚"（《尚书·周书·康诰》）。总体而言，儒家主张道德教化的社会功用。恰恰相反，法家强调法律对于社会治理的积极作用，更注重刑罚的一般预防作用。

> 故善治者，刑不善而不赏善，故不刑而民善。不刑而民善，刑重也。刑重也，民不敢犯，故无刑也；而民莫敢为非，是一国皆善也，故不赏善而民善。赏善之不可也，犹赏不盗。故善治者，使跖可信，而况伯夷乎？不能治者，使伯夷可疑，而况跖乎？势不能为奸，虽跖可信也；势得为奸，虽伯夷可疑也。（《商君书·画策第十八》）
>
> 圣王之立法也，其赏足以劝善，其威足以胜暴，其备足以必完法。法治世之臣，功多者位尊，力极者赏厚，情尽者名立。善之生如春，恶之死如秋。故民劝极力而乐尽情，此之谓上下相得。上下相得，故能使用力者自极于权衡，而务至于任鄙；战士出死，而愿为贲、育；守道者皆怀金石之心，以死子胥之节。用力者为任鄙，战如贲、育，中为金石，则君人者高枕而守己完矣。
>
> 故之善守者，以其所重禁其所轻，以其所难止其所易，故君子与小人俱正，盗跖与曾、史俱廉。何以知之？夫贪盗不赴溪而掇金，赴溪而掇金则身不全。贲、育不量敌，则无勇名；盗跖不计可，则利不成。
>
> 明主之守禁也，贲、育见侵于其所不能胜，盗跖见害于其所不能取，故能禁贲、育之所不能犯，守盗跖之所不能取，则暴者守愿，邪者反正。大勇愿，巨盗贞，则天下公平，而齐民之情正矣。（《韩非子·守道第二十六》）

"故善治者……民不敢犯，故无刑也；而民莫敢为非，是一国皆善也，故不赏善而民善"，"明主之守禁也，贲、育见侵于其所不能胜，盗跖见害于其所不能取，故能禁贲、育之所不能犯，守盗跖之所不能取，则暴者守愿，邪者反正。大勇愿，巨盗贞，则天下公平，而齐民之情正

· 159 ·

矣"说的就是单单通过刑罚的威慑就能使社会得到良好治理的一般预防作用，这是法家最重要的立论基础。但儒家并不是绝对地反对刑罚，《尚书》说："要囚，殄戮多罪，亦克用劝"（《尚书·周书·多方》），也就是说合理的刑罚体系对于维护法律的权威和社会秩序的稳定是必不可少的。这是因为由于受贪欲的诱惑，总有一部分人会无视社会秩序的存在而干出一些危害社会秩序和他人生命财产安全的事情，这时就需要对他们进行惩罚，以儆效尤。《国语·周语上》云：

> 古者，先王既有天下，有崇立上帝、神明而敬事之，于是乎有朝日、夕月，以教民事君。诸侯春秋受职于王，以临其民，大夫、士日恪位著，以儆其官，庶人、工、商各守其业，以共其上。犹恐有坠失也，故为车服、旗章以旌之，为挚币、瑞节以镇之，为班爵、贵贱以列之，为令闻嘉誉以声之。犹有散迁解慢，而著在刑辟，流在裔土，于是乎有蛮夷之国，有斧钺刀墨之民。（《国语·周语上》）

"崇立上帝、神明而敬事之，于是乎有朝日、夕月，以教民事君"是神道设教；"诸侯春秋受职于王，以临其民，大夫、士日恪位著，以儆其官，庶人、工、商各守其业，以共其上"是政治安排；"故为车服以旌之，为挚币、瑞节以镇之，为班爵、贵贱以列之，为令闻嘉誉以声之"是礼乐熏染，这都是中国古代社会治理的常用之道。但神道设教政治控制和礼乐熏染等诸如此类的方法并不是解决社会问题的万能灵药，也不可能解决所有人的问题。因此，《国语·周语》认为刑罚的必要性恰恰在于对宗教劝诫、政治治理和礼乐教化所不能解决的"散迁解慢"现象的亡羊补牢、查漏补缺。按照《周语》的理解，对于那些不服管教的害群之马只能用"斧钺刀墨"和"流在裔土"等"刑辟"之法进行威慑和管制，这样才能真正实现社会的良性治理。《左传》亦云：

> 己恶而掠美为昏，贪以败官为墨，杀人不忌为贼。《夏书》曰：昏、墨、贼，杀。皋陶之刑也。（《左传·昭公十四年》）

根据古文献的记载，皋陶作士，"五刑有服"（《尚书·舜典》），

第二章 政论——政治正义

"明于五刑,以弼五教"(《尚书·大禹谟》)。按照《左传》引《夏书》的说法,中国早就有"己恶而掠美""贪以败官""杀人不忌"三种犯罪事实,其罪名分别为"昏""墨""贼",而且都是杀头的死罪。就犯罪客体而论,"己恶而掠美"类似于招摇撞骗,"贪以败官"类似于以权谋私,"杀人不忌"类似于故意杀人。反复审之,其中都有以"权责自负"与"休咎自得"等以罚恶为核心的纠正正义在其中。我们还可以在《尚书》中找到类似的表达:

凡民自得罪:寇攘奸宄,杀越人于货,暋不畏死,罔弗憝。

王曰:"封,元恶大憝,矧惟不孝不友。子弗祗服厥父事,大伤厥考心。于父不能字厥子,乃疾厥子;于弟弗念天显,乃弗克恭厥兄;兄亦不念鞠子哀,大不友于弟。惟吊兹,不于我政人得罪,天惟与我民彝大泯乱。曰:乃其速由文王作罚,刑兹无赦……"(《尚书·周书·康诰》)

"人有小罪,非眚,乃惟终,自作不典,式尔,有罪厥小,乃不可不杀。乃有大罪,非终,乃惟眚灾,适尔,既道极厥辜,时乃不可杀。"(《尚书·周书·康诰》)

肇十有二州,封十有二山,浚川。象以典刑,流宥五刑,鞭作官刑,扑作教刑,金作赎刑。眚灾肆赦,怙终贼刑。钦哉钦哉,惟刑之恤哉。流共工于幽州,放欢兜于崇山,窜三苗于三危,殛鲧于羽山,四罪而天下咸服。(《尚书·虞书·舜典》)

与《左传》相比,《尚书》所描述的刑责对象不仅是危害他人生命和财产安全的那些人,而且对于危害家庭伦理关系,对"不孝不友"的人也要"刑兹无赦"。[①] 上述材料说明了刑罚起源甚早且刑种完备,这在某种程度上也说明了刑罚存在的历史合理性。近代博弈论的发展不仅证明人类有正义的欲望,而且证明惩罚由于有效警戒了搭便车者而有利于社会合作体系的建立而成为利他性惩罚。也就是说惩罚机制使公共品的

---

① 这似乎从一个侧面说明了在人类生活早期血缘意识的觉醒及其在社会团结中所起作用的强化。

提供实现了良性循环。① 进一步的研究证明，利他性惩罚有着深刻的生物学和人类学基础。② 如果说道德与法律对正义的规定是积极地要为人们提供一种理想的社会秩序和行为规范的话，那么刑罚则是从消极的、否定的方面对违反法律的行为进行一定的纠正和限制的纠正正义，这也就是"刑以正邪"。

> 晋侯有疾，曹伯之竖侯獳货筮史，使曰："以曹为解。齐桓公为会而封异姓，今君为会而灭同姓。曹叔振铎，文之昭也。先君唐叔，武之穆也。且合诸侯而灭兄弟，非礼也。与卫偕命，而不与偕复，非信也。同罪异罚，非刑也。礼以行义，信以守礼，刑以正邪，舍此三者，君将若之何？"公说，复曹伯，遂会诸侯于许。（《左传·僖公二十八年》）

按照社会契约论的假设，社会及其法律是公民之间订立契约的产物。公民在接受社会的同时，也接受了相应的法律，得到每一位公民授权的法律适用于任何人，包括他自己。过去的犯罪意味着冒犯王权，现在的犯罪意味着破坏契约。一个人破坏了契约，他就成了整个社会的敌人。与其相应，司法正义也由"重建王权"变为"恢复社会秩序"。③ "凡刑人之本，禁暴除恶，且惩其未也。"（《荀子·正论》）刑罚的使用，不但可以在特殊预防的意义上消除犯罪，而且可以在一般预防的意义上消除犯意，也就是威慑一些潜在的犯罪分子，使他们不敢犯罪，也就荀子所谓的"折愿禁悍，防淫除邪，戮之以五刑，使暴悍以变，奸邪不作"（《荀子·王制》）。刑罚的目的就是以国家暴力为后盾而迫使违法犯罪、作奸犯科者付出相应的代价，以儆效尤，因此，应该以罪定罚，罪刑法定。反之，如果"同罪异罚"就是"非刑也"，也就失去了刑罚的意义；或者说"同罪异刑"由于违背了纠正正义中的应得原则而不但从法理的

---

① 参见［瑞士］恩斯特·费尔 2002 年发表于 Nature 之 Altrusstic Punishment in Humans。
② 参见［瑞士］恩斯特·费尔 2004 年 8 月发表于 Science 之 The Neural Basis of Altruistic Punishment。
③ 姚大志：《何谓正义：现代西方政治哲学研究》，人民出版社 2007 年版，第 379—380 页。

第二章 政论——政治正义

角度解构了刑罚，而且必然从实践的角度从根本上取消了刑罚。对此，荀子也持相似的观点。他说："杀人者不死，而伤人者不刑，是谓惠暴而宽贼也，非恶恶也。"（《荀子·正论》）荀子认为，对于"杀人者"必须要予以处死，而对于"伤人者"必须要施以刑罚；对于那些危及他人生命权和健康权的人，如果不采取果断措施，铲恶除暴、匡扶正义，就会"惠暴而宽贼"。其结果，"非恶恶也"，一旦罪刑失当降低了犯罪成本就不但起不到打击犯罪的效果，而且还会从一定程度上起到鼓励违法犯罪的负面作用而危害社会的良性发展。

与道德教化把社会规范内化为个体的思维习惯和行为标准不同，刑罚是硬性的外在社会控制，其根据是人趋利避害的生物性本能。与消极意义上的刑罚相对应的另一个侧面就是积极意义上的庆赏。那么，该如何实施赏罚呢？首先，荀子认为要制定相关法律，这种法律的制定必须尽可能地大公无私，所谓"公道达而私门塞，公义明而私事息"（《荀子·君道》）。只有相关法律的制定是正义的，法律面前才能人人平等，"虽有王公士大夫之子孙也，不能属于礼义，则归之庶人。庶人之子孙也，积文学，正身行，能属于礼义，则归之卿相士大夫"（《荀子·王制》）。在荀子看来，这样才能有效地实施赏罚，实现社会正义。其次，赏罚的执行要对事不对人，务必要分明，"赏不欲僭，刑不欲滥，赏僭则利及小人，刑滥则害及君子"（《荀子·致士》）。同时，赏罚要合情合理，做到论功行赏，论罪行罚。荀子认为，"刑称罚则治，不称则乱"，"赏不当功，罚不当罪，不祥莫大焉"（《荀子·正论》）。也就是说，刑罚的使用不可太滥，也不可太义气用事；而要合情合理，使受赏者感到欣慰以鼓励人上进向善，使受罚者觉得量刑得当，罪有应得，只有如此人们才会衷心服膺，而收到惩恶效用，从而实现社会正义。[①]

因此，在荀子看来，赏罚务必公平合理，人人心服。如此，赏罚才能成为构建社会正义的合理手段。在这种正义的社会中，贤者才有可能登堂入室，不肖者才可能或贬或废，形成一个正义社会所需要的上下流动和优胜劣汰的机制。在量刑上，法家更是主张绝对的平等，这就是商鞅所说的"壹刑"：

---

① 参见杨豹《荀子的社会正义观》，《东方论坛》2009年第2期。

> 所谓壹刑者，刑无等级。自卿相将军以至大夫庶人，有不从王令、犯国禁、乱上制者，罪死不赦。有功于前，有败于后，不为损刑。有善于前，有过于后，不为亏法。忠臣孝子有过，必以其数断。守法守职之吏有不行王法者，罪死不赦，刑及三族。周官之人，知而讦之上者，自免于罪，无贵贱，尸袭其官长之官爵田禄。(《商君书·赏刑第十七》)

尽管"有功于前，有败于后，不为损刑。有善于前，有过于后，不为亏法"和"周官之人，知而讦之上者，自免于罪，无贵贱，尸袭其官长之官爵田禄"的说法有些不合情理过于偏激，但商鞅所说的"自卿相将军以至大夫庶人，有不从王令、犯国禁、乱上制者，罪死不赦"却在一定程度上符合法律面前人人平等的现代法律精神。其实，这里"刑无等级"的"壹刑"也就是《左传·僖公二十八年》所主张的同罪同罚。在政治过程中要尽量避免偶然性和任意性，而避免偶然性和任意性的唯一办法就是按照法律行事。违法乱纪之人固然可恨，但对其处罚也要尊照一定的程序以避免自然偶然性和社会任意性，而避免了一切自然偶然性和社会任意性就达到了一般性、普遍性和广泛性，"非汝封刑人杀人，无或刑人杀人；非汝封又曰劓刵人，无或劓刵人！"(《尚书·周书·康诰》) 这种要求必然会指向一种纯粹的程序。

> 司寇正刑明辟，以听狱讼，必三刺。有旨无简不听，附从轻，赦从重。郑氏曰：三刺，以求民情，断其狱讼之中：一曰讯群臣，二曰讯群吏，三曰讯万民。孔氏曰：司寇正刑明辟者，谓当正定刑书，明断罪法，使刑不差二，法不倾邪，以听天下狱讼。刑法宜慎，不可专制，故必须三刺，以求民情。(《礼记·王制》)

"刑不差二，法不倾邪"就是"刑以正邪""同罪同罚"，而这里的"讯群臣""讯万民""求民情"，尤其是"不可专制"等程序性的要求则包含着类似于人民陪审员制度的民主性因素。但儒家所主张的程序正义对于不同的群体也有着不同的标准，这反映着对统治者特殊地位进行某种程度照顾的利益诉求，但这种照顾主要是在保证法律公平正义的前

第二章 政论——政治正义

提下展示对血缘亲情的难以割舍，是一种情感意义或道德意义上的维护或照顾而非法律意义上的包庇或纵容。

> 凡制五刑，必即天论，邮罚丽于事。凡听五刑之讼，必原父子之亲，立君臣之义，以权之；意论轻重之序，慎测浅深之量，以别之；悉其聪明，致其忠爱，以尽之。疑狱，泛与众共之。众疑赦之。必察小大之比以成之。成狱辞，史以狱成告于正，正听之。正以狱成告于大司寇，大司寇听之棘木之下。大司寇以狱之成告于王，王命三公参听。三公以狱之成告于王，王三又，然后制刑。凡作刑罚，轻无赦。刑者侀也。侀者成也。一成而不可变，故君子尽心焉。析言破律，乱名改作，执左道以乱政，杀。作淫声、异服、奇技、奇器以疑众，杀。行伪而坚，言伪而辩，学非而博，顺非而泽，以疑众，杀。假于鬼神、时日、卜筮以疑众，杀。此四诛者，不以听。（《礼记·王制》）
>
> 公族其有死罪，则磬于甸人。其刑罪，则纤剸，亦告于甸人。公族无宫刑，狱成，有司谳于公。其死罪，则曰："某之罪在大辟"。其刑罪，则曰："某之罪在小辟"。公曰："宥之"，有司又曰："在辟"。公又曰："宥之"，有司又曰："在辟"。及三宥，不对，走出，致刑于甸人。公又使人追之，曰："虽然，必赦之。"有司对曰："无及也。"反命于公，公素服不举，为之变，如其伦之丧，无服，亲哭之。公族朝于内朝，内亲也。虽有贵者以齿，明父子也。外朝以官，体异姓也……公族之罪，虽亲，不以犯有司正术也，所以体百姓也。刑于隐者，不与国人虑兄弟也。弗吊，弗为服，哭于异姓之庙，为忝祖，远之也。素服居外，不听乐，私丧之也，骨肉之亲无绝也。公族无宫刑，不翦其类也。（《礼记·文王世子》）

所谓"凡听五刑之讼，必原父子之亲，立君臣之义，以权之"是说伦理原则高于法治精神，虽然也涉及一些具体的程序，但《礼记·王制》主要是表明对除与意识形态和文化秩序直接相关"四诛"之外其他刑罚的慎重：这里的"疑狱，泛与众共之。众疑赦之"也就是现代法律精神所强调的"疑罪从无"，而"成狱辞，史以狱成告于正，正听之。

· 165 ·

正以狱成告于大司寇，大司寇听之棘木之下。大司寇以狱之成告于王，王命三公参听之。三公以狱之成告于王，王三又，然后制刑"所说的断案和制刑中从史→正→大司寇→王→三公→王三又→制刑的诸种环节次第就是必须遵守的法律程序。"凡作刑罚，轻无赦。刑者侀也。侀者成也。"执法必严，违法必究，只有这样才能保证"一成而不可变"的法律权威。《礼记·文王世子》所说的"三宥"和"使人追之"则表明公法与私情兼顾的倾向。值得注意的是，"公族之罪，虽亲，不以犯有司正术也"，维护或照顾私情不可干犯法律的公平与正义。

　　法者缘人情而制，非设罪以陷人也。故《春秋》之治狱，论心定罪。志善而违于法者免，志恶而合于法者诛。（《盐铁论·刑德篇第五十五》）
　　《春秋》之听狱也，必本其事而原其志。志邪者不待成，首恶者罪特重，本直者其论轻。是故逢丑父当斩，而辕涛涂不宜执，鲁季子追庆父，而吴季子释阖间。此四者罪同异论，其本殊也。俱欺三军，或死或不死；俱弑君，或诛或不诛。听讼折狱，可无审耶！故折狱而是也，理益明，教益行。折狱而非也，同理迷众，与教相妨。（《春秋繁露·精华》）

法律本就起源于原始的道德，是道德的底线，而维系道德的主要因素则是情感。所以"法缘人情而制"的说法虽然曲折，却也并非完全没有道理，如果法律从根本上有悖于人的正常情感和善良风俗反倒真成了无法理解的了。这里的"心"和"志"都是情之一端，儒家所提倡的原心定罪也是和现代社会区别对待故意犯与过失犯以及首恶必惩胁从不问的法律精神相一致的。但整体而言董仲舒的说法确实有些极端，说"首恶者罪特重，本直者其论轻"是没有任何问题的。"志邪者不待成"的说法与现代轻口供重证据的法治精神本就大相径庭，发展到"君亲无将，将而诛焉"（《公羊传·庄公三十二年》）就更是成了统治者用思想犯罪的名义对人民赤裸裸地进行精神控制的思想专政与文化专制的工具。

（三）政以礼成，礼以义起

弥尔顿说："一个好政府和一个坏政府同样容易犯错误。试问有哪一个官员敢保证不听错消息？尤其当出版自由被少数人垄断的时候就更加如此。"(《论出版自由》)弥尔顿所言表面上看只是一个言论自由和信息不对称问题，其实质却指向话语权问题。"火出昆岗，玉石俱焚；天吏逸德，猛于烈火。"(《尚书·周书·胤征》)与政府和享有社会治权的官员相比，普通民众总是弱者，对公民权利的肯定就是对政府权力的限制，这种限制绝对是合理的。那么政府应该服从什么？首先不应该是个人——从某种意义上说，政府需要代表社会整体利益，而个人只是具体的社会存在，一旦政府服从个人而使之乾纲独断，就意味着政府已经名存实亡。道德既具有社会性又具有个体性——道德要求只能面向社会提出才有可能形成社会合力与共同行动，但道德只有落实到个人身上转化为个人自觉自愿的行动才能真正发挥其社会效用。国家本身就是既产生于社会又凌驾于社会之上的异己力量，但国家毕竟还具有一定的普遍性。政府是抽象国家走向具体化的现实定在，但政府不能完全代替国家，政府更不能代表社会。所以，道德要求的提出不能，至少不应该仅仅面向作为权力机关的政府，这意味着以德治国的现实困境。退一步讲，即使以德治国具有可行性，从逻辑上说也必须经由每个政府官员个人道德素质的提升并把道德要求转为每个人自觉自愿的行动才有可能得以实现。但道德意识的普遍觉醒一方面不仅意味着作为权力拥有者和直接执行者的政府官员克服了自身的异化，重新回归了"政治乃天下之公器"社会本位[1]；另一方面也是"致君尧舜上，再使风俗淳"甚至"六亿神州尽舜尧"之道德理性主义的最终实现。归根结底，这依然是走社会道德教化的路子而不是约束政府权力的路子。集体善在一定程度上表现为社会的民主特性，而权利与集体善是相互依赖，互为存在与发展的前提。只不过在集权时代，集体善主要表现为独裁者的德性，[2]而在现代社会，集体善则主要表现为制度的德性。就此而论，荀子眼中的"至善"即"正理平治"更接近于制度的正义，他说："凡古今天下之所谓善者，正理平治也；所谓恶者，偏险悖乱也，是善恶之分也已"(《荀子·性恶》)。拉兹说："基本的自由权利值得特殊地保护和承认，也就是说，

---

[1] 或者"全心全意为人民服务"的说法更为贴切和准确。
[2] 至少可以说独裁者的德性是集体善借以产生的社会发生学基础。

它们是正当的道德权利，值得给予超过正常法律保护的法律—制度保护，因为它们所表达的价值应该形成具有道德价值的政治文化的一部分。"① 姚大志认为："宪法权利就是这样一种政治过程，它们是关于基本政治文化之制度保护的一部分。"② 也就是说，宪法权利是对个人权利的特殊肯定，只有对个人权利的特殊肯定才能形成开放的政治文化。"酒以成礼，不继以淫，义也；以君成礼，弗纳于淫，仁也。"（《左传·庄公二十二年》）与西方大为不同的是，在古代中国，规范的更具体的形态，往往以"礼"为其存在方式。对此，陈顾远先生说："'礼'在中国固有法系的观点上，除去其为道德的规律及当代社会意识的结晶以外，就是最早的政事法和民事法。"③ 杨国荣先生则认为："在儒家的论域中，礼既具有制度的意义（展开为礼制），也表现为行为的准则，相对于道，与体制相联系的礼，往往与政治实践有着更切近的联系。"④ 的确，礼并不是一套僵死的道德要求和固化的行为规范。恰恰相反，礼要紧紧贴合正义的要求并根据正义的需要变更其形式，这就是"礼以行义"（《左传·僖公二十八年》、《左传·成公二年》）和"礼以义起"（《礼记·礼运》）。实际上，中国古代的礼义所体现的道德理性正是这样的一种集体善。只不过与西方宪法肯定个人权利不同，礼主要通过对统治者的约束与限制来间接地保证人们的生存和生活权利并达到荀子称之为"群居和一之道"的差序和谐状态。⑤

> 孰知夫出死要节之所以养生也！孰知夫出费用之所以养财也！孰知夫恭敬辞让之所以养安也！孰知夫礼义文理之所以养情也！故人苟生之为见，若者必死；苟利之为见，若者必害；苟怠惰偷懦之为安，若者必危；苟情说之为乐，若者必灭。故人一之于礼义，则

---

① 参见姚大志《何谓正义——当代西方政治哲学研究》，人民出版社 2007 年版，第 169 页。
② 姚大志：《何谓正义——当代西方政治哲学研究》，人民出版社 2007 年版，第 169 页。
③ 陈顾远：《中国固有法系与中国文化》，《中国文化与中国法系——陈顾远法律史论集》，中国政法大学出版社 2006 年版，第 14 页。
④ 杨国荣：《儒家政治哲学的多重面向——以孟子为中心的思考》，《浙江学刊》2002 年第 5 期。
⑤ 礼不下庶人，刑不上大夫。

两得之矣；一之于情性，则两丧之矣。(《荀子·礼论》)

人有很多欲望：生死、利害、安危、乐苦，而情欲本身是乐生恶死、乐利恶害、乐安恶危、乐乐恶苦的。这对于个体而言是再正常不过的生理和心理需求，但对于由不同个体集合而成的社会来说，存在集体悖谬，若人人都顺着情欲去的话，个体之间的情欲冲突会导致可怕的结局——"人苟生之为见，若者必死；苟利之为见，若者必害；苟怠惰偷懦之为安，若者必危；苟情说之为乐，若者必灭。"所以要用礼义文理的规范来引导人情欲的正常满足以稳定社会秩序，"故人一之于礼义，则两得之矣；一之于情性，则两丧之矣"。对于高高在上的统治者而言更要如此：

> 夫贵为天子，富有天下，是人情之所同欲也。然则从人之欲则势不能容，物不能赡也。故先王案为之制礼义以分之，使有贵贱之等，长幼之差，知愚、能不能之分，皆使人载其事而各得其宜。然后使谷禄多少厚薄之称，是夫群居和一之道也。故仁人在上，则农以力尽田，贾以察尽财，百工以巧尽械器，士大夫以上至于公侯，莫不以仁厚知能尽官职。夫是之谓至平。故或禄天下而不自以为多，或监门、御旅、抱关、击柝而不自以为寡。故曰："斩而齐，枉而顺，不同而一。"夫是之谓人伦。《诗》曰："受小共大共，为下国骏蒙。"此之谓也。(《荀子·荣辱》)

人年龄的差别只是一种自然的差别，但如何对待这种差别不但关系着文化和技艺的传承，也关系着种族和社会的延续。人的先天禀赋完全具有自然偶然性，而人的出身和成长环境则具有社会任意性，问题是后者极大地影响着人能力的培养和合理的生活预期。如何理性地考虑和公平合理地对待这种自然偶然性和社会任意性以使人各尽所能，各得其所是统治者不得不认真解决的事情。"先王案为之制礼义以分之，使有贵贱之等，长幼之差，知愚、能不能之分，皆使人载其事而各得其宜。然后使谷禄多少厚薄之称，是夫群居和一之道也。故仁人在上，则农以力尽田，贾以察尽财，百工以巧尽械器，士大夫以上至于公侯，莫不以仁厚知能尽官职。夫是之谓至平。故或禄天下而不自以为多，或监门、御旅、抱关、击柝而不自以为寡。"这里的"礼义"是"群居和一之道"，就是分配正义，是社会正义的重要内容之一。分配的不正义是最大的不正义，分配的不平等通过世代的叠加与放大会加剧出身、禀赋等起点的不平等而极大影响结果的不平等。荀子进一步阐释说："礼义者，治之始也。"也正是在这个意义上，公孙归父称礼为"国之本也"。

> 以类行杂，以一行万，始则终，终则始，若环之无端也，舍是而天下以衰矣。天地者，生之始也；礼义者，治之始也……礼义无统，上无君师，下无父子，夫是之谓至乱。君臣、父子、兄弟、夫妇，始则终，终则始，与天地同理，与万世同久，夫是之谓大本。故丧祭、朝聘、师旅一也；贵贱、杀生、与夺一也，君君、臣臣、父父、子子、兄兄、弟弟一也；农农、士士、工工、商商一也。（《荀子·王制篇》）

> 仲孙归曰："不去庆父，鲁难未已。"公曰："若之何而去之？"对曰："难不已，将自毙，君其待之。"公曰："鲁可取乎？"对曰："不可，犹秉周礼。周礼，所以本也。臣闻之，国将亡，本必先颠，而后枝叶从之。鲁不弃周礼，未可动也。君其务宁鲁难而亲之。亲有礼，因重固，间携贰，复昏乱，霸王之器也。"（《左传·闵公元年》）

陈来先生认为，"春秋时代，人们对礼的关注从形式性转到合理性，形式性的仪典仍然要保存，但贤大夫们更为关心的是礼作为合理性原则的实际体现。贤大夫们都重视礼的政治、行政意义过于礼的礼宾、仪式意义，这使得礼文化的重点由'礼乐'而向'礼政'转变。而这一切，都是在春秋后期的政治衰朽、危机中所产生的。礼的意义的这种变化极为重要，从此，礼不再主要被作为制度、仪式的文化总体，被突出出来的是礼作为政治秩序的核心原则、作为伦理规范的原则的意义。宗法政治的日趋瓦解是春秋思想史的主要背景。政治理性化表现在礼的政治化，表明象征控制渐渐让位于理性的政治管理"[①]。而礼文化的重点由"礼乐"向

[①] 陈来：《古代思想文化的世界——春秋时代的宗教、伦理与社会思想》，生活·读书·新知三联书店2009年版，第18—19页。

第二章 政论——政治正义

"礼政"转变的标志就是"礼,政之舆也"和"政以礼成"说法的出现。

> 会于商任,锢栾氏也。齐侯、卫侯不敬。叔向曰:"二君者必不免。会朝,礼之经也;礼,政之舆也;政,身之守也;怠礼失政,失政不立,是以乱也。"(《左传·襄公二十一年》)
>
> (郤至)曰:"……世之治也,诸侯间于天子之事,则相朝也,于是乎有享宴之礼。享以训共俭,宴以示慈惠。共俭以行礼,而慈惠以布政。政以礼成,民是以息。百官承事,朝而不夕,此公侯之所以扞城其民也……"(《左传·成公十二年》)

孔子说:"殷因于夏礼,所损益,可知也;周因于殷礼,所损益,可知也;其或继周者,虽百世可知也。"(《论语·为政第二》)"礼有损益",在不同的历史时期,社会正义有不同的表现形式,但其基本原则即"义"也就是正义是有章可循的。这里夏礼、殷礼、周礼等礼在不同历史时期的不同表现形式就是社会正义,礼在不同历史时期的不同形式之间陈陈相因的根本原则就是"义",也就是正义。人们要根据不同历史时期的不同具体要求,用"义"这一正义原则去不断修正甚至重新建构作为社会正义的"礼",这就是"礼以义起"。相似地,当一种政治制度失去其合法性时,人们就会自觉或不自觉地根据正义原则对政治制度进行重新建构,更准确地说是最具一般性和普遍性的精神正义推动人们进行重新建构。这种重新建构可以是循序渐进的改良,也可以是暴烈迅猛的革命。

> 故圣王修义之柄,礼之序,以治人情。故人情者,圣王之田也。修礼以耕之,陈义以种之,讲学以耨之,本仁以聚之,播乐以安之。故礼也者,义之实也。协诸义而协,则礼虽先王未之有,可以义起也。(《礼记·礼运》)

"故礼也者,义之实也。"是说礼或者说社会正义是义即正义原则的具体体现和现实定在。"则礼虽先王未之有,可以义起也"一方面是说正义原则可以引导人们对现实社会制度的理性反思和合理建构,另一方面也包含着对"义"实体化的绝对性的理解。陈来先生谈到朱熹论理气关系时说："和一切哲学问题一样，在理论上作出理在气先的论断需要一定的认识基础，它是对一定哲学问题处理的结果，这个问题就是理气关系中包含的一般和个别问题。一类事物的'理'作为这一类事物的共同本质和规律，不为此类事物中某一个别事物所私有，不以个别事物的产生、消灭为转移。因此，就已有的一类事物的理对于此类中后来某个事物来说，可以是'理在物先'，这表现了规律具有的一般性。但是一般不能离开个别独立存在。一类事物都不存在，它们的理当然也就不能存在，夸大规律具有的这种一般性，认为一类事物产生之前其礼已存，以致认为一般规律可以先于整个世界而存在，就会导致唯心主义，这正是理学程朱派所犯的错误。"① 陈来先生的论断亦可有助于对"则礼虽先王之未有，可以义起也"这句话的正确理解。

戴维·米勒说过与"礼虽先王之未有，可以义起也"相类似的话，他说："社会正义常常是而且必须常常是一个批判性的观念，一个向我们提出以更大程度的公平的名义变革我们的制度和实践的观念。"② 只不过戴维·米勒所说的"社会正义"就是"礼虽先王之未有，可以义起也"的"义"，也就是正义；而他说的"制度"就是"礼"，也就是社会正义。马克思也说，"批判的武器不能代替武器的批判，物质的力量还是要靠物质力量来摧毁"，这里所说的"批判的武器"是指舆论的揭露与理论的挞伐；而"武器的批判"就是切切实实反抗和改造现有秩序的实践活动，就是革命。革命是一个客观辩证的过程，革命建立在对政治合法性的渐次质疑和逐步否定的基础之上。

四　革命论：夺然后义，杀然后仁，上下易位然后贞

古代中国普遍认为王者受命于天，享有"天命"。因此，也往往把

---

① 陈来：《朱子哲学研究》，华东师范大学出版社2000年版，第94页。
② [英]戴维·米勒：《社会正义原则·前言》，应奇译，江苏人民出版社2001年版，第2页。

王者易姓，改朝换代称为革命。在近代历史上，革命范畴更是得到了广泛使用，并赋予它越来越丰富的内容。在马克思主义著作中，通常所讲的革命是指政治革命，即革命阶级推翻反动阶级的政治统治，建立新的社会制度所造成的社会形态的质的飞跃。列宁认为革命"就是用暴力打碎陈旧的政治上层建筑，即打碎那由于和新的生产关系发生矛盾而到一定时机就要瓦解的上层建筑"①。毛泽东说："革命是暴动，是一个阶级推翻一个阶级的暴烈的行动。"② 革命是人类社会与历史发展中的必然现象，是整个社会经济政治制度的根本变革，从旧的社会形态向新的社会形态的转变总是通过社会革命实现的。也正是在这个意义上，马克思说："革命是历史的火车头。"③

先秦时期的历史情况和近代有着根本的不同，但不管是什么时代，当统治阶级骄奢淫逸、穷奢极欲而导致生灵涂炭，生产萎缩，社会倒退乃至各种社会矛盾极其尖锐化之时也就是人民逐渐觉醒之时。每当此时，革命就会成为历史的必然。由于民众理论认识与政治觉悟程度的不同，革命同样要经历一个类似于由个人觉悟到集体觉醒的由个别到特殊到一般的普遍化过程，而对既有政权政治合法性的渐次质疑和逐步否定是这一普遍化过程的精神内核。

(一) 义非侠不应，侠非义不成

"待文王而后兴者，凡民也。若夫豪杰之士，虽无文王犹兴。"(《孟子·尽心上》) 罗尔斯说，"当社会中的较不利者由于缺乏手段而不能有效地行使他们那一份与别人相同的影响力时，他们就陷入对政治事务的冷淡和抱怨之中"④。罗尔斯所论主要是针对日趋权力非中心化社会扁平化原子化离散化的现代民主社会中的较不利者而言的，但对于古代的豪

---

① 《列宁选集》第 1 卷，人民出版社 1960 年版，第 616 页。
② 《毛泽东选集》第 1 卷，人民出版社 1951 年版，第 17 页。
③ 《马克思恩格斯选集》第 1 卷，人民出版社 1972 年版，第 474 页。
④ [美] 罗尔斯：《正义论》，何怀宏、何包钢、廖申白译，中国社会科学出版社 1998 年版，第 224 页。

杰之士来说并非如此。① 他们"具有自身确定性的自我,其直接知识就是法律和义务;而它的意图,唯其是它自己的意图,就是正义的东西;唯一有待于做的事情是:这个自我必须知道这一点,必须说出它深信它的知识和意愿是正义的东西。当自我说出这种信念或保证时,它同时也就把它身上的特殊性扬弃掉了;因为在述说中它已承认了自我的必然普遍性;当自我把自己叫作良心的时候,它就在把自己叫作自身知识和纯粹抽象意愿,这就是说,它把自己叫作一种普遍的知识和意愿,而普遍的知识和意愿,既承认别的自我,又为别的自我所承认,因为它与别的自我是等同的,而这又是因为它们也同样都是这种纯粹的自身知识和意愿。正义的事情的本质就是寄寓在自身具有自身确定性的自我的意愿中的"②。正因为以替天行道为号召(在述说中承认自我的必然普遍性),以扶危济困为宗旨(既承认别的自我,又为别的自我所承认),他们就扬弃了自身的特殊性,诉诸正义而达到了自我与他人合二为一的精神的高度,而"在普遍的精神里,每个人都仅只具有他自己的确定性,即是说,他确知在存在着的现实里所找到的只不过是他自己罢了;每个人又像确知他自己那样确知别人——我在所有人那里直观到,他们就其为自身而言仅仅是这些独立的本质,如同我是一个独立的本质一样;我在他们那里直观到我与别人的自由统一是这样的:这个统一既是通过我而存在的,也是通过别人而存在的;——我直观到,他们为我,我为他们"③。黑格尔的论断表明了正义→良心→"专趋人之急,甚己之称"(《史记·游侠列传》)这一自觉主动、自然合乎法律和义务的行为的内

---

① 权利更明确、政治更开放的民主与法治或许就是造成这种根本差别的制度性原因。古代社会缺乏民主与法治,这使得政治权力集中于统治者个人。与此相应,对权力的反抗也主要通过侠义精神在个体身上得以体现。这就决定了,即使反叛者形成了一定规模的群体,也要以群体成员对个别首领的仰视膜拜和集体服从作为社会政治前提。其结果,反叛者即使推翻了旧的统治者最后还是要掉入集权政治乱象频仍的历史泥潭。相反地,在现代民主与法治条件下,一方面统治阶级的政治权力得到相应制约,另一方面普通民众的政治权利得到法律保障。在这样的条件下,对权力的反抗主要通过言论自由等公开意思表示在开放透明的法治范围内得以解决,个别人的出格行为不仅受到法律制裁还会受到公众的一致谴责。其结果,是减少社会震荡,促进社会团结。
② [德]黑格尔:《精神现象学》(下卷),贺麟、王玖兴译,商务印书馆1979年版,第163页。
③ [德]黑格尔:《精神现象学》(上卷),贺麟、王玖兴译,商务印书馆1979年版,第235页。

在发生逻辑。这些舍生忘死的人通过积极介入本来与自己毫无关涉的事端而不计代价地维护他自己所确信的正义,当这在社会中尚未得到完全普遍化时往往表现为个别人勇敢的侠义精神。李德裕说:"夫侠者,盖非常人也,虽然以诺许人,必以节为本。义非侠不应,侠非义不成。"(《豪侠论》)李德裕强调了"侠"和"义"的关系,尤其强调"侠""必以节为本"。"夫义者,内节于人,而外节于万物者也……内外上下节者,义之情也。"(《荀子·强国》)"义"本身就有节制之意,这里的"节"是说"侠"要用"义"约束和限制自己的行为。关于此,《礼记》说得更为明白:

> 此众人之所难,而君子行之,故谓之有行。有行之谓有义,有义之谓勇敢。故所贵于勇敢者,贵其能以立义也;所贵于立义者,贵其有行也;所贵于有行者,贵其行礼也;故所贵于勇敢者,贵其敢行礼义也。故勇敢强有力者,天下无事则用之于礼义,天下有事则用之于战胜。用之于战胜则无敌,用之于礼义则顺治。外无敌,内顺治,此之谓盛德。故圣王之贵勇敢、强有力如此也。勇敢、强有力而不用之于礼义、战胜,而用之于争斗则谓之乱人。刑罚行于国,所诛者乱人也。如此则民顺治而国安也。(《礼记·聘义》)

黑格尔说:"如果个体只个别地扬弃客观现实,这种对立就造成违法乱纪行为,如果他普遍地并且是为一切人而这样做,这种对立就整个扬弃现在已有的,从而产生另外一个世界,另外的法权、法律和道德。"[①]孔子说:"勇而无礼则乱"(《论语·泰伯》),《礼记·聘义》也说明了"有行""有义""立义""勇敢""礼义"之间因果相仍的关系;重点是强调要用礼义来节制和规范"勇敢和强有力者"的行为,否则就是"乱人"。因为"勇敢和强有力者"快意恩仇个性张扬,本身就有"只个别地扬弃客观现实"的性格特质和行为倾向;而礼则具有普遍性,"敢行

---

① [德]黑格尔:《精神现象学》(上卷),贺麟、王玖兴译,商务印书馆1979年版,第201页。

礼义"就是"普遍地并且是为一切人这样做",就是用礼义约束自我。"……这种现实会马上带来某种秩序,即个人和制度的特殊化。"① 如同文化精英可以引领时代精神前进一样,侠义精神亦有可能创造出一种崭新的社会秩序。因此,汉王符亦云:"是以范武归晋而国奸逃,华元反朝而鱼氏亡。故正义之士与邪枉之人不两立之。"(《潜夫论·潜叹》)我们这里所说的侠义就是"普遍地并且是为一切人而这样做"的"敢行礼义",既是对违背社会良知行为客观直接地否定,也是国家法治秩序失效时的随机替代和有益补充。因此,愈是在政治黑暗社会失序的时候,侠义就愈是被人民所渴盼和称颂。②

侠义精神不是一般地全面反对当下整个的政治或社会制度,而是认识到社会制度或司法程序中的某些不足和漏洞却又不能通过合理的途径进行修改或弥补,基于良心的推动而只是偶然地、个别地反对和平衡社会中的不正义现象。所谓"儒以文乱法,侠以武犯禁"(《韩非子·五蠹》),这种行为虽然可能会在一定程度上挑战了政府官员的权力和司法秩序的权威,但并不十分质疑最高统治者的政治合法性,反而是在维护其政治合法性的基础上维持既定的政治与社会秩序,而只是基于个别人对他人或个别官员的品行持以激烈而深刻的不信任而做出客观的、物质的、直接的,但又是对政治社会偶然的、个别的而非普遍的、完全意义上的否定。③ 当这种不信任的主体和对象急速扩散到一定程度,由对于一些人或一些官员的不信任扩散到对多数官员的不信任乃至把不信任转移到最高统治者的身上且积累到一定程度时,这样的最高统治者最终就要面临被人民抛弃的命运。值得指出的是,这时对政治合法性的质疑只是针对最高统治者个人的,而尚未触及他背后对其形成整个加以支撑的

---

① [德]黑格尔:《法哲学原理·序言》,范扬、张企泰译,商务印书馆1961年版,第14页。
② "布衣之徒,设取予然诺,千里颂义,为死不顾世,此亦有所长,非苟而已也。"(《史记·游侠列传》)一般而言,武侠与体制外的武力使用相关,古代传诵至今所谓包公海瑞之类的文职清官就其实质是体制内的文侠。人民对侠客和清官的膜拜恰恰从文治与武功两个层面折射了人民对体制内政治秩序和体制外社会秩序的现实渴望,现代社会的法治秩序和功利倾向是消解清官情结和侠义精神的主要力量。
③ 古代历史中不断重演的"清君侧"正是政治体制内的侠义思维。

政治理念、政治组织和政治秩序。①

(二) 困民之主，弗去何为？

周公"一年救乱，二年伐殷，三年践奄，四年建侯卫，五年营成周，六年制礼作乐，七年致政成王"（《尚书大传》）。周公封康叔为卫侯以镇抚殷商旧部，并代颁《康诰》《酒诰》《梓材》以为施政纲领，由此可见卫在诸侯位置中之举足轻重。但就是在这样一个诸侯国之中，却经常发生内乱，出君、讼君，国君被逐出乃至被弑杀的情况屡有发生。

> 晋侯、齐侯盟于敛盂。卫侯请盟，晋人弗许。卫侯欲与楚，国人不欲，故出其君以说于晋。卫侯出居于襄牛。（《左传·僖公二十八年》）

僖公二十八年二月，晋文公、齐昭公在敛盂（卫地，今河南濮阳县南）结盟。卫成公请求加盟，被晋国人拒绝。卫成公想亲附楚国，国内臣民不同意，因此把卫成公赶走以取悦于晋国。卫成公被逼无奈只得离开国都居住在襄牛（卫地，今河南睢县）。"王室而既卑矣，周之子孙日失其序。"（《左传·隐公十一年》）王纲解纽，礼崩乐坏，本来具有血缘或拟血缘关系的诸侯之间也开始互相攻伐。就整个社会形势而言，实力的角逐代替了血亲的团结。郑、卫处四战之地，在齐、晋、楚等诸侯强国的夹缝之中求生存确实是很不容易的事情。敛盂本为卫地，晋、齐在敛盂会盟，按理说卫即使不是盟主至少也应该是盟国之一才对，但会盟在自己国土之上，晋却不允许卫入盟，这对于卫确实是莫大的耻辱。卫侯转过头又想与楚结好，卫国民众又不答应。卫成公内政外交极为失败，进退失据，捉襟见肘而被卫国臣民逐出国都。卫成公确实昏庸，就在同一年，由于听信谗言不仅冤杀了卫大夫元咺的儿子角，还误杀了忠诚为

---

① 张华：《"侠与正义"在法治社会共存的可能性探讨》，《法制与社会》2011年第5期；王献斐、杜琼：《从侠与儒的视角解读武德之"仁"与"义"》，《搏击·武术科学》2009年6月第6卷第6期；王献斐：《从侠与儒的视角解读武德之"信"、"义"、"勇"及现代反思》，《搏击·武术科学》2009年8月第6卷第8期；王献斐：《从侠与儒的视角解读武德之"义"》，《中州体育》2009年6月第6期，等都对中国侠义精神有着独到的见解。

国的母弟叔武。于是，在僖公二十八年冬发生了元咺讼君的事情：

> 卫侯与元咺讼，宁武子为辅，鍼庄子为坐，士荣为大士。卫侯不胜。杀士荣，刖鍼庄子，谓宁俞忠而免之。执卫侯，归之于京师，置诸深室。宁子职纳橐饘焉。元咺归于卫，立公子瑕。（《左传·僖公二十八年》）

尽管士荣、鍼庄子代成公受了刑，但其被臣民逐出和"执卫侯，归之于京师，置诸深室"的事实本身就说明了他政治合法性的彻底丧失。无独有偶，襄公十四年在卫国又发生了卫献公以其昏庸被孙林父逐出的事情，其母卫定公夫人定姜对他给出的结论是："舍大臣而与小臣谋，一罪也。先君有冢卿以为师保，而蔑之，二罪也。余以巾栉事先君，而暴妾使余，三罪也。"（《左传·襄公十四年》）晋悼公与师旷亦曾议论此事，师旷对此有着自己独特的理解：

> 师旷侍于晋侯。晋侯曰："卫人出其君，不亦甚乎？"对曰："或者其君实甚。良君将赏善而刑淫，养民如子，盖之如天，容之如地。民奉其君，爱之如父母，仰之如日月，敬之如神明，畏之如雷霆，其可出乎？夫君，神之主而民之望也。若困民之主，匮神乏祀，百姓绝望，社稷无主，将安用之？弗去何为？天生民而立之君，使司牧之，勿使失性。有君而为之贰，使师保之，勿使过度。是故天子有公，诸侯有卿，卿置侧室，大夫有贰宗，士有朋友，庶人、工、商、皂、隶、牧、圉皆有亲昵，以相辅佐也。善则赏之，过则匡之，患则救之，失则革之。自王以下，各有父兄子弟，以补察其政。史为书，瞽为诗，工诵箴谏，大夫规诲，士传言，庶人谤，商旅于市，百工献艺。故《夏书》曰：'遒人以木铎徇于路。官师相规，工执艺事以谏。'正月孟春，于是乎有之，谏失常也。天之爱民甚矣。岂其使一人肆于民上，以从其淫，而弃天地之性？必不然矣。"（《左传·襄公十四年》）

师旷认为国君是"神之主而民之望也"，要"普遍地并且是为一切人这样做"。国君的职责就是要"赏善而刑淫,养民如子,盖之如天,容之如地"。反之,如果国君背弃了自己的职责和义务,"一人肆于民上,以从其淫,而弃天地之性",放弃了"自我的必然普遍性","只个别地扬弃客观现实",就只能回归到自我的自然偶然性和社会任意性。其结果,"困民之主,匮神乏祀,百姓绝望,社稷无主",那就丧失了其统治的政治合法性,"将安用之?弗去何为?"对于像卫献公、周厉王那样的统治者来说,完全可以将其逐出国都或予以流放。

孙林父在发难之前见蘧伯玉曰:"君之暴虐,子所知也。大惧社稷之倾覆,将若之何?"对曰:"君制其国,臣敢奸之?虽奸之,庸知愈乎?"(《左传·襄公十四年》)不管孙林父发难的实际动机如何,但他的理由依然是"大惧社稷之倾覆",也就是国君血缘系统政治合法性的延续问题,蘧伯玉的回答"君制其国,臣敢奸之?虽奸之,庸知愈乎?"也是着眼于要维护宗法统治的合法性,但他"庸知愈乎?"的说法则体现了对于这种合法性深刻的不信任。

实际上,当国君一代不如一代,政治腐败,民不聊生,各种社会矛盾达到不可调和的程度时,就要面临着政权即"天命"的彻底转移。而这又是确定不移的历史趋势,也就是"天意"。究其原因,一方面是正像师旷所说"天之爱民甚矣。岂其使一人肆于民上,以从其淫,而弃天地之性?必不然矣"。另一方面,"公家虚而大臣实,正户贫而寄寓富,耕战之士困,末作之民利者,可亡也"(《韩非子·亡征》),也就是说政治腐败会从内部销蚀和瓦解国家机器操控社会的各项功能,这就为革命创造了条件,而革命的目的就是要通过政权更迭来替天行道。而替天行道的最终目的是要从经济基础上彻底解决"公家虚而大臣实,正户贫而寄寓富,耕战之士困,末作之民利"的社会正义缺失问题。

(三)汤武革命,顺乎天而应乎人

《说文》:"革,兽皮治去其毛,革更之,象古文革之形。革,古文革,从三十,三十年为一世,而道更也。臼声。"唐·玄应《一切经音义》卷三十四引《说文》"革,更也"。《玉篇·革部》:"革,改也。"《易·杂卦》:"革,去故也。"《公羊传》:"(丑父)使倾公取饮,倾公操饮而至。曰:'革取清者。'"何休注:"革,更也。"晋·桓玄《鹦鹉赋》："革好音以迁善，效言语以自骋。"总而言之，"革"有革故、迁善之义。

"命"在金文中写作"令"，可以分成两个方面来理解，一方面是指自然肉体生命存在意义的"命"，如生命、性命等；另一方面是指与社会政治紧密相关的命运、天命。儒家革命论始于《易·革卦》："汤武革命，顺乎天而应乎人，革之时义大矣！"有学者指出，"革"有本义和引申义，本义即《说文解字》中的含义，引申义为"改革之革"；卦中的"巳日乃革之"，"革言三就有孚"，"有孚改命吉"都是引申义，与国家的祭祀活动有关。① 而"革礼"是一种政治手段，象征着政治权力的移交。合而言之，"革命"通俗地讲就是政治秩序中的下位者积极主动地通过组织化、规模化的集体政治行动而实现政权更迭的过程。"汤武革命"的说法实来自于《尚书》：

> 王若曰："……我闻曰：'上帝引逸。'有夏不适逸，则惟帝降格，向于时夏。弗克庸帝，大淫泆有辞。惟时天罔念，厥惟废元命，降致罚；乃命尔先祖成汤革夏，俊民甸四方。自成汤至于帝乙，罔不明德恤祀。亦惟天丕建保乂有殷，殷王亦罔敢失帝，罔不配天其泽。在今后嗣王，诞罔显于天，矧曰其有听念于先王勤家？诞淫厥泆，罔顾于天显民祇，惟时上帝不保，降若兹大丧。惟天不畀不明厥德，凡四方小大邦丧，罔非有辞于罚。"
>
> 王若曰："尔殷多士，今惟我周王丕灵承帝事，有命曰：'割殷，告敕于帝。'惟我事不贰适，惟尔王家我适。予其曰惟尔洪无度，我不尔动，自乃邑。予亦念天，即于殷大戾，肆不正。"
>
> 王曰："猷！告尔多士，予惟时其迁居西尔，非我一人奉德不康宁，时惟天命。无违，朕不敢有后，无我怨。惟尔知，惟殷先人有册有典，殷革夏命。今尔又曰：'夏迪简在王庭，有服在百僚。'予一人惟听用德；肆予敢求尔于天邑商，予惟率肆矜尔，非予罪，时惟天命。"（《尚书·周书·多士》）
>
> 王若曰："呜呼！父师。惟文王、武王敷大德于天下，用克受殷

---

① 高亨：《周易古经今注》，中华书局1984年版，第303—304页。

命。惟周公左右先王，绥定厥家，毖殷顽民……"(《尚书·周书·毕命》)

这里引文所说的"成汤革夏""殷革夏命"与"割殷""用克受殷命"就是"汤武革命"。《易传》中所记载的"汤武革命"主要涉及三个层面：第一句描述的是自然界的"革命"，第二句描述的是人类社会的"革命"，第三句则涉及"汤武革命"的历史正当性问题。对于"革命"的正当性主要分为两种：一种为自然的正当性，即进化或变革乃自然界与社会之普遍规律，但必须应时之需要。"天地应时而革。所以四时成。汤武应时而革桀纣之命，所以顺天应人。革之应时，乃能成其大也。"按照这种解释，汤武革命就像天地间四时更替一样，无须给被革命者加上道德恶名。从自然的角度出发，汤武革命完全没有道德意义；另一种是道德的正当性，这种解释主要是由孟子和荀子完成的：

> 齐宣王问曰："汤放桀，武王伐纣，有诸？"孟子对曰："于传有之。"
> 曰："臣弑其君，可乎？"
> 曰："贼仁者谓之贼，贼义者谓之残，残贼之人谓之一夫。闻诛一夫纣矣，未闻弑君也。"(《孟子·梁惠王下》)

孟子对革命合法性的论证是从消极意义上来论证的："贼仁者谓之贼，贼义者谓之残，残贼之人谓之一夫。闻诛一夫纣矣，未闻弑君也。"这里的"一夫"也就是后世所极力贬斥的"独夫民贼"。所谓的"贼仁""贼义"不仅仅是不作为的"不仁不义"，而且是反向罪恶地戕害了仁义，威胁到了整个社会的集体善。在孟子看来，这样的君主不唯失去了其政治合法性，甚至也丧失了作为普通合法国民的法理依据而沦落为正义之剑除残去秽、扫荡廓清的对象。

> 汤、武者，循其道，行其义；兴天下同利，除天下同害，天下归之。(《荀子·王霸篇》)
> 汤武非取天下也。修其道，行其义，兴天下之同利，除天下之

同害,而天下归之也。(《荀子·正论篇》)

夺然后义,杀然后仁,上下易位然后贞,功参天地,泽被生民,夫是之谓权险之平,汤武是也。(《荀子·臣道篇》)

与孟子不同,荀子对革命合法性是从积极意义上论证的:当一个政权贼仁害义,失去其合法性的时候,另一个原不享有政权的人或者政治集团只要能"修其道,行其义,兴天下之同利,除天下之同害"就完全可以"上下易位",诛杀"独夫民贼","夺然后仁,杀然后义",实现政权的更迭。这里政权的合法性的依据就是"功参天地,泽被生民","兴天下之同利,除天下之同害,而天下归之也"。"天下归之也"的说法包含着现代民主"一致同意"的原则。如果勉强对孟、荀的革命论作一下对比的话,尽管他们谈论革命的具体语境都是"汤武革命",但孟子强调的是"一人",是对具体统治者本人进行诛伐,着眼于个别,更倾向于道德声讨;而荀子强调的则是"天下",是政权的转移问题,兼赅了普遍,更倾向于秩序重建。借此,孟子的革命论不是完整意义上革命论,而荀子的革命论则是完整意义上的革命论。

对此,刘泽华等人总结道,"尽管儒家的革命并非现代意义上的革命,它秉承的是周公的'以德配天'的君权神授,命指的是天命,儒家也只是主张得到天命的人可对不施仁政以致丧失天命的君主取而代之,在骨子里并不反对君主制度,并不主张社会制度的根本变革。不过儒家从道德上赋予革命极大的合理性和正当性,为中国古代历史上的改朝换代提供了合法性的依据,影响深远"①。刘泽华等人所说的"仁政"就是荀子所说的"兴天下之同利,除天下之同害",也就是要求"泽被生民"的民本思想。质言之,民本思想是先秦革命论合法性论证的终极理论依据。

奥特弗里德·郝费说:"(政治的)正义性看起来并非是道德的奢侈,而是人类共同生活的必要条件:劳动,正义,和平,和平是正义的杰作。"② 郝费的意思是说正义可以构建一个和谐的世界秩序。审之《尚

---

① 参见刘泽华主编《中国传统政治哲学与社会整合》,中国社会科学出版社1992年版,第361—387页。
② [德]奥特弗里德·赫费:《政治的正义性:法和国家批判的基础》,庞学铨、李张林译,上海译文出版社2005年版,第10页。

书》"武王敷大德于天下",《荀子》"兴天下之同利,除天下之同害,而天下归之也","功参天地,泽被生民"等语,可以看出儒家正义思想的最终理论指向是建构世界秩序的"天下论",而"天下论"是在先秦儒家关于王霸之辨的逐步深入而得以凸显成形的。

五 王霸论:以德行仁者王,以力假仁者霸

黑格尔说:"就个人来说,每个人都是他那时代的产儿。哲学也是这样,它是被把握在思想中的它的时代。"① 正如黑格尔所言,春秋战国之季的思想碰撞正是彼时时代风潮的真实写照:王室式微,诸侯坐大;狼烟滚滚,兵连祸结;四夷交迫,霸主争雄;颠沛流离,生灵涂炭。于是,百家竞出,粉墨登场,纷纷把"救斯民于水火,挽狂澜于既倒,扶大厦于将倾"作为自己不可推卸的时代责任和历史使命,探索如何设计理想的治国方略以恢复正常的社会秩序。"周监于二代,郁郁乎文哉!吾从周。"(《论语·八佾》)儒家认为理想的社会应该像周公那样以礼乐制度维持社会秩序、以王道仁政治国安邦。然而他们所不得不直面的却是"争地以战,杀人盈野;争城以战,杀人盈城"(《孟子·离娄上》)的霸道现实。王纲解纽,群龙无首;势分多极,强者为尊。因此,各诸侯国迫于生存发展的巨大压力和工具理性主义导向,也自觉不自觉地竞相采用法家之说变革旧制以富国强兵,积累实力来扩大地盘争霸天下。适者生存弱肉强食的丛林法则使整个社会政治陷入一种人间地狱式的恶性循环:纵横捭阖,诸侯怀诈以相欺;一国坐大,众邻侧目而惊心;兵连祸结,生灵奔命而涂炭。儒家从深刻的文明忧患和人文关怀出发,尊王贱霸,极力褒扬王道而贬抑霸道,以求社会安定和民生幸福。正所谓有比较才有鉴别,儒家把圣王记载或传说与春秋五霸进行对比分析,以图从对历史和现实的综合判断中发现历史理性的蛛丝马迹。

孔子"祖述尧舜,宪章文武"(《礼记·中庸》),孟子"言必称尧舜"(《孟子·滕文公上》),这都是在对历史合理性深刻反思基础之上对

---

① [德]黑格尔:《法哲学原理·序言》,贺麟、王玖兴译,商务印书馆1961年版,第12页。

传说中的历史进行的一种理想化的文化重构，而王道理想正是这种重构的宏大主题。他们认为"尧、舜之道，不以仁政，不能平治天下"（《孟子·离娄上》），"三代之得天下也以仁，其失天下也以不仁"（《孟子·离娄上》）。他们认为圣王之治之所以美好就在于圣王以仁德化成天下，以礼乐制度规范社会生活。在此基础上，他们不但主张效法先王而且设计出以选贤任能、仁义礼乐为基本内容的王道社会。而五霸破坏了西周以来的社会和政治格局，造成礼崩乐坏的混乱局面。各霸主以武力争夺天下，使社会"上无天子，下无方伯，力功争强，兵革不休，诈伪并起"[1]，"老羸转乎沟壑，壮者散而之四方"（《孟子·公孙丑下》），"民之憔悴于虐政，未有甚于此时者也"（《孟子·公孙丑上》）。那么在儒家眼中，王道与霸道又有什么样的区别呢？

（一）为政以德，譬如北辰，居其所而众星共之

儒家的王道理想是万民向化天下一统，而现实社会却是诸侯争霸分崩离析。实际上，尽管王道霸道都追求一统天下，但二者的内涵却截然不同：王道追求的是道德理想价值目标和社会生活的完美结合，是要以王者内在的道德善和慕风向化而来的社会集体内在善来主导和统御财富、权势、地位等外在善。霸道谋取的则是土地财富、百姓国民和政治权力的最大化，是单纯地追求外在善而全然不顾道德的考虑，这就决定了二者借以实现天下一统的方式也是不同的。

儒家认为，王道是以道德感化人心而自然得天下，霸道则是以武力威慑对手而强行得天下。荀子认为以德服人是"彼贵我名声，美我德行，欲为我民，故辟门除涂，以迎吾入。因其民，袭其处，而百姓皆安。立法施令，莫不顺比"（《荀子·议兵》），以力服人则是"非贵我名声，非美我德行也，彼畏我威，劫我势，故民虽有离心，不敢有畔虑"（《荀子·议兵》），以德服人者"百姓贵之如帝，高之如天，亲之如父母，畏之如神明。故赏不用而民劝，罚不用而威行"（《荀子·强国》），以力服人者"非劫之以形势，非振之以诛杀，则无以有其下"（《荀子·强国》）。卢梭说："即使是最强者也绝不会强得足以永远做主人，除非他

---

[1] （汉）刘向：《战国策·刘向书录》，上海古籍出版社1978年版，第1195页。

把自己的强力转化为权利,把服从转化为义务。"① 人民的信服、接受和支持是政治合法性的最终来源:以德服人者,天下之人因为仰慕其美好的德行而望风归顺,这种内生性的向心力和凝聚力会使社会和谐,国家强盛,天下无敌。相反,单纯靠强力不可能获取或长期维持政权:以力服人者,国家时刻要以强大的武备来弹压处在威胁之下时刻准备反抗的人民,这样外拊而来的所谓稳定不仅会瓦解国家内在应有的向心力和凝聚力,而且会浪费大量的人力物力财力。随着内耗日益增多和社会治理成本的不断上升,国家实力会随之而不断削弱。其结果,不是从内部土崩瓦解就是被外敌消灭吞并。不仅如此,战争还会造成人口锐减,会给人民的生产和生活带来极大的损失和伤害,给他们的心灵造成永远难以愈合的创伤。孔子说:"为政以德,譬如北辰,居其所而众星共之。"(《论语·为政》)只有为政以德的王道,才可以"不战而胜,不攻而得,甲兵不劳而天下服。"(《荀子·王制》《荀子·王霸》)那么,为政以德的具体表现又是什么呢?

(二)行一不义,杀一不辜而得天下,皆不为也

既然统一天下的关键在于统合天下之民心,而不在于争夺土地财富和政治控制。那么,在治理天下时也要时时刻刻注意民心向背,这种历史逻辑就内在地决定了任何政治行为都不能谋一己私利而只能谋天下之公义。所以,儒家认为,治理天下应该先义而后利,也就是要用正义的价值原则来规范和限制目标的利益追求。早期儒家的王霸之辨,都把义利作为衡量政治行为的内在价值尺度和行为参照标准。他们认为理想的王道是为了谋求天下之公义,而霸道则纯粹是为了满足霸主一己之私利。他们认为以正义为价值导向,人人讲信修睦,会使社会生活和谐有序,民生幸福;而以利益为目标追求,人人怀诈相欺,追名逐利,贪得无厌就会引发争夺,使天下大乱。

孟子说:"王何必曰利,亦有仁义而已矣!王曰:'何以利吾国?'大夫曰:'何以利吾家?'士庶人曰:'何以利吾身?'上下交征利而国危矣。"(《孟子·梁惠王上》)如果国君以利益为原则和最高目的,就会导

---

① [法]卢梭:《社会契约论》,何兆武译,商务印书馆2019年版,第9页。

致上行下效:"为人臣者怀利以事其君,为人子者怀利以事其父,为人弟者怀利以事其兄,是君臣、父子、兄弟终去仁义,怀利以相接,然而不亡者,未之有也"(《孟子·告子下》)不倡导仁义而宣扬功利,是间接鼓励人们为了追求功利而尔虞我诈、上下相欺。这最后必然会诱发国与国、家与家、人与人的明争暗夺,造成战争和混乱,这样就使国家处于危险的境地。反之,如果国君以仁义治国,那么"为人臣者怀仁义以事其君,为人子者怀仁义以事其父,为人弟者怀仁义以事其兄,是君臣、父子、兄弟去利,怀仁义以相接者也,然而不王者,未之有也"(《孟子·告子下》)。一个国家,一个社会在价值导向上只有先义后利,才能使社会成员以仁义相处,从而保证社会秩序的稳定与和谐。在荀子看来,义是避免奸恶产生的保证,"夫义者,所以限禁人之为恶与奸者也……夫义者,内节与人,而外节于万物者也;上安于主,而下调于民者也;内外上下节者,义之情也。然则凡为天下之要,义为本,而信次之"(《荀子·强国》)。只有以义内节于人外节于物,才能使内外上下和谐有序。因此,治国应以义为本,先义而后利。否则"放于利而行,多怨"(《论语·里仁》),就会造成天下混乱。儒家认为王道政治的出发点是仁义,政治行为也是依仁义而行,"行一不义,杀一不辜而得天下,皆不为也"(《孟子·公孙丑上》)。即使只要付出哪怕很小的社会代价就能使自己获取天下也不能去干,在王道政治的利弊权衡中仁义和他人的生命与自己的个人收益相比上要占有绝对压倒性的权重。把价值理性高置于工具理性的利害算计之上是道德的本质要求,儒家认为政治的目的是天下的和谐统一,人民的安居乐业。纯粹出于工具理性主义的霸道则不然,其出发点在于霸主的私利,目的或为开疆拓土,或为称霸诸侯,或为掠夺财富。霸道社会所有的政治行为都围绕着这些目的而进行,如此则使人人以利相接,国家就会危亡,天下大乱。因此王道是理想的政治,为政应该以义为准则,追求私利的霸道应该被否定。

(三)义立而王,信立而霸

政治理想需要通过具体的政治过程来实现,既然王道政治是最理想的,那么如何治理国家和社会才能实现王道?治理社会首先要为社会确立一套明确的规范准则,那么什么样的社会规范才是最合理有效的?如何来贯彻执行社会规范？儒家通过对礼法德刑的分析回答了社会规范的选择和落实问题，他们认为王道社会以礼作为社会规范并以道德教化的方式使人民通过礼乐制度来维系礼制；而霸道社会则是以暴力作为维系社会的制度并通过严刑峻法保证政治的权威。儒家认为只有依靠道德的力量，使人民自觉遵守作为社会规范的礼乐制度，才能真正维护天下的安定。

治理社会首要的就是为社会确立一套行为规范作为维系社会存在的制度背景和全体社会成员共同遵守的行为准则，在春秋战国时期主要存在的两种制度标准是儒家之礼和法家之法。一般说来，礼是指西周以来的礼乐制度，是以亲亲、尊尊为实质的儒家人伦关系规范原则；法指的是以庆赏和刑罚为主要手段的法令律例。荀子说："隆礼尊贤而王，重法爱民而霸。"（《荀子·大略》《荀子·强国》《荀子·天论》）王道崇尚礼义，霸道强化法令，在儒家看来礼具有法无可比拟的优越性。礼的内在精神是"亲亲"与"尊尊"，一方面把人类基于血缘基础上的道德情感推扩到社会层面，另一方面又把社会制度规范内化到人的内心之中，从道德伦理情感上约束人们的行为使之自觉遵守社会规范。儒家认为礼使人们在行为之前，就知道什么应当，什么不应当，禁恶于未萌之时。法只是以外在的强制力量约束人们，这样并不能引起人们心理的共鸣。儒家认为法之规定的赏罚是基于人趋利避害的本能，客观上固然能起到一定的效果，但当行为主体自己的生命或利益受到伤害时，赏罚便不再起作用。因此，赏罚"不足以尽人之力，致人之死"（《荀子·议兵》）。统治者为了"获其功用"（《荀子·议兵》）而采用法之刑赏，然而这种方法"佣徒鬻卖之道也，不足以合大众，美国家"（《荀子·议兵》），"大寇则至，使之持危城则必畔，遇敌处战则必北，劳苦烦辱则必奔，霍焉离耳，下反制其上"（《荀子·议兵》）。

即使在现代社会，我们也不得不承认荀子观点的现实意义——暂且不要说雇佣兵役制和义务兵役制的根本差别，即使在我们的生活和工作中，作为日常事务性的管理原则和工作方法，心悦诚服地风雨同舟荣辱与共远比单纯的物质奖惩利益刺激更富成效。在古代社会，礼正是这样一种整合社会力量的精神纽带。礼的贯彻与执行需要通过道德力量的教育感化和内心力量的自我约束来规范社会成员的行为，使人自觉地遵守礼制。而法则是通过硬性规定告诉人们能做什么，不能做什么，并凭借刑罚的强制力量来维持，以肉体上和精神上的制裁威慑社会成员来保证法的施行。"道之以政，齐之以刑，民免而无耻；道之以德，齐之以礼，有耻且格。"（《论语·为政》）刑罚可以令人害怕而不作恶，却不能使他们产生羞耻之心，达不到依靠他们的良心来自觉地服从道德和法律的目的。但如果经过道德教化，老百姓就能知耻而心中不生作恶的动机，安分守己，符合社会规范的要求，当然最有效的治理社会的方法莫过于以道德礼义来化民向善，使人知道耻辱而无奸邪之心，从而自觉遵守礼制。儒家由此认为王道社会应该以礼义制度作为社会的规范，并通过社会教化的方式进行道德感化，只有这样才可以长治久安。而霸道一味地强调严刑酷法，外在的强制约束只能助长人民趋利避害的投机心理而并不能真正起到调节社会的作用，因此并不能长久。

正是基于人心的崇礼尚义性，荀子提倡"义立而王"（《荀子·王霸》）说，提出"举义士""举义法""举义志"的王者条件，希望王者所树立的社会规范有内在的合理性，才能为社会成员所认可而服膺。此外，作为社会规范的"礼"，他认为必须清晰明确让人知所趋避而不得模糊不清让人莫衷一是。荀子在《天论》篇中指出："治民者表道，表不明则乱。礼者，表也。""在人者莫明于礼义。"[1]

儒家建构的王道政治理想一直影响着整个中国传统社会。特别是汉代儒学成为主流意识形态以后，王道作为理想政治模式，为中国传统社会提供了基本的政治价值导向和政治原则信仰，塑造了传统中国的政治行为方式，形成了独特的中国传统政治文化。可以说，中国传统政治哲学都是以王道为中心而建构起来的。早期儒家以天命为王道确立了天道权威，以上古三代的历史作为王道存在的现实证明，以人性可教化作为王道实现的现实可能性基础，从天人观、历史观、人性论三个方面论证并揭示了王道理想的合法性和合理性。王道政治最基本的内容和价值观念则表现为德政、民本、圣王观、义利观等中国传统政治哲学及中国古代哲学中的主要范畴的命题。后期儒家的政治思想大都是围绕早期儒家王霸之辨所涉及的基本问题而展开的。另外，儒家对政治的本质、目的、

---

[1] 参见杨豹《荀子的社会正义观》，《东方论坛》2009年第2期。

原则、途径的理解在王霸的论辩中也确立了基本的思维方向,后期儒家的政治哲学思维模式都是以此为导向和前提的。① 王道理想是儒家道德价值在政治生活中的贯彻和延伸,而天下论则是儒家王道理想的国际化表达。

吴增定说,"近世以来,中国文明的最大变奏是从'天下'转向'国家'。在西方文明的入侵下,中国文明被迫走上'救亡图存'的现代'民族国家'建构之路。但是,这一转向的代价在于,中国不但放弃了几千年来所一直坚持的'天下'观或'文明中心'意识,而且把西方文明当作唯一的标准,以此衡量、批判乃至否定自身的'文明性'……中国近世以来的'全盘西化'思想以及今天的全球化论调,在根本上都来自于西方文明所炮制出来的一套神话。出于一种征服和扩张的需要,西方人把自己美化为'文明'和'中心',而将所有的非西方都贬低为'野蛮'或'边缘'……同西方文明一样,中国文明也强调'夷夏之辨',坚持'自我中心主义'。但中国文明的不同和伟大之处,恰恰表现为她更懂得节制和中庸之道:她虽然自居天下的中心,但却只求自足、不求扩张和征服。这一点也决定了中国文明既不会片面地张扬'文明的冲突',也不是天真地追求'文明的融合'……在这个充满冲突和不和谐的'全球化'时代,中国文明只有坚持'和而不同'的伟大精神,才能迎来自己的崛起"②。

六 天下论:四海之内若一家

《礼记·曲礼下》:"君天下曰天子。"可见"天下"与"天子"是一对相辅相成的传统政治学概念。董仲舒对天子的解释是"德侔天地者称皇帝,天佑而子之,号称天子"(《春秋繁露·三代改制质文》)。董仲舒的表达很容易给人一种错觉,似乎"皇帝"在时间和逻辑上都先于

---

① 本节多有参引邵秋艳《由王霸之辨看早期儒家理想政治的确立》,《三峡论坛》2011年第1期(总第234期)。

② 吴增定:《从"国家"重返"天下":中国古代天下观的当代意义》,载上海证大研究所编《文明的和解:中国和平崛起以后的世界》,人民出版社2005年版,第210—211页。

"天子"而出现。实际上,"皇帝"是晚出的概念。"凡自称,天子曰予(余)一人"(《礼记·玉藻》),"天子"这一观念在周成王时已经出现,只不过当时称为"余一人"。据《尚书》,"天下"这一概念出现得更早:

"昔在帝尧,聪明文思,光宅天下。"(《尚书·虞书·尧典》)
"流共工于幽州,放欢兜于崇山,窜三苗于三危,殛鲧于羽山,四罪而天下咸服。"(《尚书·虞书·舜典》)
"皇天眷命,奄有四海,为天下君","汝惟不矜,天下莫与汝争能;汝惟不伐,天下莫与汝争功"。(《尚书·夏书·大禹谟》)
"用昭明于天下。"(《尚书·康王之诰》)
"以陟禹之迹,方行天下。"(《尚书·周书·立政》)
"乃审厥象,俾以形旁求于天下。"(《尚书·商书·说命上》)
"惟文王、武王敷大德于天下。"(《尚书·周书·毕命》)
"其惟王位在德元,小民乃惟刑用于天下,越王显。"(《尚书·周书·召诰》)
"天伐不极,庶民罔有令政在于天下。"(《尚书·周书·吕刑》)
"示天下弗服","为天下逋逃主","天下大定","垂拱而天下治"。(《尚书·周书·武成》)
"予视天下,愚夫愚妇一能胜予。"(《尚书·商书·五子之歌》)
"燮和天下。"(《尚书·周书·顾命》)
"天子作民父母,以为天下王。"(《尚书·周书·洪范》)

可以看出,上述所引材料中的"天下"既有空间地理概念,也有政治文化概念。但"天下观念"则集地理空间概念与政治文化概念为一体而体现为儒家的一种政治理念。在这样的"天下观念"意识中,"天下"这个概念的基本特征,表现为它"既是一种'认识',也是一种'规范',其中包含处理人文世界关系的制度"[1]。很明显作为政治文化概念的"天下"是由作为空间地理概念的"天下"引申而来的,其义为上天

---

[1] 王铭铭:《西学"中国化"的历史困境》,广西师范大学出版社2005年版,第279页。

第二章 政论——政治正义

之下的人们，既是政治权力指向的对象，也是政治过程的最后终端。如王铭铭所说的，正是因为这种规范性特征才使"天下"成了儒家反思一切政治与社会问题的宏观视野。相应地，儒家对民族问题的看法，对全球正义的思考都是基于"天下"这一视野而产生的。

《尚书·尧典》云："曰若稽古，帝尧曰放勋，钦明文思安安，允恭克让，光被四表，格于上下。克明俊德，以亲九族。九族既睦，平章百姓。百姓昭明，协和万邦，黎民于变时雍。"这里的"万邦"就是指当时在以华夏族为主导的部落联盟这一政治结构之下的各少数民族政权。先秦时期的少数民族统称为"夷"，若详细说来则有"蛮""夷""戎""狄"或"南蛮""东夷""西戎""北狄"之别。在先秦，天下之民主要是中国与蛮夷戎狄的五方之民。这种比较概括性的称谓固然揭示了他们与中原华族地理位置的不同，但这种地理位置上的不同也造成了生活方式的迥异：

> 凡居民材，必因天地寒暖燥湿、广谷大川异制，民生其间者异俗；刚柔轻重、迟速异齐，五味异和，器械异制，衣服异宜。修其教不易其俗，齐其政不易其宜。中国戎夷，五方之民，皆有性也，不可推移。东方曰夷，被发文身，有不火食者矣。南方曰蛮，雕题交趾，有不火食者矣。西方曰戎，被发衣皮，有不粒食者矣。北方曰狄，衣羽毛穴居，有不粒食者矣。中国、夷、蛮、戎、狄，皆有安居、和味、宜服、利用、备器。五方之民，言语不通，嗜欲不同；达其志、通其欲，东方曰寄，南方曰象，西方曰狄鞮，北方曰译。（《礼记·王制》）

考诸《左传》多有"蛮夷猾夏，周祸也"（《左传·僖公二十一年》）、"蛮夷戎狄，不式王命"（《左传·成公二年》）、"中国不振旅，蛮夷入伐"（《左传·成公七年》）、"戎狄豺狼，不可厌也"（《左传·闵公元年》等之类的记载，这种记载说明了少数民族政权与华夏政权由于彼此实力的相互消长实际上处于一种包括政治经济文化甚至战争在内等诸多极为复杂的互动关系之中。尽管如此，以华夏政权以主导的天下体系这一模式却是既定的。这种世界治理模式的原则就是《礼记·王制》

· 191 ·

所说的"修其教不易其俗,齐其政不易其宜",也就是尊重少数民族文化与生活的多样性。

(一) 诸侯用夷礼则夷之,进于中国则中国之

关于四夷之说,最早见于三皇五帝时期的传说,《尚书》载:"流共工于幽州,放欢兜于崇山,窜三苗于三危,殛鲧于羽山,四罪而天下咸服。"(《尚书·虞书·舜典》)《大戴礼记》亦云:"流共工于幽州,以变北狄;放獾兜于崇山,以变南蛮;杀三苗于三危,以变西戎;殛鲧于羽山,以变东夷。"《史记索隐》云:"变,谓变其形及衣服,同于夷狄也。"① 由此可知,在历史早期,四夷之地离华夏统治区较为偏远,本来无有交接,更遑论血缘联系。华夏族也只是把四夷之地作为开放的监狱以流放有罪之人。但到成周之时,形势大变,四夷向华夏统治的中原地带呈强势扩张与武力渗透之势,已经不可能再无交接,这时地域区分的含义慢慢退化,而血缘文化的含义逐渐凸显:

> 当成周者,南有荆蛮、申、吕、应、邓、陈、蔡、随、唐;北有卫、燕、狄、鲜虞、潞、洛、泉、徐、蒲;西有虞、虢、晋、隗、霍、扬、魏、芮;东有齐、鲁、曹、宋、滕、薛、邹、莒;是非王之支子母弟甥舅也,则皆蛮、荆、戎、狄之人也。(《国语·郑语》)

对此,宋代学者洪迈参照古文献对先秦民族情况的详细记载,对西周的疆域和民族分布情况作了进一步的深入阐发,他精辟指出:

> 成周之世,中国之地最狭,以今地里考之,吴、越、楚、蜀、闽皆为蛮;淮南为群舒;秦为戎。河北真定、中山之境,乃鲜虞、肥、鼓国。河东之境,有赤狄、甲氏、留吁、锋辰、潞国。洛阳为王城,而有扬拒、泉皋、蛮氏、陆浑、伊雒之戎。京东有莱、牟、介、莒,皆夷也。杞都雍丘,今汴之属邑,亦用夷礼。邾近于鲁,

---

① 参见黄怀信主撰,孔德立、周海生参撰《大戴礼记汇校集注》,三秦出版社2005年版,第753页。

亦曰夷。其中国者，都晋、卫、齐、鲁、宋、郑、陈、许而已，通不过数十州，盖天下特五分之一耳。①

《国语》言简意赅地描述了当时"诸夏"与四夷的分布情况，并且画龙点睛地指出了区别夷夏的根本标准是看究竟是不是"王之支子母弟甥舅"，也就是说看是否与周王有直接或间接的血缘或姻亲关系。这种对血缘的特别强调一方面暗示着血缘联系实际上开始面临着严峻的现实威胁，另一方面也预示着将有新的夷夏标准来取代血统论。洪迈的表述一方面说明了四夷对华夏生存空间的强力挤压和民族融合的增强，另一方面也点出了作为文化和社会生活样态的"礼"成了夷夏区别最重要的标准。

"鹦鹉能言，不离飞禽；猩猩能言，不离禽兽。今人而无礼，虽能言，不亦禽兽之心乎？……是故圣人作，为礼以教人，使人以有礼，知自别于禽兽。"（《礼记·曲礼上》）儒家认为人兽之别就在于是否识礼、懂礼、行礼，即所谓"凡人之所以为人者，礼义也"（《礼记·冠义》）。礼是建立在社会分工充分发展和身份识别渐趋成熟基础之上的社会组织方式，是较高形态的文明形式。亨利·梅因在论述古代社会时说："一个原始共产体对于在风尚上和它自己有非常不同的人，往往会感到几乎是自然的憎恶，这种憎恶通常表现为把他们描写成怪物，例如巨人，甚至是魔鬼（在东方学神话中，几乎在所有情况中都是如此）。"② 因此，按照亨利·梅因的解释，对中国周边的少数民族以"夷狄"相称或许并无轻辱和傲慢之意，只不过是出于早期共同体特殊的原始心理而已。与亨利·梅因的解释相比，威尔·杜兰的说法更客观，更富历史的眼光，因而也更富于解释力。威尔·杜兰说，"狩猎与游牧部落经常对定居的农耕集团施以暴力。因为农耕是教人以和平的方式过着平淡无奇的生活，以及终生从事于劳动工作。他们日久成富，却忘记了战争的技巧与情趣。猎户与牧人他们习于危险，并常于砍杀，他们对战争的看法，只不过是另一种形式的狩猎而已，不会感到如何的苦难"③。华夏以农业耕作为

---

① （南宋）洪迈：《容斋随笔·卷第五·周世中国地》，中州古籍出版社1993年版，第114页。
② ［英］亨利·梅因：《古代法》，沈景一译，商务印书馆1996年版，第72页。
③ ［美］威尔·杜兰：《世界文明史》第1卷，东方出版社1998年版，第19页。

主，而四夷则以游牧渔猎为主，与华夏族相比，四夷尚处于较为野蛮低级的文明形态。西周以来，随着华夏族的形成和发展，面对日益激烈的夷夏冲突和对抗，华夏族的民族意识也日益强烈，而夷夏之辨正是当时空前严峻的夷夏形势在文化意识甚至是社会意识形态上的突出反映。"戎狄豺狼，不可厌也；诸侯亲昵，不可弃也"（《左传·闵公元年》）；"狄，封豕豺狼也，不可厌也"（《国语·周语中》）；"戎狄无亲而贪""戎，禽兽也"（《左传·襄公四年》）。抛开民族本位上的文化偏见，从某种程度上说在历史的早期，正是由于游牧民族的野蛮和残忍才使华夏族将夷狄视同禽兽。但一方面是源远流长的德治教化传统和念兹在兹的王道政治理想，另一方面是深刻独到的文明忧患意识和悲天悯人的文化终极情怀，这使得儒家对夷夏之类民族危机的反思富于历史理性和人文关怀。孔子一面强调夷夏之辨，主张尊王攘夷，以维护华夏文明的文化主体性；另一方面又主张礼分华夷，"有教无类"。他认为夷狄只是后进于文明的野蛮人，是可以通过礼乐进行教化的。正如韩愈所言，"诸侯用夷礼则夷之，进于中国则中国之"（《原道》）。《春秋》中的"夷狄"与"中国"也主要是文化的概念，而非种族的概念。尤其在《春秋公羊传》那里，夷夏之分并不绝对——"不与晋而与楚子为礼也"（《公羊传·宣公十二年》），只要"夷狄"行仁义，就可以被当作"中国"来对待。反之，如果"中国"放弃了仁义，则要被视为"夷狄"。由此可见，儒家以文化和礼义作为区分华夷之根本标准的思想，使得传统的"夷夏之辨"仅仅表现为"教化之内"和"教化之外"的根本区别，这样的民族观较之于同时代其他以体质、血统、语言等差别为根本区别标准的民族观更为开明、进步和宽容。

先秦儒家以文化论民族、以礼义辨夷夏的思想对古人的民族观念和处理民族关系的实际实践都产生了非常大的影响。对此，古今学者都有深刻认识。康有为在《论语·八佾》注中阐述孔子的夷夏观时曾说："故夷狄而有德，则中国也；中国而无德，则夷狄也。"他在《论语·子罕》注中又说："其始夷夏之分，不过文明野蛮之别。故《春秋》大义，晋伐鲜虞则夷之，楚人入陈则中国之，不以地别，但以德别，若经圣化，则野蛮进而文明矣。"章太炎在解释"中华"时亦说："中华云者，以华夷别文化之高下也……中华之名词，不仅非一地域之国名，亦且非一血统之种名，乃为一文化之族名"。又说："故欲知中华民族为何等民族，则于其民族命名之顷而已含定义于其中。以西人学说拟之，实采合于文化说，而背于血统说。"此观点与康氏几乎完全一致。对于中国古代的民族区分问题，钱穆先生也强调"古代的中国人，似乎彼此间根本便没有一种很清楚的民族界限"[①]，"在古代的观念上，四夷与诸夏实在另有一个分别的标准，这个标准，不是血统而是文化。所谓用夷礼则夷之，夷狄进于中国则中国之，此即以文化为华夷之别之明证"[②]。质言之，"在儒家思想中，'华'与'夷'主要是一个文化、礼义上的分野而不是种族、民族上的界限……所谓中国有恶则退为夷狄，夷狄有善则进为中国……华夷之辨并不含有种族或民族上的排他性，而是对一个社会文化发展水平的认识和区分"[③]。

(二) 冕服采章曰华，大国曰夏

汉族的前身以华夏为族称，何谓"华夏"？关于"华"、"夏"或"华夏"之内涵，历来众说纷纭，莫衷一是。有学者认为《尚书·周书·武成》中的"华夏蛮貊，罔不率俾"和《尚书·虞书·舜典》中的"蛮夷猾夏"等记载，是关于华夏与夷狄相区分的最早记载[④]；也有学者认为"华夏"一词作为名族专称，最早见于《左传》中"楚失华夏"的记载[⑤]。也有学者认为，在《尚书》中还没有出现"华夏"两字联用的情况。其中仅仅出现的一个"华"字表示的是"华玉"，而出现的"夏"字当中，除指时令外，绝大多数都指的是商之前的"夏朝"。因此，《尚书》中的"夏"并不是代表中原文明人群的泛指。[⑥] 还有学者认为，族称"华"原出自帝舜的名字"重华"，经过有虞氏这一朝代的发展，在中华大地上便形成了以"华"为族称的人们的共同体。[⑦] 不管学者的观

---

① 钱穆：《中国文化史导论》，生活·读书·新知三联书店1988年版，第33页。
② 钱穆：《中国文化史导论》，生活·读书·新知三联书店1988年版，第33页。
③ 张磊、孔庆榕主编：《中华民族凝聚力学》，中国社会科学出版社1999年版，第285页。
④ 陈玉屏：《再论华夏族的形成》，《中华文化论坛》2000年第1期。
⑤ 付永聚：《华夏族形成发展新论》，《齐鲁学刊》1995年第3期。
⑥ 马戎：《中国传统"族群观"与先秦文献"族"字使用浅析》，《民族社会学研究通讯》2004年总第35期。
⑦ 田晓岫：《中华民族发展史》，华夏出版社2001年版，第88页。

点如何歧异，有一点可以肯定，即在西周以前，"夏"或"华"多为居住在中原地区的人们的自称。那么，"夏"这个名称的含义是什么呢？《尔雅·释诂》曰："夏，大也。"《尚书》注云："冕服采章曰华，大国曰夏。"①《尚书》疏曰："冕服采章对被发左衽，则为有光华也，释诂云：'夏大也'，故大国曰夏。华夏，谓中国也。"②《左传·定公十年》疏："中国有礼仪之大，故称夏；有服章之美，谓之华。"③林惠祥先生在其《中国民族史》中则首次提出，"华"为图腾名称，"华族"即为"花族"；"夏"为自称之语，其意即为"人"。④可见，自古以来，学者们对"华"、"夏"或"华夏"的含义都有不同的理解。但这种种理解本身就表明了中华民族自夏以来在不断繁衍生息，逐步发展壮大中的自我理解的不断扩展趋势和自我认知的逐步深化过程。

历夏、商、周三代，到西周和春秋时期，在"五方之民"的分布格局中，"中国"，即华夏族居住的中原地区成为所谓的"中心"，而蛮、夷、戎、狄则位居四周。于是，便形成了"华夏居中，称为中国，夷、蛮、戎、狄配以东南西北的五方格局"⑤。

春秋初年，西边的戎和北边的狄发展得越来越强大，"戎狄交侵，暴虐中国"，四周夷狄也趁火打劫，鱼贯而入，甚至一度出现了"南夷与北狄交，中国不绝若线"（《公羊传·僖公四年》）的危险历史局面。历史事实表明，当农耕文明与游牧文明发生碰撞的时候，最先受到打击的是农耕文明，而就中国先秦时期来说，春秋五霸的崛起有力地捍卫了中国礼乐文明在民族融合大潮中的文化主体性地位。⑥

整体而言，春秋战国时期是中国历史上范围最大时间最久的一次民族融合时期。"四夷"与"华夏"在这次民族交融过程中包括以文化和战争等诸多形式积极互动密切交往不断改变着民族分布的格局。一方面，蛮、夷、戎、狄在中原诸国相互兼并的争霸战争中纷纷向中原地区靠拢

---

① 《十三经注疏·尚书正义·周书·武成》，中华书局1980年版，第185页。
② 《十三经注疏·尚书正义·周书·武成》，中华书局1980年版，第185页。
③ 《十三经注疏·春秋左传正义·定公十年》，中华书局1980年版，第2148页。
④ 参见林惠祥《中华民族发展史》，华夏出版社2001年版，第88页。
⑤ 王钟翰：《中国民族史》，中国社会科学出版社1994年版，第96页。
⑥ 这和王霸之辩是两个不同的议题，不可混为一谈。

汇聚，与华夏族渐成杂居状态。进入中原地区的蛮、夷、戎、狄大部分融入华夏族，成为华夏族的重要组成部分。因此，可以说"中华民族的各个民族都是由蛮、夷、戎、狄脱胎出来"[①]的。对此，梁启超先生精辟地说道："华夏民族，非一族所成。太古以来，诸族错居，接触交通，各去小异而大同，渐化合以成一族之形，后世所谓诸夏是也。"[②]顾颉刚先生形象地比喻先秦时期民族融合的结果，是将"任何异族文化的古人都串联到诸夏民族与中原民族与中原文化的系统里，直把'地图'写成'年表'"[③]。另一方面，春秋时期，华夏族也向蛮夷戎狄地区不断流动。从孔子直言"欲居九夷"的想法，到孟子提出"用夏变夷"的思想，再到荀子得出"居楚而楚，居越而越，居夏而夏"的结论尤其是泰伯入吴表明先秦时代夷夏之间一直积极保持着双向流动和相互交往的状态。中国古代民族的形成与发展、迁徙与流动、分化与融合都在这两个相反相成的过程中同时进行。随着夷夏交往日益频繁，中国早期的华夷格局初步形成并不断发生变化，其历史演变的结果最终构建了今天的民族分布格局。[④]

> 秋，楚共王卒。子囊谋谥。大夫曰："君有命矣。"子囊曰："君命以共，若之何毁之？赫赫楚国，而君临之，抚有蛮夷，奄征南海，以属诸夏，而知其过，可不谓共乎？请谥之'共'。"大夫从之。（《左传·襄公十三年》）

楚人本属南蛮，楚共王的历史功绩却是"抚有南夷，奄征四海，以属诸夏"。这一方面说明了夷族对于华夏文明的主动靠拢和积极吸收；另一方面也说明了民族融合的实际过程。在这个过程中，对华夏文明具有高度文化认同的蛮夷戎狄甚至一度代替华夏族成了推动民族融合的历史主体。

[①] 田昌五：《古代社会形态研究》，人民出版社1980年版，第119页。
[②] 梁启超：《中国历史上民族之研究》，《饮冰室合集》（第8册），中华书局1989年版。
[③] 顾颉刚：《战国秦汉间人的造伪与辨伪》，《古史辨》（第7册），上海古籍出版社1982年版，第21页。
[④] 参见李克建《儒家民族观的形成与发展》，博士学位论文，西南民族大学，2008年。

(三) 大道之将行也，天下为公

具体而言，儒家对"天下"的人文构想和理论划分体现为以"五服制"为代表的服事制度。"服"，郑玄注："服事天子也"。服事制度就是根据天子与夷夏的距离远近和亲疏关系，对夷夏在政治、经济和文化方面的权利和义务予以不同规定，使其向作为共主的天子守"王臣"的本分，尽"王臣"的责任。

《尚书·虞书·益稷》曰："弼成五服"，《尚书·夏书·禹贡》则详细说明了"五服"制的具体内容。《尚书·禹贡》提到的"五服"是这样的："五百里甸服……五百里侯服……五百里绥服……五百里要服……五百里荒服。"《国语·周语上》又载："夫先王之制，邦内甸服，邦外侯服，侯卫宾服，夷狄要服，戎狄荒服。"后来，在"五服"的基础上又提出了"九服""六服"说，其要义都差不多。总的来看，服事制度对天下的划分具有这样的规律：从处于天下中心的"帝都"到处于天下边缘的"荒服"，华夏和四夷的地域关系由近及远，亲缘关系由亲及疏，文化差距由小到大。其划分的结果则体现为："中国"居天下之中，属于天下范围；"四夷"居天下之偏，仍属于天下范围；中国与四夷同属于"天下一家"。不难看出，儒家建构的"天下"观念，最终体现为"中国"和"蛮、夷、戎、狄"五方之民共为"天下"、同居"四海"的整体格局。因此，儒家对"天下"的划分，不是简单的地理空间上的划分，更重要的是它还体现出了夏夷之间的文化距离，这可以说是"五服制"的核心精神。

正如黄玉顺所说，"礼制、正义问题的提出，恰恰意在解决利益冲突的问题。关于这个问题，《礼记·礼运》的说法值得参考：大同之世，是不需要什么礼义的，因为那时'天下为公'，人们根本没有私利；礼义之所以是必要的，而且'如此乎礼之急'，恰恰就是因为这是小康之世，人们已有了私利，'天下为家，各亲其亲，各子其子，货力为己'，这才需要'礼义以为纪，以正君臣，以笃父子，以睦兄弟，以和夫妇，以设制度'"①。"乐合同，礼别异。"（《荀子·乐论》）儒家虽然推崇礼

---

① 黄玉顺：《孔子的正义论》，《中国社会科学院研究生院学报》2010年3月第2期。

制,但对于儒家来说,礼制只是"家天下"情况之下不得已的选择。而从根本上来说,天下大同才是儒家最终的价值理想。

昔者仲尼与于蜡宾,事毕,出游于观之上,喟然而叹。仲尼之叹,盖叹鲁也。言偃在侧曰:"君子何叹?"孔子曰:"大道之行也,与三代之英,丘未之逮也,而有志焉。大道之行也,天下为公,选贤与能,讲信修睦。故人不独亲其亲,不独子其子,使老有所终,壮有所用,幼有所长,矜、寡、孤、独、废、疾者皆有所养,男有分,女有归。货恶其弃于地也,不必藏于己;力恶其不出于身也,不必为己。是故谋闭而不兴,盗窃乱贼而不作,故外户而不闭,是谓大同。今大道既隐,天下为家,各亲其亲,各子其子,货力为己,大人世及以为礼,城郭沟池以为固,礼义以为纪。以正君臣,以笃父子,以睦兄弟,以和夫妇,以设制度,以立田里,以贤、勇知,以功为己。故谋用是作,而兵由此起。禹、汤、文、武、成王、周公,由此其选也,此六君子者,未有不谨于礼者也。以著其义,以考其信,著有过,刑仁讲让,示民有常。如有不由此者,在势者去,众以为殃。是谓小康。"(《礼记·礼运》)

从以上引文可以看出,孔子的大同理想包括以下几个方面:(1)经济上的公产主义:"货恶其弃于地也,不必藏于己;力恶其不出于身也,不必为己。"(2)政治上精英主义:"选贤与能。"(3)社会上的福利主义:"故人不独亲其亲,不独子其子,使老有所终,壮有所用,幼有所长,矜、寡、孤、独、废、疾者皆有所养。"(4)文化上道德主义:"大道之行也,天下为公","男有分,女有归","是故谋闭而不兴,盗窃乱贼而不作,故外户而不闭,是谓大同"。荀子对于大同世界的描述是:"通流财物粟米,无有滞留,使相归移也,四海之内若一家。故近者不隐其能,远者不疾其劳,无幽闲隐僻之国,莫不趋使而安乐之。"(《荀子·王制》)这和《礼记·礼运》的说法相似。其实,古今中外,人们都期望建立一个没有纷争的大同世界。康有为在《礼运注》中说:"公者,人人如一之谓,无贵贱之分,无贫富之等,无人种之殊,无男女之异……无所谓君,无所谓国,人人皆教养于公产而不恃私产,人人即多私产，亦当分之于公产焉。则人人无所用其私，何必为权术诈谋以害信义，更何肯为盗窃乱贼以损身名。非徒无此人，亦夫无此思……此大同之道，太平之世行之。惟人人皆公，人人皆平，故能与人大同也。"因为分裂与纷争不但会造成人与人之间的意见分歧，彼此敌视乃至互相杀戮，而且也会使人类的创造性活动变得混乱无序并使作为人类活动记录的历史变得纷繁芜杂，漫无头绪。相反，统一、和平与合理的秩序不但会使人们相互关爱，彼此成就，进退一致，共同发展，而且也会人类历史简单明了，脉络清晰。不管对于民族、国家、还是整个世界而言，分裂与纷争都是文明的灾难，统一与和平则是人类本质的定在与历史理性的彰显，而礼则是人类文明的外部表现形式。

第三章

礼论——伦理正义

《说文解字》:"礼,履也,所以事神致福也,从示从豊。"其中"豊"是古人祭祀祖先和神灵时用以盛放奉献的"豆"之类的礼器,也就是说礼起源于古老的宗教祭祀活动,其初始形态是祭祀时的仪式和规范。柳肃认为,"随着社会有机体构成的日益繁杂,人与自然、人与人之间的关系在各个方面、各个层次上展开,礼仅以一种祭祀鬼神祖先的形式,已不能达到在社会生活的各种关系中节制人的行为的目的。于是礼便从单纯事神的领域跨入了事人的领域,形式上也就从祭祀进一步扩展为吉、凶、军、宾、嘉各种仪制,开始了它对社会生活的全面干预"[1]。其实,这也就是孔子所说的"达于丧、祭、射、御、冠、昏、朝、聘"。这里的"达"字形象地说明了礼对社会生活的全面干预和渐次渗透以及逐步推进的普遍化过程。究其原因,一方面是因为人们生产生活领域和社会活动空间的不断扩展;另一方面是因为人们意识到除祭祀之外的其他活动领域包括人与人之间的日常交往背后也隐藏着不为人知却又令人不得不敬畏的神秘力量,礼"毋不敬"(《礼记·曲礼上》)就是要表示对这些神秘力量的敬畏。当然,对自然天象、自然事件与大型社会政治、社会文化活动的敬畏固然会导向神秘主义,而对人与人之间关系的敬畏无疑蕴含着人文主义乃至人本主义和人道主义的萌芽。"夫礼者,自卑而尊人。虽负贩者,必有尊也,而况富贵乎?富贵而知好礼,则不骄不淫;贫贱而知好礼,则志不慑。"(《礼记·曲礼上》)对人与人之间关系的敬畏就是要合理克制自己的情绪和欲望,"虽负贩者,必有尊也",就是要"自卑而尊人",以使自己的行为合乎中道而不至于

---

[1] 柳肃:《礼的精神——礼乐文化与中国政治》,吉林教育出版社1990年版,第4页。

"骄淫"或者"志慑"。

> 孔子曰:"夫礼,先王以承天之道,以治人之情,故失之者死,得之者生……是故夫礼,必本于天,殽于地,列于鬼神,达于丧、祭、射、御、冠、昏、朝、聘。故圣人以礼示之,故天下国家可得而正也。"(《礼记·礼运》)

> 礼,经国家,定社稷,序民人,利后嗣者也。许无刑而伐之,服而舍之,度德而处之,量力而行之,相时而动,无累后人,可谓知礼矣。(《左传·隐公十一年》)

> 昔桀纣乱天下,脯鬼侯以飨诸侯,是以周公相武王以伐纣。武王崩,成王幼弱,周公践天子位,以治天下。六年,朝诸侯于明堂,制礼作乐,颁度量,而天下大服。七年,致政于成王。(《礼记·明堂位》)

"夫礼,先王以承天之道,以治人之情,故失之者死,得之者生……是故夫礼,必本于天,殽于地,列于鬼神,达于丧、祭、射、御、冠、昏、朝、聘。""天道""人情""死生"都是自然而又必然并且是普遍性的存在,因此,《礼记·礼运》所描述的"礼"接近于自然却又有其存在必然性的自然法观念。《左传》"礼,经国家,定社稷,序民人,利后嗣者也"是说"礼之用",可与《礼记》"故圣人以礼示之,故天下国家可得而正也"的说法相为表里。按照《礼记》的表述,礼应该是自古有之的东西,但就可考文献的记载而言,最早的礼是夏礼。孔子多次谈到夏礼、殷礼、周礼及其之间的因革损益问题,至于说在夏之前是否还有更古老的礼存在不得而知。周公"制礼作乐",到了周代礼在周公手里得到了极大的完善,是为周礼。

通常情况下,家庭成员的区分乃是基于伦理级次的不同,更接近于自然文化差异;而社会分层则是不争的事实,在社会分层这一事实之下社会成员的身份识别更多的是基于政治环境和社会结构的差异。道德虽生长于家庭而必要推致于社会,家庭诉诸道德情感而社会则更需要道德理性。道德情感发诸私人具有个体性,而道德理性指向社会具有共体性,道德理性是对道德情感的主体性超越和文化性扬弃。放纵于道德情感等于流滥，固执于道德理性近乎冷峻，道德情感与道德理性的辩证统一则表现为熔铸私人情感生活与公共社会秩序为一体的道德精神。夏礼重伦理，"亲而不尊"；殷礼重政治，"尊而不亲"（《礼记·表记》）。此二者各执一端，均有缺陷，都不能完全彰显道德精神。周公"制礼作乐"就是在对夏礼和殷礼批判吸收的基础上进行积极扬弃、取长补短，使礼的文化理念更为完备，道德精神更为凸显。"周之制度典礼，乃道德之器械，而亲亲、尊尊、贤贤、男女有别四者之结合体也。此之谓民彝"，周礼"纳上下于道德，而合天子诸侯卿大夫士庶民以成一道德之团体"[①]，这里的"民彝"就是统合血缘伦理秩序与文化政治理念为一体的道德精神的定在。周礼不但成了实现社会团结的精神纽带，也成了实现国家治理和社会良序治理的重要政治工具，是这一道德精神定在的文化实现。

> 是故礼者，君之大柄也。所以别嫌明微，傧鬼神，考制度，别仁义，所以治政安君也。故政不正则君位危，君位危则大臣倍，小臣窃。刑肃而俗敝，则法无常，法无常而礼无列。礼无列，则士不士也。刑肃而俗敝，则民弗归也，是谓疵国。（《礼记·礼运》）
> 以旧礼为无所用而去之者，必有乱患。故婚姻之礼废，则夫妇之道苦，而淫辟之罪多矣；乡饮酒之礼废，则长幼之序失，而争斗之讼繁矣；丧祭之礼废，则臣子之恩薄，而倍死忘生者众矣；聘觐之礼废，则君臣之位失，诸侯之行恶，而倍畔侵凌之败起矣。（《礼记·经解》）

如果说《礼记·礼运》只是从政治生活尤其是从君主充分发挥权力效能的角度强调了礼的重要作用的话，《礼记·经解》则从政治、社会、文化等人类共同体生活的各个方面论证了礼对于实现社会良序治理的决定性作用。人类共同体的共同生活不但为判定应得提供标准，也规定人们生命活动的社会形式和社会意义。西方"黑暗的中世纪"以后，一方面是文艺复兴对人的解放的推动，一方面是商品经济对人的交往的发展，

[①] 王国维：《观堂集林》，中华书局1959年版，第454页。

这两方面推动社会关系由"人伦关系"向"人际关系"转变，而这又为社会契约代替伦理约束以及最终为社会契约论的产生提供了历史性的前提。姚大志说，"按照社会契约论的假设，社会及其法律是公民之间订立契约的产物。公民在接受社会的同时，也接受了相应的法律，得到每一位公民授权的法律适用于任何人，包括他自己。过去的犯罪意味着冒犯王权，现在的犯罪意味着破坏契约。一个人破坏了契约，他就成了整个社会的敌人。与其相应，司法正义也由'重建王权'变为'恢复社会秩序'"①。先秦时期宗法生活形态下的由伦理结构所导出的礼就扮演了社会契约的功能，只不过它同时统合了"重建王权"的国家政治塑造和"恢复社会秩序"的文化治理功能，不但为人们的未来生活预期提供了借以参照的标准，也为他们的现实生命过程赋予了社会形式和社会意义，而社会意义正是由社会形式设定的。这反过来又成了一种先在的解释，成了规范人们生活样态的价值标准，而礼就是这样的社会形式。孟子说孔子一直称道"齐景公田，招虞人以旌，不至，将杀之"（《孟子·滕文公》《孟子·万章》）。按照礼的要求齐景公应该招虞人以皮弁而不应"以旌"，正是因为齐景公用招大夫的"旌"来超标准超规格地招虞人实属"非礼"，虞人才不惜冒着被杀头的危险而坚决"不至"。虞人之所以不应齐景公之招目的是要行礼，故而孟子反复赞叹说虞人"志士不忘在沟壑，勇士不忘丧其元"（《孟子·滕文公》《孟子·万章》）。由此可见，在先秦时代礼对于人们来说具有至高无上的价值与意义：社会意义是由礼这一社会形式所赋予的，行礼意味着社会意义的实现；非礼则意味着社会意义的丧失，而社会意义的丧失则意味着人本质规定的泯灭，就沦落为禽兽。关于这一点，《礼记》有着更为理论化和系统化的表达：

> 夫礼者，所以定亲疏，决嫌疑，别同异，明是非也……道德仁义，非礼不成；教训正俗，非礼不备；分争辩讼，非礼不决；君臣上下、父子兄弟，非礼不定。宦学事师，非礼不亲。班朝治军、莅官行法，非礼威严不行。祷祠、祭祀、供给鬼神，非礼不诚不庄。

---

① 姚大志：《何谓正义：现代西方政治哲学研究》，人民出版社 2007 年版，第 379—380 页。

是以君子恭、敬、撙、节、退、让以明礼。鹦鹉能言，不离飞鸟。猩猩能言，不离禽兽。今人而无礼，虽能言，不亦禽兽之心乎？夫唯禽兽无礼，故父子聚麀。是故圣人作，为礼以教人，使人以有礼，知自别于禽兽。（《礼记·曲礼上》）

在这里，礼不仅是人一切社会活动的价值根源，是"道德仁义""教训正俗""君臣上下父子兄弟""宦学事师""班朝治军、莅官行法""祷祠、祭祀、供给鬼神"的终极标准，同时也是人兽之别的根本标志。荷马在《荷马史诗》中把善理解为相应社会角色所要求的品质，那么这种善就必然地要附属于不同社会角色具体的不同社会实践。麦金泰尔说，"所谓实践，我意指任何一种复杂而一致的、旨在建立社会合作的人类活动形式，通过它，并在试图达到那些卓越标准的过程中（那些卓越标准对于该活动形式既是适当的又是部分确定的），内在于这种人类活动形式中的各种善被实现出来，其结果是，人类实现卓越的力量以及相关的人类目的和善观念都被系统地扩展了"[①]。自然，《礼记·曲礼上》所说的"礼"主要是指礼仪，是"恭、敬、撙、节、退、让以明礼"这一文化实践，是"一种复杂而一致的、旨在建立社会合作的人类活动形式"的人类行为符号系统。与麦金泰尔所说的"实践"相比，礼仪实践的外延要小得多，只是麦金泰尔所谓实践的类属之一，是一个子概念，但其所指向的伦理秩序与政治价值却反映了个体身份与社会角色的高度辩证统一。而问题的关键是在中国"三纲八目"这一被高度理想化了的儒家社会动力学原则中随着社会主体德性层次的不断提升其社会角色也会不断跃迁与置换，"三纲八目"对这种社会身份转化的认可在理论上承诺了社会分层流动的可能性空间，同时也为不同领域的社会实践提出了相应不同的道德要求。当然，就古代社会的一般实际情况来说，这种社会角色的置换和社会分层的流动可能仅仅适用和局限于士以上的阶层。而对于占社会绝大多数没有任何社会身份的庶人来说，这种社会分层中向上流动的可能性空间或许是完全封闭的。尽管如此，这并不影响我们

---

① 转引自姚大志《何谓正义——当代西方政治哲学研究》，人民出版社2007年版，第239页。

对"三纲八目"中所蕴含的社会动力学原则的理论分析,而只是说明这一社会动力学原则有着一定的甚至可以说是相当严格的约束条件。反观儒家的种种论述,尽管舜差不多是作为一个高度理想型的特例出现的,但我们似乎仍然可以得出这样一个结论:此约束条件并非完全严格的、必然性的前提约束而只是非必然性的条件约束,甚至只是一种外在的、偶然性的环境要求,存在某种松动的历史可能。质言之,儒家理想化地认为社会分层流动也存在向士以下普通人完全开放的可能性空间,而道德既是打开这一可能性空间的唯一钥匙,也是登上社会与政治最高层级的唯一阶梯,是成功实现社会角色置换乃至最后跨上最高层级稳定的、必然性的前提约束和内在要求。① 一种自然主义的解释是,这种道德要求来自天启。

  齐侯侵我西鄙,谓诸侯不能也。遂伐曹,入其郛,讨其来朝也。季文子曰:"齐侯其不免乎。己则无礼,而讨于有礼者,曰:'女何故行礼!'礼以顺天,天之道也,己则反天,而又以讨人,难以免矣。诗曰:'胡不相畏,不畏于天?'君子之不虐幼贱,畏于天也。在周颂曰:'畏天之威,于时保之。'不畏于天,将何能保?以乱取国,奉礼以守,犹惧不终,多行无礼,弗能在矣!"(《左传·文公十五年》)

  夫百姓内不乏食,外不患寒,则可教御以礼义矣。诗曰:"蒸畀祖妣,以洽百礼。"百礼洽则百意遂,百意遂则阴阳调,阴阳调则寒暑均,寒暑均则三光清,三光清则风雨时,风雨时则群生宁,如是,则天道得矣。是以不出户而知天下,不窥牖而知天道。(《韩诗外传》)

---

① 对于人类而言,社会团结的最早形式是合血缘亲情这一道德价值与种族繁衍这一工具理性为一体的,自然而然的血缘共同体。此后,是功能性的,为着解决政治秩序与生活需要而存在的地缘共同体与职缘共同体。最后,随着借由分割性的区域政治定义的地理疆界的逐渐消失和随着借由遗传性的历史文化赋予的血统种族的不断融合,人类必将慢慢脱去兼赅工具理性与价值理性的功能性共同体的具体历史形式而最终演变成为一个纯具价值理性的道德共同体。先秦儒家的道德理想主义充满着人性至善人同此心的浪漫情怀,虽与历史细节不太贴合,却可能指引着人类历史演进的终极归宿。

第三章　礼论——伦理正义

罗哲海说："一种无法在人与自然之间划出一条分界线的思维模式，决不会超越社会而取得自主的立场。它深深地融入宇宙的运行之中，而且也以同样的方式烙印着社会，既不了解彼此的差别，也未认出自身所受他律的影响。在它那整体性的宇宙中，礼仪规范完全与世界的普遍进程相吻合。即使只是违背了最微小的礼仪规范，都将被视为桀骜不驯和反叛之人。礼仪是唯一的规则，宇宙的秩序即透过它而得以落实。它必须在人类一切或大或小的行为举止中展现……宏观与微观宇宙均经由对古老习俗之保持而顺利运转。宇宙只不过被理解为一种行为系统，其中心灵与物质的行为方式并无不同。"[1] 如果"礼以顺天，天之道也"的说法还说得比较抽象概括的话，《韩诗外传》就明确阐明了礼与天道之间相互作用的密切的关系。《韩诗外传》尤其强调了礼对于天道的重要影响及其发生学原理，这一原理其实也就是罗哲海所谓的"礼仪规范完全与世界的普遍进程相吻合"，是一种基于伦理中心的自然主义。而礼与天道之间的关系实际上所比附的也就是人与自然之间的关系，也就是罗哲海所说的"宇宙只不过被理解为一种行为系统，其中心灵与物质的行为方式并无不同"这一先民普遍性的思维习惯。重新审视以上所引的材料，更见罗哲海所论之深刻。

客观主义消弭情感，普遍主义解构相对，客观性、普遍性对峙情感主义和相对主义。正义指向的是共同体的善，亦要求去除特殊性、偶然性与任意性。而要解决道德相对主义，只有"实有诸己"地把自己看成是共同体中的成员。礼是比礼仪规范更本质，也是更有统摄性与概括性的概念。而无古无今无内无外弥缝宇宙时空的"世界的普遍进程"无疑是世界上最大的，也是最完全的共同体。抛开礼仪规范与礼之间的这些理论边界与逻辑内涵上的具体差异，从"礼仪规范完全与世界的普遍进程相吻合"的说法就可以推出礼本身具有更高的客观性和普遍性。正如黄玉顺所言，中国正义论的主要课题，正是研究"礼义"，即礼之义的问题，特别是礼与义或曰文与质的关系问题。这涉及两个方面：第一，礼的时空变动性，孔子谓之"礼"之"损益"；第二，这种变动，即制

---

[1] ［德］罗哲海：《轴心时期的儒家伦理》，陈咏明、瞿德瑜译，大象出版社2009年版，第14页。

度评判与制度建构的根据，也就是所谓的"义"。① 制度的建构和运行就是要体现正义的要求，这就是"礼以行义"。

> 晋侯有疾，曹伯之竖侯獳货筮史，使曰："以曹为解。齐桓公为会而封异姓，今君为会而灭同姓。曹叔振铎，文之昭也。先君唐叔，武之穆也。且合诸侯而灭兄弟，非礼也。与卫偕命，而不与偕复，非信也。同罪异罚，非刑也。礼以行义，信以守礼，刑以正邪，舍此三者，君将若之何？"公说，复曹伯，遂会诸侯于许。（《左传·僖公二十八年》）

> 既，卫人赏之以邑，辞。请曲县、繁缨以朝，许之。仲尼闻之曰："惜也，不如多与之邑。唯器与名，不可以假人，君之所司也。名以出信，信以守器，器以藏礼，礼以行义，义以生利，利以平民，政之大节也。若以假人，与人政也。政亡，则国家从之，弗可止也已。"（《左传·成公二年》）

《左传·成公二年》所说的"礼以行义"的具体语境是"请曲县、繁缨以朝，许之"，这里的"礼"主要是指"礼仪"，而这里的"义"主要指礼仪这一社会形式所要表达的社会内容或社会意义，这里"礼"和"义"之间的关系是形式和内容之间的关系。《左传·僖公二十八年》所说"礼以行义"的历史语境是封建制度下由晋侯与曹伯之间的血缘宗法推衍而来的晋国与曹国之间的应然关系，这里的"礼"远比《左传·成公二年》所说的"礼"来得抽象和概括，这里的"义"主要指血缘宗法所应该恪守的伦理原则或道德原理，这里"礼"和"义"之间的关系是分殊和理一或者说是特殊和普遍的关系。由此可见，"义"既指社会意义或社会内容，又指普遍的伦理原则或道德原理。那么，基于血缘宗法的伦理原则或道德原理又是如何产生的呢？费孝通先生认为，"血缘是稳定的力量，在稳定的社会中，地缘不过是血缘的投影"②。"四方上下曰宇，往古来今曰宙。"众所周知，宇宙万物之间的根本联系是时空

---

① 黄玉顺：《孔子的正义论》，《中国社会科学院研究生院学报》2010年3月第2期。
② 参见费孝通《乡土中国与乡土重建》，风云时代出版社1993年版，第74页。

联系。实际上，单纯从实存意义上说，人们之间的根本联系也就是社会组织方式或社会团结方式也只有两种：时间或空间。一般而言，权力或权利关系都是一种空间联系①，而血缘或拟血缘关系则主要是由时间联系（或设想出来的时间联系）生发出来的。在古代中国人民由于受技术条件的约束而无法突破地理因素的限制而取得空间上的联系，故而多以时间的联想来代替空间的审视。血缘关系就是一种天然的时间联系，朱子曾经表达过与费孝通先生类似的观点：

> 朱子曰："夏、殷而上，大概只是亲亲长长之意。到周来，又添出许多贵贵的礼数，如始封之君不臣诸父、昆弟；封君之子不臣诸父而臣昆弟；期之丧，天子诸侯绝，大夫降。然大夫诸侯尊同，则亦不绝不降；姊妹嫁诸侯者，则亦不绝不降。此皆天下之大经，前世所未备，到周公搜剔出来，立为定制，更不可易。"（《朱子语类·卷六十三·中庸二》）

钱穆先生认为西方人重空间观而轻时间观，中国人则特重时间观。②这似乎也和朱子的观点相类。究其本质，"亲亲长长"讲的是不同血缘级次之间的道德情感，是原生的，其逻辑起点是时间。因为正如"先祖""后嗣"等习惯性称谓所表明的，血缘级次不仅以彼此相续的时段即世代或世系为基础，更以个体所属世代或世系先后顺序而不以其出生具体时段的先后顺序为表征。"贵贵"讲的是不同社会份位之间的道德原则，是后起的，其逻辑支点则是空间。比如"臣下""微臣""小人"等相对应于"君上""皇上""天子""大人"等，"贵贵"这一概念的理解除了从社会关系抽象定义之外还要以人自身之外——但与其社会地位直接相关的事物如财富和象征权力的实物符号或各自所能合法占据空间的位阶或容积③作为背书与附注，而社会关系和社会财富等与象征权力的实物符号，乃至空间高低大小的概念之所以能够存在也正是由于处于同一时段上不同空间的并存、交叉、互动与重叠。与朱子和费孝通的

---

① 权利和权力内含着空间关系。
② 参见钱穆《中国史学发微·序二》，生活·读书·新知三联书店2009年版，第1页。
③ 合法占据空间的位阶和容积暗喻所拥有的权力空间、社会地位、社会影响和社会能量。

说法相比，钱穆的解释更为根本和基础，礼正是一种以空间审视服从时间联想的社会组织方式。礼是一种历史文化共同体，既是人类对自身历史的反思，也包含着人类对宇宙万物与自身关系的理解。就礼是人类对自身历史的反思而言礼在历史之中，就礼包含着人类对宇宙万物与自身关系的理解而言礼又在历史之外。一方面，"乾称父，坤称母"（《西铭》），礼把血缘对人的凝聚作用扩大了，把宇宙万物也纳入血缘伦理之中进行理论审视；另一方面，"礼以顺天，天之道也"（《左传·文公十五年》），礼对历史的理解又是对自然的理解。

"王者禘其祖之所自出，以其祖配之，而立四庙。庶子王亦如之。别子为祖，继别为宗，继祢者为小宗。有五世而迁之宗，其继高祖者也。是故祖迁于上，宗易于下。尊祖故敬宗，敬宗所以尊祖祢也。"（《礼记·丧服小记》）"故天子建国，诸侯立家，卿置侧室，大夫有贰宗，士有隶弟子，庶人工商，各有分亲，皆有等衰，是以民服事其上，而下无觊觎。"（《左传·桓公二年》）究其实质，封建宗法是礼得以产生的政治社会基础和核心文化内容。

一 宗法论：盖治天下必始于人道，而人道不外于亲亲

任剑涛认为，"作为一个等级社会，古代中国的社会结构是由血缘关系的亲疏凝结而成的，尊卑贵贱，由老少、长幼、远近、亲疏所注定，不容许个人选择的自由"[①]。"传统的小农经济，其自给自足性强化了道德觉醒的有限性，强化了对现存生存状态、伦理状态的依附性。"[②] 在这里，说"古代中国的社会结构是由血缘关系的亲疏凝结而成的"或说"传统的小农经济强化了对现存生存状态、伦理状态的依附性"都没有太大问题。马克思也曾说过在人类社会发展的第一阶段就是表现为人对于人的依赖关系，在第二阶段才表现为人对于物的依赖关系，在第三阶

---

① 参见任剑涛《道德理想主义与伦理中心主义》，东方出版社2003年版，第41页。
② 参见任剑涛《道德理想主义与伦理中心主义》，东方出版社2003年版，第47页。

段才能实现完全的自由，也才是人类历史的真正开端。社会结构对于血缘关系或伦理状态的依附是人对于人依赖关系最初的也是最自然的状态，或者说这是人高度依赖于自然这一生存状态在社会结构中或人类自身上的一种文化表现，在某种程度上也可以说是人类对于自身先天自在的自然属性的一种依赖。但假如说古代中国的社会结构仅仅停留在人对于自身自然属性的依赖这一状态的话，那人就与动物没有表现出太大的区别。实际上，与任剑涛所说的"道德觉醒的有限性"恰恰相反，血缘关系或伦理结构仅仅是古代中国社会结构借以树立其上的自然基础与必备要件，而高度发达的道德意识才是古代中国社会结构得以建立的组织内核与文化灵魂。当然，这种道德意识更多地表现为家庭道德的推延与放大，在其实际表现形态上，整个社会结构也像是家庭组织的拓展与衍生。

> 封建亲戚以蕃屏周。管蔡郕霍，鲁卫毛聃，郜雍曹滕，毕原酆郇，文之昭也。邗晋应韩，武之穆也。凡蒋邢茅胙祭，周公之胤也。（《左传·僖公二十四年》）
> 冬十二月辛巳，臧僖伯卒。公曰："叔父有憾于寡人。"诸侯称同姓大夫长曰伯父，少曰叔父。①

这里"封建亲戚以屏蕃周"就说得非常明白，虽然不能完全排除阶级斗争的因素在其中，但部落战争而非阶级斗争对政治组织的塑造是西周宗法制产生的重要原因之一。"管蔡郕霍，鲁卫毛聃，郜雍曹滕，毕原酆郇，文之昭也。邗晋应韩，武之穆也。凡蒋邢茅胙祭，周公之胤也。"这些诸侯都与周天子有着或远或近的血缘或拟血缘关系，整个社会更像是家庭组织的放大。正因如此，根据传递原则诸侯之间也有着这种类似的关系，"诸侯称同姓大夫长曰伯父，少曰叔父"。共同的祖先既是血缘联系的生物学前提，也是血亲团结的文化学基础。于是，以祖先崇拜为核心内容的宗庙祭祀活动成了重要的社会政治活动和宗教文化仪式，其目的也正是要增进血亲团结以及家庭成员之间的伦理肯认、血缘情感与道德联系，"上治祖、祢，尊尊也。下治子、孙，亲亲也。旁治

---

① 《十三经·左传·隐公五年》（2），上海书店出版社1997年版，第945页。

昆弟，合族以食，序以昭穆，别之以礼义，人道竭矣。"而这是治理天下的起点，"父父、子子、兄兄、弟弟、夫夫、妇妇，而家道正；正家，而天下定矣"（《周易·家人》），最后的效果是要达到"天下定矣"。

> 上治祖、祢，尊尊也。下治子、孙，亲亲也。旁治昆弟，合族以食，序以昭穆，别之以礼义，人道竭矣。圣人南面而听天下，所且先者五，民不与焉：一曰治亲，二曰报功，三曰举贤，四曰使能，五曰存爱。五者一得于天下，民无不足，无不赡者，五者一物纰缪，民莫得其死。圣人南面而治天下，必自人道始矣。（《礼记·大传》）

正如陈来先生所论，"'宗法性社会'……乃是指以亲属关系为其结构、以亲属的原理和准则调节社会的一种类型。宗法社会是这样一种社会，在这个社会中，一切社会关系都家族化了，宗法关系即是政治关系，政治关系即是宗法关系。故政治关系以及其他社会关系，都依照宗法的亲属关系来规范和调节。这样一种社会，在性质上，近于梁漱溟所说的'伦理本位的社会'"[①]。

刘广明说，"从时间上看，以周代为最高级的宗法形态，上自夏代，下至春秋；从空间上看，此种宗君合一的宗法形态，以两种结构存在，一种是宗君合一的宗法国家，一种是与前者有某种程度关联的宗法家族……"[②] 刘广明认为，在中西古代社会发展过程之中，私有制产生以后，家庭对社会整合和国家建构所起的作用是截然不同的。他说，"毫无疑问，家族制度催化私有制的发展，并保留到早期文明国家时代，但随着私制的发展，家族制度终于退出了历史舞台，这几乎是家族制度在大多数文明国家的历史命运。但是，历史的进程并不存在普遍通用的公式，在大多数文明国家中，家族制度和国家制度的紧张状态并未在中国的早期文明中上演。恰恰相反，在私有经济不太发达，工商业和商品经济不发展的夏、商、周三代，家族制度连同其一整套组织被氏族贵族中发展起来的统治者用来组织起国家统治机构。国家的最高统治者用分

[①] 陈来：《古代思想文化的世界——春秋时代的宗教、伦理与社会思想》，生活·读书·新知三联书店2002年版，第3页。
[②] 刘广明：《宗法中国》，生活·读书·新知三联书店1993年版，第10页。

封亲戚和同姓的方法来维持对广大被征服地区的控制和统治。宗族内部的等级序列和国家政治统治的行政序列合二为一，宗主即是国君，血亲关系就是统治者内部政治关系，家即国，国即家。所以，西人之'country'指一定的地域和人口，而译成中文即为'国家'，是缘于指称家的血亲序列和国的政治序列一体化的宗法性社会政治组织。由此可见，家族制度在中国早期文明时期经历了一个不同于世界大部分国家家族制度的历史命运。中国早期文明对家族制度优礼有加，家与国不仅没有紧张的对立，而且家主居政坛之上，家国不分，和谐融洽"[1]。

  刘广明这里所说的私有制应该是指现代意义上产权充分弥散于社会个体或社会个体自由组合之中的私有制，因为虽然传统社会是士农工商的四民社会，有少数商人和手工业者存在，但"普天之下莫非王土，率土之滨莫非王臣"。也就是说，秦汉之后中国传统社会没有产权广泛分散于国民个人所有的私有制，只有产权主要集于君主一人并凭其君权神授的政治合法性任意予取予夺的私有制。即使在春秋战国期间，产权也是主要集中于周王和各国诸侯而于普通国民无预。无论是秦汉之后还是春秋期间，就社会财富分配原则而言，贯穿始终的一直都是血缘宗法制度。尽管近代中国也曾试图学习西方国家建立产权弥散性的资本主义私有制，但事实证明是失败的。财富集中导致贫富分化，贫富分化导致社会动荡。社会动荡重建分配秩序，秩序稳定再次财富集中。循环往复，无始无终。这或许是传统中国一直走不出王权专制与封建割据治乱循环的历史原因之一，也是社会主义公有制取代传统私有制的历史意义之所在。反过来说，如果从根本上取消社会主义公有制，中国就有可能重新陷入黄炎培先生所说"其兴也勃焉其亡也忽焉"治乱相仍的历史循环之中。究其原因，还是因为由血缘宗法所塑造的经济分配原则和社会公私紧张与权利义务配置上存在着严重失衡的致命历史缺陷。试图以放纵欲望醉生梦死的资本主义经济特权取消阶级固化身份遗传的封建主义宗法特权的政治尝试非但不会消弭以上所述血缘宗法所塑造的诸多历史缺陷，反而可能会彻底丢掉传统文化中礼义廉耻忠诚仁恕等硕果仅存的积极成分而代之以尔虞我诈弱肉强食的丛林法则。回到正题，既然宗法社会

---

[1] 刘广明：《宗法中国》，生活·读书·新知三联书店1993年版，第1—2页。

"一切社会关系都家族化了，宗法关系即是政治关系，政治关系即是宗法关系。故政治关系以及其他社会关系，都依照宗法的亲属关系来规范和调节"①，一个自然的推论就是根据血缘关系的远近进行区别对待，由血缘远近来决定社会、政治和文化待遇："周之宗盟，异姓为后。"（《左传·隐公十一年》）"土揖庶姓，时揖异姓，天揖同姓。"（《周礼·秋官·司寇》《大戴礼记·朝事第七十七》）"名位不同，礼亦异数。"（《左传·庄公十八年》）这一思想落实到法律上便必然要求立法有差等，认同"礼不下庶人，刑不上大夫"（《礼记·曲礼》），"凡命夫命妇不躬坐狱讼，凡王之同族有罪不即市"（《周礼·秋官·司寇》）。

（一）名位不同，礼亦异数

众所周知，土地自古以来就是最重要最基本的生产和生活资料。因此，宗法制的首要问题就是要用采邑制保证统治者的种族繁衍和祭祀活动的正常进行，"故天子有田以处其子孙，诸侯有国以处其子孙，大夫有采以处其子孙。是谓制度"（《礼记·礼运》）。从《礼记》上述引文中可知由于天子、诸侯、大夫"名位不同，礼亦异数"，天子子孙、诸侯子孙、大夫子孙的政治待遇也是完全不一样的，这样的制度安排又是与嫡长子继承制为基础的封建贵族世袭制相互表里。正如桑德尔所说，在贵族统治的世袭社会中，"个人生活前景系于他所出生于其中的以及他人身所依附的阶层、等级。在这里，自我有着最充分的归属，与其条件是几乎无法分辨的……"②《礼记》的相关记述可以视为桑德尔所作论断的注脚。

> 问天子之年，对曰："闻之，始服衣若干尺矣。"问国君之年，长，曰"能从宗庙、社稷之事矣"；幼，曰"未能从宗庙、社稷之事也"。问大夫之子，长，曰"能御矣"；幼，曰"未能御也"。问士之子，长，曰"能典谒矣"；幼，曰"未能典谒也"。问庶人之子，

---

① 陈来：《古代思想文化的世界——春秋时代的宗教、伦理与社会思想》，生活·读书·新知三联书店2002年版，第3页。
② ［美］桑德尔：《自由主义与正义的局限》，万俊人等译，译林出版社2011年版，第112—113页。

第三章 礼论——伦理正义

长，曰"能负薪矣"；幼，曰"未能负薪也"。(《礼记·曲礼下》)

我们从《礼记》的相关表述中不仅看到社会职业和社会身份的历史遗传，而且还看到社会分工对人后续发展所造成的社会限制，即使在很小的时候每个人未来的生活预期都是既定的：君之子是要"从宗庙、社稷之事"；大夫之子从"御"之事；士之子从"典谒"之事，庶人之子只能从事"负薪"之类的社会底层职业。这种阶级与阶层的固化使人一出生就被放置于不公平的社会文化地位之上，也就是说人一出生就堕入已经先在决定了的而与自身努力毫无关涉的命运之中。这严重妨碍了人天赋潜能的充分发挥，阻碍了社会层级之间的合理流动，窒息了社会的创新活力。教育是人在起点不公平的社会条件约束下通过自我努力改变自身命运的重要途径，而在宗法制条件下，教育也是极为不公正的。

> 盖古者公卿与庶民之子，其学不同：公卿之子以师氏所教者为小学，以成均为大学；庶民之子以家之塾，州、党之序为小学，以乡之庠为大学。公卿之子，其小学惟一，则其升于大学也速；庶民之子，其小学有三，则其递升于大学也迟。[①]

对于公卿之子和庶人之子来说，不但上学的场所不一样，而且具体的学制也不一样。所以，罗尔斯说，"在贵族统治的世袭社会，个人生活前景系于他所出生于其中的以及他人身所依附的阶层、等级。贵族制等级社会的不正义，是因为它们使出身这类偶然因素成为判断是否属于多少是封闭的和有特权的社会阶层的标准。这类社会的基本结构体现了自然中发现的各种任性因素"[②]。

罗尔斯的正义原则是要极力反对"自然"的专横，而中国古代的宗法制正是这种"自然"的专横的典型表现。一般而言，人们身份的取得大致有两种来源：或是源于先天条件，如家庭背景、自然禀赋等提供的

---

① (清)孙希旦：《礼记集解·卷二十八·内则第十二之二》，中华书局1989年版，第770页。
② [美]罗尔斯：《正义论》，何怀宏、何包钢、廖申白译，中国社会科学出版社1998年版，第102页。

诸多便利；或是源于后天努力和命运机遇所取得的地位财富。客观地讲，先天条件具有自然偶然性，一个人生于什么样的家庭，什么时候出生于这个家庭以及他或她会具有什么样的禀赋完全是偶然的东西。后天所获得的社会地位也具有社会任意性，我们不能说什么样的人必定会获得什么样的社会地位。[①] 古代宗法社会不但用出身的自然偶然性统摄了社会地位获取的社会任意性，并进而把这种社会任意性上升为绝对的必然性，而这种绝对必然性又是为出身的自然偶然性所规定的——嫡长子继承制正是任由"自然"专横这一原则贯彻彻底的产物和表现。一方面，这种身份世袭制尽管保证了社会分层的相对稳定性和历史延续性，并进而形成一种超稳定的社会政治文化结构，但却由于摒除了社会层级之间的流动性而窒息了社会的活力。另一方面，"弑君三十六，亡国五十二，诸侯奔走不得保其社稷者不可胜数"。在严格世袭制下偶然性对必然性的僭越并没有使偶然性真正上升为必然性，反而把必然性降低到了偶然性——其表现就是嗣君由于自身先天条件天赋能力和道德品性的差异在宗法社会中政治继承人能否真正继承政治遗产是个很大的历史变数，具有很大的政治风险——在乾纲独断时主要取决于帝王予取予夺的任性，在王纲不振时主要取决于权臣你死我活的博弈。这种政治风险甚至渗透进深层政治结构之中形成"胜者王侯败者寇"之类只可意会不可言传的政治潜思维与历史潜意识，以至于成为后来相当长期历史中政权更迭挑战政统与道统的主要诱因。中国历史上一再重演"父子相弑，兄弟相残"的血腥事实自然也从政治文化和政治实践两个层面上同时宣告了宗法世袭制的历史性破产。最后，血缘宗法制中身份壁垒所导致的社会阶层刚性也是造成中国历史上只有造反而少有革命和改良，即使有革命和改良也很难取得真正的成功这一政权转移模式成为常态的重要历史和文化原因。

（二）天子虽尊，舍人宗庙，犹有敬焉

国家产生于社会，并最后成为凌驾于社会之上的，对社会进行管控

[①] 参见姚大志《何谓正义：当代西方政治哲学研究》，人民出版社2007年版，第31—32页。

和宰制的异己力量。但国家各项政治功能和社会治理功能的实现毕竟还要以社会作为其得以运转和施行的现实可能性空间,而国家的社会治理功能也是通过国家的政治过程而得以实现的。因此国家与社会,或者说政治与社会实际上一直处于一种极为复杂的互动关系之中。一般来说,社会对政治权力的合理限制与适度制约既是人类社会良性发展的必要条件,也是民主得以产生的历史前提。而在先秦时期,宗法制或者更准确地说宗法社会也是对政治权力的一种制约因素和限制力量。

> 曾子问曰:"宗子为士,庶子为大夫,其祭也如之何?"孔子曰:"以上牲祭以宗子之家,祝曰:'孝子某,为介子某荐其常事。'若宗子有罪,居于他国,庶子为大夫,其祭也,祝曰:'孝子某,使介子某执其常事。'摄主不压祭,不旅,不假,不绥祭,不配,布奠于宾,宾奠而不举,不归肉。其辞于宾曰:'宗兄、宗弟、宗子在他国,使某辞。'"(《礼记·曾子问》)
>
> 大夫之庶子为大夫,则为其父母服大夫服,其位与未为大夫者齿。郑氏曰:虽庶子,得服其服,尚德也。使齿于士,不可不宗嫡也。愚谓其位与未为大夫者齿,则不但下于嫡子,虽他庶子有长于大夫者,大夫犹不敢先之,贵贵长长之义行而不悖如此。[①]

在严格的宗法制条件下,尤其对于"大宗"而言,"宗子为士,庶子为大夫"的情况是不可能存在的;但"为了统治阶级的朝气,必须让有特殊才能的人有可能通过奋斗进入统治阶层而且被完全承认"[②]。因此,这种"宗子为士,庶子为大夫"的情况对于"小宗"而言是有可能存在的。《礼记·曾子问》主要是说不以政治地位而以封建宗法所规定的血缘远近为标准来分配文化祭祀权,而《礼记·杂记》"虽他庶子有长于大夫者,大夫犹不敢先之,贵贵长长之义行而不悖如此"是强调年龄在礼仪活动中的重要性。质言之,不管是年龄也好,祭祀也好,这种

[①] (清)孙希旦:《礼记集解·卷三十九·杂记上第二十之一》,中华书局1989年版,第1047页。
[②] [美]罗尔斯:《正义论》,何怀宏、何包钢、廖申白译,中国社会科学出版社1998年版,第300—301页。

文化权力对于政治权力都有可能形成一定的制约与限制——尽管这似乎是用一种年龄、齿序等基于时间的偶然性反对和抗议另一种偶然性。这种制约与限制不唯对公卿士大夫而言，对于天子同样有效：

> 故天子适诸侯，必舍其祖庙，而不以礼藉人，是谓天子坏法乱纪。诸侯非问疾吊丧，而入诸臣之家，是谓君臣为谑。郑氏曰：天子虽尊，舍人宗庙，犹有敬焉，自拱饬也。无故而相之，是戏谑也。愚谓：天子不谨于礼，而坏法乱纪，则无以责诸侯；诸侯不谨于礼，而君臣为谑，则无以治大夫。①
>
> 古者明君爵有德而禄有功，必赐爵禄于大庙，示不敢专也。故祭之日，一献，君降立于阼阶之南，南乡，所命北面，史由君右，执策命之，再拜稽首，受书以归，而舍奠于其庙。此爵赏之施也。（《礼记·祭统》）
>
> 端衰、丧车，皆无等。郑氏曰：丧车，恶车也。丧者衣衰，及所乘之车，贵贱同，孝子于亲一也。孔氏曰：丧车，孝子所乘之恶车也。等，等差也。丧之衣衰及恶车，天子至士制度同，无贵贱等差之别，以孝子于其亲，情如一也。（《礼记·杂记》）

上面材料表明，天子和诸侯的权力都不是无限大的：就诸侯来说，除了问疾吊丧是不能随便进入臣子之家的，否则就是"君臣为谑"。同样，天子虽然尊贵，但巡狩四方到诸侯那里时不仅只能住在祖庙里，而且还要恭恭敬敬，否则就是"坏法乱纪"。而"天子至士制度同，无贵贱等差之别，以孝子于其亲，情如一也"更是说明宗法大于政治。因为活着的人终会逝去，所以如果说受活着的人的约束只是一种具体的、偶然性、任意性的约束而尚有机会逃离的话，那么"必赐爵禄于大庙，示不敢专也"所表明的来自于先祖的约束则是具有普遍性的永远无法逃离的约束。质言之，在宗法制之下，社会政治权利和宗教文化权利存在着某种程度的分离：就掌握祭祀权利的宗子而言，其政治地位未必会高于

---

① （清）孙希旦：《礼记集解·卷二十一·礼运第九之二》，中华书局1989年版，第601—602页。

庶子；而就庶子而言，不管其政治地位多高，也不得无故掌握祭祀权利，在特殊情况下庶子摄行祭祀时也必须表现出对宗子足够的尊重——即使宗子由于政治上的过错而被流放或驱逐。天子也要谨守礼法，不得独断专行。这表明，在先秦，宗法在一定程度上为政治权力的行使划定了边界，这在秦汉以后高度集权的时代中当然是无法理解和难以想象的。正如罗尔斯转述黑格尔观点所说的那样，"当然，一个人不需要赞同一个严格的等级制度；相反，他可能认为为了统治阶级的朝气，必须让有特殊才能的人有可能通过奋斗进入统治阶层而且被完全承认"[1]。在先秦，由于在尊重血缘标准的基础上德能标准的加入使得社会对政治的制约首先表现为宗族身份与政治身份的分离，以及由此而来的社会文化权力与政治统治权力的分离，而这正是对等级先定如嫡长子继承制等以血缘为标准的资源配置体系的一种质疑和修正。但不可否认的是，这种制度依然是以血缘为标准的"伦理中心主义"，"它的前提还是和拒绝公平机会原则一致的"[2]，甚至更表明了对血缘伦理的肯定与重视，也是"圣人南面而治天下，必自人道始矣"（《礼记·大传》）的具体体现。

《王制》："父母之丧，三年不从政。"又曰："丧不贰事。"《杂记》："三年之丧，祥而从政。"《公羊传》："古者臣有大丧，君三年不呼其门。"此皆谓寻常无事之时，必终三年之丧，然后出而从政也。《丧大纪》："既葬，君言王事，不言国事。大夫士言公事，不言家事。"此唯议论谋度之尔，非谓出而从政也。《丧大记》又云："君既葬，王政入于国，既卒哭而服王事。大夫士既葬，公政入于家，既卒哭，弁、绖、带，金革之事无辟也。"《礼运》云："三年之丧，与新有婚者，期不使。"《檀弓》云："父母之丧，使必知其反也。"皆谓国家有事，则或既卒哭、既练而出而从公者，郑氏所谓"权制"也。然金革之事犹急，故以卒哭为断，出使之事稍缓，故以期年为则。于权制之中，而其中又有权衡。然此皆谓国家安危所

---

[1] ［美］罗尔斯：《正义论》，何怀宏、何包钢、廖申白译，中国社会科学出版社1998年版，第300—301页。
[2] ［美］罗尔斯：《正义论》，何怀宏、何包钢、廖申白译，中国社会科学出版社1998年版，第300—301页。

系，不得已而变通之者，苟非不得已，则君三年不呼其门，所谓"君子不夺人丧"也。①

这种对血缘亲情的重视无疑会在一定程度上影响到政治过程的理性化，而使政治过程呈现出极大的非理性化特征。

（三）圣人南面而治天下，必自人道始矣

即使在现代社会，家庭依然是构成社会的基本细胞，在社会与文化生活之中也依然占据着极其重要的位置。家庭道德不仅是一种重要的道德情感，也是其他道德情感借以发生的基础。因此，尊重血缘亲情，持守伦理道德在社会文化生活中具有十分重要的意义。但家庭生活，血缘亲情毕竟属于私人领域，而政治生活则属于公共领域。道德情感尽管是一种值得崇尚的价值理性，但把政治生活诉诸道德情感就扭曲了政治生活所本应具有的公共领域性质，是极其非理性的。

> 自仁率亲，等而上之至于祖，自义率祖，顺而下之至于祢，是故人道亲亲也。亲亲故尊祖，尊祖故敬宗，敬宗故收族，收族故宗庙严，宗庙严故重社稷，重社稷故爱百姓，爱百姓故刑罚中，刑罚中故庶民安，庶民安故财用足，财用足故百志成，百志成故礼俗刑，礼俗刑然后乐。（《礼记·大传》）

"人道亲亲"，家庭成员之间的仁爱之心是对宗法制进行政治论证的逻辑起点，这个起点所诉诸的正是道德情感。其后的所有环节都是对这个起点的推衍与扩充，这也就是所谓的"亲亲故尊祖，尊祖故敬宗，敬宗故收族，收族故宗庙严，宗庙严故重社稷，重社稷故爱百姓，爱百姓故刑罚中，刑罚中故庶民安，庶民安故财用足，财用足故百志成，百志成故礼俗刑，礼俗刑然后乐"。"亲亲尊祖""尊祖敬宗""敬宗收族""收族宗庙严"涉及的都是家族之内的私人领域，其逻辑起点是"亲亲"，是没有任何原因，没有任何条件，自然而又必然的血缘亲情之爱。

---

① （清）孙希旦：《礼记集解·卷四十四·丧大记第二十二之二》，中华书局1989年版，第1171—1172页。

第三章 礼论——伦理正义

古人认为祭祀社稷关乎收成，关乎民众生活，所以"重社稷故爱百姓"。这里"社稷"既可以指祭祀五谷之神的宗教活动场所，也可以代指政治国家。于祭祀活动而言，"社稷"关涉的是私人领域中的宗教信仰；于政治国家而言，"社稷"关涉的是下文公共领域中的"百姓"。一方面，"社稷"兼融互摄私人领域与公共领域以及宗教活动与政治国家的双重意涵也充分揭示了中国传统政治哲学"家天下"与"君权神授"的独特理论品质；另一方面，在从"宗庙严"到"重社稷"逻辑转换之间贯彻始终的也正是结合了血缘自然崇拜和宗教神秘主义的宗法精神。"重社稷"是从"宗庙严"到"爱百姓"的过渡环节，也是从宗教学私人领域迈入政治学公共领域的逻辑中介。"刑罚中""庶民安""财用足""百志成""礼俗刑"与"然后乐"则属社会治理中的公共领域，其逻辑起点是"爱百姓"的"爱"。值得注意的是，"爱百姓"的前提是"重社稷"。由于上述"社稷"意涵的双重性，故而这里的"重社稷"既可能是发自于对政治国家的责任担当，也有可能是出自于对宗教信仰的精神热忱。与"亲亲"之爱不同，这里的"爱"是有原因、有条件、有明确功利指向的。因此，"爱百姓"的"爱"既不是自然的，更不是必然的。这是《礼记》对宗法制很好的说明，如果抛开"仁爱之心"的理论预设能否成立这个问题，那么单纯从逻辑上说，这种论证是没有问题的。对此，后人也多有阐发。

> 祖者，亲之所尊也。能亲亲，则必以亲之心为心，而递推之以至于无穷而尊祖矣。亲亲尊祖，则必敬其祖、祢之祭者而敬宗矣。收，聚也。敬宗则族人皆祗事宗子而收族矣。收族则宗子祭而族人皆侍，而宗庙严矣。卿大夫之宗庙，与君之社稷相为休戚者也，故宗庙严必重社稷，而效忠于上者笃矣。百姓，百官也。臣能重社稷而效忠于君，则君亦爱百姓而体恤其臣矣。君臣交相忠爱，则无事乎操切督责之政而刑罚中矣。刑罚中而气洽，庶民之所以安也。庶民安而乐事功功，财用之所以足也。财用足，则富可以备礼，和可以广乐，百志之所以成也。刑亦成也。制之于上之谓礼，行之于下之谓俗。百志成则化行俗美，礼俗之所以刑也。礼俗刑，然后上下和乐而不厌矣……盖治天下必始于人道，而人道不外于亲亲。先王治天

· 221 ·

下，必以治亲为先，使天下之人莫不有以亲其亲。而其效至于如此，则其始虽若无与于民，而其终至于无不足、无不赡者，用此道也。①

尽管与《礼记·大传》相比显得较为细密详尽，并且还引进了"气洽"的解释环节，但孙希旦的论证还是顺着上面《礼记·大传》引文中的逻辑来的，他也是从"亲亲"的仁爱之心为起点，按照"人同此心心同此理"逻辑而进行的理论推理。而顾炎武则是从社会治理角度进行了一种实际的论证，但这种论证也是一种非理性的论证。顾炎武的意思是说天子独治天下的治理成本太过高昂，而把治权分给家庭、家族、宗族则不仅可以节约社会治理成本，而且还可以淳化风俗。

顾氏炎武曰：人君之于天下，不能以独治也，独治之而刑繁矣，众治之而刑措矣。古之王者，不忍以刑穷天下之民也，是故一家之中，父兄治之，一族之间，宗子治之，有其不善之萌，莫不自化于闺门之内，而犹有不帅教者，然后归之士师。然则人君之所治者约矣。然后父子之亲，立君臣之义以权之；议论轻重之序，慎测浅深之量以别之；悉其聪明，知其忠爱以尽之。夫然，刑罚焉得而不中乎？是故宗法立而刑清。天下之宗子，各治其族，以辅人君之治，罔攸兼于庶狱，而民自不犯于有司，风俗之醇，科条之简，有自来矣。《诗》曰："君之宗之。"吾是以知宗子之次于君道也。又曰：民之所以不安，以其有贫有富。贫者至于有不能自存，而富者常恐人之有求而多为吝啬之计，于是乎有争心矣。夫子有言："不患寡而患不均。"夫惟收族之法行，而岁时有合食之恩，吉凶有通财之义。本俗六安万民，三曰"联兄弟"，而乡三物之所兴者，六行之条，曰"睦"曰"恤"，不待王政之施，而矜、寡、孤、独、废、疾者皆有所养矣。此所谓"均无贫"者，而财用有不足乎？至于《葛藟》之刺兴，《角弓》之赋作，九族乃离，一方相怨，而饼罂交耻，泉池并竭，然后知先王宗法之立，其所以养人欲而给人之求为周且豫矣。②

---

① （清）孙希旦：《礼记集解·卷三十四·大传第十六》，中华书局1989年版，第917页。
② （清）孙希旦：《礼记集解·卷三十四·大传第十六》，中华书局1989年版，第917—918页。

如果说《礼记·大传》和孙希旦所采用的视角是情感发生学的视角的话，那么，顾炎武的论证则接近一种实证社会学的视角，所以也更为坚实：一方面，法律是道德的底线。如果通过宗族生活完成道德教化以消除犯罪于未萌，当然是比用刑杀制止犯罪更好的事情。另一方面，宗族之内的"合食之恩"、"通财之义"以及彼此所负有的相互救济的义务可以在自然灾害或社会动乱而导致国家救济功能缺失或相关部门行动滞后时迅速提供代偿功能以促使社会稳定。最后，把局部问题消灭在局部以内，通过社区自治以使整个社会得到治理也是现代民主生活的重要组成部分。顾氏所论有似于此，只不过这样的社区是基于伦理意义上的血缘和情感而不像现代社区那样是基于法律意义上地缘和物权。梁启超先生说，"凡国家皆起源于氏族，此在各国皆然。而我国古代，于氏族方面之组织尤为严密，且能活用其精神。故家与国之联络关系，形成一种伦理的政治"[①]。这是与现代的理性政治存在根本的区别的一种社会治理方式：伦理政治奠基于人性善假设之上而诉诸血缘亲情与伦理精神，理性政治奠基于人性恶假设之上而诉诸制度理性和法律精神。

对此，任剑涛总结说："一方面，伦理政治以天人之际的思考确立致思方向，使不可确切把握的天意变成必须明确行动的政治的根据，进而在政治上预设了人性善或为善的趋同性。这实际上把以控制为目标的政治治理换算成了道德感化，漠视了两种不同社会要素的独立功能……另一方面，伦理政治自始就奠基于宗法血缘基础之上，运行于等级身份的社会之中，发展于封闭的古典时代，它的逻辑严谨性并不是一个理论问题，而是一个政治实践需要的问题。这样，伦理政治事实上排斥了理论的力量，只是有一种服务于当下政治需要的实践品格。久而久之，不能自保其确当性的政治运作，也就失去了提供确当性论证的政治哲学的支持，变成了瞎碰乱撞的一头莽牛，前途也就失去了保障。"[②] 伦理的政治是集体主义的政治模式，它着眼于整体的伦理精神，这种倾向确实容易忽略或侵吞个人的自由和权利。

事实上，这种"伦理的政治"影响至今。这种以"人伦"为基础的

---

① 梁启超：《先秦政治思想史》，东方出版社1996年版，第44—45页。
② 任剑涛：《伦理王国的构造：现代性视野中的儒家伦理政治》，中国社会科学出版社2005年版，第19页。

社会极其不同于西方以"人际"为基础的社会。"人际"关系是完全自由个体之间的平等关系,而"人伦"关系则一方面是以自然或先天的等级和差别为基础,另一方面还蕴含着血缘情感和伦理精神因素。放大开来,整个社会或生存空间都是通过血缘或拟血缘关系组织起来的。诚如陈来先生所言,在这样的社会中,"一切社会关系都家族化了",即使是以塑造社会秩序为职志的政治也要被宗法关系所笼罩和覆盖,并反过来极力维护宗法关系。① 就此而言,我们当然可以在不太严格的意义上说,"宗法关系即是政治关系,政治关系即是宗法关系"。但严格来讲,宗法关系与政治关系在逻辑上并不是一种完全等值的关系,它们之间既有交叉如嫡长子继承制,也存在着互相的排斥与对抗。实际上是政治关系非但不能包含宗法关系,反而是宗法关系包含了政治关系并对政治形成了一定程度的制约和侵蚀。如果按照现代国家与社会二元对立的分析框架进行理论关照的话,宗法关系实际上形成了制约政治的社会空间。或者更准确地说,宗法对社会的控制甚至在一定程度上超过了政治。借此,古代中国的人伦主义传统才得以形成,这种人伦传统使政权更迭成为宗法势力或拟宗法势力对政治架构的修补与纠正,这正是中国社会超强稳定性的原因之所在。②

贝卡里亚说,"道德的政治如果不以不可磨灭的人类感情为基础的话,就别想建立起任何持久的优势。任何背离这种感情的法律,总要遇到一股阻力,并最终被其战胜"③。这就是中国人常讲的"法循人情"。实际上,任何一项制度设计都应使公共领域与私人领域之间保持一种适度的张力,这样才能同时满足实现集体善和个人情感需求两方面的需要。一方面,就道德情感而言,建立在封建宗法制基础之上的礼确实在公

---

① 在中国古代,"人伦"又是与"天伦"交融互摄、密不可分的。《礼记集解·礼器第十之一》:天地之祭,宗庙之事,父子之道,君臣之义,伦也。孙希旦:王者事天如事亲,事死如事生。天地之祭,宗庙之事,与夫子之所以事父,臣之所以事君,皆伦常之大者也。在这种意义上,"人伦"就不单单是基于血缘关系和拟血缘关系的自然序列,而且也内含了政治秩序和宗教秩序甚至是天地自然与宇宙秩序在其中。

② 当然这只是一种文化学或哲学意义上的解释。而在钱穆先生看来,一个相对稳定并积极介入政治活动的士阶层的存在,传统文化的延续,富于均平精神的经济政策是中国传统社会超强稳定的历史学意义上的解释。

③ [意]贝卡里亚:《论犯罪与刑法》,黄风译,中国大百科全书出版社1993年版,第8页。

共领域与私人领域之间保持了一种适度的张力,这是儒家所认可和极力推崇的;但另一方面,封建诸侯的宗法制又是一种以血缘为中心的分配原则,这又为儒家对分配正义的理性反思提供了思想基础和逻辑前提。

二 分配论：万物皆得其宜,群生皆得其命

分配正义是政治正义中的一个核心问题和关键环节。分配之所以重要,在于它涉及的广度与深度远远超出收入的分配,不但关系到各种社会基本资源在人与人之间、民众与政府之间能否合理配置,而且还关系到政府在社会治理中的角色和定位。这些首要资源的配置将决定此后的社会结构、收入格局、人民的生活方式、家庭成员的能力培养、前景预期和人格尊严以及政府的公信力和人民的幸福额度等方面。正因如此,古今中外的哲学家都在进行着这样的思考,以图为社会和谐、民生幸福、人格尊严提供一条切实的路径。现代价值所主张的分配正义固然建立在"契约平等"基础之上,但无论是东方还是西方,古典价值中占据主流的都是等差分配,而先秦儒家中荀子的"礼义等差"思想又是古典分配正义中的典型。

（一）礼者,贵贱有等,长幼有差,贫富轻重皆有称者也

"维齐非齐"出自《尚书·吕刑》："刑罚世轻世重,维齐非齐,有伦有要。"其原意是指在施用刑罚时在区别对待中达到相对公平。其前提固然是承认不平等,但目的却是要在不平等中尽量做到平等。荀子扩展了"维齐非齐"的内涵,指出"维齐非齐"的本质就是"使有贫贱贵富之等,足以相兼临者",要在财富和权力上实现有差别的平衡,这是一种兼顾理想与现实的分配观。

> 分均则不偏,势齐则不壹,众齐则不使。有天有地,而上下有差;明王始立,而处国有制。夫两贵之不能相事,两贱之不能相使,是天数也。势位齐,而欲恶同,物不能澹则必争;争则必乱,乱则

穷矣。先王恶其乱也，故制礼义以分之，使有贫富贵贱之等，足以相兼临者，是养天下之本也。书曰："维齐非齐。"此之谓也。(《荀子·王制》)

首先，就自然来说，"有天有地"，"上下有差"，这种差别是谁也改变不了的自然存在。其次，就社会而言，不但人一出生就有着先天禀赋的不同，而且对能力培养产生潜在影响的家庭环境和成长背景也不同，这些因素的累积最终会使不同的人在智慧能力和社会地位方面产生巨大的差别。就本质而言，社会正是这样的种种差别性的对立统一。"夫两贵之不能相事，两贱之不能相使，是天数也。"没有这种智慧能力和社会地位上的差别就没有组织与被组织、领导与被领导之类的隶属关系，就没有分工协调与社会合作。质言之，这种差别的存在具有自然先在的客观必然性。因此，荀子把这种差别称之为与人类活动毫无关涉的"天数"。另外，荀子认为，这种差别是社会良序的必要条件。他说："势位齐，而欲恶同，物不能澹则必争，争则必乱，乱则穷矣。"荀子认为地位相似的人个人偏好也接近，这样就会引起物质短缺和资源匮乏。欲望得不到满足就起而争夺，而争夺又会造成社会的动荡乃至崩溃。于是就需要一种规范来协调或化解人们之间可能存在的欲望冲突，"先王恶其乱也，故制礼义以分之"。荀子认为礼义就是这样的一种规范，值得注意的是"分"，这里的以"制礼义"为前置状语的"分"不是平分或均分合理欲望或平均配置资源，而是先要根据"礼义"给人分出不同的层级，然后才在以这些不同层级为标准配置资源的基础上达到差序和谐。

水火有气而无生，草木有生而无知，禽兽有知而无义，人有气、有生、有知，亦且有义，故最为天下贵也。力不若牛，走不若马，而牛马为用，何也？曰：人能群，彼不能群也。人何以能群？曰：分。分何以能行？曰：义。故义以分则和，和则一，一则多力，多力则强，强则胜物；故宫室可得而居也。故序四时，裁万物，兼利天下，无它故焉，得之分义也。

故人生不能无群，群而无分则争，争则乱，乱则离，离则弱，弱则不能胜物；故宫室不可得而居也，不可少顷舍礼义之谓也。能以事亲谓之孝，能以事兄谓之弟，能以事上谓之顺，能以使下谓之君。(《荀子·王制》)

荀子在这里从三个层面强调了"义"或"礼义"，但他的中心目的是要对"分"进行合法性论证。首先，从精神生活或主体性的层面来说，人与草木禽兽的区别在于人知"义"或"礼义"，而草木禽兽则不知。其次，从社会生活的层面来说，禽兽即使也能有自然而然的群居性的生存活动，但由于它们不能像人那样形成有机的社会团结而不得不任人宰割和役使。再次，"分"是形成有机社会团结的核心要素，而"分"的内在标准就是"义"或"礼义"，这就是"分何以能行？曰：'义'。这其实近乎是一种循环论证：一方面，"分"是"义"之必然，"义"又是"分"之根据，也只有这样，"维齐非齐"的论断才能落到实处。另一方面，"分"是"群"之根据，"群"是"分"之必然。由上可见，"分"既是连接"礼义"与"群"的逻辑中介，也是由理论走向实践或由抽象走向具体的过渡环节。"维齐非齐"是理论分析，只是说明了社会的应然状态，而"明分使群"则是实践要求，是通过社会治理由实然达到应然的必要手段。

"夫贵为天子，富有天下，是人情之所同欲也，然则从人之欲，则势不能容，物不能赡也。"(《荀子·荣辱》)荀子认为从本性来说人都是好逸恶劳，乐贵贱贫。若任由欲望发展的话，不仅会把有限的社会资源消耗殆尽，而且会导致社会冲突。因此，按照一定的标准对人的欲望进行限制和疏导就变得特别重要。荀子认为"礼义"就是这样的标准，而"人伦"包括天赋在内的这一自然的差序和谐就是"礼义"的内在根据。"故先王案为之制礼义以分之，使有贵贱之等，长幼之差，知愚能不能之分，皆使人载其事，而各得其宜，然后使谷禄多少厚薄之称，是夫群居和一之道也……故曰：'斩而齐，枉而顺，不同而一。'夫是之谓人伦。"(《荀子·荣辱》)正因为人与人之间不齐才能齐，不直才能直，不同才能统一，即"斩而齐，枉而顺，不同而一"。所以，只有"贵贱有等，长幼有差，贫富轻重皆有称"，才能人载其事，而各得其宜。概言之，在荀子看来，正义就是达到"维齐非齐"即差序和谐的状态。正因如此，荀子强调要实现社会正义，必须建立一个等级制度，即"贵贱有等，长幼有差，贫富轻重皆有称也"（《荀子·富国》）。"制礼义以分之，使有贫、富、贵、贱之等"（《荀子·王制》）；"少事长，贱事贵，不肖事贤，是天下之通义也"（《荀子·仲尼》）；"亲亲、故故、庸庸、劳劳。仁之杀也。贵贵、尊尊、贤贤、老老、长长。义之伦也。行之得其节，礼之序也"（《荀子·大略》）。荀子认为正义就是实现社会有差别的统一，差别是统一的前提，而统一则是差别的目的。概言之，社会正义的核心在于充分尊重各种自然差别和社会差别的基础上达到统一。包括人伦和天赋在内的自然差别属天，包括政治和文化在内的社会差别属人，所以从根本上来讲，以荀子为典型代表的先秦儒家的社会正义思想依然是一种天人合一思想。

礼义等差思想的特点是一方面尊重历史遗传因素的权重与影响，表现为高度的现实精神，认为人与人之间由于年龄大小、血缘级次和家庭环境不同而在社会结构、政治地位、文化影响方面存在着先天的差别；另一方面又认为在年龄大小、血缘级次和家庭环境等历史遗传因素之外人的先天能力以及道德品行等对社会的贡献值有高下之分而表现为高度的理想追求。实际上，能力可以被看作实现社会贡献的潜能。所以，这种分配模式是在优先照顾年龄大小、血缘级次和家庭环境等历史遗传因素的前提下以社会贡献的大小为标准，名位体系和物质利益的分配都要表现政治制度对于这些能力与贡献的奖励和肯定。荀子说："德必称位，位必称禄，禄必称用。"（《荀子·富国》）"凡爵位、官职、赏庆、刑罚皆报也，以类相从也。一物失称，乱之端也。夫德不称位，能不称官，赏不当功，不祥莫大焉。"（《荀子·正论》）孟子说："尊贤使能，俊杰在位，则天下之士皆悦，而愿立于朝矣。"（《孟子·公孙丑上》）所以儒家不仅承认以德能为分配标准的等差，而且主张强化它——而不管这种以德能为实质内涵的等差地位的取得是基于先天遗传的还是后天获得的。"礼"的纹饰繁复，级次详密：什么名位在什么场合中住什么房子，雕什么花纹，用什么车子，着什么衣服，戴什么帽子，穿什么鞋子，佩什么饰品，做什么动作，说什么辞令，用什么席子，奏什么音乐，旗子上画什么图案，都是儒家所关注的，作为人的、美的、文化的东西而不厌其烦、倍加关注和津津乐道的。① 因为它们正是用强烈的感官冲击来加深人们"等差"印象的符号和手段，是政治权力的展示，是社会地位的在场，是文化自身的沉迷，是人类对自我存在本质鞭辟入里的沉思与追问。值得注意的是，在这种追问与沉思之中，尽管从发生论角度上看来似乎人与人之间的关系来源于自然万物的衍化与启示，自然万物高于人的存在。实际上正好相反，从本体论，尤其从价值本体论的角度看来恰恰是人赋予了自然万物以意义，是自然万物存在的人文基础和价值根源，自然万物存在的价值与意义只有从人的存在结构中才能得到诠释和理解。儒家激烈批评许行、墨子等倡导的"绝对平等"或反对知识精英主导社会方向的思想，认为分配应当按照社会分工的内在逻辑来进行。而且，社会如果没有了价值等差的拉动，则贤能无法得到鼓励和彰显，整个社会的发展就会缺乏积极向上的活力。就此而言，礼义等差的认识论基础接近于自然主义的唯物主义，至少是客观理性的现实主义。

（二）义以分则和

人类首先是一种物质形态的存在，要通过与外界的物质与能量交换来满足自己最基本的生活需求，而物质资料的生产和各种能量的获取必须通过分工协作才能完成。"力不若牛，走不若马，而牛马为用，何也？曰，人能群，彼不能群也。人何以能群？曰分。分何以能行？曰义。"（《荀子·王制》）"分"是"群"的社会学基础，有分工才会有协作以结成稳定的群体；"义"是"分"的内在要求和形上学根据，"义"的作用就是"分"，"义"通过"分"而使自己得到最终表现和落实。这里的"分"也就是"份"，乃是按贵贱、贤愚、亲疏、长幼等把人分属于不同的阶层和等级，赋予其不同的角色和身份，不同的角色和身份又对应着不同的权利和义务。当然，这里的权利和义务不是现代意义上由法律界定的权利和义务，而是像钱穆先生所说的那样是由职分更准确地说是由职分所确定的道德权利和道德义务。② 荀子认为，区分贵贱的标准是礼，把这个标准运用于社会实际且把具体人群区别开来的过程就是义。经义

---

① 参见包利民《礼义等差与契约平等——有关分配正义的政治伦理思想比较》，《社会科学战线》2001 年第 3 期。
② 参见钱穆《国史新论》，生活·读书·新知三联书店 2010 年版，第 100—104 页。

的裁断编排，分门别类，以类相从，社会就秩序井然了。"赏贤使能，等贵贱，分亲疏，序长幼，此先王之道也……仁者，仁此者也；义者，分此者也。"（《荀子·君子》）义的作用就是将人群按贤愚、贵贱、亲疏、长幼诸标准区分开来，为其思想和行为划定边界。这样，各人的生活欲求就有了度量分界。"进则近尽，退则节求。"（《荀子·正名》）根据与其角色身份相符的合理的度量分界并统筹兼顾外部可能性条件来以"求"导"欲"，这样人的合理欲求就都可以得到满足，"群"也可得以持续存在和发展。因此，在荀子看来，义一般地说，有满足人求利欲望的功能。他说："人生而有欲，欲而不得，则不能无求，求而无度量分界，则不能不争，争则乱，乱则穷。先王恶其乱也，故制礼义以分之，以养人之欲，给人之求。使欲必不穷乎物，物必不屈于欲，两者相待而长。"（《荀子·礼论》）这里礼义的作用仍是"分"，让每个人明白自己的身份地位及其身份地位所应该有的欲求之度量分界。若无义之"分"和引导，人人任情欲而为，一则丧义，二则必为情欲所困而不能遂其欲求。以义导之，则既好义，亦可兼赅欲利。"故人一之于礼义则两得之矣，一之于情性则两丧之矣"（《荀子·礼论》）。专一于礼义则礼义、情性两得；专一于情性则礼义、情性两失。因此，义的作用说到底则无外乎是"养人之欲，给人之求"，满足人的欲求。其所谓"义胜利者"，"使其欲利不克其好义也"的真实目的，也不过是求得一个"欲必不穷乎物，物必不屈于欲"的社会财富与社会欲求的综合平衡罢了。

若从"义"与社会财富关系的层面看，荀子"义"的功能则不止于"养人之欲，给人之求"，还有培养和满足人新的欲求的作用，因为义能促进社会财富增长。荀子认为社会之所以普遍贫穷的原因在于"无分"。他反复强调："人之生不能无群，群而无分则争，争则乱，乱则穷矣。"这似乎是说，"群"是社会之必然，"群而无分"会导致纷争，而纷争会导致民生困苦。如果略掉中项"争则乱"，当然就可以直接得出"无分"使社会穷困的结论来。故推行礼义，"明分使群"，是富民富国之要务。他说："义以分则和，和则一，一则多力，多力则强，强则胜物……故序四时，裁万物，兼利天下，无它故焉，得之分义也。"（《荀子·王制》）在这里，荀子表现出了卓越的辩证思想："分"成了"和"的前提，社会身份的识别与界定是社会整体和谐的基础，以"分"达"和"

的过程就是"义";反之,没有"分"就没有"和",也就谈不上"义"。总之,只要行义,"明分使群",社会就能团结一致;在团结一致的基础上致力于物质财富的生产,财货就会"浑浑如泉源,汸汸如河海,暴暴如丘山,不时焚烧,无以藏之"(《荀子·富国》)。也就是说,义可以促使社会财富增长到不定时地焚烧一些则无处收藏的富足程度。按照荀子"欲""物""两者相待而长"的原则,义可以促进财富增长,亦可以培养人新的欲求。正因为荀子义的主旨是"分",将社会人群分出等级秩序,故他和孔孟的贫富不均有伤于义的看法不同,认为贫富差异是必要且合理合义。《王制》说,"两贵之不能相事,两贱之不能相使"是"天数",非人力所能改变。若人人无贵贱贫富之别,人人皆贵皆富,或人人都贱都穷,则谁也指挥不动谁,社会也将无法治理而至于大乱。因此,"制礼义以分之,使有贫富贵贱之等,足以相兼临者",才是养天下之大本。抛开具体的语境,如果做一抽象的、普遍化的理解的话,这与晏婴"和实生物,同则不继"的观点极为类似。

单纯而武断的社会分层会造成阶级利益的固化,社会活力的窒息。作为对"明分使群"的必要补充,荀子还明确提出人在社会层级结构中的上下流动以增强社会活力的机会均等原则。不同出身的人尽管原初地位不同,但都要努力学习,培养能力,进而发挥才学以贡献社会,社会才会依赖其社会贡献的大小而反馈之以应得的位分与公禄。反之,个人若不珍惜既有的社会职分和地位,不但不努力以贡献社会,力争上游,反而有负于社会分工中的应尽职责,则应下降其层级。荀子说:"无德不贵,无能不官,无功不赏,无罪不罚。"(《荀子·王制》)赏罚的得宜意味着社会报酬的正义性得到申张。荀子打破了周代以来社会的封建性和封闭性,使原为世袭的、一成不变的封闭社会,开放为一赏罚公道的、合理流动的社会。他说:"贤能不待次而举,罢不能不待须而废……虽王公士大夫之子孙也,不能属于礼义,则归之庶人。虽庶人之子孙也,积文学,正身行,能属于礼义,则归之卿相士大夫。"(《荀子·王制》)显然,荀子赞许滕文公能行"世禄",比孟子更务实而进步,这点极具积极性,颇有时代的价值,更明确地展示了荀子对社会正义的关切。

然而,人与人之间千差万别,造成的原因也极为复杂,如:家庭的熏染、先天的资质、后天的努力、成长的机会以及机遇、运气的影响等。

罗尔斯认为在分配基本权利与义务时刨除家庭环境、运气等偶然性因素的影响是社会正义的要求，荀子则认为，社会正义彰显于"凡爵列、官职……皆报也，以类相从也"（《荀子·正论》）。在荀子看来，人与人之间存在品德、学问、才能以及工作业绩方面的差别，那么，他们所承担的社会分工和相应的社会报酬也就要有所差别。因此，规划出一套能反映这一实情的、有差等的社会层级结构，才能体现社会正义。他说，"夫贵为天子，富有天下，是人情之所同欲也。然则从人之欲则势不能容，物不能赡也。故先王案为之制礼义以分之，使有贵贱之等，长幼之差，知愚、能不能之分，皆使人载其事而各得其宜。然后使谷禄多少厚薄之称，是夫群居和一之道也。故仁人在上，则农以力尽田，贾以察尽财，百工以巧尽械器，士大夫以上至于公侯，莫不以仁厚知能尽官职。夫是之谓至平"。（《荀子·荣辱》）这其实是与罗尔斯所主张的良序社会理想有着极大的相似之处，不同之处在于罗尔斯主张个人自由而对社会基本结构提出道德要求，荀子由倡导等差而主张节制，至少是不能放任个人欲望。荀子所向往的分配正义还蕴涵着德能等宜的特点。荀子认为，分配正义作为社会制度要求，是一种"德必称位，位必称禄，禄必称用"（《荀子·富国》）、"朝无幸位，民无幸生"（《荀子·富国》《荀子·王制》）、"万物皆得其宜……群生皆得其命"（《荀子·王制》）的理想之境。这德能等宜的特征体现在实现社会正义的等级结构中，一方面要因事分工，因工设位，德能兼备，劳酬相称；另一方面要顾及社会整体运行，使"万物各得其宜，群生皆得其命"，也就是在充分实现资源合理配置的基础上达致社会的整体和谐。因此，对于人事安排，在横向上做到才德与分位和公禄对称，纵向关系上有着合乎比例的等差，合乎"以类相从"的原则。这种思想也接近于现代的自由主义思想，只不过这里的社会原初状态具有分层结构而非原子式的。这种理想状态其实就是帕累托最优状态，对这种社会理想更准确的表达是"群居和一之道"。

（三）群居和一之道

荀子强调人与人、人与社会、人与自然之间的和谐，把社会和谐看作是"至高的善"。荀子指出："凡古今天下之所谓善者，正理平治也；

所谓恶者,偏险悖乱也,是善恶之分也已"(《荀子·性恶》),"正理平治",社会和谐,民生才能幸福,这样的社会才是善的社会;相反,"偏险悖乱"的社会道德堕落,人人自危,则是恶的社会。"礼义之谓治,非礼义之谓乱也。"(《荀子·不苟》)而"正理平治",社会和谐的关键则在于要用礼义来治理社会。舍弃了礼义,社会就会涽然失序、分崩离析。不仅如此,荀子的和谐价值观还蕴含着丰富的内容。

> 天行有常,不为尧存,不为桀亡。应之以治则吉,应之以乱则凶。强本而节用,则天不能贫;养备而动时,则天不能病;修道而不贰,则天不能祸。故水旱不能使之饥,寒暑不能使之疾,祆怪不能使之凶。本荒而用侈,则天不能使之富;养略而动罕,则天不能使之全;倍道而妄行,则天不能使之吉。故水旱未至而饥,寒暑未薄而疾,祆怪未至而凶——受时与治世同,而殃祸与治世异,不可以怨天,其道然也。故明于天人之分,则可谓至人矣。(《荀子·天论》)

一方面,它要求人与自然之间的和谐,人的行为应该与自然秩序协调一致;另一方面,它注重人与人之间的和谐。人与自然之间的和谐也就是实现"天人合一",达到"与天地参"。尽管荀子高扬人的主体性,提出"制天命而用之",但是他倡导"制天命而用之""人定胜天"是有前提条件的,即承认人属于自然,是自然界的一部分。如荀子认为:"财(裁)非其类,以养其类,夫是之谓天养。顺其类者谓之福,逆其类者谓之祸,夫是之谓天政。"(《荀子·天论》)饥食渴饮是人的自然天性,没有基本的生活资料人就不能生存,这是"天政"。阴阳寒暑,雷雨风雪有其自然规律,对于农耕民族而言不能违背,否则就不能获取基本的生活资料,这是"不为尧存,不为桀亡""非人力所能为也"的"天行"。承认"天政""天行"等自然规律的作用,排除"妖怪"等神秘主义的影响,这使荀子的哲学立场看起来更接近唯物主义。荀子亦承认人的主观能动性,他认为在"天行"之外,人也不是绝对无所作为。相反,完全出于人为的"治""乱"是"吉""凶"的决定性因素。是"强本而节用""养备而动时""修道而不贰"的"治"还是"本荒而用奢""养略而动罕""倍道而妄行"的"乱"会产生"吉""凶"两种完全不同的社会后果，甚至这样截然不同的社会后果完全独立于诸如水旱、寒暑、妖怪等所谓的自然天道之外而只取决于人的主观努力。孔子只说"死生有命，富贵在天"（《论语·颜渊》），又慨叹"天何言哉？四时行焉，百物生焉，天何言哉？"（《论语·阳货》）孟子也只说"尽其心者，知其性也。知其性，则知天矣。存其心，养其性，所以事天也。夭寿不贰，修身以俟之，所以立命也"（《孟子·尽心上》）。可见孔子虽一直强调"知其不可而为之"（《论语·宪问》），孟子虽主张"尽心""知性""知天"，却都并不对主观努力所能达到的客观效果抱十分乐观的态度，荀子主张"明于天人之分"的乐观态度标志着儒家对人与自然、人与社会理性认识程度的进一步提高和主体性地位的最终确立。而理性认识程度的提高与主体性地位的确立标志着社会领导阶级理论自信的觉醒和历史使命的贞定，同时，也昭告着崭新社会秩序的产生。

> 夫贵为天子，富有天下，是人情之所同欲也。然则从人之欲则势不能容，物不能赡也。故先王案为之制礼义以分之，使有贵贱之等，长幼之差，知愚、能不能之分，皆使人载其事而各得其宜。然后使谷禄多少厚薄之称，是夫群居和一之道也。故仁人在上，则农以力尽田，贾以察尽财，百工以巧尽械器，士大夫以上至于公侯，莫不以仁厚知能尽官职。夫是之谓至平。故或禄天下而不自以为多，或监门、御旅、抱关、击柝而不自以为寡。故曰："斩而齐，枉而顺，不同而一。"夫是之谓人伦。《诗》曰："受小共大共，为下国骏蒙。"此之谓也。（《荀子·荣辱篇》）

荀子思想的核心在于"分"，既要"明于天人之分"，又要使人明白自身在社会中的分殊。这种身份分殊只是起点的不同，尽管这里也论及了智商和能力等各种因素对身份的决定作用，但这种不同主要出于家庭环境等历史因素的影响，这种影响虽然具有自然偶然性和社会任意性，却是人无法选择，也无法逃避的。尽管默许自然偶然性和社会任意性在资源配置中的作用当然有违于罗尔斯意义上的正义，然而重要的是荀子承认身份的分殊并不是要为阶级压迫进行合法性论证，而是要于先在的差序结构中追求社会的动态和谐。当然，在荀子看来这种差序结构只是人一出生便不得不面对的历史事实，是他生长生活的先天社会背景，但就具体的个人而言这种差序结构又不是完全不能打破的。相反，荀子更注重后天养成的德性和能力在决定社会名位体系分配中的权重。就实际的社会生活过程本身而言，荀子的态度既是历史主义的，又是一种客观的、现实的理性主义态度。人虽然对先天环境无能为力，但就现实社会生活而言，"群"是包含着差别性的个体聚落，"和一"是社会生活的真实样态。所谓"群居和一"，即是说在不同层面上无论是家庭、社团还是国家，人与人之间的和谐也就是社会整体的和谐。"群居和一"的良序社会是荀子所追求的正义目标，也是礼法秩序的理想状态。荀子说："故先王案为之制礼义以分之，使有贵贱之等，长幼之差，知愚能不能之分，皆使人载其事而各得其宜，然后使谷禄多少厚薄之称，是夫群居和一之道也……故仁人在上，则农以力尽田，贾以察尽财，百工以巧尽械器。士大夫以上至于公侯，莫不以仁厚知能尽官职。夫是之谓至平。"（《荀子·荣辱》）由此，荀子为未来社会设计出一幅"至平"社会蓝图："君臣上下，贵贱长幼，至于庶人，莫不以是为隆正……然后农分田而耕，贾分货而贩，百工分事而劝，士大夫分职而听，建国诸侯之君分土而守，三公总方而议，则天子共己而止矣。出若入若，天下莫不平均，莫不治辨，是百王之所同，而礼法之大分也。"（《荀子·王霸》）概言之，在这个社会中，君君、臣臣、父父、子子、兄兄、弟弟、农农、工工、士士、商商，各安其职，各尽其能，各得其所，井然有序。每个人虽由于其份位不同而地位高下悬殊，却都以悬殊为安，心满意足而不怨天尤人。荀子所要建构的充分正义的理想社会是至平的社会。"天下莫不平均，莫不治辨"是其社会正义得以实现的终极理想所在。在他看来，"仁人在上，则农以力尽田，贾以察尽财，百工以巧尽械器，士大夫以上至于公侯，莫不以仁厚知能尽官职。夫是之谓至平"（《荀子·荣辱》）。在这种理想社会中，"贵者敬焉，老者孝焉，幼者慈焉，贱者惠焉"（《荀子·大略》）。可以说，这个"群居和一"的差序和谐社会就是荀子"至平"的理想国。

在荀子设计的分配正义中，君主圣明、臣子贤德、按劳取酬、衡情度理。荀子说："故先王案为之制礼义以分之，使有贵贱之等，长幼之差，知愚、能不能之分，皆使人载其事而各得其宜。然后使谷禄多少厚薄之称，是夫群居和一之道也……夫是之谓至平。"（《荀子·荣辱》）"至平"社会的人在社会分工中各安其位，各尽所能，各取所值，各得其所，各遂其生。荀子所谓："故知礼义以分之，使有贫富贵贱之等，足以相兼临者，是养天下之本。书曰：'维齐非齐'。此之谓也。"（《荀子·王制》）换言之，在度量分界的礼法制度下，个体所获得的社会报酬，与他所付出的社会贡献相称等值，使他自觉所应得而心悦诚服。因此，个体在分配正义的实践下，对社会更有认同感和向心力。

三　情法论：故礼，上事天，下事地，尊先祖而隆君师

人类需要道德情感，道德情感属于私人领域；[①] 社会需要政治秩序，政治秩序属于公共领域。没有道德情感，人就与禽兽无异，也就失去了人的终极归因与人性根据；没有政治秩序，人的生存权利与道德情感就失去了基本的社会环境与外在保证。家庭生活是人类生存发展和社会化过程的起点，就具体个体道德情感的发生而言，基于家庭伦理的"孝"是最初也是最原始的道德情感和道德要求。作为一种基本的道德要求，尽管普遍化的"孝"能够达到淳化风气的社会效果，但按其本质而言，其调整范围仅限于家庭家族的血缘关系或拟血缘关系之内，是与家庭家族之外其他社会成员无涉的。曾子曰："孝有三：大孝尊亲，其次弗辱，其下能养。"（《礼记·祭义》）这里的"尊亲"是使动用法，也就是"使己亲尊"或"使他人尊己亲"，"亲"是"尊"的客体和对象，而"尊亲"的主体却是家庭之外的社会人。从社会心理学角度来看，"尊"的晕轮效应或克里斯玛化而产生权威的这一社会结果会很自然地导向一种社会秩序甚至政治秩序。考诸曾子之言，我们可以看到，儒家所理解的"孝"，虽根植于家庭伦理，而实际上却包含了社会评价乃至政治价

[①] 社会公德主要基于秩序感对自我的一种克制，与家庭道德相比，这里有一个道德感和道德情感的区别。道德感往往体现为消极意义上对自己欲望的克制，而道德情感则体现为积极意义上对情感的投注。

值的向度，所以才有后来"移孝作忠"之类的说法。也就是说对于儒家而言，公共领域和私人领域是高度交叉融合的，儒家修齐治平的经典表述似乎也在证明这种判断。但实际上，对于儒家而言，公共领域和私人领域的融通仅仅限于道德修养和精神生活层面；在现实的政治生活中，儒家要求严辨公私，并以之为最切近的修养要求，这就是"门内之治恩掩义，门外之治义断恩"。儒家这种主张正是要同时满足个人道德情感和社会集体善的共同要求。

（一）礼，报情反始者也

人既是一种生物学意义上的物质形态存在，同时又是一种社会历史意义上的文化形态存在。因此，关注自身命运，探求终极意义的形而上追寻既是人类的内在精神之维，也是人类的本性。这不但是人安身立命之所在，也是人类生命价值与生活意义的最高支撑和最终支点。人生只是一个过程，具有时空有限性，但对人生意义的探寻却具有无限性，这种无限性一方面体现为从纵向环环相扣种族血缘繁衍生息亘古亘今的角度弥缝个体生命有限所造成的巨大时间罅隙，另一方面体现为从横向普遍联系天地万物关联互动同频共振的角度填补个体生命有限所造成的巨大空间黑洞。借此，人类整体生命的张力才能弥纶于整个宇宙，人类个体生命的衔接也才能获取其终极的价值与意义。时间说终始，空间论广延，糅和时间空间两个宇宙维度为一体的终极之问就是人自哪里来？又向何方去？对此，荀子有着自己的回答：

> 礼有三本。天地者，生之本也；先祖者，类之本也；君师者，治之本也。无天地恶生，无先祖恶出，无君师恶治，三者偏亡焉无安人。故礼，上事天，下事地，尊先祖而隆君师。（《荀子·礼论》）

"恶"是疑问代词"哪里"。荀子所论有两层意思，其一是说礼来源于生命、群类和治道的辩证统一；其二也是更为基础的意思是说生命来源于天地，群类来源于先祖，治道来源于君师。也就是说，一方面，"无天地恶生，无先祖恶出，无君师恶治"，礼从理性反思角度寄托着人对自身的终极关怀和形而上诠释；另一方面，"故礼，上事天，下事地，尊先祖而隆君师"，礼在现实生活中又表现为对人之所自及其历史传统的符号复述和文化追忆。对此，《大戴礼记》有着相似的表述：

> 礼有三本：天地者，性之本也；先祖者，类之本也；君师者，治之本也。无天地焉生？无先祖焉出？无君师焉治？三者偏亡，无安之人。故礼，上事天，下事地，宗事先祖，而宠君师，是礼之三本也。（《大戴礼记·礼三本》）

实际上，《大戴礼记》"性之本也"中的"性"也就是《荀子》"生之本也"中的"生"。抛开具体词句的差异，我们看到《荀子》和《大戴礼记》所表达的思想是一致的，那就是人有三重本质或三重属性：天地自然为人类生命活动提供物质之基础，人的生物属性本于天地自然；先祖开启种族繁衍之端绪，人的文化属性本于血缘先祖；君王导师赋予人社会形式与社会意义，人的社会属性本于君王导师。而礼就是不但要通过不同的仪式排演和文化复述来提醒人的本之所自，而且对包括肉体和灵魂在内的所自之本进行特定意义上的回溯、回报与反哺。所以"丧与祭"是礼所充分重视的内容，其逻辑就是"丧祭之礼废，则臣子之恩薄，而倍死忘生者众矣"（《礼记·经解》）。这种活动虽然类似于宗教仪式，但却是一种基于现实而指向超越，面向终极而又归之于当下的，具有内在超越属性的人文主义的情感关怀而与宗教所追求的外在的超越大异其趣。"凡不孝生于不仁爱也，不仁爱生于丧祭之礼不明，丧祭之礼所以教仁爱也。致爱故能致丧祭，春秋祭祀之不绝，致思慕之心也。夫祭祀致馈养之道也，死且思慕馈养，况于生而存乎？故曰丧祭之礼明，则民孝矣。故有不孝之狱，则饰丧祭之礼。"（《大戴礼记·盛德第六十六》）丧祭之礼的目的是要教人们学会仁爱之道，说到底，不过是神道设教罢了。值得注意的是尽管回报的对象包括自然和社会，但毫无疑问这又是以血缘亲情为中心推扩而及的。

> 宰我问："三年之丧，期已久矣。君子三年不为礼，礼必坏；三年不为乐，乐必崩。旧谷既没，新谷既升，钻燧改火，期可已矣。"子曰："食夫稻，衣夫锦，于女安乎？"曰："安。""女安则为之！

· 238 ·

夫君子之居丧，食旨不甘，闻乐不乐，居处不安，故不为也。今女安，则为之！"宰我出。子曰："予之不仁也！子生三年，然后免于父母之怀。夫三年之丧，天下之通丧也。予也，有三年之爱于其父母乎？"（《论语·阳货》）

乐也者，施也。礼也者，报也。乐，乐其所自生，而礼反其所自始。乐章德，礼报情、反始也。（《礼记·乐记》）

事亲有隐而无犯，左右就养无方，服勤至死，致丧三年。事君有犯而无隐，左右就养有方，服勤至死，方丧三年。事师无犯无隐，左右就养无方，服勤至死，心丧三年。（《礼记·檀弓上》）

孔子对宰我的批评是说人对本之所自尤其是生养我们的父母要抱有一种真挚的道德情感，如果没有道德情感作为内在价值支撑的话礼就是徒具虚文，徒具虚文的礼也就丧失了其之所以为礼的真正意义，而礼之"报情、反始"正是表达这些道德情感的方式。真挚的情感是自然的流露，如果稍有勉强，就不是真挚情感的自然流露了。这就需要讲求内心自觉而不能靠外力胁迫，这里的"安"说的就是没有外力胁迫下完全纯粹的自然状态。"报情、反始"固然是人人所当有的道德情感，这种道德要求对所有个体也都是普遍有效的，但这一说法本身就蕴含着不同对象不同对待的内在差异性。除了"事亲"之外还有"事师"和"事君"，家庭之外，人主要还是生活在社会中接受"君"的政治引导与"师"的文化熏染。郑氏曰："事亲以恩为制，事君以义为制，事师以恩义之间为制。"[①]《礼记·檀弓上》的"事亲""事君""事师"是接着"礼有三本"讲的，是说在处理家庭事务的"事亲"和公共事务的"事君"以及介于二者之间的"事师"时还要根据具体情况区别对待。特别是对于那些承担社会治理职能的人来说，就需要在合理克制血缘亲情的基础上对家庭私域和社会公域进行一定的辨别与分治。

(二) 门内之治恩掩义，门外之治义断恩

政治乃天下之公器，西方所一直担心的是国家对社会的侵入与渗透。

[①] （清）孙希旦：《礼记集解·卷七·礼记檀弓上第三之一》，中华书局1989年版，第165页。

因此，西方人更多的是保持对政治权力的警惕而主张对权力进行约束和限制。恰恰相反，在伦理的政治这一社会治理模式中，伦理精神贯穿于全部政治行为，在这种情况之下，法律存在向亲情倾斜的自然倾向。但"国法向亲情倾斜，是有其内在限度的，超过此限度，便丧失了作为国法所应具备的维持社会秩序与政治秩序的职能，而不成其为国法了"①。所以，中国古人虽然也主张在私人领域与公共领域之间保持一种适度的张力，但"君有合族之道，族人不得以其戚戚君，位也"（《礼记·大传》）。也就是说，他们更警惕的是私人领域对公共领域的侵占与覆盖。

礼的设计首先是要试图明确私人领域与公共领域之间的合理边界："君之丧未小敛，为寄公、国宾出；大夫之丧未小敛，为君命出；士之丧于大夫，不当敛则出。"（《礼记·丧大记》）"既葬，与人立，君言王事，不言国事。大夫士言公事，不言家事。"（《礼记·丧服大记》）"君既葬，王政入于国，既卒哭而服王事。大夫士既葬，公政入于家，既卒哭，弁、绖、带，金革之事无辟也。"（《礼记·丧大记》）"《春秋》之义，不以家事废王事。"（《后汉书·丁鸿传》）

虽然生老病死是任何人都无法逃避的人生之常，但一般而言生老病死本身首先具有个体性。从普遍意义上的一般情况而言，个体生老病死影响之所及主要囿于家庭或家族之内。因此，丧葬之礼就其本质而言首先属私人领域。但对于统治者，尤其对于国君而言，丧礼又是国政，属于公共领域。在谈到丧礼时，"郑氏曰：此权礼也"。② 一般情况下，礼主张国家公权力要尊重人们的道德情感和伦理精神而不应逾越其界限，但在国家危难等特殊情况之下要进行权变以国家利益为重。因此，礼的设计要兼顾公法与私情：

一方面，"公族之罪，虽亲，不以犯有司正术也，所以体百姓也。刑于隐者，不与国人虑兄弟也"（《礼记·文王世子》）是原则性的要求，也就是要充分维护法律的尊严使之免受家族私情的影响与干扰，严格坚持公共领域中权力运用的公平、公开与透明，这在某种程度上和现代民主要求"权力运行于阳光之下"虽不能说是完全一致，但至少是不相背

---

① 张晋藩：《中国法律的传统与近代转型》，法律出版社2005年版，第85页。
② （清）孙希旦：《礼记集解·卷四十四·丧大记第二十二之二》，中华书局1989年版，第1171页。

离的；另一方面，和现代民主的区别主要在于"所以体百姓也"——"体"有"体贴""体会"之意，还是要从高高在上的公平观察者的视角用统治者对普通民众的慈爱和同情代替民众自己的公共表达，这在实际上取消了普通民众的公共表达权和政治主体性地位；再一方面，"三宥""虽然，必赦之""公族无宫刑，不剪其类也""素服居外，不听乐，私丧之也"（《礼记·文王世子》）等诸如此类的说辞是要表达对道德情感和伦理精神的尊重。非唯如此，"素服不举，为之变"，"弗吊，弗为服，哭于异姓之庙，为忝祖，远之也"（《礼记·文王世子》）。公族触犯了公法同时也意味着伦理联系一定程度上的变异和断裂。也就是说当情与法发生冲突的时候，固然是要照顾伦理亲情，但更重要的是维护公法的公平与正义，这就是"门内之治恩掩义，门外之治义断恩"。

> 丧有四制，变而从宜，取之四时也。有恩有理，有节有权，取之人情也。恩者仁也，理者义也，节者礼也，权者知也。仁、义、礼、知，人道具矣。门内之治恩掩义，门外之治义断恩。资于事父以事君，而敬同，贵贵尊尊，义之大者也。（《礼记·丧服四制》）

综上所述，儒家关于私情和公法的态度实有区别，这种区别蕴含了现代意义上"私人领域"与"公共领域"的厘正与界分。私情应以亲情、恩情为主导原则，公法应以公正、正义为主导原则。其经典表述就是"门内之治恩掩义，门外之治义断恩"。"门内"即家庭与家族私人领域，"门外"即国家与政治公共领域。质言之，儒家处理家庭事务以"恩"情为主导原则，同时兼顾"义"的原则，即所谓"恩掩义"；处理国家公共事务则以"义"为原则，不考虑"情"的因素，即所谓"义断恩"。对此，周天玮说："儒家对人性尊严的重视，是法治的真精神，法治对社会性合作的诉求，也是儒家的真理想。"[1]

（三）王室而既卑矣，周之子孙日失其序

理想与现实之间存在着永恒的张力是人类社会发展的一个基本事实。

---

[1] 周天玮：《法治理想国：苏格拉底与孔子的虚拟对话》，商务印书馆1999年版，第161页。

自由、平等、幸福是人类永恒的理想，她引导着人类不断前进；但在历史发展的具体阶段，自由、平等又不得不以相对性的形态而存在，表现为一种相对有限的差序和谐，也就是荀子所谓的"群居和一"的生活状态，也是礼所追求的社会理想。但在春秋之际由于各种因素的出现而使整个社会不得不面临"礼崩乐坏"的现实。

霍布斯说，"国家的另一毛病就是城市过大，这样它就可以从本城中提供人员和经费组成庞大的军队，自治市过多也是这样；它们就像是一个大国家肚子里有许多小国家一样，类似于自然人肠道中的虫子。关于这一点我们还可以补充一个问题，那便是自命有政治才干的人非议绝对主权；这种人虽然大部分是在人民的渣滓中孳生繁育的，但由于受到谬误学说的鼓动而不断干涉基本的法律，就像被医生称为蛔虫的那种小虫子一样，滋扰国家"①。霍布斯的意思是说地方与国家之间实力的消长必然会引起政治结构相应的变化，这在先秦时期主要表现为诸侯国与周王室、大夫与诸侯国以及家臣与大夫之间的实力消长所带来的种种政治效应上。就现代西方社会生活而言，人们只具有两重身份，一为自然人，一为公民。人们以自然人身份在私人领域参与各种社会文化活动，而以公民身份在公共领域参与各种社会政治活动。而中国古代的情况则要复杂得多：对于国君而言，在面对诸侯国与周王室之间的关系时，诸侯国是私人领域，而周王室是公共领域。对于大夫而言，家事属私人领域，而国事则属公共领域。对于家臣而言，己之小家属私人领域，而大夫之家则属公共领域。以此类推，每一个人都处于私人领域与公共领域的双重覆盖之下，只不过身份不同，领域的层次不同，覆盖的范围也不同罢了。先秦时期的种种政治变革正是由在实力消长推动下私人领域与公共领域的相互渗透和复杂互动造成的，范无宇的说法也表达了与霍布斯类似的观点。

> 灵王城陈、蔡、不羹，使仆夫子晳问于范无宇，曰："吾不服诸夏而独事晋何也，唯晋近而我远也。今吾城三国，赋皆千乘，亦当晋矣。又加之以楚，诸侯其来乎？"对曰："其在志也，国大为城，

---

① [英]霍布斯：《利维坦》，黎思复、黎廷弼译，商务印书馆1985年版，第259页。

未有利者。昔郑有京、栎，卫有蒲、戚，宋有萧、蒙，鲁有弁、费，齐有渠丘，晋有曲沃，秦有征、衙。叔段以京患庄公，郑几不封，栎人实使郑子不得其位。卫蒲、戚实出献公，宋萧、蒙实弑昭公，鲁弁、费实弱襄公，齐渠、丘实杀无知，晋曲沃实纳齐师，秦征、衙实难桓、景，皆志于诸侯，此其不利者也。且夫制城邑若体性焉，有首领股肱，至于手拇毛脉，大能掉小，故变而不勤。地有高下，天有晦明，民有君臣，国有都鄙，古之制也。先王惧其不帅，故制之以义，旌之以服，行之以礼，辩之以名，书之以文，道之以言。既其失也，易物之由。夫边境者，国之尾也，譬之如牛马，处暑之出既至，虻蜹之既多，而不能掉其尾，臣亦惧之。不然，是三城也，岂不使诸侯之心惕惕焉。"子晳复命，王曰："是知天咫，安知民则？是言诞也。"右伊子革侍，曰："民，天之生也。知天，必知民矣，是其言可以惧哉！"三年，陈、蔡及不羹人纳弃疾而弑灵王。（《国语·楚语上》）

范无宇遍举郑、卫、宋、鲁、齐、晋、秦等国的经验教训，其目的就是担心地方实力过强就必然会挑战中央的治权并进一步威胁国家和社会的稳定。采邑与公邑是封建诸侯的主要形式，但"采邑与公邑都不是一成不变的。采邑主如果丢掉官职或受到周王惩处，就可能失去采邑，他的采邑将收归王室而变成公邑。随着一批又一批新兴贵族的崛起，周王不断地把许多公邑封授给新的采邑主，这样，原来的公邑就将陆续成为新贵族的采邑。在一般情况下，采邑变为公邑的较少，而公邑变为采邑的则比较多。西周王畿土地变化的基本趋势，是公邑在不断减少，采邑不断增加"[①]。其结果就是地方实力不断增强而中央实力相对衰落，"王室而既卑矣，周之子孙日失其序"[②]。经济基础决定上层建筑，随之而来的就是宗法制的毁废和"礼崩乐坏"局面的出现。

癸臣子之，有宠，妻之。庆舍之士谓卢蒲癸曰："男女辨姓。子

---
① 吕文郁：《周代采邑制度》，社会科学文献出版社2006年版，第140—141页。
② 杨伯峻：《春秋左传注·隐公十一年》，中华书局2009年版，第75页。

不辟宗，何也？"曰："宗不余辟，余独焉辟之？赋诗断章，余取所求焉，恶识宗？"（《左传·襄公二十八年》）

卢氏和庆氏本为同宗，庆舍竟把自己的女儿嫁给了卢蒲癸。庆舍的作为和卢蒲癸的说辞正好表明了宗法约束的消解和礼制精神的衰落。《礼记》说，凡四代之服、器、官，鲁兼用之。是故鲁，王礼也，天下之传久矣，君臣未尝相弑也，礼乐、刑法、政俗未尝相变也。天下以为有道之国，是故天下资礼乐焉。孔氏曰：作记之时，是周代之末，唯鲁独存周礼，故以为有道之国。《左传》云："诸侯宋、鲁，于是观礼。"是天下资礼乐也。郑氏却反驳说："春秋时，鲁三君弑，又士之有诔，由庄公始，妇人髽而吊，始于台骀，云'君臣未尝相弑'，'政俗未尝相变'，亦近诬矣。"对此，朱子说得更为明白显豁："夏父跻僖公，礼之变也；季氏舞八佾，歌雍诗，乐之变也；僖公欲焚巫尪，刑之变也。宣公初税亩，法之变也。政逮于大夫，政之变也；妇人髽而吊，俗之变也。"[①] 朱子认为就所谓"周礼尽在"的鲁国而言，春秋之季其礼、乐、刑、法、政、俗都发生了根本的改变，是社会、政治、经济、文化的整体变迁。

对此，朱子的解释是："周自东迁之后，王室益弱，畿内疆土皆为世臣据袭，莫可谁何，而畿外土地皆为诸侯争据，天子虽欲分封而不可得。如封郑桓公，都是先用计指涉郐地，罔而取之，亦是无讨土地处，此后王室子孙岂复有疆土分封？某尝以为郡县之事已萌矣，至秦时是时势穷极去不得了，必须如此做也。"（《朱子语类·卷一百三十四·历代一》）如所周知，封建与礼制是一体之两面，朱子所论揭示了郡县制代替封建制作为政治设计与制度安排的历史必然性。也就是说，"王室而既卑矣，周之子孙日失其序"，随着封建的没落，"礼崩乐坏"也是很自然的事情。尽管作为制度安排的礼已经失去了继续存在的历史合理性，但作为社会文化形式的礼依然有其存在的价值与意义。冯友兰先生一直强调抽象继承法，其本意或许也正在于此吧！

[①] （清）孙希旦：《礼记集解·卷三十一·明堂位第十四》，中华书局1989年版，第857—858页。

四　文化论：礼义之始，在于正容体，齐颜色，顺辞令

孔子说："恭而无礼则劳，慎而无礼则葸，勇而无礼则乱，直而无礼则绞"（《论语·泰伯》），也就是说礼正是"恭""慎""勇""直"等诸种德性的文化保证。而礼又是通过一定的礼文仪节和行为符号得以表达的，"是以君子恭、敬、撙、节、退、让以明礼"①。这里所说的"正容体，齐颜色，顺辞令"以及"恭、敬、撙、节、退、让"就是"仪"。

（一）容体正，颜色齐，辞令顺，而后礼义备

马克思认为主观见之于客观的物质性活动就是实践，但马克思所说的实践主要是指生产实践，而生产实践只是广义实践中的一个子范畴。就广义而言，具体环境中的具体行为就是实践。"所谓实践，我意指任何一种复杂而一致的、旨在建立社会合作的人类活动形式，通过它，并在试图达到那些卓越标准的过程中（那些卓越标准对于该活动形式既是适当的又是部分确定的），内在于这种人类活动形式中的各种善被实现出来，其结果是，人类实现卓越的力量以及相关的人类目的和善观念都被系统地扩展了。"② 这里麦金泰尔所说的实践其实就是包括生产实践在内的广义的实践。比如，吃饭穿衣是人类的基本生命活动。虽然服饰最初和最基本的作用是遮羞与保暖，但除此之外这些基本的生命活动又折射着人类各种各样的价值追求与审美意蕴。进而言之，"在较高的文明阶段里，身体装饰已经没有它那原始的意义。但另外尽了一个范围较广也较重要的职务：那就是担任区分各种不同的地位和阶级"③。因此，服饰又被称为"身体的自我表现技术"，这在古代的礼仪活动中得到了完美的体现。《左传》有云："服以旌礼，礼以行事，事有其物，物有其

---

① （清）孙希旦：《礼记集解·卷一·曲礼上·第一之一》，中华书局1989年版，第9页。
② 参见姚大志《何谓正义——当代西方政治哲学研究》，人民出版社2007年版，第239页。
③ ［德］格罗塞：《艺术的起源》，蔡慕晖译，商务印书馆2000年版，第81页。

容。"(《左传·昭公九年》)"行事"就是实践,而这里的"行事"又是按照礼的要求在具体环境中特定服饰、特定行为和特定容色的统一,或者说这里的礼正是"一种复杂而一致的、旨在建立社会合作的人类活动形式"。而且,通过礼的作用人类内在于这种活动中的各种善被实现出来而且人类实现卓越的力量以及相关的人类目的和善观念都被系统地扩展了。

> 凡人之所以为人者,礼义也。礼义之始,在于正容体,齐颜色,顺辞令。容体正,颜色齐,辞令顺,而后礼义备。以正君臣,亲父子,和长幼。君臣正,父子亲,长幼和,而后礼义立。(《礼记·冠义》)

从根本意义上来说,实践无非有两种:物质生产实践和社会文化实践,物质生产实践为人类的延续提供基本的经济物质基础,社会文化实践为人类的生存赋予价值理想支撑。物质生产实践需要一定的组织和秩序,社会文化实践为组织秩序提供意义推演和价值论证,并反过来保证物质生产实践和社会文化生活的正常进行。礼正是这样的社会文化实践,而礼的价值又是通过对个体服饰、容体、颜色、辞令、恭、敬、撙、节、退、让、动容周旋等身体、语言诸多方面的符号化要求而得以实现的。但礼仪活动的目的并不是仅仅停留在"服饰、容体、颜色、辞令、恭、敬、撙、节、退、让、动容周旋"等外在形式上,而是要通过"正君臣,亲父子,和长幼"的实践过程来实现"君臣正,父子亲,长幼和"等诸如此类的人类目的和善观念。充分过滤掉个人私欲而表达共同追求的人类目的和善本身是永恒普遍而没有任何规定性的,但实现人类目的和善的具体行为则存在着一定的度量和界限。孔子说:"质胜文则野,文胜质则史。文质彬彬,然后君子。"(《论语·雍也》)《礼记》亦云:"有径情而直行者,戎狄之道也。"(《礼记·檀弓下》)总之,道德情感的表达需要一定的文化符号,人际交往的开展需要一定的社会形式,政治过程的控制亦需要一定的组织规章。对此,荀子有着清晰的表达:

> 凡用血气、志意、知虑,由礼则治通,不由礼则勃乱提僈;食

第三章 礼论——伦理正义

饮、衣服、居处、动静，由礼则和节，不由礼则触陷生疾；容貌、态度、进退、趋行，由礼则雅，不由礼则夷固、僻违、庸众而野。故人无礼则不生，事无礼则不成，国家无礼则不宁。（《荀子·修身》）

荀子这一思想可视为对孔子思想的进一步发挥和深化：毋庸置疑，孔子所说的"质胜文则野，文胜质则史。文质彬彬，然后君子"是就君子的自身修养而言，荀子的论述正是接着孔子讲的。但荀子所论不但包括"食饮、衣服、居处、动静""容貌、态度、进退、趋行"等日常生活中的细节，而且涉及了"血气、志意、知虑"等个人生命状态以及国家治乱之类的政治秩序。他认为行为不合礼的人不但"夷固、僻违、庸众而野"，而且会"悖乱提僈"，出现气血不和的情况而"触陷生疾"。个体的生命状态会影响到他的生活和工作状态，群体的生命状态和工作状态会影响到社会秩序和国家稳定。也正是在这个意义上他才说："故人无礼则不生，事无礼则不成，国家无礼则不宁。"一言以蔽之，礼仪本身就具有独特的社会文化和政治价值。

（二）故先王为之立中制节，壹使足以成文理

亚当·斯密说："我们厌恶那喧扰不已的悲痛——它缺乏细腻之情，用叹息、眼泪和讨厌的恸哭来要求我们给予同情。但我们对有节制的悲哀、那种无声而恢宏的悲痛却表示敬意……和谐可亲的美德存在于一定程度的情感之中，它以其高雅、出人意料的敏感和亲切而令人吃惊。令人敬畏和可尊敬的美德存在于一定程度的自我控制之中，它以其使人惊异地优越于人类天性中最难抑制的激情而令人吃惊。"[1] 一言以蔽之，喜、怒、思、忧、恐为情感之大端，所谓喜伤心，怒伤肝，思伤脾，忧伤肺，恐伤肾，而情绪和情感又具有传染性，所以人类的情感需要节制以致中道，否则"直情径行"就是"戎狄之道"。这于个人，于社会都是非常不利的，而礼的目的正是要"立中制节"。非但于人如此，天道

---

[1] ［英］亚当·斯密：《道德情操论》，蒋自强、钦北愚、朱钟棣、沈凯璋译，商务印书馆2003年版，第25—26页。

亦有其节：

>天地之道，寒暑不时则疾，风雨不节则饥。教者，民之寒暑也。教不时则伤世；事者，民之风雨也，事不节则无功。（《礼记·乐记》）

中国古代的自然哲学虽然是从现实生活中概括出来的，但是人们阐述它并不是为了去进一步认识自然，而是为了去解释社会。① 寒暑风雨本来只是自然现象，这里却被拿来比喻教化和农事。天有春夏秋冬风雨霜雪，人有生老病死贫富顺逆。这虽为自然社会之常态，然有生之人莫不悦生恶死，此又为人情之常。

>天生人而使有贪有欲，欲有情，情有节，圣人修节以止欲，故不过行其情也。（《吕氏春秋·情欲》）
>敖不可长，欲不可从（纵），志不可满，乐不可极。（《礼记·曲礼》）

此即所谓"人生而有欲，欲而不得，则不能无求，求而无度量分界，则不能不争，争则乱，乱则穷"（《荀子·礼论》）。资源稀缺而欲望无限，如果不以一定的标准加以节制必然造成抢夺纷争和社会混乱。非唯人情欲望如此，即使是良好的德性，也要节制有度，使之一循中道。

>用人之知去欺诈，用人之勇去其怒，用人之仁去其贪。（《礼记·礼运》）
>故先王为之立中制节，壹使足以成文理。（《礼记·三年问》）

"礼乎？礼，夫礼所以制中也。"（《礼记·仲尼燕居》）"先王之制礼也，过之者俯而就之，不至焉者，跂而及之。"（《礼记·檀弓》）"立中制节"虽然是就丧礼而论的，但却是一切礼仪规范的普遍原则。所谓

---

① 常金仓：《周代礼俗研究》，黑龙江人民出版社2005年版，第35页。

"立中"就是执中守道，不过无不及；"天生人而使有贪有欲，欲有情，情有节，圣人修节以止欲，故不过行其情也。"（《吕氏春秋·情欲》）所谓"制节"就是给人的行为设置一个限度以避免情欲的肆意泛滥从而实现中道。"制节"以"立中"为目的，"立中"以"制节"为手段。"立中"和"制节"是一而二、二而一的辩证统一。考之诸多礼仪，皆有此要求："哀则哀矣，而难为继也。夫礼，为可传也，为可继也，故哭踊有节。"（《礼记·檀弓》）"三日而食，三月而沐，期而练，毁不灭性，不以死伤生也。丧不过三年，苴衰不补，坟墓不培，祥之日故素琴，告民有终也，以节制者也。"（《礼记·丧服四制》）"君子无礼不动，无节不作。"（《礼记·孔子燕居》）"节者，礼也。"（《礼记·丧服四制》）也就是说，制礼的目的就是要对道德情感的表达进行适当的节制以使其达致中道而实现人自身及人与人和人与社会的整体和谐。

（三）乐统同，礼辨异。礼乐之说管乎人情矣

在《人性论》中，休谟认为人们的知觉是认识的基本要素。印象是观念的基础，观念依赖于印象。情感是一种原本印象，是先于理性的存在。可是，"感觉"又如何能突破它的个人主观性呢？在《道德原理探究》中，他推进理论，提出道德感与一般的苦乐感不同，不拘泥于个人的特殊感受，而是以人性完善的共同利益感为基础，能够分享他人的感受、情绪、见解，而形成共同的道德判断。

亚当·斯密的《道德情操论》是情感主义伦理学的集大成之作。依其说，人们在评价时倾向于把自己作为公正的旁观者，当能够产生与当事人一致的感情，则认同当事人的行为为恰当；如果不能形成情感共鸣，则公正的旁观者会认为其不合宜、不恰当。所以，道德原则不是一种"社会规定"，而毋宁是一种"共同的感觉"。这种感觉经后天经验习惯的强化逐渐被人们感知和奉行。这种"共同的感觉"，换个词说，就是人们之间的"同情"或"共情"。

缘此可言，若要促进道德之建立，社会风尚之良善，一定要疏通人们之间的情感，凝聚人们之中的心力，形成共同的情感指向。此道舍音乐实难为之！

> 夫民有血气心知之性，而无哀乐喜怒之常，应感起物而动，然后心术形焉。是故志微、噍杀之音作而民思忧，啴谐、慢易、繁文、简节之音作而民康乐，粗厉、猛起、奋末、广贲之音作而民刚毅，廉直、劲正、庄诚之音作而民肃敬，宽裕、肉好、顺成、和动之音作而民慈爱，流辟、邪散、狄成、涤滥之音作而民淫乱。（《乐记》）

乐包括舞在内，在某种程度上都可称之为"仪"或"仪"之一部分，但鉴于"仪"多指日常生活中的撙节退让、动容周旋，具有更多的个体性（即使国家仪仗要由多人表达，但其则是指向国君个人或人格化与精神化的国家权威）；而乐（包括舞）则在祭祀等大型集体性庆典之类的特殊场合才得以使用，具有更多的集体性或合体性，也就是古人所说的"礼别异，乐合同"（《荀子·乐论》）。乐在礼仪活动中，尤其是在大型礼仪活动中是不可或缺的必备要素之一，这一方面是为了凸显礼仪的神圣性而营造一种庄严肃穆的气氛，另一方面也是为了引起人们情感上的共鸣。舍礼则乐坠于散漫流荡而茫无所归，舍乐则礼流于繁文缛节而支离琐屑。礼、乐一体，辩证统一：礼彰同中之异，乐合异中之同，其最终目的也是一致的，那就是提升个人道德修养以增进社会整体和谐。不唯如此，"乐者，天地之和也；礼者，天地之序也。和故百物皆化，序故群物皆别"（《礼记·乐记》）。风雨天籁是自然之和，高下错落为自然之序。《礼记·乐记》从自然法的角度对礼乐的功用进行了一种自然主义论证，其意是说如果能真正实现礼乐互补的话，不但可以实现人自身、人与人、人与社会乃至整个社会的和谐，甚至可以实现天地万物乃至整个宇宙的和谐。

> 乐在宗庙之中，君臣上下同听之，则莫不和敬。在族长乡里之中，长幼同听之，则莫不和顺。在闺门之内，父子兄弟同听之，则莫不和亲。故乐者，审一以定和，比物以饰节，节奏合以成文。所以合和父子君臣，附亲万民也。（《礼记·乐记》）

"乐也者，情之不可变者也。礼也者，理之不可易者也。乐统同，礼辨异。礼乐之说管乎人情矣！"（《礼记·乐记》）尽管《礼记》把"乐"

归之于情，而把"礼"归之于"理"，但《礼记》又认为"礼"和"乐"都是要疏导和管理人的情感。确实，于个人修身而言，对自己的克制力和对人的同情感相协调，融合了自制力的仁爱可被视为德行的完成；于社会治理而言，人们如若能由一种令人愉悦的亲爱和情谊而和洽地在一起，幸福宜人，整个社会呈现繁荣和乐之象，一社会所向往的理想目标就可以实现了。对此，朱子的解释是："至于乐，则声音之高下，舞蹈之疾徐，尤不可以旦暮而精，其所以养其耳目，和其心志，使人沦肌浃髓而安于仁义礼智之实，又有非思勉之所及者，必其甚安且久，然后有以成其德焉。"[①] 值得注意的是，朱子着重提到了"仁义礼智之实"与"德"的关系。

人既是政治关系中的存在，也有其道德的面向，作为人的存在的相关方面，这些规定并非彼此悬隔，而是相互交错彼此融合并展开于人的同一存在过程。本体论上的这种存在方式，决定了人的政治生活和道德生活不能截然分离。从制度本身的运作来看，它固然涉及非人格的形式化结构，但同时在其运作过程中也包含着人的参与。作为参与主体，人自身的品格与德性等总是处处影响着参与过程。在此意义上，体制组织的合理运作既有其形式化的、程序性的前提，也需要道德的担保和制衡；离开了道德等因素的制约，社会生活的理性化只能在技术或工具层面上得到实现，从而难以避免片面性。[②] 亚里士多德说："人天生是政治动物。"其意是说政治是人的本性，但实际上，与政治相比，道德才是与人相伴而生的，是人较本质的规定性。对于西方而言，至少在古典时代如此。

麦金泰尔认为，荷马的社会、冰岛和爱尔兰的英雄社会本身，是一个得到明确界定的并具有高度确定性的角色和地位系统。这个系统的关键结构是亲属关系和家庭的结构。在这个系统里，每个人都有既定的角色和地位。一个人是通过认识他在这个系统中的角色来认识他是谁的，并且通过这种认识他也认识到他应当做什么，每一个其他角色和位置占有者应把什么归于他。这不仅意味着每一个社会地位都有一套规定了的责任、义务和权利，而且人们对于需要什么行为来履行这些责任和权利，

[①] （宋）朱熹：《四书或问》，黄坤校点，上海古籍出版社2001年版，第259页。
[②] 杨国荣：《儒家政治哲学的多重面向——以孟子为中心的思考》，《浙江学刊》2002年第5期。

什么行为又不能合乎这种要求，也有一个清楚的认识，而德性就表现在他的角色所要求的行为中。因此，判断一个人也就是判断他的行为，判断一个人的德性和恶行的依据，在于他在具体环境中所作的具体行为。个人行为与社会结构这样密切，使德性在社会结构中占有一个关键性的位置。① 那么，德性在中国先秦时期的社会结构中又是一种什么样的情况呢？

---

① 参见［美］麦金泰尔《德性之后·译者前言》，戴扬毅等译，中国社会科学出版社1995年版，第12—13页。

第四章

德论——道德正义

人类文化的早期形态是巫术文化，这时的人类思维是原始性的"一体化思维"。尽管人生存与生活方面在某种程度上已经脱离了自然界并获得了一定的自由，但整体而言在人们心目中自然还是一种神秘难测的可怕力量。原始宗教主要就是对自然这种神秘力量的崇拜，其突出表现就是在从事重大活动之前普遍存在着禁食、减少睡眠、克制性欲等诸如此类必须节制自然欲望的种种禁忌。① 卡西尔认为尽管"禁忌体系强加给人无数的责任和义务，但是所有这些责任都有一个共同的特点，它们完全是消极的，它们不包括任何积极的理想。某些事情必须回避，某些行为必须回避——我们在这里发现的是各种禁令，而不是道德和宗教的要求。因为支配着禁忌体系的正是恐惧，而恐惧唯一知道的只是如何去禁止，而不是去指导，它警告要提防危险，但它不可能在人身上激起新的积极的即道德的能量"②。也就是说，虽然禁忌体系和道德宗教都能给人以责任感和义务感，但支撑禁忌体系的心理机制是莫名的恐惧，而恐惧是由于安全感的缺乏，是消极性的；支持道德宗教的心理机制是笃定的信仰，它指向内心的平静与人格的圆满，是积极性的。但反过来说，尽管禁忌"表面看起来，它只能起到阻止行动的作用，而不是激励或修正行动的作用。然而，作为这种约束作用的无意后果，人们发现，它对于培养个体的宗教性和道德性却具有最为重要的积极作用。事实上，正因为存在着将神圣事物与凡俗事物分开来的界限，所以，一个人倘若不去掉自己所有的凡俗的东西，就不能同神圣事物建立起亲密的关系。如

---

① 参见［德］卡西尔《神话思维》，黄龙保等译，中国社会科学出版社1992年版，第244页。

② ［德］卡西尔：《人论》，甘阳译，上海译文出版社1985年版，第138页。

果他没有或多或少地从凡俗生活摆脱出来,他就没有一点可能过上宗教生活"①。涂尔干也说,"倘若没有禁忌,倘若禁忌没有产生相当大的作用,那就不会有宗教存在"②。禁忌与节欲有着密切的联系,而节欲正是要力图去掉个体身上以生理欲望为代表的凡俗的东西,依涂尔干之见,这不仅对培养个体的道德性具有重要作用,而且也是"同神圣事物建立起亲密关系"的重要通道。毋庸置疑,成熟的宗教起源于原始宗教,只不过"一切较成熟的宗教必须完成的最大奇迹之一,就是要从最原始的概念和最粗俗的迷信之粗糙素材中提取它们的新品质,提取出它们对生活的伦理解释和宗教解释"③。"是从理性不能把握的'神秘性'向崇高、道义的'神圣性'转变……"④ 对此,任剑涛表达了相似的看法:

> 整个古典时代,中国人对电闪雷鸣、大雨滂沱、河流泛滥、地震灾变、干旱地裂、热冷剧变,都有一种不可把握的无奈感。人们将之视为天降之灾,无可避、无可逃的心态随之而生。再者,人们对自然的态度,主要采取顺从、敬畏、恐惧的消极立场,极少产生"制天命而用之,从天命而化之"的积极冲动,代表自然力量的"天"自然成为震慑人心、约束人们行为、整合社会秩序、赏善罚恶的最后、也是最高的裁决者。当上天落实到人间社会,它必然被赋予人格化的特色,"天"成为人们的道德要求的象征。当"天"并非只是外在的权威,而要为人心内在的道德判决做主时,实际上,自然也就成了敦促人们将道德问题改造成纯粹内在的问题。最后,只好向心上做文章。传统伦理道德的理性奠基者孔子所讲的"天何言哉",是这种转化的最好注脚。⑤

---

① [法]爱弥尔·涂尔干:《宗教生活的基本形式》,渠东、汲喆译,上海人民出版社1999年版,第405页。
② [法]爱弥尔·涂尔干:《宗教生活的基本形式》,渠东、汲喆译,上海人民出版社1999年版,第396页。
③ [德]卡西尔:《人论》,甘阳译,上海译文出版社1985年版,第133页。
④ 参见陈来《古代宗教与伦理——儒家思想的根源》,北京大学出版社2017年版,第138—139页。
⑤ 任剑涛:《道德理想主义与伦理中心主义》,东方出版社2003年版,第70页。

第四章 德论——道德正义

李承贵则认为把道德外倾价值的根据放置于"天"一方面意味着道德主体性的缺失；另一方面，将"天"确立为道德本体一开始便隐含了被化解的因素，即隐含了传统道德体系必然走向崩溃的因素。[①] 而只有把道德本体收归人自身，秉持"为仁由己"（《论语·颜渊》）的主体精神和道德自信才能真正实现道德的自觉，道德的自觉其实就是人性或者更准确地说就是人本身的自觉，这一人本身的自觉又建立在真实无欺的道德情感或坚定的道德自信之上。在这个过程中，"志"是道德主体精神的集中表现，而"义"就是真挚的道德情感或坚定的道德自信。

> 夫义者，所以济志也，诸德之发也。是故其德盛者其志厚，其志厚者其义章，其章者其祭也敬，祭敬则境内之子孙莫敢不敬矣。是故君子之祭也，必身亲莅之，有故，则使人可也。虽使人也，君不失其义者，君明其义故也。其德薄者其义轻，疑于其义而求祭，使之必敬也弗可得已。祭而不敬，何以为民父母矣！（《礼记·祭统》）

这里主要强调宗教祭祀活动中的"敬"，值得注意的是除了"敬"之外这里还提出了"义""志""德"三个概念。从本体论的角度看，《礼记·祭统》认为祭祀中的"义"、"志"与"德"之间的关系是德→志→义，也就是说"德"是决定"义"的根本因素，"义"是"德"的发显，而"志"是由"德"到"义"的中间环节。从工夫论的角度看，"义"、"志"与"德"之间的关系是义→志→德，祭祀的目的是要通过"义"的宗教启迪和人文化育来培壅人的德性。从道德发生学角度看，在实际生活中，"敬"居中心以为调控统摄而"义"、"志"与"德"三角鼎立，相互为用。显而易见，无论是德→志→义的本体论结构还是义→志→德的工夫论结构，与"敬"关系最密切，凸显主体性的"志"都是"义"、"志"与"德"这三者关系借以发生的中间环节。卡西尔说，"在琐罗亚斯德教中我们也可以看到同样的概念，但是在这里它指向一个全新的方向：伦理意义取代和接替了巫术的意义，人的全部生活

[①] 参见李承贵《德性源流——中国传统道德转型研究》，江西教育出版社2004年版，第51—52页。

成为为正义而进行的不间断斗争。'善的思想、善的词语、善的行为'这个三位一体在这种斗争中起着最主要的作用,人们不再靠巫术的力量而是靠正义的力量去寻求或接近上帝"①。相似地,这里的祭祀与其说是宗教活动,毋宁说是文化仪式,其特别强调的也不是祭祀活动本身,而是要以祭祀态度之"敬"来察识、培壅和彰显祭祀背后的"义"这一宗教价值和人文意义,而"义"又和"志"与"德"处于一种良性互动之中,也就是"夫义者,所以济志也,诸德之发也"(《礼记·祭统》)。在这个过程中,祭祀态度"敬"又成了贯穿整个道德发生过程基础性的环节,而最能反映主体价值选择与价值指向主观能动性的"志"则是关键性的动力机制。

在《正义论》中,一方面,罗尔斯把有关社会基本结构的政治正义作为评价道德的基础和前提,这是符合亚里士多德传统的;另一方面,罗尔斯又承认"道德情感对于保证社会基本结构的正义方面的稳定是必要的"。总体来说,罗尔斯把道德正义看作是类似于正义感而附属于社会基本结构正义即政治正义的某种人类情感并对人类情感如何形成的问题提出了两种理解传统:即社会学习理论和理性主义思想。社会学习理论认为"道德训练的目标是提供失去的动机,即为了正当自身的原因去做正义的事的欲望和不去做不公正的事这一欲望"②;而理性主义思想则认为"道德学习并不是提供失去的动机,而是我们内在理性和情感能力按照它们的自然倾向的一种自由发展。一旦理智力量成熟,一旦人们开始承认他们在社会中的地位并能够考虑他人的观点,他们就能够正确评价订立公平的社会合作条件的互利性。我们有一种和他人产生情感共鸣的自然倾向,有一种对同情和自主所产生快乐的本能的敏感性。一旦我们能够从一种恰当的一般观点清楚地理解我们同我们伙伴的关系时,这些本能力量就提供着道德情操的感情基础。所以,这种传统把道德情感看作充分评价我们社会本性的一种自然结果"③。质言之,社会学习理论

---

① [德] 卡西尔:《人论》,甘阳译,上海译文出版社 1985 年版,第 129 页。
② [美] 罗尔斯:《正义论》,何怀宏、何包钢、廖申白译,中国社会科学出版社 1998 年版,第 460 页。
③ [美] 罗尔斯:《正义论》,何怀宏、何包钢、廖申白译,中国社会科学出版社 1998 年版,第 462 页。

第四章　德论——道德正义

认为道德能力是后天习得的而理性主义思想则认为道德能力是先天固有的,后天训练只不过是提供一种足以使人恢复道德能力的外在环境刺激而已。罗尔斯本人力图结合两者来对人类情感如何发生作用作出自己的解释,我们暂且对罗尔斯的立场与方法之间是否存在逻辑矛盾不作过多评议。① 而先来看看中国古人是怎么说的:

> 公都子曰:"告子曰:'性无善无不善也。'或曰:'性可以为善,可以为不善;是故文武兴,则民好善;幽厉兴,则民好暴。'或曰:'有性善,有性不善;是故以尧为君而有象,以瞽瞍为父而有舜;以纣为兄之子且以为君,而有微子启、王子比干。'今曰'性善',然则彼皆非与?"
>
> 孟子曰:"乃若其情,则可以为善矣,乃所谓善也。若夫为不善,非才之罪也。恻隐之心,人皆有之;羞恶之心,人皆有之;恭敬之心,人皆有之;是非之心,人皆有之。恻隐之心,仁也;羞恶之心,义也;恭敬之心,礼也;是非之心,智也。仁义礼智,非由外铄我也,我固有之也,弗思耳矣。故曰:'求则得之,舍则失之。'或相倍蓰而无算者,不能尽其才者也。诗曰:'天生蒸民,有物有则。民之秉彝,好是懿德。'孔子曰:'为此诗者,其知道乎!故有物必有则,民之秉彝也,故好是懿德。'"(《孟子·告子上》)

告子所谓的"性"或"人性"其实就是潜在的道德能力或道德发展的可能性方向,但告子的人性论是自相矛盾的:一方面,"性可以为善,可以为不善;是故文武兴,则民好善;幽厉兴,则民好暴"的说法接近于社会学习理论;另一方面,"有性善,有性不善;是故以尧为君而有象,以瞽瞍为父而有舜;以纣为兄之子且以为君,而有微子启、王子比干"的说法又接近道德先在的理性主义理论。合而言之,告子所谓的"性无善无不善也"实际上是一种道德上的不可知论,既然道德不可知自然也就谈不上道德自信,一旦对人为善的必然性甚至可能性提出质疑

---

① 实际上,罗尔斯的表述更倾向于理性主义立场,而这与他把道德看作附属于社会基本结构正义的正义感在一定程度上存在着逻辑矛盾。

也就从根本上取消了道德能力与道德价值存在的必要性。孔子虽从未谈论人性善恶问题，但考其"性相近，习相远也"（《论语·阳货》）可知孔子注重环境的影响而偏向于社会学习理论。相较而言，孟子认为"仁义礼智，非由外铄我也，我固有之也，弗思耳矣"（《孟子·告子上》），对道德能力抱有高度的自信。整体而言，对于中国传统来说，道德具有基础性的地位。中国更习惯于由社会认同去发现道德认同，确定道德身份。"人同此心，心同此理"，"恻隐之心，人皆有之；羞恶之心，人皆有之；恭敬之心，人皆有之；是非之心，人皆有之。恻隐之心，仁也；羞恶之心，义也；恭敬之心，礼也；是非之心，智也。仁义礼智，非由外铄我也，我固有之也，弗思耳矣"（《孟子·公孙丑》）便似乎认为道德认同和道德身份是自然而然的"良知良能"。[①] 就此而言，中国传统更接近于理性主义思想。那么，中国传统中道德上的理性主义的发生逻辑又是如何渐次展开的呢？

一 家庭论：君子之所谓孝者，先意承志，谕父母以道

在人类现实的共同体生活中，正当与善是现实地统一的。道德正义以现实共同体生活的道德反思为基础，是人类现实生活的理想追求，代表着人类终极价值的现实化。这种正义内在于实践之中，表现为道德对责任与义务必然性的普遍要求。在以身份认同为前提的角色伦理情景之中，并没有给偶然性和任意性留下任何空间。西方有不少人认为在家庭以及类似的共同体生活中引入有关正义问题的讨论是不合适的。因此，罗尔斯也只是讨论了职业道德之忠诚问题。陈来先生认为"早期德性人格的观念，是首先在政治领域作为对社会管理者的要求提出来的，任何普遍性的东西总是要通过特殊的具体的路径来表现，尤其在开始生长的阶段"[②]。

[①] 参见姚大志《何谓正义——当代西方政治哲学研究》，人民出版社2007年版，第245页。

[②] 陈来：《古代宗教与伦理——儒家思想的根源》，生活·读书·新知三联书店1996年版，第325页。

陈来先生的这个观点非常深刻，和罗尔斯在一定程度上达到了某种和谐。就西方传统而言，德性这一概念更是经历了复杂的演变，而中国则似乎并不存在这种问题：在古代中国，德性概念的唯一变化是随着天命观的不断演化而由"在政治领域作为对社会管理者的要求"或"对社会政治和公共事务的深刻关切"的政治伦理讨论转向"对发展个性的要求和对人生问题的哲理思索"的社会道德反思。儒家所欲求的德性，是理性欲望。是一种内在的善，而不是外在的善，而这种善不仅不会造成对他人权利的侵犯，反而会为他人权利的实现提供某种相对稳定的社会环境和文化条件。这种德性虽归之于个人，但其根本目的却指向现实社会乃至人类未来，是一种具有终极社会意义的集体善。道德和德性是两个完全不同的概念范畴，道德是指一种社会规范，而德性更多的是指一种完全内化于个人或团体思维与行动逻辑之中的深层道德品格。德性是道德以人为现实载体的内在社会本质和活的文化定在，道德是德性以规范为外在表现的社会文化基础和价值评判标准。道德是一种普遍的规范要求，而德性则是内化于人格构造之中的道德品格。道德是涵泳培育个体德性的文化传统和社会环境，因而与德性相比道德是更普遍更持久的东西，道德发生的社会学基础是人类休戚与共的共同体生活。当然，由于共同体发展阶段与涵盖范围不同，道德发展也会表现出诸如古代与现代国内与国外甚至区域内与区域外如此等各种各样的差异和不同。

在原始共产主义社会，没有私有财产，也没有阶级差别，是"上德不德，是以有德"（《老子》第三十八章）的时代。而私有制的产生，家庭的出现才是道德最原始的生长点，共同体不外是家庭的扩展和模拟，罗尔斯的道德学习理论也是按照家庭、社团、原则即权威的道德、社团的道德、原则的道德展开的。由于罗尔斯的模型符合个体思想成长与行为社会化的进化和发展序列，故而我们也暂且借用其模式来说明问题。《左传·桓公二年》有云：

> 故天子建国，诸侯立家，卿置侧室，大夫有贰宗，士有隶子弟，庶人、工、商，各有分亲，皆有等衰，是以民服事其上而下无觊觎。（《左传·桓公二年》）

罗尔斯所谓的"权威的道德"就是指人成长初期在家庭中受父母之类尊亲属等家庭权威引导、规范与形塑而养成的道德情感，也就是家庭的道德。很明显，《左传》所说的"家"是诸侯才能拥有的，并非指现代意义上的家庭。尽管如此，一方面我们不能据此就断言在古代不存在这种意义上的家庭；另一方面，对于中西不同文化传统的民族和国家来说，即使是现代意义上的家庭，其在社会结构中的地位和作用亦是大异其趣，甚为不同。梁漱溟先生曾经指出："家庭在中国人生活里关系特见重要，尽人皆知；与西洋人对照，尤觉显然。"①卢作孚甚至说："家庭生活是中国人第一重的生活。……人每责备中国人只知有家庭，不知有社会；实则中国人除了家庭，没有社会。"②徐复观先生解释说，"中国人生活的大部分，是在家庭及由家庭扩大的宗族的自治堡垒之内。在这种自治堡垒里面，不仅是经济利益的结合，同时也是孝弟的道义结合。这种道义精神，可以缓和在经济结合中常常无法避免的利害冲突。平时不会因外部的压迫而解体，且常因此而加强其内部的团结。灾难中的孤独者，有如洪流中的个人，很容易被浪潮吞没。但一个自治堡垒，便如在洪流中得到的浮木竹筏一样，有更多渡起的机会"③。徐复观的解释只是说明了古代家庭的部分功能，实际上，中国古代的家庭几乎承担了全部社会政治和文化教育功能，而这奠定了家庭在整个社会结构中至关重要的基础性地位：

> 各掌其族之戒令政事。月吉，则属民读邦法，书其孝、弟、睦、姻，有学者……五家为比，十家为联；五人为伍，十人为联；四闾为族，八闾为联；使之相保相受，刑罚庆赏相及相共，以受邦职，以役国事，以相葬埋。(《周礼注疏·地官司徒·族师》)

从《周礼·地官司徒》的相关表述可以看出，中国古代家庭不但有专门的族师通过"属民读邦法，书其孝、弟、睦、姻"来进行法律与制度普及和礼俗教化，而且还通过"比""伍""族""联"等准军事化管

---

① 梁漱溟：《中国文化要义》，学林出版社1987年版，第26页。
② 转引自梁漱溟《中国文化要义》，学林出版社1987年版，第11—12页。
③ 徐复观：《中国思想史论集》，上海书店出版社2004年版，第145页。

理手段使之结成"相保相受,刑罚庆赏相及相共,以受邦职,以役国事"的利益与命运共同体并相互承担"以相葬埋"的社会保障功能。可以说中国古代家庭几乎覆盖了整个社会生活乃至部分政治生活,是中国古人重要的社会生活样态。正因如此,先秦儒家对道德的建构正是从家庭和社团开始的,这也是我们理清问题的入手之处。但与罗尔斯不同的是,我们将把思维的触角深入家庭和社团内部不同层级的道德要求和道德实践上,因为,正是通过这些层层否定,逐级递进的道德要求与道德实践揭示了道德正义对人们道德生活深刻反思的理论特性。

(一) 父母在,不敢有其身,不敢私其财

就西方传统来看,家庭生活似乎并不那么温情脉脉。梅因说,"从历史表面上所能看到的各点是:——最年长的父辈——最年长的尊亲属——是家庭的绝对统治者。他握有生杀之权,他对待他的子女、他的家庭像对待奴隶一样,不受任何限制;真的,亲子具有这样较高的资格,就是终有一天他本身也要成为一个族长,除此以外,父子关系和主奴关系似乎很少差别"[1]。塔德甚至断言,"即使在最民主的社会里,这种片面性和不可逆性也总是建立在社会模仿的基础上,也就是说,建立在家庭的基础上。因为父亲一直是并且永远是他儿子的第一位主人、神父和榜样。每一个社会,即使今天的社会,都是从这种方式开始的"[2]。对此,莫斯科维奇的解释是,"服从与家庭相互依附,接受一个就意味着接受另一个。这种联系一旦建立,群体心理学就把它引向逻辑的极端,并把父亲转变成每一种领袖的先兆"[3]。其实,不唯西方,在中国古代也存在类似的倾向:

> 父母爱之,喜而弗忘;父母恶之,惧而无怨。父母有过,谏而不逆;父母既没,必求仁者之粟以祀之,此之谓礼终。(《礼记·祭义》)

---

[1] [英]梅因:《古代法》,沈景一译,商务印书馆1959年版,第71页。
[2] 转引自[法]莫斯科维奇《群氓的时代》,许列民、薛丹云、李继红译,江苏人民出版社2003年版,第236页。
[3] 转引自[法]莫斯科维奇《群氓的时代》,许列民、薛丹云、李继红译,江苏人民出版社2003年版,第235—236页。

子云:"孝以事亲,弟以事长,示民不贰也。故君子有君不谋仕,唯卜之日称二君。丧父三年,丧君三年,示民不疑也。父母在,不敢有其身,不敢私其财,示民有上下也。故天子四海之内无客礼,莫敢为主焉。故君适其臣,升自阼阶,即位于堂,示民不敢有其室也。父母在,馈献不及车马,示民不敢专也。"(《礼记·坊记》)

和梅因与塔德所说相似,这里我们所看到的只是父母的意志,而子女确实更像是从属于父母的奴隶。最典型的事情发生在宋国:宋昭公杵臼昏庸无道,襄夫人淫乱不堪。公元前611年,司城荡去世时其子公孙寿却不肯继任司城之职,反而让自己的儿子荡意诸接任。

(公孙寿)既而告人曰:"君无道,吾官近,惧及焉。弃官则族无所庇。子,身之贰也,姑纾死焉。虽亡子,犹不亡族。"既,夫人将使公田孟诸而杀之。公知之,尽以宝行。荡意诸曰:"盍适诸侯?"公曰:"不能其大夫至于君祖母以及国人,诸侯谁纳我?且既为人君,而又为人臣,不如死。"尽以其宝赐左右以使行。夫人使谓司城去公,对曰:"臣之而逃其难,若后君何?"(《左传·文公十六年》)

公孙寿的意思是说,"国君无道,我的官位离国君太近,怕祸患会波及我身上。如果不做官,家族便无所庇护。儿子,是我的替身,姑且用他代替我使我晚些死。虽然死了儿子,还不致灭亡家族"。不久,宋国发生叛乱,襄夫人王姬派人杀了宋昭公和荡意诸,拥立公子鲍为宋文公。

爱德华·泰勒说,"父亲可以随意处置他的妻子和孩子,甚至把他们卖为奴隶,而临近的人既没有权力,也不愿干涉他的处理"[①]。"最古的罗马法律允许家长进行严厉的统治,其严厉性是我们新时代人的思想所难以理解的,因为父亲可以对自己成年的儿子进行体罚或者把他们处死,

---

① 参见[英]爱德华·泰勒《人类学》,连树生译,广西师范大学出版社2004年版,第401页。

可以强迫他们结婚或跟妻子分离,甚至把他们卖掉。"① 在这里,"父母爱之,喜而弗忘;父母恶之,惧而无怨。父母有过,谏而不逆;父母既没,必求仁者之粟以祀之"以及"父母在,不敢有其身,不敢私其财"所表达的子女对父母的绝对服从和人身依附看上去确实和主奴关系差别很小,而"君无道,吾官近,惧及焉。弃官则族无所庇。子,身之贰也,姑纾死焉。虽亡子,犹不亡族"更是表明作为家长的父母也确乎完全像爱德华·泰勒所说的那样是家庭的绝对统治者,而这不过是祖先崇拜在现实生活中的一种社会表现。贝格尔认为,"最初的一切秩序化都具有神圣的特征……从历史看,人类的世界大多数都是神圣化了的世界,事实上,似乎首先只有借助于神圣者,人才有可能设想一个宇宙"②。神圣即意味着处于道德或价值上位者不可置疑的绝对权威,也意味着处于下位者无条件的绝对服从。由此,我们可以推断,祖先崇拜或许是人类早期社会秩序化的一种现实需要。

先秦儒学的特点在于对家庭的义务承担和权利赋予,尽管不是绝对对等的,但至少都是双向的③:子女之"孝"或"孝顺"固然是出于父母角度而对于子女之义务要求,但其前提却是父母对子女"慈"或"慈爱"之义务担当。对于一方来说是权利,对于另外一方来说就是义务。反过来也一样,所谓"父不慈,子不孝"强调的就是这种道德权利与道德义务的双向对等性。"权力与天生,收养与合法结婚生育,对于古代的理论家来说,这是公民亲子关系的两种方式。在这个家庭内,血缘关系并不使人感到是一个必要原则。收养是纳入家庭常见的作法,与出生一样'自然'……罗马人收养之所以关系重大,是由于它包含着亲子关系从根本上说是自愿的这个观念。在家庭中出生并不足以保证合法子女的地位。父亲可以接受也可以拒绝接受孩子。"④ 与西方传统不同的是,

---

① 参见[英]爱德华·泰勒《人类学》,连树生译,广西师范大学出版社2004年版,第401—402页。
② [美]贝格尔:《神圣的帷幕——宗教社会学理论之要素》,高师宁译,上海人民出版社1991年版,第35页。
③ 秦汉之后,尤其是所谓的三纲五常是与先秦不同的另外一种情况。
④ [法]安德烈·比尔基埃等主编:《家庭史》,第一卷:遥远的世界,古老的世界,袁树仁、姚静、肖桂译,生活·读书·新知三联书店1998年版,第228—229页。转引自熊逸《春秋大义——隐公元年》,广西师范大学出版社2009年版,第396页。

对于中国古人而言，血缘关系具有一种特别重要的天然先在的合理性。①一旦父母子女之类的血缘关系成为现实，则他们之间的权利义务关系也与之俱生。实际上，虽然指向不同的主体，但作为中国一般社会道德规范之"尊老爱幼"亦隐约包含了这种权利与义务的对等性在其中，而这种道德要求不过是基于家庭道德面向社会的伦理推延。在这种伦理逻辑之下，片面强调权利或义务实际上是没有任何意义的，这就使中国家庭道德具有一些权利与义务公平分担的"应得"色彩，这就是家庭生活中的道德正义。《左传·隐公三年》与《管子·五辅》有云：

> 且夫贱妨贵，少陵长，远间亲，新间旧，小加大，淫破义，所谓六逆也；君义臣行，父慈子孝，兄爱弟敬，所谓六顺也。去顺效逆，所以速祸也。（《左传·隐公三年》）
>
> 是故圣王饬此八礼，以导其民；八者各得其义，则为人君者，中正而无私。为人臣者，忠信而不党。为人父者，慈惠以教。为人子者，孝悌以肃。为人兄者，宽裕以诲。为人弟者，比顺以敬。为人夫者，敦蒙以固。为人妻者，劝勉以贞。夫然则下不倍上，臣不杀君，贱不踰贵，少不陵长，远不间亲，新不间旧，小不加大，淫不破义，凡此八者，礼之经也。夫人必知礼然后恭敬，恭敬然后尊让，尊让然后少长贵贱不相踰越，少长贵贱不相踰越，故乱不生而患不作，故曰礼不可不谨也。（《管子·五辅》）

---

① 血缘内含着表示事物发生顺序的年龄因素在其中，故而重血缘必重年龄。一般来说，在尚未分支的简单家庭关系中，血缘与年龄天然统一即为伦理，如"父父子子""长兄如父""长姐如母"之类。但在已经分支而血缘与年龄并不一定统一的复杂家庭关系之中则以血缘为主要决定因素来确定伦理级次，年龄因素则在其次。这无论是在血亲还是在姻亲关系中都是比较常见的现象，如"小叔""小姑""小姨""小舅"之类。而在家庭关系之外，尤其是对于毫无关系的陌生人，则以年龄因素为主要标准来拟定伦理级次，如"叔叔阿姨""哥哥姐姐"之类。而对于有某种社会关系者，则以关系事件为主要标准，如"年兄""年弟""师兄""师弟""学兄""学弟"之类。究其本质，血缘也是一种由出生这一事件而展开的社会关系。统而言之，中国的伦理秩序以关系事件为划分标准。一旦关系事件发生变化，伦理秩序也随即发生相应变化，如结婚前后对双方父母称呼的不同变化之类。这使得伦理关系既具辩证发展的特征，也更具人情味。与此不同的是，西方伦理关系中的"先生""女士"之称谓的用法虽然在现代社会比较广泛，但在起初，还是和人的社会地位有关。这种伦理关系比较僵化，也更缺乏人情味，或者更准确地说更具功利性。

我们从《管子·五辅》中看到了和《左传·隐公三年》相似的表达。这里所贬抑的"贱妨贵，少陵长，远间亲，新间旧，小加大，淫破义"等所谓"六逆"固然有单方的权利或义务要求在其中，而"君义臣行，父慈子孝，兄爱弟敬"等"六顺"之道德要求则无疑蕴含着权利与义务彼此对等与合理平衡的原则规定，而且这种原则的要求乃是出于对历史的经验性反思和理性归纳——"去顺效逆，所以速祸也"。所以，对于这种彼此对等与合理平衡的要求是社会价值的主流，至少从理性与理智的角度来说应该如此要求。这种经验性反思和理性归纳要求我们超越对于血缘关系盲目的服从与驯顺，从一个新的高度以新的标准来审视和评判父母子女之间的这种权利与义务关系，这就引导我们从"孝"进入了另一个范畴"敬"。

（二）至于犬马，皆能有养；不敬，何以别乎？

子游问孝，孔子云："今之孝者，是谓能养。至于犬马，皆能有养；不敬，何以别乎？"（《论语·为政》）实际上，作为中国固有的伦理学概念，"敬"的使用范围极其广泛，《左传·襄公三年》载：

> 晋侯之弟扬干乱行于曲梁，魏绛戮其仆。晋侯怒，谓羊舌赤曰："合诸侯以为荣也，扬干为戮，何辱如之？必杀魏绛，无失也！"对曰："绛无贰志，事君不辟难，有罪不逃刑，其将来辞，何辱命焉？"言终，魏绛至，授仆人书，将伏剑。士鲂、张老止之。公读其书曰："日君乏使，使臣斯司马。臣闻师众以顺为武，军事有死无犯为敬。君合诸侯，臣敢不敬？君师不武，执事不敬，罪莫大焉。臣惧其死，以及扬干，无所逃罪。不能致训，至于用钺。臣之罪重，敢有不从，以怒君心？请归死于司寇。"公跣而出，曰："寡人之言，亲爱也。吾子之讨，军礼也。寡人有弟，弗能教训，使干大命，寡人之过也。子无重寡人之过，敢以为请。"晋侯以魏绛为能以刑佐民矣，反役，与之礼食，使佐新军。张老为中军司马，士富为候奄。（《左传·襄公三年》）

鲁襄公三年，也就是公元前570年6月，晋悼公与鲁襄公、单顷公、宋平公、卫献公、邾宣公等诸侯于鸡泽（今河北省邯郸市东北肥乡）会盟。晋悼公的弟弟杨干在曲梁（今河北省邯郸市东北）扰乱了军队的行列，时任司马的魏绛处死了杨干的御者以儆效尤。晋悼公大发雷霆，以为杨干和他都受到了侮辱，要杀掉魏绛。经过羊舌赤的劝解和魏绛自己的解释，晋悼公主动归咎于己，不但没有杀魏绛，反而在会盟回国后重用魏绛，让他担任新军辅佐。引文"军事以有死无犯为敬"之"敬"与今"敬业"之"敬"意思相类，均指做事情时所秉持的兢兢业业的态度，其背后的逻辑固然也是与"尊敬""敬重"一样指有所敬畏，但与"尊敬""敬重"之"敬"在含义上还是有些细微的区别。在此，我们只谈论仅限于家庭范围之内的"尊敬""敬重"之敬。

就目的与动机而言，"敬"无非有两种：一种出于道德理性的神圣化而倾向于把血缘关系、父母子女之伦上升为一种普遍的伦理标准乃至于宇宙法则；一种出于工具理性的精密化而着眼和服务于家庭伦理和血缘关系乃至于整个宗族的保全和发展。第一种"敬"倾向于一种宗教情结，第二种"敬"更倾向于一种历史理性。在这种情况下，"敬"的主体虽然跳出了具体历史语境下血缘关系的压制与驯服，但它依然处在一般血缘准则的限制之中，仍然是不自由的有限性存在。尽管如此，与指向现实生活中具体伦理关系的"孝"相比，"敬"指向的是以历史绵延为背景的，较为抽象的血缘亲情，负载了整个家族的历史回向、文化意义、终极关怀和价值理想，是家庭生活中更为重要和高级的道德正义。《礼记·祭义》载：

> 曾子曰："身也者，父母之遗体也。行父母之遗体，敢不敬乎？居处不庄，非孝也。事君不忠，非孝也。莅官不敬，非孝也。朋友不信，非孝也。战阵无勇，非孝也。五者不遂，灾及于亲，敢不敬乎？"（《礼记·祭义》）

"孝"或"孝顺"的客体乃是家庭生活中依然健在的父母或其他尊亲属。作为家庭伦理的"孝"或"孝顺"本来要指向父母或其他尊亲属这些具体的对象，但在《礼记·祭义》和《大戴礼记·曾子大孝》中我们同时看到：首先，"孝"的内涵由于突破了原来意义上对家庭尊亲属的服从与驯顺，而得到了极大的拓展——"居处不庄，非孝也。事君不忠，非孝也。莅官不敬，非孝也。朋友不信，非孝也。战阵无勇，非孝也。"在这里，"孝"似乎已经涵盖了"庄""忠""敬""信""勇"等诸多内涵。察其缘由，乃是出于一种工具理性的考虑——因为"身也者，父母之遗体也"，"行父母之遗体"，"五者不遂，灾及于亲"，故而"敢不敬乎？"与"莅官不敬"之"敬"不同，这里两次强调提出的"敢不敬乎？"之"敬"实际上已经取代了"孝"，成为"孝"之后对尊亲属的比"孝"或"孝顺"较为高级的道德情感表达方式。其次，随着"孝"内涵的扩展，其所关涉的对象也发生了广泛的转换乃至某种程度上的虚化——由作为固定对象的人（父母或尊亲属）转换为具体社会情境下的社会事务如居处、事君、莅官、朋友、战阵等。这里的朋友与战阵均不应作名词看待，而应该理解为"与朋友交"和"战阵临敌"之时或之事。① 其实际意涵就是将"孝"行为指向的客体由对父母等尊亲属的驯顺与服从转向了作为"父母之遗体"即代表父母或作为父母在时空中可以逐代接续无限绵延的另一种存在形式的"身"，也就是"自身"或"自我"——这也就是所谓的"身也者，父母之遗体也。行父母之遗体，敢不敬乎？"。这种转变的意义在于："孝"指向对象的虚化也就是抽象化不仅意味着对家庭这一伦理实体限制范围的突破，同时也暗示着"孝"将必然要由对外在具体对象的服从与驯顺转向对内在抽象道德自我与道德规律的省察与敬畏，也就是说，由"孝"到"敬"的发展是必然的确定不移的趋势。从这个意义上来说，单单从工具理性角度作出的解释是不完备的。

与《礼记·祭义》相关内容相比，《大戴礼记·曾子大孝第五十二》所载内容不仅更为丰富、更为完备，也更体现出了"敬"的内涵：

> 曾子曰："孝有三：大孝尊亲，其次不辱，其下能养。"
> 公明仪问于曾子曰："夫子可谓孝乎？"曾子曰："是何言与？是何言与？君子之所谓孝者，先意承志，谕父母以道。参直养者也，安能为孝乎？身者，亲之遗体也。行亲之遗体，敢不敬乎？故居处

---

① 就存在本身而言，时与事是时空两维存在状态中同一个事物对立统一的两个方面。

不庄,非孝也;事君不忠,非孝也;莅官不敬,非孝也;朋友不信,非孝也;战陈无勇,非孝也。五者不遂,灾及乎身,敢不敬乎?故烹熟鲜香,尝而进之,非孝也,养也。君子之所谓孝者,国人皆称愿焉,曰:'幸哉!有子如此!'所谓孝也。民之本教曰孝,其行之曰养。养,可能也;敬,为难。敬,可能也;安,为难。安,可能也;久,为难。久,可能也;卒,为难。父母既殁,慎行其身,不遗父母恶名,可谓能终也。"(《大戴礼记·曾子大孝第五十二》)

在这里,曾子开篇明义,第一次提出了"孝"的三个层次或三重境界:"烹熟鲜香,尝而进之"只能叫"养",若勉强说是"孝",也只能算是最低层次的"其下能养";第二个层次是"不辱";最高的层次是"尊亲",这里的"尊"既包括自己对父母尊崇——"君子之所谓孝者,先意承志,喻父母以道",更关键的是使父母受到整个社会的尊敬与膜拜——"君子之所谓孝者,国人皆称愿焉,曰:'幸哉!有子如此!'"。对此孔子有过类似的说法:

> 孟懿子问孝。子曰:"无违。"樊迟御,子告之曰:"孟孙问孝于我,我对曰'无违'。"樊迟曰:"何谓也?"子曰:"生,事之以礼;死,葬之以礼,祭之以礼。"
> 孟武伯问孝。子曰:"父母唯其疾之忧。"
> 子游问孝。子曰:"今之孝者,是谓能养。至于犬马,皆能有养;不敬,何以别乎?"
> 子夏问孝。子曰:"色难。有事弟子服其劳,有酒食先生馔,曾是以为孝乎?"(《论语·为政》)

可以看得出来,尽管具体的表述不太一样,但曾子和孔子在"孝"问题的看法上主旨基本一致:曾子不但和孔子一样注意到了"养"和"敬"的区别,注意到了"父母唯其疾之忧"与"不辱"的联系,更发展了由对外在具体对象的服从与驯顺转向对内在抽象道德自我与道德规律的省察与敬畏的倾向,同时,曾子也比孔子更多出了一些工具理性主

· 268 ·

第四章 德论——道德正义

义的色彩。最值得注意的是曾子提出了"民之本教曰孝,其行之曰养"之形而上与形而下的明确分疏。结合《中庸》"天命之为性,率性之谓道,修道之谓教"的表述,我们可以得出这样一个结论:在曾子这里,"孝"和"道"在某种程度上发生了关联:

  孝有三:大孝不匮,中孝用劳,小孝用力。博施备物,可谓不匮矣。尊仁安义,可谓用劳矣。慈爱忘劳,可谓用力矣。(《大戴礼记·曾子大孝第五十二》)
  曾子曰:"树木以时伐焉,禽兽以时杀焉。夫子曰:'断一树,杀一兽,不以其时,非孝也。孝有三:小孝用力,中孝用劳,大孝不匮。思慈爱忘劳,可谓用力矣。尊仁、安义,可谓用劳矣。博施、备物,可谓不匮矣。"(《礼记·祭义》)

《大戴礼记·曾子大孝第五十二》第一次提出"孝"的三个层次或三重境界是"大孝尊亲,其次不辱,其下能养",第二次和《礼记·祭义》几乎相同地提出"孝"的三个层次或三重境界则是"小孝用力,中孝用劳,大孝不匮"。一方面,尽管此二者都是强调血缘级次较低者对于尊亲属的责任和义务,第一次关注的重心在"孝"这一行为的客体"亲",而《礼记·祭义》和第二次关注的重心在"孝"的主体即血缘级次较低者本身。另一方面,整体而言,第二次对"孝"提出的道德要求比第一次对"孝"提出的道德要求更为高级:第二次说"尊仁、安义,可谓劳矣",又说"中孝用劳",可见"尊仁、安义"就是"中孝"。上文言及"随着'孝'内涵的扩展,其所关涉的对象也发生了广泛的转换乃至某种程度上的虚化——由作为固定对象的人(尊亲属)转换为具体社会情境下的社会事务如居处、事君、莅官、朋友、战阵等……其实际意涵就是将'孝'行为的客体由对父母等尊亲属的驯顺与服从转向了作为'父母之遗体'即代表的'身',也就是'自身'或'自我'……这种转变的意义在于:'孝'指向对象的虚化也就是抽象化不仅意味着对家庭这一伦理实体限制范围的突破,同时也暗示着'孝'将必然要由对外在具体对象的服从与驯顺转向对内在抽象道德自我与道德规律的省察与敬畏"。同理,"断一树,杀一兽,不以其时,非孝也"一方面说明

· 269 ·

"孝"关涉的对象又从具体情境下的社会事务扩展到了"断树""杀兽"这样的生活或生产活动，从对人事的关注扩展到了对动植物的关注，是对人类共同体这一伦理实体限制范围的突破。"树木以时伐焉，禽兽以时杀焉"是说树木、禽兽与人一样皆有生命节律和内在价值不能随意杀伐，"杀伐以时"的说法暗示着一方面要尊重自然规律，另一方面"说明孝"也必然要由对内在抽象道德自我与道德规律的省察与敬畏转向对宇宙自然规律的敬畏与尊奉。

> 曾子曰："夫孝，置之而塞乎天地，溥之而横乎四海，施诸后世而无朝夕，推而放诸东海而准，推而放诸西海而准，推而放诸南海而准，推而放诸北海而准。《诗》云：'自西自东，自南自北，无思不服。'此之谓也。"（《礼记·祭义》）

这里"置之而塞乎天地，溥之而横乎四海"说的是空间的广延，"施诸后世而无朝夕"说的是时间的连续，"推而放诸东海而准，推而放诸西海而准，推而放诸南海而准，推而放诸北海而准"说的是合空间时间为一体的普遍有效性，这时的"孝"就上升为一种普遍的伦理原则乃至于宇宙法则也就是"道"。此时，尽管"敬"的内涵已经大大超出了盲目服从与驯顺的"孝"或"孝顺"，其所涉及的对象除了血缘关系之外还有诸多来自经验与理性甚或是出于工具理性的慎思，但毫无疑问的是血缘关系或拟血缘关系依然是"敬"所最终指向的价值归宿和落脚点，也是"敬"的最终动因和制导因素。

"古之葬者厚衣之以薪，葬之中野，不封不树；丧期无数。"（《周易·系辞下》）由此，郭沫若推论说，"原始人连父亲的观念都没有的，不消说更说不上祖先。祖先崇拜的习俗一定是在氏族财产发生以后"[1]。祖先崇拜的本质是血源崇拜，郭氏之论已经隐含着对祖先崇拜也就是血缘崇拜的某种解构，但郭氏的解构乃是出于对先前历史的推测，暂且不论其推测是否可靠，但单单以财产作为内生因素和参考坐标的运思方向

---

[1] 郭沫若：《中国古代社会研究》，载《中国现代学术经典——郭沫若卷》，河北教育出版社1996年版，第51页。

肯定是不周全的。实际上，还存在对血缘崇拜另一个完全不同方向的解构，那就是"孝子不谀其亲"。

(三)孝子不谀其亲

感情产生于彼此熟识和相互交往，一般来说，时间跨度和空间距离永远都是影响人们交往与熟识的限制性因素。反过来讲，由于生活于一个家庭之中既没有距离的限制又加上彼此之间彼此关爱、相互扶助、风雨同舟、患难与共的共同生活经验，家庭成员之间的感情自然会强烈些。大卫·休谟就认为我们的感情距离和我们的血缘远近成正比，他说："在我们原始的心理结构中，我们最强烈的注意是专限于我们自己的；次强烈的注意才扩展到我们的亲戚和相识；对于陌生人和不相关的人们，则只有最弱的注意到达他们身上。因此，这种偏私和差别的感情，必然不但对我们在社会上的行为有一种影响，而且甚至对我们的恶和德的观念也有一种影响；以至于使我们认为显著地违反那样一种偏私程度（不论是把感情过分扩大或过分缩小），都是恶劣的和不道德的。在我们关于行为的通常判断中，我们可以看出这一点来；一个人如果把他的全部爱情集中在他的家庭，或者竟然不顾他的家人，而在利害冲突之际，偏向了陌生人或偶然的相识，我们就责备他。"[1] 的确，没有共同的经验，哪有感情的共鸣？没有感情的共鸣，又哪来同舟共济相濡以沫？我们爱自己的家人甚于爱素昧平生的陌路人，我们爱自己的国人甚于爱渺不相知的外国人也是自然而然的事情。质言之，共同的生活经验和情感经历会改造乃至形塑共同体成员的精神生活而给彼此打上共同的文化烙印，形成共同的文化认同。但这只是问题的一个方面，另一方面没有社会，何谈家庭？社会混乱无序同样会威胁到绝大部分家庭的安全和完整。我们尽管生活于家庭这个私人领地之中，是家庭中的一个成员；我们同样也必须生活于社会这个公共空间之中，我们不但必须与家庭之外社会中的其他人打交道，我们还必须要遵守基本的社会规则，那么当家庭伦理与社会规则产生冲突时我们又该怎么办呢？

---

[1] ［英］大卫·休谟：《人性论》，关文运译，商务印书馆1996年版，第529页。

> 孝子不谀其亲，忠臣不谄其君，臣、子之盛也。亲之所言而然、所行而善，则世俗谓之不屑子；君之所言而然、所行而善，则世俗谓之不屑臣……世俗之所谓然而然之、所谓善而善之，则不谓之道（谄）谀人也！然则俗故严于亲而尊于君邪？（《庄子·天地第十二》）

首先，与"敬"相比，"孝子不谀其亲"不但跳出了具体血缘关系的压制与驯服，同时也由于冲破了一般血缘准则的限制而使其主体获得了相对独立和自由的社会身份。"孝子不谀其亲"意味着在更高道德要求和价值标准的比照之下，父母子女之间权利义务关系作为价值判断标准在特殊历史情境中的暂时后置与家庭伦理在具体社会背景中的黯然隐退。如果说"孝"与"敬"尚完全出于血缘亲情而限于家庭伦理之中的话，而"孝子不谀其亲"则由于在特殊的历史情境之下，父母子女之间权利义务关系由于"行而宜之谓之义"的"义"的卷入而开始游走于家庭伦理的边缘，甚至包含着在特殊历史与文化语境下家庭伦理的暂时断裂。这里的"义"是比基于家庭伦理的"孝"和基于血缘亲情的"敬"更高的价值参照，是基于阶级、阶层、国家、社会乃至整个人类等集体利益的道德要求和价值标准。这为"门内""门外"的辨别与分治提供了可能，这在某种程度上，实际上已经接近了完全受正义原则支配的原则的道德。① 而在现实的社会生活中往往表现为情与法之间的内在紧张与正面冲突，鉴于我们在第三章第三节已经对情与法展开深刻讨论，故在此不作赘述，而仅举一例以证大义灭亲：

> 九月，卫人使卫宰丑莅杀州吁于濮，石碏使其宰獳羊肩莅杀石厚于陈。君子曰：石碏，纯臣也！恶州吁而厚与焉，大义灭亲，其是之为乎。杜注：子从弑君之贼，国之大逆，不可不除。故曰大义灭亲。明小义则当兼子爱之。林言：石碏纯直之臣也，恶州吁弑君

---

① "孝子不谀其亲"这个命题固然是由道家的庄子明确提出来的，又是讲家庭伦理中的下阶对上阶，而"大义灭亲"主要是指家庭伦理中的上阶对下阶，但二者可被视为"以义灭亲"这一共同价值参照的特殊表达。鉴于儒家极为主张"门内""门外"之别，又大力宣扬"大义灭亲"，与庄子此论意义相近，为说明问题故，依然引用。

之贼,以厚臣事州吁而并杀之,申君臣之大义而灭父子之私亲,合于古语大义灭亲之说。(《左传·隐公四年》)

这是"大义灭亲"这一说法的最早历史来源。樊浩说,在现代性对家庭的不断冲击当中,我们面临的现实挑战是"消解了家庭伦理作为神圣性根源的地位,在没有宗教传统的文化中,道德体系的深刻危机就是:道德神圣性从何而来?道德神圣性何以培育?何以可能?"[①] 但实际上,正如我们上面所分析的,平衡和抵减家庭伦理神圣性的力量一直存在着,这就是"义"即正义的力量,而这种正义的力量正是道德神圣性的根源。当然,如果单单从上面石碏使獳羊肩杀石厚这一段史实和"杜注"与"林言"来看,其所谓的"大义灭亲"无非就是要以"君臣之大义"之"大义"来灭"当兼子爱之""父子之私亲"之"小义"和"私亲"。一个可能的问题是,极度强调人身依附与绝对服从的所谓"君臣之大义"难道就是真正的正义吗?但我们对待历史要采取历史主义态度,那就是我们不能以现代的价值判断来苛求古人。"大义灭亲"这一说法正是用特殊的形式表达了集体"大义"的权重大于家庭"私亲"也就是"以义灭亲"这一普遍的真理。

上面讨论"敬"时所引魏绛戮杨干之仆而晋侯说"寡人之言,亲爱也;吾子之讨,军礼也",最后对魏绛不罚反赏也体现以义灭亲的原理。在同一年,鲁襄公三年,公元前570年春,晋国还发生了一件事情:

祁奚请老,晋侯问嗣焉。称解狐,其雠也。将立之而卒。又问焉,对曰:"午也可。"于是羊舌职死矣,晋侯曰:"孰可以代之?"对曰:"赤也可。"于是使祁午为中军尉,羊舌赤佐之。君子谓:"祁奚于是能举善矣。称其雠,不为谄。立其子,不为比。举其偏,不为党。《商书》曰:'无偏无党,王道荡荡',其祁奚之谓矣!解狐得举,祁午得位,伯华得官,建一官而三物成,能举善也夫!唯善,故能举其类。《诗》云:'惟其有之。是以似之。'祁奚有焉。

[①] 樊浩:《道德形而上学体系的精神哲学基础》,中国社会科学出版社2006年版,第57页。

(《左传·襄公三年》)

祁奚内举不避亲，外举不避仇，是在处理国家大事时恪守一定的正义和正当的原则而不为血缘亲情和个人恩怨所影响和左右。于是，祁奚得到了君子"祁奚于是能举善矣。称其雠，不为谄。立其子，不为比。举其偏，不为党。《商书》曰：'无偏无党，王道荡荡'，其祁奚之谓矣！"和"解狐得举，祁午得位，伯华得官，建一官而三物成，能举善也夫！唯善，故能举其类。《诗》云：'惟其有之，是以似之。'祁奚有焉"的由衷称赞。这里"无偏无党，王道荡荡"所说的"无偏无党"的"王道"就是超越和优先于个人恩怨和血亲伦理的正义原则。[①] 再结合石碏"申君臣之大义而灭父子之私亲"的例子，我们可以得出这样的结论：处理国家社会事务的政治正义和社会正义是消解家庭伦理神圣性的正义力量，这也就是丁鸿所说的"不以家事废王事"(《后汉书·丁鸿传》)。这一方面反映了政治权力对宗法结构的侵入和消解，另一方面也体现了古人对于公共领域与私人领域之间合理界限的自觉固守。其实质是要求人们在反思社会关系的合当性时要以较大共同体的规则平衡乃至统摄较小共同体的原则，是人类集体生活这一社会本质的突出文化表现。

"万物本乎天，人本乎祖。"(《礼记·郊特牲》) 而中国古代一直有"长兄如父"和"事兄如事父"的敬长传统，商代甚至把兄作为祖先神进行祭祀，如祖甲称祖庚为兄庚，康丁称廪辛为兄丁。周代亦是如此，伯邑考是武王之兄，武王克商后告祭诸祖时就称"王烈祖自太王、太伯、王季、虞公、文王、邑考以列升，维告殷罪，钥人造，王秉黄钺，正国伯"(《逸周书·世俘解第十四》)。但后来更理性的家庭伦理要求则是"父义，母慈，兄友，弟恭，子孝，内平，外成"(《左传·文公十八年》)。"父宽惠而有礼，子敬爱而致恭，兄慈爱而见友，弟敬诎而不慢，夫照临而有别，妻柔顺而听从，若夫行之而不中道，即恐惧而自竦。"(《韩诗外传·卷四》) "兄爱而友，弟敬而顺。"(《左传·昭公二十六

[①] 《周礼》："调人，掌司万人之仇。凡杀人而义者，令勿仇，仇之则死。有凡杀者，邦国交仇之。"《春秋公羊传》："父不受诛，子复仇可也。父受诛，子复仇，此推刃之道，复仇不除害。"

年》)《左传·僖公三十三年》引《尚书·康诰》云,"父不慈,子不祗,兄不友,弟不共,不相及也"(《左传·襄公三十三年》)。遍索今本《尚书》虽不见此段内容,然于《康诰》中却有着类似的表述:

> 王曰:封!元恶大憝,矧惟不孝不友?子弗祗服厥父事,大伤厥考心;于父不能字厥子,乃疾厥子;于弟弗念天显,乃弗克恭厥兄;兄亦不念鞠子哀,大不友于弟。惟吊兹,不于我政人得罪,天惟与我民彝大泯乱。曰:乃其速由文王作罚,刑兹无赦!不率大戛,矧惟外庶子训人?惟厥正人,越小臣诸节?乃别播敷,造民大誉,弗念弗庸,瘝厥君,时乃引恶,惟朕憝已!汝乃其速由兹义率杀。亦惟君惟长,不能厥家人,越厥小臣外正,惟威惟虐,大放王命,乃非德用乂。汝亦罔不克敬典,乃由裕民,惟文王之敬忌,乃裕民。曰我惟有及,则予一人以怿。(《尚书·周书·康诰》)

我们从《尚书·周书·康诰》看出的是对家庭伦理的重视:"于弟弗念天显,乃弗克恭厥兄"其实就是《左传·僖公》所说的"弟不共",而"兄亦不念鞠子哀,大不友于弟"其实也就是《左传·僖公》所说的"兄不友",其整体思想和《左传》是一致的。在这里,"兄友,弟恭""兄慈爱而见友,弟敬诎而不慢""兄爱而友,弟敬而顺"的意思是一样的,都是要为兄弟之间的权利义务关系规定一个原则:这里的"友"意味着兄对弟所应尽之义务,同时亦为弟所享有之权利;"恭"意味着弟对兄所应尽之义务,同时亦为兄所享有之权利。在这里,权利与义务依然是对等的。《尔雅·释训》:"善兄弟为友"更是混而言之,把这种对等关系表达得了无痕迹。

黑格尔说,"家庭自然而然地和本质地通过人格的原则分成多数家庭,这些家庭一般都以独立的具体的人自居,因而相互见外地对待着。换句话说,由于家庭还是在它的概念中的伦理理念,所以结合在家庭的统一中的各个环节必须从概念中分离出来而成为独立的实在性。这就是差别的阶段"[①]。尽管在中国古代,对于从一个家庭中分离出来的各个家

[①] [德]黑格尔:《法哲学原理》,商务印书馆1961年版,第195页。

庭来说，人们更注重其伦理的统一性，而不是其现实的差别性，但具有相对独立性的人格原则上肯定是存在的。这是因为，由于血缘级次的不同，在家庭范围之内，与父母子女之间严格的地位差别不同的是，除长兄之外的兄弟姊妹之间的关系无疑更为平等和对称，最终走向社会化的必然归宿亦会对兄弟各自独立人格的养成不断提出新的要求。实际上，在家庭之内对兄弟相处之道的道德训练固然是出于对血缘亲情肯认之伦理要求，但同时这种道德训练也为个体最后走向并进入社会创造了条件："宫中雍雍，外焉肃肃，兄弟僖僖，朋友切切，远者以貌，近者以情。"（《大戴礼记·曾子立孝第四十九》）"同门曰朋，同志曰友。"① 在这里，我们同样看到了"友"之内涵的拓展和延伸。罗尔斯说，"社团的道德包括大量的理想，每一个都是以适合于各自的身份或角色的方式被规定的……每一个具体的理想都可能通过社团的那些目标和目的的上下文联系而得到解释，我们所谈的角色或地位就属于这些社团。在一定阶段上，一个人会得出一个关于整个合作系统的观念，这个观念规定着社团和它为之服务的那些目的"②。这里"同门曰朋，同志曰友"中的"志"完全可以理解为罗尔斯所说社团成员借由与"社团的那些目标和目的的上下文联系"而抱有的理想与志向，这里的"社团"类似于现代文化意义上的市民社会，也即基于兴趣、爱好和共同文化追求而结成的集体，也就是"同门曰朋，同志曰友"中的"朋"和"友"。于是，我们的讨论就由家庭范围之内的家庭的道德过渡到了社会范围之内的社团的道德。

二 社群论：言忠信，行笃敬，虽蛮貊之邦行矣

"道德是随群体生活而生的，因为只有在群体中，无私和奉献才会有意义。我所说的是一般意义上的群体生活；群体有各种不同的类型，如家庭、法团、城市、国家以及国际的群体。这些各种各样的群体构成了一个等级体系，人们可以根据相关领域，根据社会范围，根据其复杂程

---

① 程树德：《论语解释·卷一·学而上》，中华书局1990年版，第5页。
② ［美］罗尔斯：《正义论》，何怀宏、何包钢、廖申白译，中国社会科学出版社1998年版，第470页。

度和专业程度,找到相应级别的道德行为……道德生活与群体成员身份相伴而生,无论群体有多么小。"① 涂尔干在这里所说的"群体"和"道德"都是从"一般意义上"而非严格意义上来说的。实际上,在家庭乃至家族范围之内,人们之间的伦理要求更接近于人的一种自然而然的本性。因为,"伦理是个体与整体混沌未分的那种精神,因而是真实的精神"②。在"公共体性"的伦理阶段,"人们也只是意识到自己的公共本质,还没有产生真正的自我意识"③。而"个体性"的道德则是"自由主体觉醒的结果,因而是对自身具有确定性的精神"④。用黑格尔的话来说,伦理是精神"自在地存在的自由",而道德则是精神"自为地存在的自由"。精神由"自在"向"自为"的跨越,或者说精神由伦理向道德的演化需要一定的文化背景和历史前提,社团、法团、国家、社会等群体正是这样的文化背景和历史前提。而实际上,在家庭之外,朋友之交才是个体社会实践的起点。

> 孺子其朋,孺子其朋其往,无若火始焰焰,厥攸灼叙,弗其绝。厥若彝,及抚事如予,惟以周工。(《尚书·周书·洛诰》)
>
> 子曰:"唯君子能好其正,小人毒其正。故君子之朋友有乡,其恶有方。是故迩者不惑,而远者不疑也。《诗》云:'君子好仇。'"(《礼记·缁衣》)
>
> 昭明有融,高朗令终,令终有俶,公尸嘉告。其告维何,笾豆静嘉,朋友攸摄,摄以威仪。(《诗经·大雅·生民之什·既醉》)
>
> 子曰:"轻绝贫贱,而重绝富贵,则好贤不坚;而恶恶不著者也。人虽曰'不利',吾不信也。《诗》云:'朋友攸摄,摄以威仪。'"(《礼记·缁衣》)

---

① [法]爱弥尔·涂尔干:《社会学与哲学》,梁栋译,渠东校,上海人民出版社2002年版,第55—57页。
② 樊浩:《道德形而上学的精神哲学基础·绪论》,中国社会科学出版社2006年版,第9页。
③ 樊浩:《道德形而上学的精神哲学基础·绪论》,中国社会科学出版社2006年版,第13页。
④ 樊浩:《道德形而上学的精神哲学基础·绪论》,中国社会科学出版社2006年版,第9页。

"孺子其朋，孺子其朋其往""故君子之朋友有乡，其恶有方""朋友攸摄，摄以威仪"都是说交友的重要和交友的原则，关于其原因，荀子表述得非常明白。他说："得良友而友之，则所见者忠信敬让之行也。身进于仁义而不自知者也，靡使然也。"（《荀子·性恶》）这也就是后世经常说的"近朱者赤，近墨者黑"。故而，朋友相交之道也一直像夫妻、父子、兄弟、君臣一样被看作是人伦之道，由此足见古人对此之重视：

> 后稷教民稼穑。树艺五谷，五谷熟而民人育。人之有道也，饱食、暖衣、逸居而无教，则近于禽兽。圣人有忧之，使契为司徒，教以人伦：父子有亲，君臣有义，夫妇有别，长幼有序，朋友有信。放勋曰：'劳之来之，匡之直之，辅之翼之，使自得之，又从而振德之。'圣人之忧民如此，而暇耕乎？（《孟子·滕文公上》）

在这里，孟子把"朋友有信"和"父子有亲，君臣有义，夫妇有别，长幼有序"一同看作与禽兽相区别的人伦之道。观孟子"使契为司徒，教以人伦"可知孟子以为五伦之教早在契时的上古即有，非春秋战国之际才产生的，《中庸》又称五伦为天下之达道：

> 天下之达道五，所以行之者三，曰：君臣也，父子也，夫妇也，昆弟也，朋友之交也，五者天下之达道也。（《礼记·中庸》）

所谓"天下之达道五，所以行之者三"，也就是说朋友之伦相对于君臣、父子和夫妇而言在传统社会中是较为次要的、偶然的关系。[1] 处理朋友关系的伦理原则"信"，与君臣、父子、夫妇乃至兄弟关系[2]被理解为可能的绝对等级服从关系不同，朋友关系被理解为某种平等的关系，

---

[1] 一般来说，除少数不能生育者或不愿生育的丁克家庭外，有其父必有其子，有其母必有其女。父母子女之间的关系是普遍的、绝对的、必然的。而对于一个人来说，有没有朋友则是个别的、相对的、偶然的。一言以蔽之，凡是人必有父母而未必有朋友。

[2] 长兄如父是宗法世袭制中的一个基本原则，在这样的历史语境中年龄最大的兄长对弟弟就获得了如同父亲对儿子一样的绝对伦理优势。

或者说其伦理原则鲜明地表达出某种平等要求，这说明中国传统社会有着对家庭之外的社会性交往的某种自觉认识。① 这种社会性交往正是由私人领域进入公共领域的过渡性环节：

> 在下位不获乎上，民不可得而治矣。获乎上有道：不信乎朋友，不获乎上矣。信乎朋友有道：不顺乎亲，不信乎朋友矣。（《礼记·中庸》）

《中庸》的表述可以近似看作个体社会化过程的渐次展开，在这个社会化的过程中，"信乎朋友"是由"顺乎亲"到"获乎上"的中间环节，从这里可以看到后世所谓"移孝作忠"的思想尚未发生，在孝——"顺乎亲"与后世所谓的忠②——"获乎上"之间尚且存在某种道德间隙。当然，一个可能的争论是尽管忠的结果可能会"获乎上"，但"获乎上"并不就等于后世所谓的忠。但至少我们可以断定，在这种表述中，私人领域和公共领域之间界限十分分明。这里"信乎朋友"和"朋友有信"的"信"指的是朋友相交之道的社会伦理，此外，"信"还有"取信于民"等政治伦理之类的含义，如《管子·匡君小匡第二十》载：

> 公曰："民富而以亲，则可以使之乎？"管子对曰："举财长工，以止民用。陈力尚贤，以劝民知。加刑无苛，以济百姓。行之无私，则足以容众矣。出言必信，则令不穷矣。此使民之道也。"（《管子·小匡第二十》）

管仲所说的"出言必信"当然亦可理解为统治者信守承诺的一种个体德性，但其本质是指不能朝令夕改，而要保持政策、法令等管理制度的连续性和一贯性，以使民知所依民有所依。也只有在这样的基本制度与程序正义之下，法律、法规才能起到治理社会的功能——"则令不穷矣"。

---

① 参见崔宜明《道德哲学引论》，上海人民出版社2006年版，第127页。
② 忠本身随着历史发展也至少有两重内涵：一为社会伦理"忠诚"之忠，乃属私人领域所探讨之私德；一为政治伦理"忠君"之忠，乃为公共领域所探讨之公德。

梅因认为:"所有进步社会的运动,到此处为止,是一个'从身份到契约'的运动。"① 关于"信乎朋友"和"朋友有信"的"信"所指向的固然是脱离了社会地位和政治身份限制的人格对称与精神平等关系;而政治伦理的"信"亦毫无疑问包含着对统治行为的理性要求和道德限制,在某种程度上说具有契约论的一些色彩。陈来先生在其《古代思想文化的世界——春秋时代的宗教、伦理与社会思想》中在对"信德"进行论述时,采用了一些有关诸侯国之间结盟宣誓的材料。② 无独有偶,吾淳经过考察也认为,"'信'这一观念的源头或起因在于当时普遍存在的国家交往中的结盟现象或事实。""这样一个源头对于'信'的影响与近代欧洲以经济契约为源头对于'信'的影响应当是不同的",并断言,近代欧洲以经济契约为源头对于'信'的影响"无疑更具有稳定性和普遍性"③。在这里,我们暂且不论吾淳所断言是否准确与恰当,但其所谓的"'信'这一观念的源头或起因在于当时普遍存在的国家交往中的结盟现象或事实"确乎很有道理。综合陈来先生和吾淳的观点,我们刚好可以得出社会存在决定社会意识的历史结论。如果抛除小国屈从于压力和受胁迫之类偶然性的例外因素,结盟的本质正是要在平等对称的前提与基础上形成一种相互信任彼此制衡的契约关系。"取信于民"之"信"与"朋友相交"之"信"正是这种国际政治伦理向国内政治领域和民间社会交往的渗透与发展④。也有人认为,"'信'原指祭祀上天和先祖时诚实不欺、不敢妄言,后来逐渐摆脱宗教色彩。经过儒家的倡导,'信'成为一项重要的道德规范"⑤。平实而论,这种说法也有一定的道理,如《左传·桓公六年》载:

少师归,请追楚师,随侯将许之。季梁止之曰:"天方授楚,楚

---

① [英]梅因:《古代法》,沈景一译,商务印书馆1996年版,第97页。
② 参见陈来《古代思想文化的世界——春秋时代的宗教、伦理与社会思想》,生活·读书·新知三联书店2009年版,第347—351页。
③ 参见吾淳《中国哲学的起源——前诸子时期观念、概念、思想发生发展与成型的历史》,上海人民出版社2010年版,第442页正文及注释。
④ 在宗君合一的封建社会中封建贵族的政治身份和社会身份是完全重合的,这和现代社会政治身份与社会身份的分离是不同的。
⑤ 汪怀君:《人伦传统与交往伦理》,山东大学出版社2007年版,第273页。

第四章 德论——道德正义

之赢,其诱我也,君何急焉?臣闻小之能敌大也,小道大淫。所谓道,忠于民而信于神也。上思利民,忠也;祝史正辞,信也。今民馁而君逞欲,祝史矫举以祭,臣不知其可也。"公曰:"吾牲牷肥腯,粢盛丰备,何则不信?"对曰:"夫民,神之主也。是以圣王先成民而后致力于神。故奉牲以告曰'博硕肥腯',谓民力之普存也,谓其畜之硕大蕃滋也,谓其不疾瘯蠡也,谓其备腯咸有也。奉盛以告曰'絜粢丰盛',谓其三时不害,而民和年丰也。奉酒醴以告曰'嘉栗旨酒',谓其上下皆有嘉德而无违心也。所谓'馨香',无谗慝也。故务其三时,修其五教,亲其九族,以致其禋祀。于是乎民和而神降之福,故动则有成。今民各有心,而鬼神乏主,君虽独丰,其何福之有!君姑修政而亲兄弟之国,庶免于难。"随侯惧而修政。楚不敢伐。(《左传·桓公六年》)

抛开季梁和随侯对于宗教祭祀具体理解上的差异,这里"忠于民而信于神""祝史正辞,信也"的"信"也就是汪怀君所说意义上的"信"。关于"信"的制度与程序正义方面的问题,我们已在第二章第三节集中讨论。在这里,我们把对"信"的讨论限制在朋友相交之道的社会伦理范围之内。

(一) 人而无信,不知其可也

罗尔斯指出,"稳定性是各种道德观念的一个值得向往的特点"[①]。也就是说,罗尔斯认为稳定性是所有道德观念的最终边界和理想规定。"不恒其德,或承之羞。"(《周易·恒》) 就道德主体而言,稳定性的不足意味着主体受外在环境和客观条件中自然偶然性与社会任意性因素的影响与摄动而缺乏普遍的、必然的、自始至终的、恒定的内在力量的支撑,或者干脆就是个人道德主体性精神的缺失。因此,频繁受外在环境摄动而摇摆不定的道德甚至很难说是真正的道德。先秦诸子多多少少都谈到了"信"这一范畴,中国古代的"信"尽管有多重意涵,但最主要

[①] [美]罗尔斯:《正义论》,何怀宏、何包钢、廖申白译,中国社会科学出版社1998年版,第457页。

的是表达道德稳定性的一个概念。《论语》云：

> 子曰："人而无信，不知其可也。大车无輗，小车无軏，其何以行之哉？"正义曰：人有五常，仁义礼智，皆须信以成之。若人而无信，其余四德，终无可行。(《论语·为政》)
>
> 子张问行。子曰："言忠信，行笃敬，虽蛮貊之邦行矣；言不忠信，行不笃敬，虽州里行乎哉？立，则见其参于前也；在舆，则见其倚于衡也。夫然后行。"子张书诸绅。(《论语·卫灵公》)
>
> 子贡问政，子曰："足食，足兵，民信之矣。"子贡曰："必不得已而去，于斯三者何先？"曰："去兵。"子贡曰："必不得已而去，于斯二者何先？"曰："去食。自古皆有死，民无信不立。"(《论语·颜渊》)

在道德的秩序中，作为人五种伦理规范之一的"信"不但是其他四常"仁义礼智"的必要条件，也为人类全部行为的稳定性提供最基本的道德保证。就社会而言，也只有在"信"这一道德展望与前景预期稳定性的基础上，人们之间的相互期待才不会落空，人们之间的相互理解也才有前提，人们之间的相互合作才有可能。而这是人们通过彼此交往结合成不同的群体，共同行动的社会学前提。所谓"仁义礼智"其实是人们基于对社会活动与社会关系的共同理解而赋予某种品格以文化意义，没有了"信"，人们就无法结成稳固的社会群体，也就失去了共同理解的社会基础，"仁义礼智"就无从谈起。不仅如此，孔子甚至认为，只要有了"信"，即使是在语言不同、文化相异原本无法沟通与交流的环境中也可以畅行无阻。相反，如果没有"信"，即使在语言相通、彼此了解的地方也举步维艰、寸步难行。孔子甚至认为在一个国家里，尽管物阜民丰军备精良和取信于民都是统治者的重要责任和义务，但如果三者之间发生冲突的话，那么取信于民优先于物阜民丰，物阜民丰优先于军备精良。根据传递原则，取信于民自然优先于军备精良，这充分说明了孔子思想中贵德贱刑重文轻武的民本主义情怀和道德理想主义特征。

> 体恭敬而心忠信，术礼义而情爱人，横行天下，虽困四夷，人

莫不贵。劳苦之事则争先，饶乐之事则能让，端悫诚信，拘守而详，横行天下，虽困四夷，人莫不任。体倨固而心势诈，术顺墨而精杂污，横行天下，虽达四方，人莫不贱。劳苦之事则偷儒转脱，饶乐之事则佞兑而不曲，辟违而不悫，程役而不录，横行天下，虽达四方，人莫不弃。(《荀子·修身篇》)

从积极意义上说，只要"体恭敬而心忠信""端悫诚信，拘守而详"就能"横行天下，虽困四夷，人莫不贵""横行天下，虽困四夷，人莫不任"，这和孔子所说的"虽蛮陌之邦行矣"是一致的。"言不忠信，行不笃敬，虽州里行乎哉？"尽管孔子用存疑的语气，却从消极意义上表达了一个相当肯定的判断——孔子认为，没有"忠信"寸步难行。就消极意义而言，与孔子相比，荀子的理解稍微不同："体倨固而心势诈，术顺墨而精杂污"，"辟违而不悫，程役而不录"，尽管"横行天下，虽达四方"，也会"人莫不贱""人莫不弃"。"莫"就是全部的否定性，全部的否定性就是必然的否定性，也就是说必然会遭到所有人的鄙夷和唾弃。对于没有"忠信"能不能"行"这一问题荀子是存而不论的，既不表示怀疑也没有做出或肯定或否定的答复而只是从道德角度给出了"人莫不弃""人莫不贱"这一普遍的、必然的、绝对否定性的价值判断。质言之，在孔子那里道德理性或价值理性绝对统御和决定实践理性或工具理性，更准确地说孔子认为道德价值决定行为效果。而荀子则认为道德理性或价值理性与实践理性或工具理性存在着一定的间隙，有着相互分离的可能，至少二者不是完全统一而是受道德理性或价值理性的主导和决定的。换句话说，荀子认为道德价值并不必然决定行为效果。因此，虽然大致而言《荀子·修身篇》是对孔子"言忠信，行笃敬，虽蛮貊之邦行矣；言不忠信，行不笃敬，虽州里行乎哉"的进一步解释和发挥，尽管荀子也认可"信"的价值与意义，但在荀子那里，"信"的地位远不及在孔子那里为高：

有通士者，有公士者，有直士者，有悫士者，有小人者。上则能尊君，下则能爱民，物至而应，事起而辨，若是则可谓通士矣。不下比以闇上，不上同以疾下，分争于中，不以私害之，若是则可谓公士矣。身之所长，上虽不知，不以悖君；身之所短，上虽不知，不以取赏；长短不饰，以情自竭，若是则可谓直士矣。庸言必信之，庸行必慎之，畏法流俗，而不敢以其所独甚，若是则可谓悫士矣。言无常信，行无常贞，唯利所在，无所不倾，若是则可谓小人矣。（《荀子·不苟篇第三》）

很明显，在荀子那里，"上则能尊君，下则能爱民，物至而应，事起而辨"的通权达变之士才是士人之最高者，而"庸言必信之，庸行必慎之，畏法流俗，而不敢以其所独甚"的端悫诚信之士只不过比"言无常信，行无常贞，唯利所在，无所不倾"唯利是图、罔顾道义的小人高一个层级而已。当然，我们不能凭此就断定荀子不重视作为道德价值的"信"，而只能说，在人才的甄别与选拔上，荀子更注重通士、公士、直士乃至于悫士等各类各级人才处理事务的实际能力，而不单单看重其坚守信用的道德操守——至少不会以某类人才的道德操守为唯一选拔标准。孟子认为"执中无权，犹执一也。所恶执一者，为其贼道也，举一而废百也"（《孟子·尽心上》）。孔子也说："可与共学，未可与适道；可与适道，未可与立；可与立，未可与权。"（《论语·子罕》）因此，荀子的《不苟篇》与孔子和孟子的"经权"思想一脉相承。此外，除了作为道德品质的"忠信"，"信"也有政治权威的意涵。

新筑人仲叔于奚救孙桓子，桓子是以免。既，卫人赏之以邑，辞。请曲县、繁缨以朝，许之。仲尼闻之曰："惜也，不如多与之邑。唯器与名，不可以假人，君之所司也。名以出信，信以守器，器以藏礼，礼以行义，义以生利，利以平民，政之大节也。若以假人，与人政也。政亡，则国家从之。弗可止也已。"（《左传·成公二年》）

孔子所谓"名以出信，信以守器，器以藏礼，礼以行义，义以生利，利以平民，政之大节也"则是从实际的政治运作过程与社会治理逻辑来谈"信"的，其大意是说："有了名分便具有权威，有了权威就能保住象征他地位的器物，器物是用来体现礼法，礼法是用来推行道义，道义

第四章　德论——道德正义

用来产生利益，利益用来治理人民，这是政事的大纲。"① 这里的"信"虽也有"信誉""信用"的含义在其中，但更多的是指由政治名分和社会地位所产生的社会权威和社会影响。崔宜明说，"从根本上说，从社会学的角度看，传统诚信所展开的语境是纵向的义务服从关系，现代诚信所展开的语境是横向的权利平等关系；从哲学的角度看，传统诚信本于'天人关系'，现代诚信本于'契约关系'"②。一方面，从以上所论可见，崔宜明所言"传统诚信所展开的语境是纵向的义务服从关系"缺乏历史证据与理论根基，与实际情况出入颇大。另一方面，尽管中国古代一直有"诚""信"互释的传统——《说文解字》说："诚，信也，从言成声"，又说"信，诚也，从人从言"；《管子》和《荀子》也有"先王贵诚信。诚信者，天下之结也"（《管子·枢言第十二》）与"诚信生神"（《荀子·不苟篇第三》）的用法，但实际上，"诚"是一个比"信"更高，内涵也更丰富的范畴，而在古代与"信"意义相近的用法是"忠信"。于此，孔子、荀子均曾言及，《大戴礼记·小辨篇第七十四》亦载：

公曰："然则吾何学而可？"子曰："君其习礼乐而力忠信，其可乎？"公曰："多与我言忠信，而不可以入患。"子曰："毋乃既明忠信之备，而口倦其君，则不可而有；明忠信之备，而又能行之，则可立待也。君朝而行忠信，百官承事，忠满于中而发于外，刑于民而放于四海，天下其孰能患之？"公曰："请学忠信之备。"子曰："唯社稷之主实知忠信。若丘也，缀学之徒，安知忠信？"公曰："非吾子问之而焉也？"子三辞，将对。公曰："强避！"子曰："强侍。丘闻大道不隐。丘言之，君发之于朝，行之于国，一国之人莫不知，何一之强辟？丘闻之，忠有九知：知忠必知中，知中必知恕，知恕必知外，知外必知德，知德必知政，知政必知官，知官必知事，知事必知患，知患必知备。若动而无备，患而弗知，死亡而弗知，安与知忠信？内思毕心曰知中，中以应实曰知恕，内恕外度曰知外，

---

① 李梦生：《左传译注》，上海古籍出版社1998年版，第523页。
② 崔宜明：《道德哲学引论》，上海人民出版社2006年版，第143—144页。

外内参意曰知德，德以柔政曰知政，正义辨方曰知官，官治物则曰知事，事戒不虞曰知备，毋患曰乐，乐义曰终。"（《大戴礼记·小辨篇第七十四》）

在这里，孔子不但强调了"忠信"的重要性和必要性，而且也透露了"忠"与"信"之间微妙的差别——"忠满于中而发于外，刑于民而放于四海。"也就是说，"忠"是从行为主体内心发出来的，而"君发之于朝，行之于国，一国之人莫不知，何一强之避"的"信"则是其外在的表现。让我们再来看一则《国语》的材料。

诸侯之大夫盟于宋，楚令尹子木欲袭晋军，曰："若尽晋师而杀赵武，则晋可弱也。"文子闻之，谓叔向曰："若之何？"叔向曰："子何患焉。忠不可暴，信不可犯，忠自中，而信自身，其为德也深矣，其为本也固矣，故不可抈也。今我以忠谋诸侯，而以信覆之，荆之逆诸侯也亦云，是以在此。若袭我，是自背其信而塞其忠也。信反必毙，忠塞无用，安能害我？且夫合诸侯以为不信，诸侯何望焉。此行也，荆败我，诸侯必叛之，子何爱于死，死而可以固晋国之盟主，何惧焉？"是行也，以藩为军，攀辇即利而舍，候遮扞卫不行，楚人不敢谋，畏晋之信也。自是没平公无楚患。（《国语·晋语第八》）

公元前 579 年，也就是成公十二年，在宋大夫华元的努力斡旋之下，晋大夫士燮、楚王子芈罢，会盟于宋西门之外，曰："凡晋、楚无相加戎，好恶同之，同恤灾危，备救凶患。若有害楚，则晋伐之；在晋，楚亦如之。交贽往来，道路无壅；谋其不协，而讨不庭。有渝此盟，明神殛之，俾坠其师，无克胙国。"（《左传·成公十二年》）这就是历史上著名的第一次弭兵之盟。不久，晋楚之间就发生了鄢陵之战，楚国兵败，元气大伤，晋国也发生了内忧（厉公之乱）外患（强秦对晋保持战略进攻态势）。襄公二十七年，即公元前 546 年，在宋大夫向戌的外交努力之下，晋大夫赵武与楚大夫屈建为弭兵进行第二次会盟。但正如伯凤告诉赵孟的那样，"楚氛甚恶，惧难"：

第四章 德论——道德正义

　　辛巳,将盟于宋西门之外,楚人衷甲。伯州犁曰:"合诸侯之师,以为不信,无乃不可乎?夫诸侯望信于楚,是以来服。若不信,是弃其所以服诸侯也。"固请释甲。子木曰:"晋楚无信久矣,事利而已。苟得志焉,焉用有信?"太宰退,告人曰:"令尹将死矣,不及三年。求逞志而弃信,志将逞乎?志以发言,言以出信,信以立志。参以定之。信亡,何以及三?"赵孟患楚衷甲,以告叔向。叔向曰:"何害也?匹夫一为不信,犹不可。单毙其死。若合诸侯之卿,以为不信,必不捷矣。食言者不病,非子之患也。夫以信召人,而以僭济之。必莫之与也,安能害我?且吾因宋以守病,则夫能致死。与宋致死,虽倍楚可也,子何惧焉?又不及是。日弭兵以召诸侯,而称兵以害我,吾庸多矣,非所患也。"(《左传·襄公二十七年》)

　　上面是《左传·襄公二十七年》对第二次弭兵之盟的记载。"晋楚无信久矣,事利而已。苟得志焉,焉用有信?"楚子木采取的完全是一种工具理性式的实用主义态度,只要有利可图,就可以罔顾信用。同样是叔向的话,《国语》的记述是"忠""信"并重,《左传》则偏重于对"信"的阐释。志→言→信→志的逻辑结构表明,对于叔向而言,"志"既是"言"和"信"的发生基础,又是"言"和"信"的内控因素。同样是"志",在子木和叔向那里却有着完全不同的价值内涵:对于子木而言,"志"就是"事利",就是追求欲望的满足;而对于叔向而言,"志"则是一种道德要求,是要持守价值信念。"志以发言,言以出信,信以立志"是说"信"要发自内心,要表里如一。否则,如果说一套做一套,"信不由中,质无益也",不仅信誓旦旦毫无用处,即使彼此交质为信又有什么用处呢?

　　郑武公、庄公为平王卿士。王贰于虢。郑伯怨王。王曰:"无之。"故周郑交质。王子狐为质于郑,郑公子忽为质于周。王崩,周人将畀虢公政。四月,郑祭足帅师取温之麦。秋,又取成周之禾。周郑交恶。君子曰:"信不由中,质无益也。明恕而行,要之以礼,虽无有质,谁能间之?苟有明信,涧、溪、沼、沚之毛,蘋、蘩、蕰、藻之菜,筐、筥、锜、釜之器,潢、污、行潦之水,可荐于鬼

· 287 ·

神,可羞于王公,而况君子结二国之信,行之以礼,又焉用质?风有《采蘩》、《采苹》,雅有《行苇》、《泂酌》,昭忠信也。"(《左传·隐公三年》)

"明恕而行,要之以礼,虽无有质,谁能间之?苟有明信,涧、溪、沼、沚之毛,苹、蘩、蕴、藻、之菜,筐、筥、锜、釜之器,潢、污、行潦。之水,可荐于鬼神,可羞于王公,而况君子结二国之信,行之以礼,又焉用质?"对于国际交往和取信于人而言,关键在于发自于内心,彼此交换人质之类的形式在实际上并不重要。无论如何,"信"的本质是交往主体之间对待对方与对待自己毫无差别的依赖、认可与尊重,每一方都心安理得心甘情愿地把自己的利害得失与前途命运托付给对方;而"忠"则在某种程度上,表现了交往双方彼此因为基于对方的情感义务等诸如此类的种种原因而对自己利害得失情感愿望一定程度上的淹没与覆盖,但这种淹没与覆盖并不是由于对方的主动权利要求而自己被动遭受的,而是由于行为主体过于强调自己的道德情感、道德责任和道德义务而从对自己与对方之间平等与对称关系的理性持守转而内化为对自己内在道德自我完满性的理想追求。这在客观上,一方面,在实际本应对等的权利义务关系上消弭了自我的权利;另一方面,则在理想道德生活的追求上成就了自我的精神。墨子云:

若以翟之所谓忠臣者,上有过,则微之以谏;己有善,则访之上,而无敢以告。外匡其邪,而入其善,上同而无下比。是以美善在上,而怨仇在下;安乐在上,而忧戚在臣。此翟之所谓忠臣者也。(《墨子·鲁问第四十九》)

墨子认为所谓的忠臣就是要推功于君而揽过于己,对此董仲舒说得更为明白显豁,并引《尚书》以为佐证:"且春秋之义,臣有恶君名美。故忠臣不显谏,欲其由君出也。《书》曰:'尔有嘉谋嘉猷,入告尔君于内,尔乃顺之于外。曰:此谋此猷,惟我君之德。'此为人臣之法也。"(《春秋繁露·竹林》)这种要求在社会交往之中当然是一种难能可贵的美德,但把这种美德带入政治生活却并不一定是多么明智的选择,因为

第四章　德论——道德正义

政治生活更需要的是实事求是、精神独立的公共理性而不是社会治理者的思想和个性被国君没有原则地淹没与覆盖。在现代社会，我们当然更要鄙弃这种罔顾事实，斫丧真理，压抑人性，蔑视人格的愚忠。相形之下，《韩诗外传·卷四》所说的"忠"就是臣下对君主既不曲意逢迎苟合，也不刻意拂违激怒，而是要以道德覆辅感化，这则是一种较为符合古代历史合理性的态度，而且这种态度也和荀子"从道不从君，从义不从父"（《荀子·子道》）的态度相一致。

>有大忠者，有次忠者，有下忠者，有国贼者。以道覆君而化之，是谓大忠也；以德调君而辅之，是谓次忠也；以谏非君而怨之，是谓下忠也；不恤乎公道之达义，偷合苟同，以持禄养者，是谓国贼也。若周公之于成王，可谓大忠也；管仲之于桓公，可谓次忠也；子胥之于夫差，可谓下忠也；曹触龙之于纣，可谓国贼也。皆人臣之所为也，吉凶贤不肖之效也。诗曰："匪其止共，惟王之邛。"（《韩诗外传·卷四》）

首先，毋庸置疑，"忠"这种被李承贵称之为"损己化"的"自我虚化"倾向[1]在政治生活领域中，极其容易因权势位差导致主体性缺失而沦为忠奸不辨、是非不分的愚忠。其次，所谓"忠满于中而发于外"，"忠自中"，就是说，"忠"这种道德情感由于完全发自于内心深处的道德自我而不接受任何外在因素的诱导和权衡。质言之，"信"建立在行为主体对对方精神人格与行为方式的稳定性以及行为后果可能性风险的理性评估和潜在预期之上；而"忠"则由于完全指向道德自我而完全不存在这种工具理性式风险评估与后果预期。陈来先生认为，这种作为社会交往伦理准则的"忠"，"是发自内心，而且能以己之心，度人之心"。并断言，"'忠'的这种用法在春秋不多"[2]。相反，用法较多的是作为政治伦理"仕主不二心""忠于君主和社稷""忠于公室和政

---

[1] 李承贵：《德性源流——中国传统道德转型研究》，江西教育出版社2004年版，第127页。

[2] 陈来：《古代思想文化的世界——春秋时代的宗教、伦理与社会思想》，生活·读书·新知三联书店2009年版，第345页。

务"的"忠"。① 这种作为政治伦理的"忠"接近于罗尔斯所说的建立于正义制度之上的有关职责和义务的,被称之为"公平的正当"原则。一个明显的事实是,在阐明这个原则时,罗尔斯更注重其前提即制度的正义性以及权利与义务的对等性即公平。②

在中国古代,一些情况下,忠也是对君主尽职政务的政治义务和道德要求。鲁庄公九年,在齐公子纠与公子小白的嗣位之争中鲁国支持公子纠回国嗣位并伙同管仲在公子小白自莒返齐途中设谋伏击。公子小白虽被射中带钩却幸免于难并将计就计诈死,于庄公九年夏速返齐国成功嗣位为齐桓公。庄公九年八月,齐、鲁战于乾时。鲁军大败,"公丧戎路,传乘而归"(《左传·庄公九年》)。鲁庄公十年春,即公元前684年春,齐国兴兵讨鲁:

> 十年春,齐师伐我。公将战,曹刿请见。其乡人曰:"肉食者谋之,又何间焉。"刿曰:"肉食者鄙,未能远谋。"乃入见。问:"何以战?"公曰:"衣食所安,弗敢专也,必以分人。"对曰:"小惠未遍,民弗从也。"公曰:"牺牲玉帛,弗敢加也,必以信。"对曰:"小信未孚,神弗福也。"公曰:"小大之狱,虽不能察。必以情。"对曰:"忠之属也,可以一战,战则请从。"公与之乘。战于长勺。(《左传·庄公十年》)

曹刿本非"肉食者"却不但能顺利进见鲁庄公,还当场否定了庄公借以迎战的"小惠"和"小信"这两个理由,足见彼时阶级差别并不悬殊。《左传·文公》云:"祀,国之大事也。"(《左传·文公二年》)《左传·成公》亦云:"国之大事,在祀与戎。"(《左传·成公十三年》)但在曹刿看来,对祭祀的恭敬虔诚——"牺牲玉帛,弗敢加也,必以信"只不过是"小信未孚,神弗福也",并不足以成为迎战齐国的理由。也就是说,宗教活动的态度并不是决定政治活动效果的根本因素,这种人

---

① 参见陈来《古代思想文化的世界——春秋时代的宗教、伦理与社会思想》,生活·读书·新知三联书店2009年版,第341—347页。
② 参见[美]罗尔斯《正义论》,何怀宏、何包钢、廖申白译,中国社会科学出版社1998年版,第108—114页。

本主义倾向从根本上彻底否定了对神祇忠信的现实意义，体现了春秋时期社会精英对于历史理性的高度自觉。同样，曹刿认为在统治阶级内部的小恩小惠——"衣食所安，弗敢专也，必以分人"由于忽略了人民的大部分——"小惠未遍，民弗从也"，也不足以成为迎战齐国的理由。相反，只有实事求是，忠于职守——"小大之狱，虽不能察，必以情"，才"可以一战"，是决定政治活动效果的根本因素。曹刿所说的"忠之属也"之"忠"就是指鲁公对于鲁国臣民尤其是对普通民众所应尽之政治义务和道德责任。这既是先秦时期民本思想的集中体现，也多多少少闪耀着唯物主义的理论光芒。

回过头来再看上面所引《大戴礼记·小辨篇第七十四》中孔子所云："唯社稷之主实知忠信。若丘也，缀学之徒，安知忠信？"可以看得出，至少在孔子这里，"忠信"的道德要求是对"社稷之主"提出的，其本质也是上引材料中曹刿所说的"忠"。相较而言，中国古人所谓政治伦理的"忠"更注重行为主体所应尽之义务，而不管这种义务是对臣子提出的，还是对君主提出的。在此，我们依然把讨论限制在社会伦理范围之内。

（二）除阇以应外谓之忠，定身以行事谓之信

孔子说："《书》云：'孝乎惟孝、友于兄弟，施于有政。'是亦为政，奚其为为政？"（《论语·为政》）可见孔子对政治活动的理解十分宽泛，这也是儒家重视社会教化过于政治治理的一贯主张。《仪礼·相见礼》云：

> 与众言，言忠信慈祥。与居官者言，言忠信。（《礼记·仪礼·相见礼》）

尽管我们不能仅仅从"与居官者言，言忠信"就轻易断定这里"忠信"的主体只是一般的士人或民众，但至少我们可以说其主体的范围要比"社稷之主"（《大戴礼记·小辨篇第七十四》）大得多。尽管其主体有可能是指地位较低的"居官者"，但如果我们能够抛开孔子这种对政治泛化的理解，我们从"与众言，言忠信慈祥"就可以看出，这种道德要求不全是指向政治事务的，而且可以是一般性的社会交往。再退后一

步，至少我们可以说这里所谓"忠信"的道德要求除了政治伦理之外，尚包含着社会交往伦理的成分，也更接近我们上一部分所讨论的内容。不管是这里的"言忠信"，还是《大戴礼记·小辨篇第七十四》载孔子所说的"行礼乐而力忠信"，其所谓的"忠信"都是指具体言行所应秉持的道德态度。但孔子所说的"忠有九知"，即"知忠必知中，知中必知恕，知恕必知外，知外必知德，知德必知政，知政必知官，知官必知事，知事必知患，知患必知备"，"知备→知患→知事→知官→知政→知德→知外→知恕→知中→知忠"这一认知模式既是条件约束，又是认识逻辑，是围绕处理日常政治事务的行为逐次展开和层层深化的，其内在的动力并不是纯粹的道德理性，乃是一种由忧患意识所触发的工具理性——"若动而无备，患而弗知，死亡而弗知，安与知忠信？"但有意思的地方在于要想由"九知"达到"忠"则首先要诉诸内心的力量——"内思毕心曰知中"，而后才是一个"满于中而发于外，刑于民而放于四海"的过程——"中以应实曰知恕，内恕外度曰知外，外内参意曰知德，德以柔政曰知政，正义辨方曰知官，官治物则曰知事，事戒不虞曰知备，毋患曰乐，乐义曰终。"这同"忠有九知"一样实际上都是"三纲八目"的另外一种表述，或至少可以说和"三纲八目"有异曲同工之妙而更侧重"修身、齐家、治国、平天下"的内在发生机制和逐步推进的现实可操作性。另外一个值得注意的事实是："内思毕心曰知中"强调道德努力方向的内化，而这个过程早就开始了，《左传·僖公十一年》载：

> 十一年春，晋侯使以平郑之乱来告。天王使召武公、内史过赐晋侯命。受玉惰。过归，告王曰："晋侯其无后乎！王赐之命而惰于受瑞，先自弃也已，其何继之有？礼，国之干也；敬，礼之舆也。不敬则礼不行，礼不行则上下昏，何以长世？"（《左传·文公元年》）

僖公十一年，即公元前649年，周襄王派邵公和内史过到晋国赐命圭给晋惠公，晋侯及大夫不敬。于是，内史过返回王庭向襄王复命时就发表了一番宏论并推断说晋君的后代难以继续享有君位，其理由是"礼，国之干也；敬，礼之舆也。不敬则礼不行，礼不行则上下昏，何

第四章 德论——道德正义

以长世?"也就是说"礼,是国家的主干;敬,是行礼的车子。不敬礼就不能推行,礼不能推行上下便昏乱,怎么能够维持长久呢?"。这里虽然说的是"礼"的重要性,但重心却是在强调"敬"。无独有偶,对此,《国语·周语》有着更详尽的记述:

> 内史过归,以告王曰:"晋不亡,其君必无后。且吕、郤将不免。"王曰:"何故?"对曰:"夏书有之曰:'众非元后,何戴?后非众,无与守邦。'在汤誓曰:'余一人有罪,无以万夫。万夫有罪,在余一人。'在盘庚曰:'国之臧,则惟女众。国之不臧,则惟余一人是有逸罚。'如是则长众使民,不可不慎也。民之所急在大事,先王知大事之必以众济也,是故被除其心,以和惠民。考中度衷以莅之,昭明物则以训之,制义庶孚以行之。被除其心,精也;考中度衷,忠也;昭明物则,礼也;制义庶孚,信也。然则长众使民之道,非精不和,非忠不立,非礼不顺,非信不行。今晋侯即位而背外内之赂,虐其处者,弃其信也;不敬王命,弃其礼也;施其所恶,弃其忠也;以恶实心,弃其精也。四者皆弃,则远不至而近不和矣,将何以守国?……"(《国语·周语上第一》)

与《左传·僖公十一年》的有关记述相比,内史过不仅频繁引用《尚书》中的《夏书》、《汤誓》和《盘庚》来阐述自己的理由,而且断言不但晋惠公的后代难以继续拥有君位,而且晋国的吕氏、郤氏也必罹凶难。《左传》的解释是晋国君臣对王庭的不敬——"王赐之命而惰于受瑞,先自弃也已,其何继之有?"其目的是强调"礼"和"敬";《国语》的解释则是由于晋国君臣舍弃了"精""忠""礼""信"——"今晋侯即位而背内外之赂,虐其处者,弃其信也;不敬王命,弃其礼也;施其所恶,弃其忠也;以恶实心,弃其精也。四者皆弃,则远不至而近不和矣,将何以守国?"尽管这里也谈到了"不敬王命,弃其礼也"的"礼"和"敬",但重点所强调的则是"长众使民,不可不慎也"的民本思想。这是因为"民之所急在大事,先王知大事之必以众济也",所以要"被除其心,以和惠民",更具体的是说要"考中度衷以莅之,昭明物则以训之,制义庶孚以行之"。

《国语》还认为"精、忠、礼、信"是"长众使民之道"的根本——"祓除其心，精也；考中度衷，忠也；昭明物则，礼也；制义庶孚，信也。然则长众使民之道，非精不和，非忠不立，非礼不顺，非信不行。""以恶实心，弃其精也"的说法表明"精"是与"恶"这一贬义词完全正相反对的褒称，其实际意涵接近于"好"和"善"。"祓除其心，精也"的说法和阳明所说的"廓清心体，使纤毫不染"意思相近，是"在心上做功夫"的过程，而"精"则是"祓除其心"中之"恶"后所达到的纯善无恶的"效果"，是内向的纯粹行为与道德主体个人自身修养的事情。"昭明物则"之"礼"和"制义庶孚"之"信"关涉的对象则是多人组成的群体或共同体，是通过"祓除其心"达到"精"之后才有可能谈及的事情，而"考中度衷"之"忠"则是其中间环节，不但"是发自内心，而且能以己之心，度人之心"[①]。

陈来先生这里所谈的"以己之心，度人之心"之"忠"所关涉到的是作为对象性思维而存在的他者，其精神逻辑与心理发生学前提依然是"祓除其心"之后所达到的"精"。在《国语》中其他相似的表述中，"精"和"忠"的内涵渐趋融合，《国语·晋语》记载历史上著名的借道伐虢之役：

> 伐虢之役，师出于虞。宫之奇谏而不听，出，谓其子曰："虞将亡矣！唯忠信者，能留外寇而不害。除闇以应外谓之忠，定身以行事谓之信。今君施其所害于人，闇不除矣；以贿灭亲，身不定矣。夫国非忠不立，非信不固。既不忠信，而留外寇，寇知其衅而归图焉。已自拔其本矣，何以能久？吾不去，惧及焉。"以其孥适西山，三月，虞乃亡。（《国语·晋语二第八》）

僖公二年，即公元前658年，晋荀息建议晋献公用屈地所出的宝马和垂棘所出的玉璧来贿赂虞国（在今山西省平陆西），以求借道攻打虢国（在今河南省三门峡）。虞大夫宫之奇极力谏阻，虞公不听宫之奇劝谏，执意答应晋国的要求。宫之奇为纾祸之计离开虞国，上面是离虞之

[①] 陈来：《古代思想文化的世界——春秋时代的宗教、伦理与社会思想》，生活·读书·新知三联书店2009年版，第345页。

前宫之奇对他儿子讲的话。宫之奇认为，"唯忠信者，能留外寇而不害"，并以"忠信"为理论支点向他儿子阐述了虞国必亡的原因和理由——"夫国非忠不立，非信不固"，而虞公"既不忠信而留外寇，寇知其衅而归图焉。已自拔其本矣，何以能久？"那么究竟什么是"忠信"呢？宫之奇解释说，"除暗以应外为之忠，定身以行事谓之信"。在此基础上，宫之奇进一步强化了他推论的理由：虞国之所以必然灭亡乃是由于虞公失去了"忠信"之德——"今君施其所害于人，暗不除矣；以贿灭亲，身不定矣。"

接下来，我们再来考察一下"忠"。宫之奇云："除暗以应外谓之忠。"韦注："去己暗昧之心以应外，谓之忠。"陈来先生认为韦注"以忠为发自内心的明正之心。"[①] 宫之奇的"除暗以应外"和韦注的"去己暗昧之心以应外"和上面所引《国语·周语》中"祓除其心，精也"的"祓除其心"都强调了道德主体积极主动廓清私心杂念的行为动作和这些行为动作发生的实际过程，陈来先生所理解的"以忠为发自内心的明正之心"则是这些动作和过程完成之后所达到的理想状态，故而这里的"忠"很大程度上就和"精"在含义上发生了叠合与融通，是"以己之心，度人之心"的心理发生学前提。"除暗以应外"自然意味着主体自觉地对自我意识中不道德不合理成分的某种克制与压抑；"考中度衷"也意味着他者对主体在自我利益或价值的选择与权衡中某种程度上的缠绕与限制，而且这种缠绕与限制是主体自觉主动地施加于自身之上的。"忠"的这种被李承贵称之为"损己化"或"自我虚化"倾向[②]虽然在政治生活极容易导向忠奸不辨、是非不分的愚忠，但在社会生活中却极容易塑造一种宝贵的品质，那就是谦逊和卑让。《礼记·曲礼上》云："礼者，自卑而尊人。"虽然"自卑"和"尊人"并不完全对应，但这里所说的"自卑"和"尊人"在待人接物上却是一体之两面，和忠的"损己化"或"自我虚化"表达一种相似的倾向。也就是在这种意义上，忠和礼也发生了某种程度上的关联：

[①] 参见陈来《古代思想文化的世界——春秋时代的宗教、伦理与社会思想》，北京大学出版社2017年版，第361页。

[②] 李承贵：《德性源流——中国传统道德转型研究》，江西教育出版社2004年版，第127页。

穆伯如齐，始聘焉，礼也。凡君即位，卿出并聘，践修旧好，要结外援，好事邻国，以卫社稷，忠信卑让之道也。忠，德之正也；信，德之固也；卑让，德之基也。（《左传·文公元年》）

《礼记》云："王者之制爵禄，公、侯、伯、子、男，凡五等。"（《礼记·王制》）《春秋公羊传·隐公五年》云："天子三公称公。王者之后称公。其余大国称诸侯。小国称伯子男。"（《公羊传·隐公五年》）爵位不同的人，其政治地位与所享有的政治、经济、社会、文化权利亦差别甚大。终春秋一世二百四十二年间，大小诸侯国成百上千。然唯鲁为周公之后，宋为殷商之后而以公为爵称鲁公、宋公。除此之外，中原诸侯虽如大国齐晋亦只能以侯为爵称齐侯、晋侯。以此观之，虽然"凡君即位，卿出并聘，践修旧好，要结外援，好事邻国，以卫社稷"是"自卑而尊人"的礼的必然要求，但以公爵之鲁聘侯爵之齐还是显得尤为谦逊卑让。值得注意的是"忠，德之正也；信，德之固也；卑让，德之基也"。在邻国相交之道上，一般而言，国与国之间是平等的政治主体。在此种意义上，"忠信"的道德内涵可能是双重的：既有政治伦理的含义，又有社会伦理的含义。对己国而言，忠信于国君和社稷，乃是政治伦理之忠诚；对他国而言，谦逊卑让，信守承诺，乃类似于社会伦理之忠信。但政治伦理与社会伦理交叉互渗、彼此融通的最明显体现乃是移孝作忠。

曾子曰："忠者，其孝之本与？孝子不登高，不履危，痹亦弗凭；不苟笑，不苟訾，隐不命，临不指。故不在尤之中也。"（《大戴礼记·曾子本孝》）

曾子曰："君子立孝，其忠之用，礼之贵。

"故为人子而不能孝其父者，不敢言人父不畜其子者；为人弟而不能承其兄者，不敢言人兄不能顺其弟者；为人臣而不能事其君者，不敢言人君不能使其臣者也。故与父言，言畜子；与子言，言孝父；与兄言，言顺弟；与弟言，言承兄；与君言，言使臣；与臣言，言事君。

"君子之孝也，忠爱以敬；反是，乱也。尽力而有礼，庄敬而安之；微谏不倦，听从而不怠，欢欣忠信，咎故不生，可谓孝矣。

……

"是故未有君，而忠臣可知者，孝子之谓也；未有长，而顺下可知者，弟弟之谓也；未有治，而能仕可知者，先修之谓也。

"故曰孝子善事君，弟弟善事长，君子一孝一弟，可谓知终矣。"（《大戴礼记·曾子立孝第五十一》）

家长和君主都是权威的象征，父家长制和君主专制确实在文化发生学与社会心理学方面存在着诸多联系。"故在不尤之中也"体现了曾子一贯的基于工夫论意义上的工具理性主义取向，而"不登高，不履危，痹亦弗凭；不苟笑，不苟訾，隐不命，临不指"的自我检束正是要达到"故不在尤之中"这一目的。所最应注意者，"忠者，其孝之本欤"是说"忠"是"孝"的源头和根本。如果不执着于字面意思，而深入思想之中，我们看到《论语》则有着相反的表达：

有子曰："其为人也孝弟，而好犯上者，鲜矣；不好犯上，而好作乱者，未之有也。君子务本，本立而道生。孝弟也者，其为仁之本与！"（《论语·学而》）

"犯上"既可以指下辈对上辈的冒犯，亦可指下级对上级的冲撞。"作乱"更多的是指对政治秩序的无视与破坏。当然，"作乱"亦可指对伦理秩序与社会秩序的践踏与颠覆。质言之，"犯上作乱"都是指对现有政治或社会秩序的威胁与挑战，而维护现有政治与社会秩序的稳定性存在则是"忠"，尤其是臣下政治之"忠"的题中应有之义。由此，我们可以推论出"犯上作乱"与"忠"是对立的、互相排斥的，或退一步至少说是互相反对而难以彼此兼容的。再来看孔子的话，"其为人也孝弟，而好犯上者，鲜矣；不好犯上，而好作乱者，未之有也"，在孔子这里，"孝弟"乃是"忠"的源头和根本，这近于一种道德发生学的理解。换句话说，在政治伦理与社会伦理之间，《论语》所推重的是一种社会伦理重于政治伦理并以政治伦理从属于社会伦理的社会视角，这和儒家的教化观是一致的。同时，我们可以看到曾子把规定社会关系的

"忠"作了泛化的理解并转向了对自我的检视与反省。不论是《大戴礼记》中曾子所表达出来的忠为孝之本，还是《论语》所表达出来的孝为忠之本。在这两种忠孝观中，忠和孝存在着差别与分疏；而在《礼记·祭统》中，忠孝之间相互区别的色彩就淡了许多：

> 贤者之祭也，必受其福。非世所谓福也，福者，备也。备者，百顺之名也。无所不顺者谓之备，言内尽于己而外顺于道也。忠臣以事其君，孝子以事其亲，其本一也。上则顺于鬼神，外则顺于君长，内则以孝于亲，如此之谓备。唯贤者能备，能备然后能祭。是故贤者之祭也，致其诚信与其忠敬，奉之以物，道之以礼，安之以乐，参之以时，明荐之而已矣。不求其为。此孝子之心也。（《礼记·祭统》）

当然，这里所谈的忠孝乃是深深嵌入于礼与祭之类的准宗教活动这一历史与文化语境之中的，道德情感中的理性与敬畏自然也不同于宗教崇拜中的迷狂与盲从。但对情感表达本身而言，在道德或超道德的高峰体验中超越个体界限的、消泯一切差别的、"人天合一"或"人道合一"的审美与愉悦则是一切情感体验中共同存在的神秘成分。而这，则是道德体验与宗教体验之间相互融通的天然可能性空间。"无所不顺谓之备，言内尽于己而外顺于道也"，这里的"顺"就是融通，就是"一切入一"，同时也是"一入一切"。这里的"备"就是融通并与道为一之后所达到的没有分别、圆融无碍的理想状态——"上则顺于鬼神，外则顺于君长，内则孝于亲，如此之谓备。"在这种"内尽于己而外顺于道"的天人合一或与道合一的高峰体验状态之下，忠孝当然也成了同根同源而毫无二致的——"忠臣以事君，孝子以事亲，其本一也。"上引《礼记·祭统》的论述已经暗含着本体论的逻辑追求，《忠经》则明确把忠作为宇宙人生的本体：

> 昔在至理，上下一德，以征天休，忠之道也。天之所覆，地之所载，人之所覆，莫大乎忠。忠者，中也，至公无私。天无私，四时行；地无私，万物生；人无私，大亨贞。忠也者，一其心之谓矣。为国之本，何莫由忠。忠能固君臣，安社稷，感天地，动神明，而

况于人乎？夫忠，兴于身，著于家，成于国，其行一焉。是故一于其身，忠之始也；一于其家，忠之中也；一于其国，忠之终也。身一，则百禄至；家一，则六亲和；国一，则万人理。《书》云："惟精惟一，允执厥中。"（《忠经》）

就其本身而言，本体是绝对同一的、无差别的一。所有的区别与分疏乃是本体之外的事情，本体无有区别与分疏自然也就没有"私"可言。"天无私，四时行；地无私，万物生；人无私，大亨贞"，能做到无私就回复到了本体。"忠"要"一其心"，要待人如己，不偏不倚，甚至要"尽己以待人"，以自己合他人为一体，自然就是"至公无私"。根据传递原则，"天之所覆，地之所载，人之所覆，莫大乎忠"，"忠"就是本体。所谓"固君臣，安社稷，感天地，动神明""兴于身，著于家，成于国，其行一焉"说的是"忠"之用，"一于其身，忠之始也；一于其家，忠之中也；一于其国，忠之终也"是说"忠"这一本体发用的具体过程，"身一，则百禄至；家一，则六亲和；国一，则万人理"则是说"忠"这一本体发用在不同阶段的不同效验。具体到中国哲学的传统，用来描述宇宙人生本体的最常用的范畴其实是"诚"，我们这里只讨论作为价值论意义上的"忠"与"诚"。在价值论意义上，如果说"忠"是由于行为主体过于强调自己的道德责任和道德义务而从对自己与对方之间平等与对称关系的持守转而内化为对道德自我完满性的追求进而在某种程度上，造成了对方对自己的覆盖与淹没。尽管这种覆盖与淹没并不是由于对方的权利要求而被动遭受的，但在客观上，对"忠"缺乏冷静理性的刻意追求会在某种意义和程度上掩盖甚至消弭自我。"诚实是一个神圣而又绝对庄严的理性法令，不受任何权宜之计的限制。言论中不可避免的真实是一个人对所有人的正式的义务，无论它对本人或他人的不利有多大。一个谎言即使不伤害某个人，也总是一般的伤害人类，因为它败坏法律的源泉。更重要的是，它毁灭了人类尊严和使说谎者的价值丧失殆尽，因而伤害了说谎者本人。"[①] 与"忠"相比，

---

① ［美］希塞拉·鲍克：《说谎：公共生活与私人生活中的道德选择》，张彤华、王立影译，吉林科学技术出版社1989年版，第252页。

"诚"是对自我的不懈找寻和自觉回归，是对"忠"之"损己化"或"自我虚化"倾向[①]的一种冷静否定、一种适度修复、一种理性翻转。正因如此，尽管"诚"与"忠"仅有着细微的区别，在实际上也经常连用；但"诚"这种向自我找寻回复的倾向极容易使其内涵由道德价值论意义向宇宙本体论意义延伸。关于本体论意义上的"诚"，我们将在本章第三节之第三部分展开。

罗尔斯说，"社团的道德包括大量的理想，每一个都是以适合于各自的身份或角色的方式被规定的……在一定阶段上，一个人会得出一个关于整个合作系统的观念，这个观念规定着社团和它为之服务的那些目的。他了解其他的人由于他们在合作系统中的地位而有不同的事情要做。所以，他慢慢学会了采取他们的观点来看待事物。因此，获得了一种（由某些联合理想所表现的）社团的道德可能有赖于个人的理性能力的发展，这些能力是从各种不同观点来看待事物并把这些事物看作一个合作系统的不同方面所需要的"[②]。罗尔斯的解释乃是一种社会学的解释，这种解释的立足点在于人们结成共同体生存生产生活的合作性要求人们之间必须学会换位思考，做到相互理解和相互包容。这极容易使我们联想到在前面所一直讨论的作为"以己之心，度人之心"的"忠"[③]。对于层次各异、面貌迥然的共同体，也就是以不同形式的群体存在的、现实的、社会的人来说，"以己之心，度人之心"，相互理解、相互包容是其永远难以逃脱的宿命。考虑到"去己暗昧之心以应外"的"忠"与"被除其心"的"精"一样，都是要恢复心纯善无恶的本真性。由此，"忠"和"诚"就发生了交相互摄与彼此融通。

任剑涛认为忠诚观的发展大致经历了两个阶段："孔孟注重从道德理想角度看问题，忠诚作为正己正人、成己成物的理想性伦理规范，凌驾于现实政治运转之上，成为政治统治者调整与控制组织化社会生活的基本原则。在此，忠诚的伦理意味强过其政治意味。跃动于伦理与政治双

[①] 李承贵：《德性源流——中国传统道德转型研究》，江西教育出版社2004年版，第127页。

[②] ［美］罗尔斯：《正义论》，何怀宏、何包钢、廖申白译，中国社会科学出版社1998年版，第470—471页。

[③] "以己之心，度人之心"其实也就是孔子所说忠恕之道的"恕"。

重领域的忠诚尚未成为支配性地影响政治中人际关系的绳索。从荀子到董仲舒,则基于对社会政治生活实际的敏锐洞察,意识到忠诚之作为束囿政治行为的伦理规范,必为政治驾驭者完全拒斥。因而,试图对忠诚的双重内涵做一调整:强化以前处于替补和从属状态的政治内涵,相对削弱其强烈的伦理意味,以使忠诚可以外化为现实可操作的政治程序。这成为忠诚得以发挥其维系人际合作、凝聚散漫人心功能的一次理性工具化的有效尝试:它使得在伦理和政治双重领域作活泼跨越的忠诚,变成政治中人以伦理自觉自制、受控的社会规则。"[1] 不仅如此,任剑涛甚至推论说,"作为贯通儒家伦理主张和政治要求的忠诚观,构成了儒家道德理想主义落实到社会政治生活实际的观念构架,造就了以伦理干预政治的思维定式,模塑了古代中国人的政治行为方式"[2]。

我们不得不承认任剑涛的分疏有他的道理在,但他把忠诚观的转型归因于荀子、董仲舒"基于对社会政治生活实际的敏锐洞察,意识到忠诚之作为束囿政治行为的伦理规范,必为政治驾驭者完全拒斥。因而,试图对忠诚的双重内涵做一调整:强化以前处于替补和从属状态的政治内涵,相对削弱其强烈的伦理意味,以使忠诚可以外化为现实可操作的政治程序"的说法则未免有失轻妄和武断。

首先,"忠诚"中的"诚"是由"忠"所限定的,是"忠"之"诚",也就是说这里的"忠诚"更接近于"忠"。其次,前已述及"忠"作为"损己化"或"自我虚化"的道德品格由于会造成他人对道德与行为主体的淹没与覆盖而先天地具有一定程度上的去主体性和从属性与依附性。推而言之,"忠诚"也具有一定程度的去主体性、从属性与依附性,而具有去主体性、从属性与依附性的事物很自然地会归向并臣服于最强势、最有力量的事物。

其次,由于西周封建制流风余韵所熏陶和浸染的文化惯性与历史回响,孔孟时期在一定程度上依然带有封邦建国亲亲尊尊之类的伦理政治色彩,此时血亲团结大于政治伦理,忠诚主要是指社会生活中对家庭亲族或朋友的忠诚而不是对于政治生活中国君或国家的忠诚,此时伦理与

---

[1] 参见任剑涛《道德理想主义与伦理中心主义》,东方出版社2003年版,第49页。
[2] 参见任剑涛《道德理想主义与伦理中心主义》,东方出版社2003年版,第48—49页。

政治相较而言更为强势,"忠诚"的文化意涵也更依附于伦理,其伦理意味自然要强过政治意味。荀子董仲舒时代伦理政治业已崩溃,社会生活中的家庭或家族与政治生活中的组织结构都出现了相当程度上的松懈和分离,而且政治生活开始强势宰制社会生活;政治与伦理主从地位的反转使"忠诚"开始对政治生活摧眉折腰甚至搔首弄姿、投怀送抱也是很自然的事情。至于"忠诚"是否"外化为现实可操作的政治程序",是否"使得在伦理和政治双重领域作活泼跨越的忠诚,变成为政治中人以伦理自觉自制、受控的社会规则",我们姑且存而不论。问题的关键是在我们的社会生活和政治生活中,难道仅仅做到"忠诚"或"忠信"就够了吗?

(三) 君子义之与比

> 言必信,行必果,硁硁然小人哉!抑亦可以为次矣。(《论语·子路》)
>
> 孟子云:"大人者,言不必信,行不必果,惟义所在。"(《孟子·离娄下》)

"言必信,行必果"乃是社会交往中一种通常的行为规范,这种行为规范立足于平等要求基础之上,为道德稳定性,同时也为行为后果的可预期性提供了一种社会道德与文化保证。"硁硁然小人哉!抑亦可以为次矣"是孔子对"言必信,行必果"委婉的批评与否定。"言不必信,行不必果"是孟子对"言必信,行必果"直接的批评与否定,是对原有通常规范的颠覆与超越,但这种颠覆与超越并不是说我们的行为从此不受任何约束与限制,而是说,我们的行为要受"义"这一与时俱进、合当适宜、实事求是,比"信"和"果"更为高级的价值原则的规范、约束和指导。孟子用否定结合肯定的形式表达了一个绝对肯定的判断;孔子亦有类似的表述:

> 子曰:"君子之于天下也,无适也,无莫也,义之与比。"(《论

第四章 德论——道德正义

语·里仁》)

在第一节"家庭论"中,我们曾谈到:如果说"孝"与"敬"尚完全出于血缘亲情而限于家庭伦理之中的话,而"孝子不谀其亲"则由于在特殊的历史情境之下,父母子女之间权利义务关系由于"行而宜之谓之义"的"义"的卷入而开始游走于家庭伦理的边缘。由此,我们得出了这样一个结论:处理国家与社会事务的政治正义是消解家庭伦理神圣性的正义力量,这也就是丁鸿所说的"不以家事废王事"(《后汉书·丁鸿传》)。这一方面反映了政治权力对宗法结构的侵入和消解,另一方面也体现了古人对于公共领域与私人领域之间合理界限的自觉固守。其实质是要求人们在反思社会关系的合当性时要以较大共同体的规则平衡乃至抵减较小共同体的原则,是人类集体生活这一共同社会本质的突出表现。[①] 同样,在本节的最后,我们可以看到,如果说"忠诚""忠信"等道德稳定性要求力图为人们之间的交往与合作提供必要的条件约束的话,那么"言不必信,行不必果,惟义所在"则意味着在特定的历史情境之下,由于"行而宜之谓之义"的"义"的卷入而使这样的条件约束面临着某种摇摆和松动,这里的"义"不唯是与时俱进审时度势的工具理性,而且是唯我独尊、舍我其谁的价值原则。在这里,我们不仅看到"义"才是人们行为的终极原则,而且也看到了经与权的问题。这实际上就是我们下节"原则的道德"所要讨论的重点,而"原则的道德"所要面对和所要解决的乃是普遍存在的伦理冲突中的道德终极选择和价值标准适用问题。

---

① 个人→家庭→社会→国家→民族——个人一出生便被植入不同层级的共同体之中。较低层级共同体往往依赖较高层级共同体并构成其普遍联系的诸多环节和方面,而较高层级的共同体则往往包含较低层级共同体并影响甚至决定其发展结果和最终方向。一般来说,尽管对家庭、社会、国家、民族这几个共同体的伦理审视都内含着空间共时态和时间历时态双重理论维度,但对于内在逻辑展开与日常理性认识而言,家庭与社会由于强调和谐共存的横向社会关系更偏重于共时态内涵而国家与民族由于更关注兴衰存续的纵向繁衍生息而更偏重于历时态内涵。因此,正如王船山所说:"有一人之正义,有一时之大义,有古今之通义","义"对家庭伦理的突破更侧重于空间的考量而"义"对国家民族的伦理审视更侧重于时间的绵延。

三 原则论：君子贞而不谅

（一）舍生而取义

当代英国著名伦理学家汉普歇尔在其《道德与冲突》一书中谈道："……道德与冲突是不可分离的：包括各种不同却都令人羡慕的生活方式之间的冲突；各种不同却均能获得辩护的道德理想之间的冲突；各种义务之间的冲突；以及各种根本性的、然而却又是互不相容的利益之间的冲突。"[1] 无独有偶，在《孟子·告子上》中孟子亦有着类似的表达：

> 孟子曰："鱼，我所欲也；熊掌，亦我所欲也，二者不可得兼，舍鱼而取熊掌者也。生，亦我所欲也；义，亦我所欲也，二者不可得兼，舍生而取义者也。生亦我所欲，所欲有甚于生者，故不为苟得也；死亦我所恶，所恶有甚于死者，故患有所不辟也。如使人之所欲莫甚于生，则凡可以得生者，何不用也？使人之所恶莫甚于死者，则凡可以辟患者，何不为也？由是则生而有不用也，由是则可以辟患而有不为也。是故所欲有甚于生者，所恶有甚于死者，非独贤者有是心也，人皆有之，贤者能勿丧耳。"（《孟子·告子上》）

西方习惯于把善理解为蕴含于各种事物或不同生活方式之中的内在价值，基于西方善观念的独特传统，汉普歇尔所谓基于各种不同却都令人羡慕的生活方式而引发的道德冲突实际上是对道德冲突作了泛化的理解。因为尽管对用以达致不同生活目标的手段而言，可能存在道德评价问题，但在道德与法律允许范围之内，对不同生活方式的选择只是牵涉到对不同欲望冲突的理性评估或非理性平衡，其本身是与道德无涉的。比如孟子所说的选择鱼或者选择熊掌只是一种个人审美倾向或消费偏好，无关乎道德与不道德。但具体到"生"和"义"，由于其牵涉到了汉普

---

[1] Stuart Hampshire, *Morality and Conflict*, Mass. Cam-bridge：Harvard University Press 1983. p.1. 转引自王敬华《道德选择研究》，第126页。

歇尔所谓的"道德理想",所以其选择就不同于"鱼与熊掌"的日常生活选择问题而不得不接受道德的评判,因而也就是典型的道德冲突问题。就作为万物之灵和社会关系载体的人来说,道德冲突与道德选择是其一生中永远难以逃避的人生宿命,这种道德冲突与道德选择渗透进其生活的各个方面。借此,万俊人甚至说:"冲突是道德之母。哪里有冲突,哪里就有道德问题发生。在没有任何冲突的时间和地点,道德将会保持沉默或者休眠。"① 正是因为有冲突,所以才需要选择;因为有选择,所以才需要比较和权衡;因为需要比较和权衡,所以才需要超越于诸种价值标准之上的终极的价值原则。对于孟子而言,"义"无疑就是其终极的价值原则。

所谓原则,乃是指一种根本的规范,此种规范为其他诸种规范提供基本的选择标准和价值保证。就此而言,原则一定是永恒的、必然的、普遍的、客观而不以人的主观意志而转移的。在中国古代,一个勉强能与原则相对应的词是"经",但在接下来的分疏中我们可以看到,"义"不但是支撑"经"的价值支点,亦是烘托"权"的价值参照;不仅是纵横奔突于"经"与"权"之间的嘶风神骏,更是悠然端坐于嘶风神骏背上的娴熟驭手。

(二)权者,反于经然后有善者也

经与权,是中国伦理学史上一对重要的伦理学范畴。经,既指道德规律或道德原则,也指对这些道德规律或道德原则的坚持与固守;权,指践履道德原则时应当根据实际情况通权达变,灵活运用,不可以拘泥不化、墨守成规。宇宙在运动,世界在发展,再加上人心迥异,形势各殊,所以没有放之四海而皆准的绝对真理。在天地万物生生不息的大化流行之中,所谓的"经"也只是具有相对的真理性,"权"正是在特殊情况下对"经"的补充与修正。《说文解字》释曰:"经,织也。"经的本意指织物的纵线,与纬线相对,引申为直行,南北行走的道路,气血运行的具体路径等,后被扩展提升为抽象的常道、常规、原则等对一般的普通性事物具有高度统摄意义的规律性要求。因此,治国的原则、方

---

① 万俊人:《人为什么要有道德?》(上),《现代哲学》2003年第1期。

略都称经,如《礼记·中庸》所说的"凡为天下国家有九经",即九条原则或方略。《左传·宣公十二年》说:"兼弱攻昧,武之善经也。""武之善经"就是用兵打仗的良好原则。由此可以认为,"经"指客观事物不变之常道或法则。在道德领域,"经"是为人处世应选择与遵循的根本义理或价值原则。在中国传统的道德体系中,经的基本内容是儒家的道德规范。如:"礼,上下之纪,天地之经纬也。"(《左传·昭公二十五年》)"仁以为经,义以为纪,此万世不更者也。"(《淮南子·氾论训》)"君臣父子,定位不移,事之常也。君令臣行,父传子继,道之经也。"(《朱文公文集·癸未垂拱奏札一》)

"权"的本意是悬挂在秤杆上的秤锤,可称量物之轻重:"权者称也,所以别轻重。"(《春秋公羊传·桓公十一年》)"权,然后知轻重。"(《孟子·梁惠王上》)"权者,铢、两、斤、钧、石也,所以称物平施,知轻重也。"(《汉书·律历志上》)从权的本意出发,引申为两种含义:一是权势、权谋,为法家所注重。二是权变,为儒家所注重。权变有权且、权宜、变通等意义。"权者,反于经然后有善者也。"(《春秋公羊传·桓公十一年》)"反于经然后善者也"是说从表面上"权"似乎是对"经"的背离,然实则其行为效果更符合"经"的价值要求。"经"是强调事物规律性的唯物论,"权"是关注事物运动性的辩证法。当"权"与"经"关联使用时,既指客观事物的变动性或暂时性,也指根据这种变动性、暂时性或特殊情况所选择的相应对策。应用于道德选择,就是根据具体的实际情况采取与道德原则的硬性要求相对应的而又灵活变通的道德手段,其显著特点是表面上违背道德常规,实质上却是一种维护道德根本原则的方法与途径。

　　(子)曰:"言必信,行必果,硁硁然小人哉!抑亦可以为次矣。"(《论语·子路》)
　　子曰:"君子贞而不谅。"贞,正而固也。谅,则不择是非而必于信。[①]

[①] (南宋)朱熹:《四书集注·论语集注·卷八·卫灵公第十五》,中华书局1983年版,第168页。

第四章 德论——道德正义

孔子说过"人而无信,不知其可也"(《论语·为政》),又说:"自古皆有死,民无信不立。"(《论语·颜渊》)可见"信"在孔子心目中的重要地位,但这只是孔子从持守原则的角度对"信"一般地或者说是抽象地肯定。在特殊的、具体的情况下,孔子并不主张时时处处都守"信",他认为"言必信,行必果"非但不是君子所应该做的,反而是小人之所为。"谅,则不择是非而必于信",孔子在这里所强调的重点是"择是非"而不是"必于信"。"君子贞而不谅"说的也是君子既要坚持原则又不能拘泥固执,不识时务,也就是说孔子主张灵活变通,通权达变。

在中国伦理思想史上,首次提出经权问题并把两者结合起来进行道德评价和道德选择的是孔子,他说:"可与共学,未可与适道;可与适道,未可与立;可与立,未可与权。"(《论语·子罕》)可以一起学习的人,不一定能够一起追求道;可以一起追求道的人,不一定可以一起持守原则;可以一起持守原则的人,不一定可以一起通权达变。可见孔子对"权"推崇备至,能"适道"的人,离知"权"、达权的要求可能还差得很远。据《荀子》记载,鲁哀公曾就什么样的人才堪称贤人和圣人请教于孔子。孔子答道:"所谓贤人者,行中规绳而不伤于本,言足法于天下而不伤于身";"所谓大圣者,知通乎大道,应变而不穷,辨乎万物之性情者也"(《荀子·哀公篇》)。所谓规绳,即言行之准则;而大道,指万物之本源。从伦理学的角度看,孔子的意思是能从自己的性情出发,做到言法于天下,行合乎道德,这样的人也只能称作"贤人";只有那种深谙道德本质,不执着于自己的性情,不拘泥于具体的道德准则而能游刃有余、灵活应变的人,才可以称之为"圣人"。孔子把"仁"作为人类社会普遍的价值原则,主张社会生活中的每个个体都应无时无刻不违背"仁"的道德原则,"君子无终食之间违仁,造次必于是,颠沛必于是"(《论语·里仁》)。"仁"是内在的价值根据,"礼"是通行的行为准则,是"仁"的外在表现。礼作为典章制度、礼节仪式是不可变易的经,即"非礼勿视,非礼勿听,非礼勿言,非礼勿动"(《论语·颜渊》)。但孔子并没有拘泥于"礼",而是注重把"礼"与具体的境遇相联系,注重通权达变,"麻冕,礼也。今也纯,俭,吾从众"(《论语·子罕》)。冠要以麻绳来制作,是合乎传统的礼的,但为了节俭,当时宜用丝料，孔子并没有拘泥于礼，而是采取了"从众"的态度。可见孔子并没有把礼当作绝对不可更改的教条，可以在具体境遇下有所变通。

在《论语》中，孔子多次谈到"直"。"直"作为一种道德准则和道德品质，在先秦时期，是指正直、正派、率直，与造作、虚伪、狡诈相对立，如《左传》有"正直为正，正曲为直"（《左传·襄公七年》）之说。孔子在对其弟子的教诲中，也是在这个意义上来使用"直"的，如："古之愚也直，今之愚也诈而已矣"（《论语·阳货》）；"人之生也直，罔之生也幸而免"（《论语·雍也》），人人应该正直地生活，狡诈之徒只能侥幸地活着。然而，有一次，当叶公告诉孔子说，他们那里有户人家，父亲偷了人家的羊，儿子予以揭发、证明，大家遂以为这位儿子为人正直。孔子听后却不以为然："吾党之直者异于是。父为子隐，子为父隐，直在其中矣。"（《论语·子路》）在这里，父子之间知情不报，互相隐瞒恶行倒也没有背离正直之德。在"直"德的这个问题上，孔子的态度判若两人，似乎前后矛盾，其实不然。在孔子构建的一整套道德规范体系中，仁是其基本原则，其他道德规范、道德准则以仁为核心，组成一个层次分明的有机整体，在这个整体中，各个具体的道德准则对仁的体现有深有浅，与仁的关系或远或近，因而它们的重要性和地位也就有了分别。其中，建立在血缘关系基础之上的孝悌之爱即"爱亲"，被孔子确定为仁爱的本始，正如他的弟子有若所说："君子务本，本立而道生。孝悌也者，其为仁之本与！"（《论语·学而》）他自己也说："君子笃于亲，则民兴于仁。"（《论语·泰伯》）一句话，爱人须由爱亲开始。缘此，父慈子孝，兄友弟恭的亲情之爱在孔子的道德规范体系中的地位和重要性也就非同一般。相形之下"直"作为仁德在日常生活中的体现，尽管也是人们所应遵循的道德准则，其要求不过是耿直正派地做人，反对巧言令色之类，显然只是用来制约和评价人们言谈举止的一般性行为准则，在仁德体系中，其地位远没有父慈子孝重要。而"父为子隐，子为父隐"显然不符合"直"的本意，但因其体现了父慈子孝这一较高层次的道德要求，所以这种行为非但没有出格，仍在道德允许的范围内，而且也体现了"直"德的"升华"，故曰"直在其中"。这时，较高层次道德准则所统摄的"直"德，也就不能从"常义"上加以理解，而应考虑到具体情况的变化，换个角度即从"变义"上去理解。由

· 308 ·

此可见，孔子认为，当一个人面临道德冲突必须做出行为抉择时，为了使自己的行为合乎更高层次的道德准则，他可以置较低层次的道德准则于不顾，甚至违背低层次的道德准则，其行为仍具有正面的道德价值。这种选择就是"权"。

孟子在孔子思想的基础上，从高扬道德主体的能动性这一需要出发，肯定了道德行为选择的可能性和必要性，因而，对行权与守经的问题作了充分的探讨。他在评价先秦时期出现的几种伦理思潮时，指出："杨子取为我，拔一毛而利天下，不为也。墨子兼爱，摩顶放踵利天下，为之。子莫执中，执中为近之；执中无权，犹执一也。所恶执一，为其贼道也。"（《孟子·尽心上》）就是说，在利己与利他这个问题上，主张"贵己"利己的杨朱一派与主张兼爱利他的墨家虽势不两立，但都因割裂了两者的关系，固守一偏之论而走向极端，实际上，没有理解道德的本质；而子莫主张折中调和的中道，也只是接近了道德的本质，而且不知通达权变，全面权衡而恪守中道，实际上与偏执一端差不多。即如果不管情况的变化，只是死守着既定的原则不放，原本"执中"的理论和原则，也就失去了效应，不能取得好的结果，这就是"执一"。由此可见，孟子主张"行权"而反对"执一"。在孟子的行权思想中，最全面、最代表性的论述，是与淳于髡那段著名的对话："淳于髡曰：'男女授受不亲，礼与？'孟子曰：'礼也。'曰：'嫂溺援之以手乎？'曰：'嫂溺不援，豺狼也。男女授受不亲，礼也；嫂溺，援之以手，权也。'"（《孟子·离娄上》）孟子认为，虽说男女授受不亲是礼，但嫂溺是特殊情况，遇到这种特殊情况可以对礼进行变通。如果遇到特殊情况不知变通，就是豺狼之道，就是"执一"了。当然，孟子反对执一，并不是否定道德原则和道德规范的作用，而是为了使规范的作用得到更好的体现，即特殊境遇下的不可执一的灵活变通是以最高的道德原则为依据的。嫂溺水时的"援手"之举就是体现了儒家最高的仁道原则。所以，权的作用主要在于通过各种具体规范的适当调整，使对最高规范的运用更为完善，而不是从根本上偏离道德规范。

墨家对道德行为主体在道德行为面前的取舍问题，同样给予高度关注。《墨子》指出："于所体之中而权轻重之谓权。权，非为是也，亦非为非也。权，正也。"（《墨子·大取》）就是说，人们在面临行为选择时，能够根据自身的体验，来衡量行为后果的轻重，进而作出正确的行为选择。譬如，遇到强盗，固然不幸，但如果能断指保全性命，断指就是应当的。这就叫作"利之中取大，害之中取小也。害之中取小者，非取害也，取利也"（《墨子·大取》）。这种在利害大小之中进行比较、取舍的选择方法，就是"权"。

荀子的经权论更注重行权的条件和标准，认为人们在面临行为取舍之选择时，应当全面考虑其欲利与恶害，"见其可欲也，则必前后虑其可恶也者；见其可利也，则必前后虑其可害也者"（《荀子·不苟篇》），然后反复权衡，仔细比较，最后确定行为方案的取舍。一方面，荀子注意到礼仪道德即所谓"大道"的内涵不是一成不变的，在某些特定场合下，应当允许人们对它采取权衡变通的态度。如对昏庸残暴的君主桀、纣就不能死守礼仪道德的教条；汤、武基于对仁义忠贞的变通，对他们采取行动，"夺然后义，杀然后仁，上下易位然后贞，功参天地，泽被生民"（《荀子·臣道篇》），则具有正面的道德价值，并不违背道德。另一方面，荀子又反复强调在道德生活中要维护"大道"，依道行权的必要性和重要性，所谓"道者，古今之正权也，离道而内自择，则不知祸福之所托"（《荀子·正名篇》）。

真正对"经""权"相辅相成的关系作出全面阐述的，是两汉儒学主流的公羊学派。公羊大师董仲舒，对"经"与"权"的关系，作了多层次的论述。在《春秋繁露》中"经"与"权"的关系又被表述为"常"与"变"、"经"与"变"、"常义"与"应变"等。首先，董仲舒认为，经与权是《春秋》中所包含的"微言大义"之一，习《春秋》者，必须懂得二者有着完全不同的使用范围。"《春秋》有经礼，有变礼……妇人无出境之事，经礼也；母为子娶妇，奔丧父母，变礼也。明乎经变之事，然后知轻重之分，可与适权矣。"（《春秋繁露·玉英》）在这里，董仲舒强调的是认识经与权及其特性的重要意义。其次，董仲舒认为，行权只能在特定的范围之内，如超出某一定范围，纵然舍弃生命，也不可贸然行权，即不能破坏常规大法的规定性。"夫权虽反经，亦必在可以然之域。不在可以然之域，故虽死亡，终弗为也。"（《春秋繁露·玉英》）董仲舒此论的目的，在于防止人们借用"行权"的名义去破坏社会的根本秩序。最后，董仲舒把"经"与"权"类比为"阳"与

"阴",从而确立"经"的主导地位。"天以阴为权,以阳为经……经用于盛,权用于末,以此见天之显经隐权。"(《春秋繁露·王道通三》)

除周易阳契阴合、此消彼长的阴阳辩证思想之外,"经""权"思想是儒学辩证法的重要体现。综观儒家对"经""权"关系的论述,我们可以看到,"经""权"理论的根本特点,在于承认客观时势有常态和变态的区别,并且主张在特殊情况下,必须通权达变,反对以僵死的教条去规范丰富多彩的现实生活。这正是它的精华所在,它使儒学具备了与时俱进的生活活力。尽管对经与权的态度有温和与极端之分,但都在较高程度上承认经权变通的必要性、合理性,从而为我们解决道德冲突提供了可资借鉴的丰富的思想资源。① 道德冲突是客观存在的社会现实,所谓道德冲突其实就是道德理想与经验世界之间不可调和的矛盾与紧张状态。经常性紧张状态的发生必然会对人内在的心理结构造成极大的精神压力与生理干扰,那么又如何化解这种精神压力与生理干扰呢?

罗哲海认为,"儒家之理想与经验世界之间的紧张状态,乃是以一种承担压力的坚强人格为前提……此外,为了不受世人的意见所支配,还必须强化自我,抵御他人的敌视和误判,从而自律性地作为。为了不丧失信心,不使自己以机会主义者的态度去适应环境,致力于'自我'便是一贯的任务。因为道德就意味着自我超越,或是按照孟子的观点,至少意味着保护人类天赋的善端,使之不因个人懒散或外在环境的影响而冰消瓦解……诸如外加的惩罚和羞辱等反面制裁,以及名誉和声望的正面奖励,终究不适合作为道德的表述……对于真正的儒家而言,除非他沉潜到自我之中,否则在这个世界上并无安身之处"②。相对于人的经验世界而言,道德约束也是一种外在性的他律,而外在非我的他律与内在本我的欲望之间的紧张是造成道德冲突的根源。要想彻底解决道德冲突就只有解除他律,回归"自我"。对"自我"的肯认是道德人格形成的前提,故而苏格拉底说"认识你自己",而对"自我"的肯认或"沉潜到自我之中"也就是"诚"。抛开本体论视角单就道德要求而言,与"忠"相比,"诚"是对精神自我的自觉找寻和行为与道德主体的重新回

---

① 参见王敬华《道德选择研究——以价值论为视角》,中国社会科学出版社 2008 年版,第 167—174 页。
② 参见[德]罗哲海《轴心时期的儒家伦理》,大象出版社 2009 年版,第 235 页。

归,是对"忠"之"损己化"的"自我虚化"倾向①的一种深层的文化否定、一种适度的心理翻转、一种自觉的精神修复。正因如此,尽管"诚"与"忠"仅仅有着细微的区别,在实际上也经常连用;但"诚"这种向自我找寻、自我回复坚持不懈追根溯源的倾向极容易使其内涵由价值论意义向本体论意义延伸。

(三) 唯天下至诚,为能尽其性

马丁·布伯说,"'你'与我相遇,我步入与'你'的直接关系里……人必以其全真性来倾述原初词'我—你'。欲使人生汇融于此真性,决不能依靠我但又决不可脱离我。我实现'我'而接近你;在实现'我'的过程中我讲出了'你'。凡真实的人生皆是相遇"②。马丁·布伯的解释更接近一种哲学人类学的解释,其所谓的"人必以其全真性""欲使人生汇融于此真性""凡真实的人生"也就是《中庸》所谓"诚身有道"的"诚"。而"诚"说到底就是对自我的固守,也就是"真"。席勒说,"明辨事理者的理智看不见的东西,却瞒不过童稚天真的心灵"③。所谓"天真"就是先天生成,自然而然不假人为的真实或真诚,《中庸》也认为只要能做到"诚"便可达到"不勉而中,不思而得,从容中道"的圣人之境。

> 诚者,天之道也;诚之者,人之道也。诚者,不勉而中,不思而得,从容中道,圣人也。诚之者,择善而固执之者也。博学之,审问之,慎思之,明辨之,笃行之。有弗学,学之弗能弗措也;有弗问,问之弗知弗措也;有弗思,思之弗得弗措也;有弗辨,辨之弗明弗措也;有弗行,行之弗笃弗措也。人一能之己百之;人十能之己千之。果能此道矣,虽愚必明,虽柔必强。(《礼记·中庸》)

---

① 李承贵:《德性源流——中国传统道德转型研究》,江西教育出版社2004年版,第127页。
② [德]马丁·布伯:《我与你》,陈维刚译,生活·读书·新知三联书店2002年版,第9页。
③ [德]席勒:《信仰的话》转引自《马克思恩格斯全集》第1卷(上),人民出版社1956年版,第144页。

第四章 德论——道德正义

所谓"反诸身"就是要通过不断的自我情感体验[1]和自我道德反省与道德试探[2]来实现对自我的不懈找寻和自觉回归。而问题的关键在于这里的自我到底是一种什么样的自我,是"道德理性的我",还是"情感欲望的我"?梁任公说:"有个'大的自我'、'灵的自我'和这'小的自我'、'肉的自我'同体,想要因小通大,推肉合灵。"[3]这里"不明乎善"的"善"以及"诚者,天之道也"的"道"就是"大的自我""灵的自我"。"诚之者,人之道也",就是要"因小通大,推肉合灵"。"择善"是道德立场,"固执"是人生态度,"博学之,审问之,慎思之,明辨之,笃行之。有弗学,学之弗能弗措也;有弗问,问之弗知弗措也;有弗思,思之弗得弗措也;有弗辨,辨之弗明弗措也;有弗行,行之弗笃弗措也。人一能之己百之;人十能之己千之"就是"通"和"推"的工夫。学习可培养能力,关键要泛观博览;学问可涵养智慧,关键要追根问底;思考可提炼人生,关键要严肃认真;分辨可认识真理,关键要逻辑清晰;实践可改造世界,关键要笃实真切。一言以蔽之,"博学之,审问之,慎思之,明辨之,笃行之"的核心与精髓还是要落实在"人一能之己百之;人十能之己千之"的坚韧不拔与诚恳笃实上。

> 性也者,吾所不能为也,然而可化也。积也者,非吾所有也,然而可为也。注错习俗,所以化性也;并一而不二,所以成积也。习俗移志,安久移质。并一而不二,则通于神明,参于天地矣。(《荀子·儒效》)
>
> 今使涂之人者,以其可以知之质,可以能之具,本夫仁义法正之可知可能之理,可能之具,然则其可以为禹明矣。今使涂之人伏术为学,专心一志,思索熟察,加日县久,积善而不息,则通于神明,参与天地矣。故圣人者,人之所积而致矣。(《荀子·性恶》)
>
> 自诚明,谓之性;自明诚,谓之教。诚则明矣,明则诚矣。唯

---

[1] 即从具体历史文化处境下自己喜欢什么、讨厌什么、敬畏什么、鄙夷什么等情感体验中认识自己到底是什么样的人。
[2] 即从回首往事中自己自豪什么、悔恨什么、欣慰什么、耻辱什么中认识自己的价值定位。
[3] 梁启超:《欧游心影录》,见《梁启超选集》,上海人民出版社1984年版,第732页。

天下至诚，为能尽其性；能尽其性，则能尽人之性；能尽人之性，则能尽物之性；能尽物之性，则可以赞天地之化育；可以赞天地之化育，则可以与天地参矣。(《礼记·中庸》)

《荀子·儒效》和《荀子·性恶》之"并一而不二""专心一志"主要讲的是"至诚无息"的工夫和方法，只要"专心一志，加日县久，积善而不息"，就能够"通于神明，参与天地"而回归本体；在这个过程之中，主体一直在起着控制和主导作用。《礼记·中庸》之"诚"讲的既是本体和原则，又是工夫和方法。本尼迪克特说，"酒神是通过'生存的一般界限的湮灭'来追求这样的价值的，他寻求在他最有价值的一刻得以摆脱五官强加给自己的界限，突入另一种经验秩序"①。《礼记·中庸》所说的"唯天下至诚，为能尽其性；能尽其性，则能尽人之性；能尽人之性，则能尽物之性；能尽物之性，则可以赞天地之化育"也是"通过生存的一般界限的湮灭"而突入"与天地参"的经验秩序；在这个过程之中，我们一方面看到的是主体的消泯与隐退，另一方面看到的是主体向本体的接近与回归。

黑格尔说，"精神是这样的绝对实体，它在它的对立面之充分的自由和独立中，亦即在互相差异、各个独立存在的自我意识中，作为它们的统一而存在：我就是我们，而我们就是我。意识在自我意识里，亦即在精神的概念里，才第一次找到它的转折点，到了这个阶段，它才从感性的此岸世界之五色缤纷的假象里并且从超感官的彼岸世界之空洞的黑夜里走出来，进入现在世界的精神的光天化日"②。"在普遍的精神里，每个人都仅只具有他自己的确定性，即是说，他确知在存在的现实里所找到的只不过是他自己罢了；每个人又象确知他自己那样确知别人。——我在所有人那里直观到，他们就其为自身而言仅仅是这些独立的本质，如同我是一个独立的本质一样；我在他们那里直观到我与别人的自由统一是这样的：这个统一既是通过我而存在的，也是通过别人而存在

---

① [美]本尼迪克特：《文化模式》，王炜译，生活·读书·新知三联书店1988年版，第80页。
② [德]黑格尔：《精神现象学》（上卷），贺麟、王玖兴译，商务印书馆1979年版，第122页。

的；——我直观到，他们为我，我为他们。"① 所谓的"诚"也是试图以主观体悟的精神来汇通和消泯道德的冲突。我们在本章"孝子不谀其亲""君子义之与比""唯天下至诚，为能尽其性"等部分也都谈到在特殊情境下对既定道德规范的平衡与超越，而这正是精神追求自由本性、打破陈规、解决道德冲突的一种体现。精神是人类生活中最能动、最活跃的因素，也是人兽揖别的根本标准。精神是普遍的、无限的、本质的、完满的、必然的，它直指人类价值理想和世界唯一共相，是完全的自由。因此，凡是基于精神的，便是完全同质的——不论是其内涵还是外延。黑格尔说，"人自觉或不自觉地都要充当历史的工具"。在实际的社会生活中，大部分人会沉迷于既有的生活模式和生命节奏，服从于权威的指导和习俗的约束，处于一种完全不自觉的状态。但精神就是一种高度的自觉，也就是说，即使是个体，一旦达到精神的高度，实现了"与天合一"、"与道合一"或"与共相合一"，那么他的生命就完全融入了人类社会的历史进程之中，他的价值理想就会成为引导人类不断前进的伟大力量，这就是"一即一切，一切即一"。这时，我们固然可以说他只是自觉地充当了历史的工具；但反过来我们同样可以说历史也在充当着他的工具，因为正是通过历史他使自己的价值理想由潜在变成了现实。

正是精神的普遍性、无限性、本质性、完满性、必然性推动着人们不断发现现实生活中的偶然性、虚幻性、非本质性等种种缺陷和不足，而缺陷和不足就是不完满和不自由。精神追求自由和完满的本性，也就是正义又会推动人们对这些缺陷和不足不但以"批判的武器"进行理论反思，同时也以"武器的批判"变革现实，以引导人们最终走向无限丰富、完全自由、普遍存在的理想境界。在这种意义上说，精神正义是正义最根本的价值内核，是正义的灵魂和内在推动力量。马克思说，以往所有的哲学都只是在解释世界，而问题在于改造世界。精神正义的功能就是要对现实中的异化进行无情的、彻底的批判与改造，以使一切不合理的秩序革命化、合理化、人性化。因此，精神正义不但是正义的价值内核，也是哲学的内在精髓和人类的本质所在。

---

① ［德］黑格尔：《精神现象学》（上卷），贺麟、王玖兴译，商务印书馆1979年版，第235页。

第五章

道论——精神正义

"当理性之确信其自身即是一切实在这一确定性已上升为真理性,亦即理性已意识到它的自身即是它的世界、它的世界即是它的自身时,理性就成了精神。"①需要注意的是这里的"真理性"是"确信"基础之上的真理性,也就是存在意义上的,由存在主体的主观精神活动所建构的"真理性"。而精神是无限的、普遍的,"在普遍的精神里,每个人都仅只具有他自己的确定性,即是说,他确知在存在的现实里所找到的只不过是他自己罢了;每个人又像确知他自己那样确知别人。——我在所有人那里直观到,他们就其自身而言仅仅是这些独立的本质,如同我是一个独立的本质一样;我在他们那里直观到我与别人的自由统一是这样的:这个统一既是通过我而存在的,也是通过别人而存在的;——我直观到,他们为我,我为他们"②。也就是说,理性一旦成为精神,就意味着主观意义上个体界限或个体有限性的彻底消解。一旦个体融入了社会,融入了历史,洞察了宇宙的真理,达到了"人天合一"、"人道合一"或"与共相合一",就能"克服人的自然惰性和对现存事实的消极默认,为人和社会走向新境界提供新的可能性"③。联合国前任秘书长达格·哈马舍尔德说:"我们没有被允许选择决定我们命运的结构,但是我们将什么置入其中,却是我们自己决定的。"这里"决定我们命运的结构"就是个体一出生便面临并不得不面对并受其影响和制约的政治经济与社会

---

① [德]黑格尔:《精神现象学》(下卷),贺麟、王玖兴译,商务印书馆1979年版,第1页。
② [德]黑格尔:《精神现象学》(上卷),贺麟、王玖兴译,商务印书馆1979年版,第235页。
③ 贺来:《现实生活世界——乌托邦精神的真实根基》,吉林教育出版社1998年版,第6页。

文化秩序，对"将什么置入其中"就是精神激发与鼓舞下主体的能动与自觉。在这里，在精神引领下人类不断打破陈规旧习，追求完全自由的本性就是精神正义。精神的觉悟和发展不但遵循着由良心这一道德直觉到自觉的道德批判最后到理论形态的合法性质疑这一内在的逻辑线索，亦要对象化为贯穿着由具体个体到特殊群体最后到人类整体乃至宇宙全体的条理和次第。

一　良心论：非礼之礼，非义之义，大人弗为

博登海默说，"当法律出现模糊不清和令人怀疑的情形时，法官就某一解决方法的'是'与'非'所持有的伦理信念，对他解释某一法规或将一条业已确立的规则适用于某种新的情形来讲，往往起着一种决定的作用"[①]。这里所说的"伦理信念"就是我们通常所说的良心，良心在通常情况下处于蛰伏和隐匿状态，但在特殊情境之下就会被激活。良心是未经道德反思之前内在善端的萌蘖，是自发撤除利害得失之后高傲灵魂的觉醒，是心灵摆脱欲望桎梏之时自我精神的复燃，是"富贵不能淫，贫贱不能移，威武不能屈"这一顶天立地独立不倚人格和尊严自觉对现有既定规则、秩序和权威自发的、直接的道德质疑和价值审判，具有感性直观的特征。

"良心，真正说来，乃是清除了这些不同道德实体的那种否定的单一或绝对的自我；它是合于义务的一种简单行为，作为行为，它并不履行这一义务或那一义务，却在认识和实行具体的正义事情。——一个行为，其具体形态可以由区别能力的意识加以分析，区别不同的特性，在我们此处就是说，区别出不同的道德关系，而且，这些道德关系既可以各被宣称为绝对有效准的，（如果它们各是一个义务，那就必然如此）也可以经受比较和审核。但在良心所发动的简单的道德行为里，各种义务都是搅拌在一起的，以致所有这些个别本质都被打乱了，因而在良心的不

---

① [美]博登海默：《法理学：法律哲学和法律方法》，邓正来译，中国政法大学出版社1999年版，第378页。

可动摇的确定性中,义务根本就不发生经受审核的问题。"① 在规范伦理学视域之中,正如"君君臣臣父父子子"一样,不同的道德实体或社会角色对应不同的权利与义务,而良心既是对既定权利义务关系的超越,也是对具体道德实体的否定。黑格尔所说的"良心,真正说来,乃是清除了这些不同道德实体的那种否定的单一或绝对的自我"所具有的"不可动摇的确定性",就是自我精神觉醒之后舍我其谁、唯我独尊的道德确信。"但在良心所发动的简单的道德行为里,各种义务都是搅拌在一起的,以致所有这些个别本质都被打乱了,因而在良心的不可动摇的确定性中,义务根本就不发生经受审核的问题","它是合于义务的一种简单行为,作为行为,它并不履行这一义务或那一义务,却在认识和实行具体的正义事情"讲的就是其感性的、直观的、混沌的、原始的特性。孟子说:"非礼之礼,非义之义,大人弗为"(《孟子·离娄下》),这种感性和直观首先体现为对现实生活中"不同道德实体"简单的、直接的、不假思索的否定、排斥与拒绝。

(一)贼民之主,不忠;弃君之命,不信

黑格尔认为,自我"只作为良心,有了它的自身确定性,道德的自我意识这才取得内容以充实以前那种空虚的义务和空虚的权利以及空虚的普遍意志;而且,因为它这种自身确定性同样是直接的东西,所以它有了自身确定性也就有了特定客观存在本身"②。"良心,对其自己来说,其真理性就在它的自身直接确定性那里。"③ 黑格尔的意思是说良心是道德自我确立的基础和前提,对于道德主体而言,良心是简单直接的道德确信。《左传·宣公二年》载:

> 晋灵公不君,厚敛以雕墙,从台上弹人而观其辟丸也。宰夫胹熊蹯不熟,杀之,寘诸畚,使妇人载以过朝。赵盾、士季见其手,

---

① [德]黑格尔:《精神现象学》(下卷),贺麟、王玖兴译,商务印书馆1979年版,第150页。
② [德]黑格尔:《精神现象学》(下卷),贺麟、王玖兴译,商务印书馆1979年版,第148页。
③ [德]黑格尔:《精神现象学》(下卷),贺麟、王玖兴译,商务印书馆1979年版,第151页。

第五章 道论——精神正义

问其故，而患之。将谏，士季曰："谏而不入，则莫之继也。会请先，不入，则子继之。"三进，及溜，而后视之，曰："吾知所过矣，将改之。"稽首而对曰："人谁无过？过而能改，善莫大焉。诗曰：'靡不有初，鲜克有终。'夫如是，则能补过者鲜矣。君能有终，则社稷之固也，岂惟群臣赖之。又曰：'衮职有阙，惟仲山甫补之。'能补过也。君能补过，衮不废矣。"犹不改，宣子骤谏，公患之，使鉏麑贼之。晨往，寝门辟矣，盛服将朝，尚早，坐而假寐。麑退，叹而言曰："不忘恭敬，民之主也。贼民之主，不忠。弃君之命，不信。有一于此，不如死也。"触槐而死。（《左传·宣公二年》）

黑格尔说，"……良心同时又根本不含有任何内容；它超身于任何想要充当规律的特定义务之外；在它的自身确定性的力量中，它拥有可合可分的绝对权力的至高尊严"[①]。首先，赵盾、士季之谏，鉏麑之死都是基于对"晋灵公不君"的道德直观，是对晋灵公这个"道德实体"通过语言与行为进行的否定、拒绝与排斥。其次，虽然行为主体都是鉏麑，但"贼民之主"对应的行为关系是鉏麑→赵盾，其直接道德结果是"不忠"；"弃君之命"对应的行为关系是鉏麑→晋灵公，其直接道德结果是"不信"，而《左传·宣公二年》的记载的"贼民之主，不忠。弃君之命，不信"非常生动直观地表达了黑格尔所说的"各种义务都是搅拌在一起，以致所有这些个别本质都被打乱了"的复杂心灵和精神状态。最后，鉏麑由于被放置于一个道德冲突的环境之中而不得不选择了"触槐而死"这一最为消极，也最为积极的道德拒绝方式。说最为消极是因为他是以个体生命的悄然隐退为代价而事实上对"晋灵公不君"的道德事实丝毫没有触动；说最为积极是因为他用这种极端的隐退方式"超身于任何想要充当规律的特定义务之外"，用肉体的彻底毁灭表达了对晋灵公的极度拒斥，证明了"自身确定性"的真理性。这就是"以身殉道"，是对自身生命历史有限性的积极扬弃和对价值理想终极无限性的

---

① ［德］黑格尔：《精神现象学》（下卷），贺麟、王玖兴译，商务印书馆1979年版，第159页。

不懈追寻。从表面上看，鉏麑触槐而死是出于良心对晋灵公"弃君之命，不信"的消极补偿，而在实际上是对赵盾"民之主"的积极维护，其实质也就是委婉曲折地对人民利益的捍卫。尽管对于鉏麑而言，有对于晋灵公愚忠的成分在，但整体来说鉏麑对以赵盾为代表的人民的大"忠"高于对以晋灵公的君主的小"信"。民众的普遍性和一般性绝对大于晋灵公的个别性和特殊性，故而鉏麑维护民众的利益其实就是维护正义的要求，这正是鉏麑触槐而死的真正意义之所在。当然，出于功利的考虑，生活在现代的我们似乎也可以对鉏麑提出另外的道德要求：譬如鉏麑是不是完全没有必要触槐而死，他是不是可以远离是非隐姓埋名，他是不是可以坚决地保护赵盾甚至代表人民站在完全正义的立场支持赵盾英勇地向晋灵公宣战？但实际上这种道德要求完全脱离具体历史语境而只是在形式上纠缠不清，甚至是吹毛求疵。道德主体的行为方式不但受具体历史条件的限制，也还受个体性格特征和精神气质的影响和决定，正是不同道德主体在不同历史情景下的不同行为才能够表达共同正义的普遍要求。

> 君子崇人之德，扬人之美，非谄谀也；正义直指，举人之过，非毁疵也；言己之光美，拟于舜禹，参于天地，非夸诞也；与时屈伸，柔从若蒲苇，非慑怯也；刚强猛毅，靡所不信，非骄暴也；以义变应，知当曲直故也。诗曰："左之左之，君子宜之；右之右之，君子有之。"此言君子以义屈信变应故也。(《荀子·不苟篇》)

黑格尔说，"良心因而就凭它凌驾于一切特定法律和义务内容之上的至高尊严而把随便一种什么内容安置到它的知识和意愿里去；良心就是这样一种创造道德的天才，这种天才知道它自己的直接知识的内心声音即是上帝的神圣声音，而且由于它本着这种知识同样直接地知道它的特定存在，所以它是一种以其概念为生命的神圣创造力。这种道德天才同时又是自己本身中的上帝崇拜，因为它的行为就是它对自己的这种神圣性的直观"[1]。"直指"本意是"不迂回""不回避"，而其心理学机制就

---

① [德]黑格尔：《精神现象学》（下卷），贺麟、王玖兴译，商务印书馆1979年版，第164页。

第五章　道论——精神正义

是不掺杂任何工具理性算计的，因而也是"当下即是的、简单的、直接的、不加思索的"。因此荀子所说的"正义直指"就是指主体由于正义的激发，当下即是的、简单的、直接的和不假思索的特性，也就是"知道它自己的直接知识的内心声音即是上帝的神圣声音"，其原因在于能"以义应变，知当曲直故也"。这里的"义"就是普遍的、必然的、无限的精神正义。正因如此，行为主体才能在"崇人之德，扬人之美，非谄谀也；正义直指，举人之过，非毁疵也；言己之光美，拟于舜禹，参于天地，非夸诞也；与时屈伸，柔从若蒲苇，非慑怯也；刚强猛毅，靡所不信，非骄暴也"等诸种矛盾对立的社会情景中保持自我一致性或自我统一性，达致"凭它凌驾于一切特定法律和义务内容之上至高尊严而把随便一种什么内容安置到它的知识和意愿里去"，也就是在任何情况下都可以做到"不勉而中，不思而得，从容中道"（《礼记·中庸》）的完全自由。而"拟于舜禹，参于天地""与时屈伸"也就是陈来先生所说的"在对超越存在的探询中体验绝对"①。对超越存在的绝对的体验又会使行为主体获得一种等同于上帝居高临下俯视众生的神圣性。

  从命而利君谓之顺，从命而不利君谓之谄；逆命而利君谓之忠，逆命而不利君谓之篡。不恤君之荣辱，不恤国之臧否，偷合苟容，以持禄养交而已耳，谓之国贼。
  君有过谋、过事，将危国家、殒社稷之惧也。大臣父兄，有能进言于君，用则可，不用则去，谓之谏；有能进言于君，用则可，不用则死，谓之争；有能比知同力，率群臣百吏而相与强君、挢君，君虽不安，不能不听，遂以解国之大患、除国之大害，成于尊君安国，谓之辅；有能抗君之命、窃君之重、反君之事，以安国之危、除君之辱，功伐足以成国之大利，谓之拂。
  故谏、争、辅、拂之人，社稷之臣也，国君之宝也；明君之所尊所厚也，而暗主惑之，以为己贼也。（《荀子·臣道篇》）

---

① 陈来：《古代宗教与伦理——儒家思想的根源》，生活·读书·新知三联书店1996年版，第3页。

与"不恤君之荣辱,不恤国之臧否,偷合苟容,以持禄养交而已耳"的"国贼"不同,这里"暗主惑之,以为己贼也"正说明"社稷之臣"与暗主和国贼在道德法庭上处于对立的两端。因为,"良心就是这样一种创造道德的天才,这种天才知道它自己的直接知识的内心声音即是上帝的神圣声音,而且由于它本着这种知识同样直接地知道它的特定存在",正因这种直接的道德自信和独立的精神品格才有"从命""逆命"之说。无论是比较消极平和尊顺国君意志的谏、争还是比较积极激进拂逆国君意志的辅、拂行为,本身"就是它对自己的这种神圣性的直观",这在客观上就表现为对暗主的政治规制和道德批判。

（二）虽其善祝,岂能胜亿兆人之诅?

襄公十年,王叔陈生与伯舆争夺政权。周灵王站在伯舆一边。王叔陈生怒而逃离。到达黄河边,周灵王请他回国,并杀死史狡取悦他。但王叔陈生住在黄河边,不肯回都。晋悼公派士匄调解王室纠纷,王叔与伯舆提出诉讼。王叔的家宰与伯舆的大夫瑕禽在周王的朝廷上争讼,士匄听取他们的申诉:

> 王叔之宰曰:"筚门闺窦之人而皆陵其上,其难为上矣!"瑕禽曰:"昔平王东迁,吾七姓从王,牲用备具。王赖之,而赐之骍旄之盟,曰:'世世无失职。'若筚门闺窦,其能来东底乎?且王何赖焉?今自王叔之相也,政以贿成,而刑放于宠。官之师旅,不胜其富,吾能无筚门闺窦乎?唯大国图之!下而无直,则何谓正矣?"范宣子曰:"天子所右,寡君亦右之。所左,亦左之。"使王叔氏与伯舆合要,王叔氏不能举其契。王叔奔晋。不书,不告也。单靖公为卿士,以相王室。(《左传·襄公十年》)

针对王叔之宰的申诉,瑕禽据理力争,"今自王叔之相也,政以贿成,而刑放于宠。官之师旅,不胜其富,吾能无筚门闺窦乎?唯大国图之!下而无直,则何谓正矣?"但整体来说,瑕禽的批判还是比较抽象和概括。相较而言,晏子对齐景公的批判更为理直气壮,也更为有力:

第五章　道论——精神正义

（晏子）对曰："……若有德之君，外内不废，上下无怨，动无违事，其祝史荐信，无愧心矣。是以鬼神用飨，国受其福，祝史与焉。其所以蕃祉老寿者，为信君使也，其言忠信于鬼神。其适遇淫君，外内颇邪，上下怨疾，动作辟违，从欲厌私。高台深池，撞钟舞女，斩刈民力，输掠其聚，以成其违，不恤后人。暴虐淫从，肆行非度，无所还忌，不思谤讟，不惮鬼神，神怒民痛，无悛于心。其祝史荐信，是言罪也。其盖失数美，是矫诬也。进退无辞，则虚以求媚。是以鬼神不飨其国以祸之，祝史与焉。所以夭昏孤疾者，为暴君使也，其言僭嫚于鬼神。"公曰："然则若之何？"对曰："不可为也。山林之木，衡鹿守之；泽之萑蒲，舟鲛守之；薮之薪蒸，虞侯守之；海之盐蜃，祈望守之；县鄙之人，人从其政。偪介之关，暴征其私。承嗣大夫，强易其贿；布常无艺，征敛无度；宫室日更，淫乐不违。内宠之妾，肆夺于市；外宠之臣，僭令于鄙。私欲养求，不给则应。民人苦病，夫妇皆诅。祝有益也，诅亦有损。聊、摄以东，姑尤以西，其为人也多矣！虽其善祝，岂能胜亿兆人之诅？君若欲诛于祝史，修德而后可。"公说，使有司宽政、毁关、去禁、薄敛、已责。（《左传·昭公二十年》）

首先，"若有德之君，外内不废，上下无怨，动无违事，其祝史荐信，无愧心矣。是以鬼神用飨，国受其福，祝史与焉。其所以蕃祉老寿者，为信君使也，其言忠信于鬼神"是正说，是要为国君树立一个高大上的光辉形象；"其适遇淫君，外内颇邪，上下怨疾，动作辟违，从欲厌私。高台深池，撞钟舞女，斩刈民力，输掠其聚，以成其违，不恤后人。暴虐淫从，肆行非度，无所还忌，不思谤讟，不惮鬼神，神怒民痛，无悛于心。其祝史荐信，是言罪也。其盖失数美，是矫诬也。进退无辞，则虚以求媚。是以鬼神不飨其国以祸之，祝史与焉。所以夭昏孤疾者，为暴君使也，其言僭嫚于鬼神"是反说，是对所谓"淫君"的鞭挞与批判；"山林之木，衡鹿守之；泽之萑蒲，舟鲛守之；薮之薪蒸，虞侯守之；海之盐蜃，祈望守之；县鄙之人，人从其政。偪介之关，暴征其私。承嗣大夫，强易其贿；布常无艺，征敛无度；宫室日更，淫乐不违。内宠之妾，肆夺于市；外宠之臣，僭令于鄙。私欲养求，不给则应。民人苦病，夫妇皆诅。祝有益也，诅亦有损。聊、摄以东，姑尤以西，其为人也多矣！虽其善祝，岂能胜亿兆人之诅？君若欲诛于祝史，修德而后可"则是结合正反两种国君典型对现实社会和政治提出的道德批判。

起初，王子带得到惠后的宠爱，惠后准备立他为太子，还没实施就去世了。王子带逃亡到齐国，周襄王让他回国，他又和隗氏私通。周襄王废黜了隗氏。后王子带勾结颓叔、桃子带狄军进攻周襄王。襄王的侍卫们准备抵御，襄王说："先王后将会说我什么？宁可让诸侯想办法收拾他。"襄王于是离开都城。到达坎窞，都城里的人又把他接了回去。僖公二十四年秋，王子带等进攻成周，周军大败，周公忌父、原伯、毛伯、富辰等与周襄王离开成周去了郑国，野居于郑国的氾地（今河南襄城县南），《左传·僖公二十四年》载：

> 二十有四年春王正月。夏，狄伐郑。秋七月。冬，天王出居于郑。晋侯夷吾卒。杜注：襄王也。天子以天下为家，故所在称居。天子无外书出者，讥王蔽于匹夫之孝，不顾天下之重，因其避母弟之难。书出言其自绝于周。（《左传·僖公二十四年》）

杜预所说的"讥王"其实也包含着道德批判的成分，是批判周王"蔽于匹夫之孝，不顾天下之重""避母弟之难""自绝于周"而一往坎窞，再居于氾，而且主要是指后者。从晏子的话可以看出，就齐国而论，统治者处处设卡，层层盘剥，骄奢淫逸，"私欲养求，不给则应"，以至于"民人苦病，夫妇皆诅"。齐景公之所以"使有司宽政，毁关，去禁、薄敛、已责"，其目的还是要避免"亿兆人之诅"。但无论如何，晏子对时政进行道德批判改善民生的目的还是达到了，这里的"亿兆人之诅咒"就包含有舆论谴责的成分在其中。

（三）天之爱民甚矣，岂其使一人肆于民上，以从其淫，而弃天地之性？必不然矣

在上面的例子中齐景公尚算明主，所以接受了晏子的批评，从善如流，改善了弊政。但事实上还有许多像晋灵公那样的暗主，文过饰非，诛戮忠良，其结果是政治黑暗，民不聊生。此时，一方面，民众的独立

意识和批判精神逐渐觉醒，另一方面，批判者的范围突破了朝廷之中政治精英的限制而扩散到了民间，广泛而深刻的道德批判和政治控诉就是舆论谴责，舆论谴责包含着对掌握实际国家与社会治理权力统治集团的政治合法性重新审视和理性反思，这是对现实统治者政治合法性在一定程度上的质疑和撼动。正因如此，历代统治者也非常重视对民间舆论的搜集：

> 命大师陈诗，以观民风；命市纳贾，以观民之所好恶，志淫好辟；命典礼考时、月，定日，同律、礼、乐、制度、衣服、正之。（《礼记·王制》）
>
> （师旷）对曰："……史为书，瞽为诗，工诵箴谏，大夫规诲，士传言，庶人谤，商旅于市，百工献艺。故《夏书》曰：'遒人以木铎徇于路。官师相规，工执艺事以谏。'正月孟春，于是乎有之，谏失常也。天之爱民甚矣，岂其使一人肆于民上，以从其淫，而弃天地之性？必不然矣。"（《左传·襄公十四年》）

《礼记·王制》所说的"以观民风""以观民之好恶"和师旷所说的"史为书，瞽为诗，工诵箴谏，大夫规诲，士传言，庶人谤，商旅于市，百工献艺"一方面是要体察民意，另一方面是要用舆论在对国君进行一定程度上的限制——"天之爱民甚矣，岂其使一人肆于民上，以从其淫，而弃天地之性？必不然矣。"从师旷所引《夏书》"遒人以木铎徇于路。官师相规，工执艺事以谏"来看，这种广开言路的方式实际上已经形成了一种制度。"谏失常也"，究其原因是出于对国君和时政理性的反思和深刻的不信任。"古者，圣王之治，史在前书过失，工诵箴谏，瞽诵诗谏，公卿比谏，士传言谏，庶人谤于道，商旅议于市，然后君得闻其过失也。闻过失而改之，见义而从之，所以永有天下也。"（《汉书·贾山传》）这一方面是民本思想的体现，另一方面也是为了更好地实行社会治理和维护统治秩序：

> 子曰："上人疑则百姓惑，下难知则君长劳。故君民者章好以示民俗，慎恶以御民之淫，则民不惑矣。臣仪行，不重辞，不援其所

不及，不烦其所不知，则君不劳矣。《诗》云：'上帝板板，下民卒
瘅。'《小雅》曰：'匪其止共，惟王之邛。'"(《礼记·缁衣》)

子云："上酌民言，则下天上施。上不酌民言，则犯也；下不天
上施，则乱也。故君子信让民以涖百姓，则民之报礼重。《诗》云：
'先民有言：询于刍荛。'"郑氏曰：酌，犹取也。取民众之言以为
政教，则得民心，得民心，则恩泽所加，民受之如天矣。①

《礼记·缁衣》说得很明白，广开言路的目的一方面是"则君不劳
矣"；另一方面，"上酌民言，则下天上施。上不酌民言，则犯也；下不
天上施，则乱也"，"故君子信让民以涖百姓，则民之报礼重"，"取民众
之言以为政教，则得民心，得民心，则恩泽所加，民受之如天矣"，也
只有这样才能让人民更好地服从统治。值得注意的是上面几段引文都谈
到了诗，孔子说："小子！何莫学夫诗？诗，可以兴，可以观，可以群，
可以怨。迩之事父，远之事君。多识于鸟兽草木之名。"(《论语·阳
货》)《六艺论》云："诗，弦歌讽喻之声也"，也就是说"诗"实际上
为舆论监督提供了一个相对独立于政治运行之外的公共表达空间，而这
个空间反过来对政治权力形成了一定的限制和约束。②但这种约束与限
制毕竟是有限的，实际上，多数统治者更倾向于对人民的舆论控制和精
神压制：

厉王虐，国人谤王。召公告曰："民不堪命矣！"王怒，得卫
巫，使监谤者。以告，则杀之。国人莫敢言，道路以目。

王喜，告召公曰："吾能弭谤矣，乃不敢言。"召公曰："是障
之也。防民之口，甚于防川。川壅而溃，伤人必多。民亦如之。是
故为川者决之使导，为民者宣之使言。故天子听政，使公卿至于列
士献诗，瞽献曲，史献书，师箴，瞍赋，矇诵，百工谏，庶人传语，
近臣尽规，亲戚补察，瞽、史教诲，耆、艾修之，而后王斟酌焉，

---

① （清）孙希旦：《礼记集解·卷五十·坊记第三十》，中华书局1989年版，第1286页。
② 在上面引文中，除了"诗"还谈到了"史"。"史"作为一种传世文献，是直接面对公
众的，于是也就有了舆论监督的作用。尽管这种舆论监督是极其滞后的，但董狐秉笔直书以及
国君谥号都在一定程度上具有鉴戒世人和舆论监督的成分。

是以事行而不悖。民之有口也，犹土之有山川也，财用于是乎出；犹其有原隰衍沃也，衣食于是乎生。口之宣言也，善败于是乎兴。行善而备败，其所以阜财用衣食者也。夫民虑之于心而宣之于口，成而行之，胡可壅也？若壅其口，其与能几何？"

王弗听，于是国人莫敢言。三年，乃流王于彘。（《国语·周语上》）

召公所说与师旷的话有很多相同的地方，而其"防民之口甚于防川"等说法以及"民之有口也，犹土之有山川也，财用于是乎出；犹其有原隰衍沃也，衣食于是乎生。口之宣言也，善败于是乎兴。行善而备败，其所以阜财用衣食者也。夫民虑之于心而宣之于口，成而行之，胡可壅也？若壅其口，其与能几何？"的推理与论证更强调了人民言论自由的合理性。马克思说，"即使公民起来反对国家机构，反对政府，道德的国家还是认为他们具有国家的思想。可是，在某个机关自诩为国家理性和国家道德的举世无双的独占者的社会中，在同人民根本对立因而认为自己那一套反国家的思想就是普遍而标准的思想的政府中，当政集团的龌龊的良心却臆造了一套追究倾向的法律、报复的法律，来惩罚思想，其实不过是政府官员的思想。追究思想的法律是以无思想和不道德而追求实利的国家观为基础的"[1]。厉王的倒台也说明了压制舆论，惩罚思想的"无思想和不道德"的政权是不可能长久的。所以高明的统治者都会积极地关注舆论，子产不毁乡校就是有名的例子。

郑人游于乡校，以论执政。然明谓子产曰："毁乡校何如？"子产曰："何为？夫人朝夕退而游焉，以议执政之善否。其所善者，吾则行之。其所恶者，吾则改之，是吾师也。若之何毁之？我闻忠善以损怨，不闻作威以防怨。岂不遽止？然犹防川。大决所犯，伤人必多，吾不克救也。不如小决使道，不如吾闻而药之也。"然明曰："蔑也今而后知吾子之信可事也。小人实不才，若果行此，其郑国实赖之，岂唯二三臣？"仲尼闻是语也，曰："以是观之，人谓子产不

---

[1] 《马克思恩格斯全集》第1卷（上），人民出版社1956年版，第121—122页。

仁，吾不信也。"(《左传·襄公三十一年》)

子产通过乡校的舆论动向了解民间对于政治的评价和态度并以此改进政治统治，这种尊重言论自由的态度是符合现代政治价值的，也是值得尊重的。以上描述了精神正义以良心为起点从个体到群体的普遍外化或者说是社会化的过程，但就道德主体本身而言，其精神觉醒的程度与他对自身精神正义的培壅有着直接的关系，而这就是工夫论所要讨论的内容。

二 工夫论：是集义所生者，非义袭而取之也

工夫需要精神的力量。所谓工夫就是行为主体在精神的主动引导下，通过用一定的方式方法对自身进行约束或训练而达到主体所期望的理想效果或精神境界。这是一个在精神指引之下，主体渐次突破自身各种身体、精神和思想局限不断向理想王国跃迁的过程。在这样的过程之中，主体会获得一种生理上的充盈感和心灵上的崇高感。生理上充盈会使主体精力充沛并提高主体对外界感知的敏锐度，思维的灵活性与行为行动的效能和效率。心灵上的崇高感又会使主体获得一种超越的审美并进一步增强主体的道德自觉和精神觉醒。而这些工夫效应所带来的主体生理或心灵的优化升级又有助于主体在道德困境中做出更符合历史处境的本来要求，更符合正义原则价值约束的道德选择。在中国传统的工夫论中，与之息息相关的一对概念就是"气"与"义"。

(一) 集义与养气

"气"是中国文化中的一个核心观念，在孟子之前就已流行。"气"字有二义，一指客观存在的、弥纶无间的、构成宇宙的一种基本物质单元；一指一种心理或精神状态，如理直气壮、气冲斗牛等。但具体到工夫论来说，对"气"的这两种分疏又不能截然分开。因为，就基本构成成分和存在状态来说，人不但和宇宙具有同构性，而且还主要通过肺部活动吸入和呼出"气"来与宇宙进行物质和能量交换。人的心理或精神

状态又能直接影响和控制这种物质和能量交换的质量和进程,而这种物质和能量交换质量和进程的变化又能影响到人的心理和精神状态。质言之,这两种意义上的"气"是交互影响的。孟子所言的"气"为后者,它非孟子所独创。如春秋人曹刿说过:"夫战,勇气也。一鼓作气,再而衰,三而竭,彼竭我盈,故克之。"(《左传·庄公十年》)《孙子兵法》说:"故三军可夺气,将军可夺心。是故朝气锐,昼气惰,暮气归。"这些"气"明显是指一种精神状态。孟子在"夫子加齐之卿相章"所讲的"气"也是一种精神状态。他说,孟施舍养勇的方法是"守气",此"气"就是曹刿、孙武所说的"气"。它能盛能衰,所以要守住它。这种"气"的内容用我们通常的话说,就是"士气"之"气",它是一股由精神状态调动和维持起来的身体充盈感以及相伴而生的果决勇猛的行动力。有了这种气,人就可以刚毅敢为、躬冒矢石、无所畏惧。孟子认为,人要"不动心"全靠这股气,故他说,"不动心"在勇,勇在"守气",养"浩然之气"。但仅养由人自然存于身心之中的气所生发出的勇是一种血气之勇,其价值远远低于义理之勇。义理之勇则是成于义、气相合的"浩然之气"。孟子说:"浩然之气","其为气也,配义与道;无是,馁也。是集义所生"。这是说,"浩然之气"是人之血气与道义相合而成的,"其为气也,配义与道"即是此意。此中义与气的关系是相资而不可偏废。"无是,馁也。是集义所生。"朱熹曰:"馁,饥乏而气不充体也。"两句之"是",皆指气。前一句是说,若无此气,其行为即便是出于道义,人亦无力承担。后一句是说,此气是集义所生,故人要不断地做自己应该做的事情,若"行有不慊于心,则馁矣"。也就是说,只要做一件于心有愧的不义之事,此气就会疲软,即气馁。义与气的这种关系概括地说,就是"气由道义而有,而道义复乘气以行"[1]。必须说明的是,把义、气作如是断开,是为分析方便而作的逻辑划分。在孟子看来,实际中的养气、集义实乃混然不可分离的,即"集义便是养气"[2],"养气只是一个集义"[3]。

---

[1] (宋)黎靖德:《朱子语类》(四),中华书局 1994 年版,第 1257 页。
[2] (宋)黎靖德:《朱子语类》(四),中华书局 1994 年版,第 1245 页。
[3] (宋)黎靖德:《朱子语类》(四),中华书局 1994 年版,第 1259 页。

(二) 是集义所生者，非义袭而取之也

曾子得"不动心"的方法是"守义"，孟子的"集义"与曾子的"守义"有相似处。然曾子与孟子亦有不同：曾子的"守义"，是就一件一件的事说，遇事反躬自问，不直则屈于"褐宽博"，直则"虽千万人，吾往矣"。孟子由"集义"而得的"浩然之气"则是一种道德气质、一种精神境界，是集许许多多的义之行为而自然生出的人生气度。就此而言，孟子的"集义"，原出曾子，而其成就则比曾子又高一层、进一步。

曰："我知言，我善养吾浩然之气。"
"敢问何谓浩然之气？"
曰："难言也。其为气也，至大至刚，以直养而无害，则塞于天地之间。其为气也，配义与道；无是，馁也。是集义所生者，非义袭而取之也。行有不慊于心，则馁矣。我故曰，告子未尝知义，以其外之也。必有事焉而勿正，心勿忘，勿助长也。无若宋人然：宋人有闵其苗之不长而揠之者，芒芒然归。谓其人曰：'今日病矣，予助苗长矣。'其子趋而往视之，苗则槁矣。天下之不助苗长者寡矣。以为无益而舍之者，不耘苗者也；助之长者，揠苗者也。非徒无益，而又害之。"(《孟子·公孙丑上》)

孟子所言"浩然正气"之"气"与孟施舍等"守气"之"气"都是指构成宇宙，同样也是构成人体的那种弥纶无间、无所不在而又不能为人眼所能亲见的基本物质和能量单元，是独立于人意识之外的客观存在，其不同之处在于"浩然"。"浩然"，状物之词，盛大流行之貌。"浩然"或"盛大流行之貌"固然是人眼所能亲见的，但具体到这里所说的"浩然之气"的"浩然"所描述的则只能是人主观的一种感觉而不可能是客观存在的事实。因此，朱熹说："浩然之气"，乃吾气也。它是人得之于天的天地正气，经自己直养无害而成。是气初无限量，不可屈挠，充沛于天地之间，它能使人立于天地之间而无惧。从朱子的话中"吾""正""自己""直养""屈挠""无惧"等与描述"浩然之气"有关的主词和谓词等可以看出，"浩然之气"实际上是人精神意识主观建构的

产物。① 孟子说，"浩然正气"，"其为气也，至大至刚"。"浩然之气"，须养以得之，这里"养"的过程也就是建构的过程。那到底该怎么养或者说进行建构的具体方法是什么呢？孟子曰："其为气也，配义与道。无是，馁也。"这里的"道"，实际上也就是孔子所说的"朝闻道，夕死可矣"（《论语·里仁》）的"道"。"义"，朱熹注："心之裁制"，也就是"由中断制"。由此可知，孟子养"浩然之气"是从内外两方面用力。自外而言，是通过对宇宙、社会人生等各种真理的学习和精神的体悟而获得心灵上通透与觉解。思想的明快通透、心灵的安适愉悦、精神的了无羁绊自然会带来自身气机的充盈流畅，这就是"配义与道"的"道"。自内而言是自我裁制，自作主宰，时刻提撕，不但把努力行道视为自己的义务和天职，并且切切实实地去实行。生为始，死为终，生死乃人生之大事，人生不过就是生死数十年之间的一段短暂的旅程。在面临生死困境时"舍生而取义"之道德选择尤其能够扫荡廓清人们向最高境界迈进的障蔽与阻遏，从而一举奠定人们的道德高度和道德自信。这种顾盼自雄、舍我其谁的道德高度和道德自信自然会带来庄严肃穆，凛然不可侵犯的浩然正气，这就是"配义与道"的"义"。合此内外两方面，就是"配义与道"。坚持行义即是"集义"。"集义"既久，浩然之气自然生出。孟子特别强调"浩然之气"要由"集义"工夫自然形成，没有任何捷径可走，丝毫不能勉强。孟子说，"浩然之气"，"是集义所生者，非义袭而取之也"。用这种"义袭而取之"方法养气者，在孟子看来，其行为于养"浩然之气"，"非徒无益，而又害之"。孟子认为告子的"不动心"，正是"义袭而取"。他说，"告子未尝知义，以其外之也"。"外之也"，即把义当作心外的东西。也就是说，告子是从心外拿一个义来强制己心，使之不动。这就是"义袭而取之"，如此养心使之不动恰如无源之水、无根之木那样缺乏内在的支持与生机。孟子认为，义本己心之固有，故行义应是心之发展、心之流行。一旦认识到这一点就有了生机，就如"火之始燃，泉之始达"（《孟子·公孙丑上》），"源泉混

---

① 参见陈来《有无之境——王阳明哲学的精神》，人民出版社1991年版，第60页。陈来先生把胡塞尔的"生活世界"理解为"作为生活主体的个人在其特殊视界中所经验的世界"。准此，我们也可以把"浩然之气"理解为"生活世界"之一种。从科学的角度来讲，这可能涉及深层的心理意识和精神结构问题。由于主题所限，在此不作进一步的深入探讨。

混,不舍昼夜,盈科而后进"(《孟子·离娄下》),行义既久,"若决江河,沛然莫之能御也"(《孟子·尽心上》),浩然之气就会自然由中生出。这与"由仁义行"还是"行仁义"其实是一个问题的两个方面,只不过"集义以养气"主要说的是工夫,"由仁义行"说的是"集义既久"后"不勉而中,不思而得,从容中道"的效验。同样,"义袭而取"的结果只能是"行仁义"而不可能是"由仁义行"。

(三)浩然之气与虚壹而静

孟子"浩然之气"说将义栽根于人之"气"中,给中国人指示了一个行义、守义、集义之方法、途径,无数人循此路径,成为铁肩担道义之志士。冯友兰说,"浩然之气","是中国文化的一个词汇。懂得了这个词汇,才可以懂得中国文化和中华民族的精神"[①]。"浩然之气"自孟子起,就成为大义凛然和大丈夫气概的同义语,义亦赖与气融合并化生为"浩然之气"而升华为精神境界,成为中国人乃至整个中华民族任大事临危难而无惧无畏的不竭精神动力,此盖冯友兰将理解"浩然之气"与懂得中华民族精神相提并论的原因所在。杨伯峻先生说:"夫子加齐之卿相章"中,孟子从不动心谈起,论养气,自认为知言,善养浩然之气,"隐然不肯和孔子著名弟子并列,直以为自己是孔子以后第一人。后代以孔子以'至圣',他为'亚圣',可能与这章不无关系"[②]。就该章在义观念发展史上的地位及其对中国文化、中华民族精神之影响而言,杨氏上论有据,孟子被称为"亚圣"亦当之无愧。

荀子的工夫论与孟子有着很大的不同:孟子的集义养气比较注重主观体验和精神愉悦以及由此带来的道德高度的提升和人生境界的升华,荀子更注重人文理性的发显与涵养和生活实践的砥砺与磨炼。为此,荀子提出了"虚一而静"的澄心工夫、"注错习俗"的化性工夫和"积学积思"的明理工夫。

首先,荀子认为人都有认知理义并付诸实践的能力,而人能不能成圣的关键就在于他能不能认识理义并予以实践。他说:"凡禹之所以为

[①] 冯友兰:《中国哲学史新编·中编》,人民出版社1984年版,第94页。
[②] 杨伯峻:《孟子导读》,巴蜀书社1992年版,第96页。

禹者，以其为仁义法正也，然则仁义法正，有可知可能之理。然而涂之人也，皆有可以知仁义法正之质，皆有可以能仁义法正之具，然则其可以为禹明矣。"（《荀子·性恶》）在荀子看来，能分辨义理的心就是"可以知仁义法正之质"。当然，荀子也认识到心的好利而多欲倾向，所以，他提出"虚一而静"（《荀子·解蔽》）的澄心工夫，发挥心对理义的识别与摄取作用，了解具社会规范性的礼义法度。因此，社会资源虽有限度，私心杂念虽无边际，可是只要觉醒人的理性心，透过心的明理尚义，犹可接受、认同社会规范而不逾矩。在荀子看来，"故欲过之而动不及，心之止也。心之所可中理。则欲虽多，奚伤于治？欲不可及而动过之，心使之也。心之所可失理，则欲虽寡，奚止于乱？故治乱在于心之所可，亡于情人之所欲"（《荀子·正名》）。社会的治乱源自心之所可是否中理。中理之心或可称为理心，中理的理心才能发挥节制情欲，使情欲适可而止发挥恰当合宜的作用。

其次，荀子还强调实践对人的改造作用。"谨注错，慎习俗，所以化性也"（《荀子·儒效》）；不同的"注错习俗"会培养出不同的人，即"可以为尧禹，可以为桀跖，可以为工匠，可以为农贾，在势注错习俗之所积耳"（《荀子·荣辱》）。"注错习俗"就是"譬之越人安越，楚人安楚，君子安雅（通"夏"即中原），是非知能材性然也，是注错习俗之节异也"（《荀子·荣辱》）。马克思主义历史唯物论认为社会存在决定社会意识，荀子也认为人为尧禹，为桀跖，都是"是非天性也，积靡使然也"（《荀子·儒效》），是在生活环境影响和文化习俗熏染之下长期实践磨炼所塑造而成的。

最后，"积学积思"。荀子认为，"今人之性固无礼义，故疆学而求之也。性不知礼义，故思虑而求之也"（《荀子·性恶》）。只要"博学而日参省乎己，则知明而行无过已"（《荀子·劝学》）。荀子提出的"积学积思"是一个坚持不懈、不断积累的过程，即所谓"不积跬步，无以至千里，不积小流，无以成江海。骐骥一跃，不能十步；驽马十驾，功在不舍；锲而舍之，朽木不折；锲而不舍，金石可镂"（《荀子·劝学》）。同时，这也是"专心一志""并一而不二"的过程，是精神充分调动人的意志力和自觉性的过程。用荀子的话说，就是："心者，行之君也而神明之主也，出令而无所受令。自禁也，自使也，自夺也，自取

· 333 ·

也,自行也,自止也。故口可劫而使墨云,形可劫而使屈伸,心不可劫而使易意,是之则受、非之则辞。故曰:心容,其择也无禁,必自现,物也杂博;其情之至也不贰。"(《荀子·解蔽》)《周易》云:"夫大人者与天地合其德,与日月合其明,与四时合其序,与鬼神合其吉凶,先天而天弗违,后天而奉天时。"(《周易·乾》)荀子亦云:"今使涂之人,伏术为学,专心一志,思索孰查,假日具久,积善而不息,则通于神明,参与天地矣。"(《荀子·性恶》)他甚至认为,只要坚持不懈,积日既久,就可以达到"通于神明,参与天地"的高远境界。孔子云:"十邑之室,必有忠信如丘者,不如丘之好学也。"(《论语·公冶长》)又云:"我非生而知之者,好古,敏以求之也。"(《论语·述而》)就对学习的重视而言,荀子更接近于孔子,这明显区别于所谓圣人先知先觉"不学而知,不学而能"的唯心主义文化观和历史观。

"精神境界是指一个人世界观的整体水平和状态。这里所说的世界观不是指对外部自然物质世界的认识,而是指对整个宇宙、社会、人生及自我的意义的理解与态度。境界是标志人的精神完美性的范畴,是包含人的道德水平在内的对宇宙人生全部理解水平的范畴。"[1] 在这样的境界中,"小我融于宇宙之中而与宇宙合一,人在这个境界上看自己的内心无限深远,看外界无限广大,人的身心世界已不存在,存在的只是无限深远广大的宇宙,个人不仅是宇宙的部分,又即是宇宙的全体"[2]。也就是说,精神境界包含着两个互相耦合、互相支撑的理论维度:一是个体的精神完美性程度,即"包含人的道德水平在内的对宇宙人生全部理解水平",可以勉强对应桑德尔所谓"主体之内"的说法,具体论述见"境界论"之第二部分;二是在精神完美性基础上对于宇宙全体的人文主义情怀,可以勉强对应桑德尔所谓"主体之间"的说法,具体论述见"境界论"之第三部分。人既是客观的物质性的存在,又是主观的精神性的存在。人既客观地存在于宇宙自然之中,又主观地存在于生活世界之中。精神境界是支撑生活世界的核心要素,没有精神境界作为支撑,生活世界与人生意义将不复存在。

---

[1] 陈来:《有无之境——王阳明哲学的精神》,人民出版社1991年版,第6页。
[2] 陈来:《有无之境——王阳明哲学的精神》,人民出版社1991年版,第7页。

三 境界论：利不可强，思义为愈

既然人是人类历史经常的前提，没有人人类历史便无从谈起。那么作为一个必然的逻辑推论的结果，我们亦应该把理解人作为了解思想进程的思维起点和逻辑原点，而所谓的理解人归根结底无非就是人的自我认识和自我理解。卡西尔说："认识自我乃是哲学探究的最高目标——这看起来是众所公认的。在各种不同哲学流派之间的一切争论中，这个目标始终未被改变和动摇过：它已被证明是阿基米德点，是一切思潮的牢固而不可动摇的中心。即使连最极端的怀疑论思想家也不否认自我的可能性和必要性。"[①] 而作为以人类为讨论对象的"哲学—科学"的哲学人类学无疑可以为我们对思想进程的探讨提供一个深刻而切近的起点，这样的起点亦包含了充分理解人类的一般性与普遍性在其中。

（一）义，利之本也

众所周知，罗尔斯的《正义论》是20世纪70年代以来影响最为广泛和深远的政治哲学著作，此后所有有关社会正义的讨论几乎都是基于对罗尔斯的解读或对话。桑德尔就是罗尔斯众多对话者中较为著名的一个，桑德尔与罗尔斯对话的理论支点正是基于对罗尔斯道德主体观念的哲学人类学重构。

桑德尔说，"我心中所想的解释是一种最宽泛意义上的哲学人类学的解释；就其作为哲学的解释而言，是指它是通过反思而非经验的普遍化所达到的，就其作为人类学的解释而论，它又关系到人类主体在多种可能形式的认同中的本性"[②]。桑德尔所要的哲学人类学解释实际上也是要在思辨与经验之间寻求一种合理的平衡。就此而言，他和罗尔斯的努力方向是一致的，他们都力图把力量奠基于理想与现实之间的某个平衡点之上，以使这种理论既是指向理想的，又是对现世足够关切的，甚至是

[①] ［德］卡西尔：《人论》，甘阳译，上海译文出版社1985年版，第3页。
[②] ［美］桑德尔：《自由主义与正义的局限》，万俊人等译，译林出版社2011年版，第66页。

能够指导现实实践的。这种理论企图亦不外乎冯友兰先生所说之"极高明而道中庸"。桑德尔又说,"我们可以在多种名目下描述我们的自我理解的这些构成性特征的一种普遍解释:一种人格理论,一种自我观念,一种道德知识论,一种人性论,一种道德主体理论,一种哲学人类学。这些解释将提供不同的,有时是相互冲突的内涵,这通常与他们所了解的哲学传统相关。比如说,一方面,说到人性,常常会提出一个经典的目的论观念,与普遍的人类本质的观念相联系,在所有的时间与空间中都一成不变。另一方面,说到自我,人们往往偏向于有利于个人主义观念的主题,而且暗示,与之相关的自我理解只不过意味着达到个体的人的理解,比如,在精神治疗中就是如此。这些联系引起了某些困难,因为它们具有求助于我们正在寻求其答案的那个问题的危险,那个问题就是,主体如何构成,在什么意义上以及在什么范围内它可以被正确地构想"①。在这里,一方面我们可以看出桑德尔所谓的"哲学人类学"实际上也就是大略与"人格理论""自我观念""道德知识论""人性论""道德主体理论"相等同的概念或范畴。另一方面,桑德尔不但客观地指出了人类的自我理解与其所了解的哲学传统相关,而且解释了西方主体观念中所隐含的个人主义主题。

就西方传统而言,个人主义多宣扬个人积极的自由与权利②,陈来先生在谈到权利话语和权利思维时就批评道:"权利话语又往往联系着个人主义,个人主义权利优先态度,其基本假定是把个人权利放在第一位,认为个人权利必须优先于集体目标和社会共善。在这样的立场上,个人的义务、责任、美德都很难建立起来。权利优先类型的主张只是保障人的消极的自由,而不能促进个人对社会公益的重视,不能正视社会公益与个人权益的冲突。"③ 于是,这种个人主义极容易滑向利己主义。庄子转述杨朱的话说,"古之人,损一毫利天下,不与也;悉天下奉一身,不取也。人人不损一毫,人人不利天下,天下治矣。"(《庄子·秋

---

① [美]桑德尔:《自由主义与正义的局限》,万俊人等译,译林出版社2011年版,第66页。
② 就自由这一观念而言,柏林无疑有着重大的影响。但不管是积极地做的自由,还是消极地摆脱束缚的自由,西方的自由在某种程度上可以被吸收进权利这一个概念之中。
③ 陈来:《孔夫子与现代世界》,北京大学出版社2011年版,第18页。

水》）乍看上去，杨朱似乎与个人主义有些类似。但与西方不同的是，杨朱的个人主义是从消极的意义上（"不"）去定义的。如果套用一下柏林对自由的定义，我们可以说杨朱之个人主义乃消极之个人主义，其目的不是宣扬个体积极地去做什么的自由与权利，而是要为个体的行为趋向划定一个不可逾越的界限。

人们要做的不是积极地去"损"或者"奉"，而是既"不取"也"不与"。只要每个人固守自己的界限，亦可臻于天下大治——"人人不损一毫，人人不利天下，天下治矣。"就逻辑而言，这种个人主义基本上是与利己主义完全无涉甚至是根本绝缘的。与杨朱从利益角度为个人行为趋向划定不可逾越的界限不同的是，儒家更着眼于对他人隐私的尊重："不窥密，不旁狎，不道旧故，不戏色。郑氏曰：密，隐曲处。不窥密，嫌伺人之私也。不旁狎，妄相服习，终或争讼。到旧故，言知识之过失，损友也。"[①] 这种尊重个人隐私的态度是与现代文明所要求的价值相一致的，但这种尊重乃是出于道德要求，而非出于法定权利。

一种可能的反驳是，杨朱消极之个人主义会由于对社会责任的忽视与逃避而间接损害社会和其他人的利益，这就需要我们对杨朱的个人主义思想作出进一步的分疏：

> 是故大人之行，不出乎害人，不多仁恩。动不为利，不贱门隶。货财弗争，不多辞让。事为不借人，不食乎力，不贱贪污。行殊乎俗，不多辟异。为在徒众，不贱佞谄。世之爵禄不足以为劝，戮耻不足以为辱。知是非之不可为分，细大之不可为倪。（《庄子·秋水》）

"世之爵禄不足以为劝，戮耻不足以为辱。"实际上，杨朱之个人主义是基于对世俗的经验生活的不屑与鄙弃——正像桑德尔以上所说的那样，"没有任何信念能够深刻地支配我，以至于没有它我就不能理解自己，没有任何生活目标的变化能够具有巨大的颠覆力量，以至于会改变我的身份；没有任何人生计划是本质的，以至于如果我放弃它，就会产

[①] （清）孙希旦：《礼记集解·卷三十五·少仪第十七》，中华书局1989年版，第932页。

生一个我是什么人的问题"①。在杨朱眼中，贫富贵贱、生死爵禄等世俗的经验生活都不能改变他们的生活目标和人生计划。之所以如此，只是因为杨朱的生活目标就是没有目标，他们的人生计划也就是没有计划。更进一步，"知是非之不可为分，细大之不可为倪"，他们的价值判断也就是没有判断。与此相反，儒家对世俗的经验生活则有着完全不同的理解，荀子说：

> 荣辱之大分，安危利害之常体：先义而后利者荣，先利而后义者辱；荣者常通，辱者常穷；通者常制人，穷者常制于人：是荣辱之大分也。材悫者常安利，荡悍者常危害；安利者常乐易，危害者常忧险；乐易者常寿长，忧险者常夭折：是安危利害之常体也。（《荀子·荣辱篇》）
>
> 君子可以有势辱，而不可以有义辱；小人可以有势荣，而不可以有义荣。（《荀子·正论篇》）
>
> 让，德之主也。让之谓懿德。凡有血气，皆有争心。利不可强，思义为愈。义，利之本也。蕴利生孽。姑使无蕴乎！（《左传·昭公十年》）

首先，荀子承认，安危利害、势义荣辱是社会人生之"常体"，是现实生活中人不得不面对的东西。虽然没有明言，荀子的选择隐含在"安危利害、势义荣辱"这一褒贬分明的善恶判断和价值表述之中。但对于君子而言，进行人生正确选择的唯一标准是"义"而不是其他东西——对此，孟子亦有过类似的表达，"晋楚之富，不可及也；彼以其富，我以吾仁；彼以其爵，我以吾义，吾何慊乎哉！"（《孟子·公孙丑下》）在这里，"我"作为理性的道德主体，其自我规定和自我认同就是"仁"或"义"而不是反映具体外部生活环境的富贵贫贱与生死爵禄之"利"。换句话说，"仁"和"义"既为主体设定了本质的、恒定的内在结构，也为主体划定了最终的可能的外部界限。这其实就涉及了桑德尔

---

① ［美］桑德尔：《自由主义与正义的局限》，万俊人等译，译林出版社2001年版，第62页。

所谓的"主体如何构成、在什么意义上以及在什么范围内它可以被正确地构想"的问题,也就是主体之内和主体之间的问题。就此而言,如果撇开"仁义"而把富贵贫贱、生死爵禄等任由自然偶然性和社会任意性安排的具有附属于主体性质的外部生活环境和个体生存条件等诸如此类的非理性成分视为主体本质的、恒定的内在结构反而是不可理解的。"富而可求也,虽执鞭之士,吾亦为之。如不可求,从吾所好。"(《论语·述而》)"富与贵是人之所欲也,不以其道得之,不处也;贫与贱是人之所恶也,不以其道得之,不去也。"(《论语·里仁》)"不义而富且贵,与我如浮云。"(《论语·述而》)儒家并不是绝对排斥富贵爵禄而是主张在富贵爵禄与道德仁义发生冲突时坚持要把道德仁义绝对置于富贵爵禄之上而优先考虑。儒家一直警惕这种多重自我中属于非理性欲望的非道德理想部分,这种不断叩问借以构成主体之内的关键性自我的提撕与警觉即"常惺惺"也是靠道德理想作为内部保证的,这种约束与制导力量的外在表现是礼。就日常生活经验来看,以主体之内的观点视之,儒家主体之内的自我不是多重的,而是双重的,即"我"与"非我",或"义"与"非义",即道德二元论。但儒家这种主体观念似乎并不妨碍形成共同体,只是这种共同体是一种基于道德的理性共同体,而不是基于利益的欲望共同体。"君子喻于义,小人喻于利。"(《论语·里仁》)"自天子以至于庶人,一是皆以修身为本。"(《礼记·大学》)这种主体之间的距离既是通过道德衡量的,也是通过道德跨越的。

  人既可以作为经验的对象生活于感性的物质世界中,亦可作为经验的主体生活于超验的精神世界中。在感性的物质世界中,人只是对象化或物化形式的存在,而不具有主体性。能力是主体经验特性的核心构成要素,这里的"能力"不仅是想象能力,而且是行动能力,这种能力为主体自由提供了精神与物质保证。也正是在此种意义上,主体在现实上才成为可能。儒家道德理想主义视域中的主体观念是超验的道德主体,其能力也是"不虑而知,不学而能"的自在自为、先天而具的道德能力。在罗尔斯看来,先天禀赋和后天运气都属武断的任意性因素,按先天禀赋和后天运气取得的配额也是不正义的,所以罗尔斯不但在论证伊始就用"原初状态"进行前提性的条件约束,而且用"差别原则"来平衡和纠正这种任意性因素所造成的粗暴社会后果,而这在儒家的理论视域中完全不是问题。在现实生活中儒家不仅主张"自立立人，自达达人"，主张不同主体之间彼此能力的互相交流、灌注与融通；甚至要求在"亲亲而仁民"的基础上还要"仁民而爱物"，以至于最后达到"仁者浑然与物同体""仁者与天地万物为一体"（《河南程氏遗书》）的"一体之仁"（《传习录》）。也就是说，随着道德意识的不断增强，道德境界的不断提升，道德自我的不断丰沛和博大，主体之间的界限逐渐消泯，或者至少可以说主体之间的界限趋于模糊。总而言之，对于儒家而言主体之间的距离既可以靠仁爱之心来弥缝，也可以通过道德修为来跨越。

（二）大而化之之谓圣，圣而不可知之谓神

密尔说，"所有行动都出于某种目的，而行动的规则——人们似乎很自然地设想——之整体品格和色彩必定由这些行动所服从的目的来决定"[①]。密尔的陈述又会使我们的思考回到正当与善的关系之中，而且密尔的结论是善优先于正当，或者用密尔的原话来说就是"行动所服从的目的"优先地决定了"行动规则的整体品格和色彩"。

罗尔斯则直接指出，"以为一个正义和善的社会必须依赖一种高度的物质生活是错误的。人们需要的是在与他人的自由联合中的有意义的工作，这些联合体在一个正义的基本制度结构中调节着他们的相互关系。实现这种社会状态并不要求大量的财富。事实上，财富在超过某一限度时便可能成为一种确实的障碍；这时它即使不是一种使人纵欲和空虚的诱惑的话，至少也是一种无意义的娱乐"[②]。"至少在一定的环境中，例如在一个组织良好的社会的或在一种近于正义的状态中，做一个好人对这个人的确是一种善。这个事实同正义的善，同一种道德理论的一致性问题是密切联系在一起的。"[③] 这是因为，"一个人的选择的合理性不依赖于他了解情况的多少，而仅仅依赖于他根据所知的情况推理的好坏，

---

① 转引自［美］桑德尔《自由主义与正义的局限》，万俊人等译，译林出版社2001年版，第5页。
② ［美］罗尔斯：《正义论》，何怀宏、何包钢、廖申白译，中国社会科学出版社1998年版，第291页。
③ ［美］罗尔斯：《正义论》，何怀宏、何包钢、廖申白译，中国社会科学出版社1998年版，第398页。

无论他所知的情况如何不全面"①。"要使作为人的人成为他自己的唯一现实的客体,他就必须在他自身中打破他的相对的定在,即欲望的力量和纯粹自然的力量。排斥是自我意识的最初形式;因此,它是同那种把自己看作是直接存在的东西、抽象个别的东西的自我意识相适应的。"②与此类似,中国古人对于物欲的态度不仅仅是排斥,甚至是一种警惕。

> 人生而静,天之性也。感于物而动,性之欲也。物至知知,然后好恶形焉。好恶无节于内,知诱于外,不能反躬,天理灭矣。夫物之感人无穷,而人之好恶无节,则是物至而人化物也。人化物也者,灭天理而穷人欲者也。于是有悖逆诈伪之心,有淫逸作乱之事。是故强者胁弱,众者暴寡,知者诈愚,勇者苦怯,疾病不养,老幼孤独不得其所。此大乱之道也。(《礼记·乐记》)

儒家认为人性本来是静的,而物欲也并非天生,主要来自于外界诱惑的引发和触动。如果在物欲萌生之初不进行合理克制的话,就会变化形质,人为物役,甚至彻底失去人的本性而"人化为物"。"人化为物"就是"灭天理而穷人欲者也",其结果就是"于是有悖逆诈伪之心,有淫逸作乱之事"。一旦失去道德约束,任由物欲泛滥,就会出现"强者胁弱,众者暴寡,知者诈愚,勇者苦怯,疾病不养,老幼孤独不得其所"等诸如此类的社会失序和道德混乱。这种对于物质欲求之理性的,而不是放纵自然情欲的态度实际上标志着外在道德目的内在化的一种倾向或趋势,正是这种倾向或趋势不仅使麦金泰尔把善分为内在的善与外在的善在逻辑上成为可能,也使独立的主体观念的形成成为可能——"在个人价值意义上的自尊和自信也许是最重要的基本善。"③ 而自尊与自信主要表现在行为主体对任由纯粹外在生活环境和生存条件等自然偶然性和社会任意性因素来决定人生价值和终极意义自觉不自觉的极力排

---

① [美]罗尔斯:《正义论》,何怀宏、何包钢、廖申白译,中国社会科学出版社1998年版,第397页。
② 《马克思恩格斯全集》第1卷(上),人民出版社1956年版,第37页。
③ [美]罗尔斯:《正义论》,何怀宏、何包钢、廖申白译,中国社会科学出版社1998年版,第396页。

斥与断然拒绝上，舍此则断然无自尊与自信可言。

> 他年，其（穆伯即公孙敖）二子来，孟献子爱之，闻于国。或谮之曰："将杀子。"献子以告季文子。二子曰："夫子以爱我闻，我以将杀子闻，不亦远于礼乎？远礼不如死。"一人门于句鼆，一人门于戾丘，皆死。（《左传·文公十五年》）

生为人乃至所有有知觉有意识的生命体之大欲。对于人类而言，生为其他所有欲望的生物性基础与社会学条件。然而出乎常理的是，上面引文中穆伯之二子皆死的理由却是"远礼不如死"。对于他们而言，守礼、行礼是人生最大的价值与意义所在。桑德尔认为，"独立"指主体与其所拥有的目的无关，也与其所拥有的其他东西无关。这是因为一般而言"目的"或直接或间接指向自身之外的其他事物，是在未来要变成现实的东西，这和主体现在所拥有的东西在本质上是一样的，只不过以潜在形式存在还尚未变现而已。所谓"独立"就是要坚守自己的价值原则而不为环境所浸染、所动摇、所改变。在这里，桑德尔已经开始接近道德主义。性格意味着主体与其他东西在精神风貌上的外在差别，其他东西的存在是必然的，也是主体不能改变的。性格意味着自我不为他物所改变，亦是"独立"之一种最普遍、最直接的表现。[①] 籍放手而获得，由舍弃而成就。穆伯二子这种"生乎由是，死乎由是"（《荀子·劝学》），"独立"不怠的价值追求不仅说明人们在对待生活和生命价值与意义上的丰富与圆满，更标志着生命本身的豁达与通透。

> 子曰："言有物而行有格也，是以生则不可夺志，死则不可夺名。故君子多闻，质而守之；多志，质而亲之；精知，略而行之。《君陈》曰：'出入自尔师虞，庶言同。'《诗》云：'淑人君子，其仪一也。'"吕氏大临曰：有物则无失实之言，有格则无逾矩之行，生有乎是，死有乎是，故志与名不可得而夺也。义重于生，舍生而取义，不义之名，君子所不受也。多闻，所闻欲博也。多志，多见

[①] 姚大志：《何为正义——当代西方政治哲学研究》，人民出版社2007年版，第232页。

而识之也。质，正也。不敢信己，质众人之所同，然后用之也。守之者，服膺弗失也。亲之者，学问不厌也。由多闻多识而得之，又当精思以求其至约而行之。略，约也。此皆义壹、行类之道也[①]。

这里的"志"标志着我们内在的目标追求与价值理想，"名"标志着我们对自己是否符合社会价值标准的内在期许或外在评价。目的标志着我们的内在价值指向，对不同目的的权选标志着我们最终的价值评判与价值取舍，这很自然地就把我们导向了主体之内的观念。从存在主义的视角来说，存在先于本体，但具体到人的道德选择，如果做一个极端的理解，则往往要"举世誉之而不加劝，举世非之而不加沮。定乎内外之分，辩乎荣辱之境"（《庄子·逍遥游》）。甚或"生则不可夺志，死则不可夺名"。——"亦予心之所善兮，虽九死其未悔"；"伏清白以死直兮，固前圣之所厚"（《离骚》）。也就是在"鱼与熊掌不可兼得"的时候，这种目标与期许往往要求人们"义重于生，舍生而取义，不义之名，君子所不受也"。出于义务论的理论视角，康德说，"意志与道德法则的完全切合是神圣的，是一种没有哪一个感觉世界的理性存在者在其此在的某一个时刻能够达到的完满性"[②]。在这里，我们看到儒家与康德相似的道德立场。

桑德尔说，"主体内的观念允许出于某种目的，对道德主体的适当描述可以指单个的、个体内部自我的多元性，只要我们按照多种互竞的认同来解释内在的慎思，或者按照已被关闭的自我认识来解释内省的各个阶段，或者当我们使某人在其宗教转变之前免于承担'他'坚持异端信念所应承担的责任时，都可以如此。按照内在主体的观念，在一个（先在个体化的、经验的）自我之内谈论多个自我，就不仅是隐喻式的，而且有时也具有本真的道德与实践意味"[③]。实际上，桑德尔所谓的主体之内可以理解为主体内在稳定的精神结构以及主体面临道德困境和道德冲突时赖以作出最终道德选择的价值背景和精神参照。客观地说，桑德尔

[①] （清）孙希旦：《礼记集解·卷五十二·缁衣第三十三》，中华书局1989年版，第1330页。

[②] [德]康德：《实践理性批判》，韩水法译，商务印书馆1999年版，第134页。

[③] [美]桑德尔：《自由主义与正义的局限》，译林出版社2001年版，第78页。

道出了现实社会中人们精神生活的正常状态：人一方面具有离不开世俗生活的感性有限性特征，一方面又具有超越感性存在的理性无限性追求。当然，桑德尔所谓的"个体内部自我的多元性"当包括"感性"与"理性"之二元分析范式之下的诸多细分因素，但此类诸多因素可被完全统摄进并纳入"感性""理性"之二元分析架构之中则是毫无疑问的。值得注意的是，这里的"多个自我"不仅是隐喻式的，而且具有"本真的道德与实践意味"。也就是说，这种"多个自我"不仅是一种思维抽象和分析范式，更对应着人类真实的生活样态，是由抽象到具体，由形上到形下的过渡环节，是人的自我认识、自我理解、自我判断与自我定位，其经典的理论表现形态就是人性论。

我们耳熟能详的是要培养正确的宇宙观、世界观、人生观、价值观。大多人认为宇宙观、世界观、人生观和价值观乃是平行的并列关系，而实际上，它们依次处于相互影响与相互决定的关系之中：大抵说来，一个人的宇宙观决定一个人的世界观，一个人的世界观决定他或她的人生观，而人生观又最终决定了他或她的价值观，也就是说，宇宙观、世界观、人生观、价值观在逻辑上展开为一种类似于发生论的序列和结构。用中国古代的范畴来说就是"天道观"决定"天命观"，"天命观"决定"人性论"。宇宙与自然无疑属于"非人力所能预也"的"天"的部分，"天命观"既包含着人对"非人力所能预也"的"天"的理解和认识，又内含着"人"与"天"之间的意义关联与价值判断，这就很自然地由"天命观"过渡到了"人性论"，对人性的理解又毫无疑问内在地决定着伦理教化观与社会政治观，这种思想脉络在后儒那里得到了更好的展开和深化。以对整个人类本质的形而上反思为基础，人对自身（主体之内）及人类（主体之间）的认识，最终指向人性论，代表人类生活的终极价值，是人的形而上追求。在这里，正当与善是理想地统一的（极高明）。作为人类的存在，人和人之间是完全无差别的、平等的，在高度的人类自我认同之下，是没有偶然性、任意性可言的。

以上所述为理解先秦思想之逻辑线索提供了一种参考，但抽象的形上把握当然不同于基于粗糙世俗生活的经验反思和表现为思维定式的内化于生命结构之中的经验推理。不但在后面两种理解中，而且人们思维的逻辑起点和实际用功之处也往往是从现实生活中的人性把握开始的，

第五章 道论——精神正义

然后通过不断的体悟和觉解认识天命甚至天道，把天命或天道作为行为导向的最终价值标准和理性推理的最高逻辑内核。"可欲之谓善，有诸己之谓信。充实之谓美，大而化之之谓圣，圣而不可知之谓神。"（《孟子·尽心下》）此时，天命观和天道观就内化①于自我之中，成为"个体内部自我的多元性"背后的意义导向和价值支撑而最后迈入完全自由的人生境界，这是一个由凡而圣的内圣过程。而且，内圣过程的阶段性标志反映着精神境界的层次性：一个人精神境界的高低就取决于在面临选择时他选择的标准是出于对人性的信任，是对历史的觉解，还是对天道的彻悟。但这样说并不必然意味着主体精神境界的提升一定循着从人性到天命到天道的固定顺序，实际上，这样的内圣的过程可以出现跳跃式的突飞猛进，这也就是所谓的顿悟。

康德说，"我们人格之中的人道对于我们自身必定是神圣的，因为它是道德法则的主体，从而是那些本身乃神圣的东西的主体，一般说来，正是出于这个缘故并且与此契合，某些东西才能够被称为神圣的"②。康德所谓的"人格中的人道"其实就是人类自我意义理解和自我价值定位表现于人格之中的内化因素，也就是人性。对任何一门伦理学而言，人性论都由于其为道德生活的逻辑基础而成为相应伦理学理论结构中的核心部分。但对于中国古代而言，人性论也经过了一个复杂的发展演变过程。

晏婴曰："凡有血气，皆有争心。"（《左传·昭公十年》）晏婴认为生物之间的互相争斗是一种自然事实，推而言之，人们之间必有争斗，这是对人的自然属性的一种原始论证。齐子尾言："富，人之所欲也。"（《左传·襄公二十八年》）"富"既是状态描述，也是社会评价。与晏婴相比，齐子尾则更进一步，由自然属性，推到了社会属性。但这种推论的基础还是人的生物属性，只不过在生物属性的基础上加入了一些社会内容。襄公曰："夫人性，陵上者也，不可盖也"。（《国语·周语中》）相较之下，襄公更深刻地论述到了人性，他认为人性不但是独立的、自由的，而且有着自然向善的天然属性，是不可被遮蔽和掩盖的。

---

① 这里的"内化"一词有特定的含义，参见"绪论"之"古今中外之贯通"部分。
② ［德］康德：《实践理性批判》，韩水法译，商务印书馆1999年版，第144页。

可以说，襄公排除了自然偶然性和社会任意性的干扰与影响，抽取出了人本质中恒定不变的内在结构。但现实生活中的人毕竟是处于自然与社会之间的一种特殊存在。所谓"过犹不及"，任何偏于一方的理解都是不完全的，就此而言，孔子"性相近，习相远也"的概括可谓折中其是，离道不远。"孔子虽然涉及了人性问题，但对人性问题谈得很少，在《论语》中有关善恶之辞虽然也多见，但其本身没有被反思，大多是作为评价君子小人行为的尺度，但并没有建立人性与善恶的直接联系。"① 但据王充记载，孔学后人密子贱、漆雕开等人则与周人世硕相似，都认为人性有善有恶。

> 周人世硕以为"人性有善有恶，举人之善性，养而致之则善长；[恶] 性，(恶) 养而致之则恶长"。如此，则 [情] 性各有阴阳，善恶在所养焉。故世子作养 [性] 书一篇。密子贱、漆雕开、公孙尼子之徒，亦论性情，与世子相出入，皆言性有善有恶。(《论衡·本性篇》)

在这里，世硕以直接肯定的形式提出了人性有善有恶的命题，认为人的行为的善恶与人性有关，并且强调了人性的能动方面，强调了'养'，并作了《养》书。战国中期告子提出了性无善无恶的命题："性犹湍水也，决诸东方则东流，决诸西方则西流。人性之无分于善不善也，犹水之无分于东西也。"(《孟子·告子上》)告子指出："生之为性"(《孟子·告子上》)，"食色，性也。"(《孟子·告子上》)在他看来，食色等性是人生而就有的，因而，无所谓善恶。性是自然的、生而具有的；善恶则是后天教化的结果。其实，告子所谓的人性只是人的自然属性而非社会属性。

针对告子提出的性无善恶论，孟子进行了激烈的反驳，提出了性善论。他们争论的基本点在于什么是人性。在告子那里，性是一种自然之性（食色，性也）。而孟子则认为，人生本来就有仁、义、礼、智四端，

---

① 王敬华：《道德选择研究——以价值论为视角》，中国社会科学出版社2008年版，第18—19页。

这是人天性所固有的，是人与动物的本质区别。人生最重要的事情就是保持并扩充仁、义、礼、智等"人之所以异于禽兽者"的品格。认为保持人格尊严比保全生命更重要。同时，孟子认为，仁、义、礼、智虽为天性，却仅仅是"善端"，这种"善端"需要弘扬才能光大，否则就会失去这种"善端"。"凡有四端于我者，知皆扩而充之矣，若火之始燃，泉之始达。苟能充之，足以保四海；苟不充之，不足以事父母。"（《孟子·公孙丑上》）在孟子看来，人生本来就是性善的，但人性中所具有的善端，还只是一种向善的可能性，只有通过后天的道德修养和道德选择，才能使先天的德性得以扩充，才能成为一个有德性的人。①

与孟子相反，荀子主张性恶论，他指出，孟子的性善论之所以是错误的，在于他不懂得"性"与"伪"的关系。他认为人天性是好利而多欲的，但"人之所以为人者"，在于明辨礼义。"'人之性恶，其善者伪也。''故圣人化性而起伪，伪起而生礼义，礼义生而制法度。'荀子从性恶出发提出道德教化和道德选择的重要性。在荀子看来，尽管人性是恶的，但只要'化性起伪'积善行德，'涂之人可以为禹'。"② 如果说告子是"正"，孟子是对告子的反动，是"反"的话，那么荀子就是"合"。

对于中国传统而言，人性论是内嵌于"天道性命"这一逻辑结构之中的。或者我们可以说，"天道性命"是中国伦理思想最为典型的逻辑表达方式。一方面，"天命之谓性"的表述方式本身就隐含着人性论与天命观的内在联系；另一方面，天命观所内含的历史逻辑也是人性论最深层次的价值支撑。"殷因于夏礼，所损益，可知也。周因于殷礼，所损益，可知也。其或继周者，虽百世，可知也。"（《论语·为政下》）孔子认为夏、商、周三代在礼的方面存在着因革损益关系，而且这种因革损益所遵循的原则是普遍的，放之四海而皆准，古往今来皆有效的。孙希旦在谈到祭法时亦云：

---

① 王敬华：《道德选择研究——以价值论为视角》，中国社会科学出版社2008年版，第18—19页。
② 王敬华：《道德选择研究——以价值论为视角》，中国社会科学出版社2008年版，第18—19页。

"舜受尧禅，其所祭者即尧之宗庙，盖受天下于人者之礼然也。《大禹谟》言'受命于神宗'，'神宗'即尧也。舜受天下于尧，故以天下传禹必告于尧，情理之所宜然也。禹为颛顼之后，而受天下于舜，夏后氏禘黄帝而祖颛顼，所因于尧、舜而无变者也；郊鲧而宗禹，盖其后世子孙之所为也。当禹之时，盖郊尧而宗舜耳。有虞氏祖颛顼，而以黄帝为所自出之帝，颛顼非黄帝子也，则禘之所祭，由始祖而上，推其有功德之帝而祭之，而不必祭始祖之父也。殷有三宗，独言'宗汤'者，据其功德犹盛者言之也。自殷以前，皆于始祖而外别推一帝以配天。周以后稷为始祖，即以后稷配天，此周礼所监于前代而精焉者也。"[①]

孙说固然有不少推测的成分，如"故以天下传禹必告于尧"，"盖后世子孙之所为也"等，然其说大致可信，也确实符合情理。这正说明先秦"儒学式的社会反思或者说儒学的精神历程的逻辑起点是前儒学社会的巫觋祭祀文化（夏商时期）及其中引发的礼乐文化（西周时期），而儒学精神思考的直接母题是西周礼乐文化"[②]。这种精神反思的时代背景一方面是由"礼崩乐坏"所呈现的西周礼乐文明的衰亡和由此而引发的社会秩序的极度混乱和社会行为的普遍失范，另一方面是"天子失官，学在四夷"所导致的社会精英群体的漂泊流离与文化精神系统的分崩离析。"乌云压城城欲摧"，"山雨欲来风满楼"，社会危机与文化危机相为表里，彼此借力，推波助澜，使当时的知识分子陷入深深的文化焦虑与哲学忧思之中。孔子一方面追慕西周的发达礼乐文明，"周监于二代，郁郁乎文哉！吾从周"（《论语·八佾下》），一方面又要面对"八佾舞于庭，是可忍也，孰不可忍也？"（《论语·八佾上》）"人而不仁，如礼何？人而不仁，如乐何？"（《论语·八佾上》）的社会现实。黑格尔说"密纳瓦的猫头鹰要等黄昏到来，才会起飞"。在这里黑格尔是用黄昏起飞的猫头鹰比喻哲学反思的理论特质，在西周文明夜幕降临之际，极富历史使命感的孔子当然要对西周礼乐文明作出全面而深刻的反思，而这

[①]（清）孙希旦：《礼记集解·卷四十五·祭法第二十三》，中华书局1989年版，第1193页。

[②] 陈劲松：《儒学社会通论》，中国人民大学出版社2007年版，第92页。

种反思不可避免地要建立在当时文化传统资源对孔子的滋养之上。

> 夏道尊命，事鬼敬神而远之，近人而忠焉，先禄而后威，先赏而后罚，亲而不尊。其民之敝，惷而愚，乔而野，朴而不文。殷人尊神，率民以事神，先鬼而后礼，先罚而后赏，尊而不亲。其民之敝，荡而不静，胜而无耻。周人尊礼尚施，事鬼敬神而远之，近人而忠焉，其赏罚用爵列，亲而不尊，其民之敝，利而巧，文而不惭，贼而蔽。（《礼记·表记》）

《礼记·表记》的相关表述基本概括了夏商周三代不同的文化样态和精神气质。社会存在决定社会意识。这里首先谈到了鬼神，众所周知，按照古代的观念，人死后皆可为鬼，也就是说鬼像人一样具有个体性。相反，按照古人的理解，尽管神也像鬼一样存在于另外一个神秘的世界中，但与鬼相比神毕竟只是少数且具有特别的创造、整合、治理与人世相对应的天国世界的功能，也就是说神更具有集合性和共体性。"夏道尊命，事鬼敬神而远之"说明夏代时的公共领域不甚发达，就文化生活而言人们更多的是把注意力放在私人领域的"侍鬼"上，对更具公共性的"神"则敬而远之，这里的"命"更多是指人的自然生命而非政治或社会命运。夏代之初政治领袖由社会推选产生，政治尚未对社会进行宰制与塑造，社会更像是一个自由人的结合体。"近人而忠焉，先禄而后威，先赏而后罚，亲而不尊"说明夏时社会分层并不明显，人性质朴少文。大禹治水十多载，公而忘私，三过家门而不入。这也造成夏人在考虑社会治理时更注重从积极意义上用"禄"和"赏"激发人性中好的方面而不是从消极意义上用"威"和"罚"来抑制人性中不好的方面。故而，夏文华中洋溢着一种质朴乐观的精神，桀哑笑曰："天之有日，犹吾之有民也，日有亡哉？日亡吾亦亡矣。"[1] 直到最后夏桀认为天命只在他一人身上，除他之外，任何人想改变天命都是绝对不可能的。殷人"先鬼"是对夏文化的继承；"殷人尊神，率民以侍神"，其对集合性、

---

[1] 参见电子版《文渊阁四库全书·尚书大传·卷二·商书·汤誓传》，迪志文化出版有限公司2001年版，第15页。

共体性对象的尊崇与关注是对"夏道尊命，事鬼敬神而远之"的反动，这一方面从一个侧面说明了公共领域的发展，另一方面也说明了社会组织化程度的提高。随着社会组织化程度的提高，社会也变得越来越复杂，单单依靠人们质朴的情感或鬼神信仰来治理社会就远远不够了，"礼"作为社会治理的理性手段也就应运而生。就《礼记·表记》的表述而言，这时的"礼"尚未系统化。"先罚而后赏"说明在社会治理上更注重抑制恶而不是鼓励善，"尊而不亲"说明政治等级统摄覆盖血缘情感。质言之，商代政治开始宰制和塑造社会，社会出现分层，在进行社会治理时更注重从消极意义上用"罚"来抑制人性中不好的方面而不是从积极意义上用"赏"来激发人性中好的方面。颇为吊诡的是，这非但没有抑制住人性中的恶反而使恶冒着国家之名大行其道。故而，商代不仅有炮烙之刑，更有刳妇剔子、剖腹截胫等种种惨绝刻毒之事。"周人尊礼尚施，事鬼敬神而远之，近人而忠焉，其赏罚用爵列，亲而不尊"，周人一方面尊重商对"礼"的创制又使"礼"理性化、系统化，另一方面又在某种程度上恢复夏人"尚施""事鬼敬神而远之""近人而忠焉"的人文主义传统。根据社会分层和组织化程度"赏罚用爵列"，把"礼"转化为社会治理的有效工具和最后标准与终极法则，按照固定程式和固定标准同时从积极意义上的"赏"和消极意义上的"罚"两个方面进行治理。尤其需要注意的是"赏罚用爵列"而不是用刑罚，这是儒家礼治与法家以严刑峻法治理国家的重大区别。单就整体文化气质而言，商文化是对夏文化的反动。如果勉强说夏文化为"正"，商文化为"反"的话，那么周文化就是"合"，是在扬弃商文化基础上向夏文化的一种更高意义层级上的回复。夏商周三代文化就其社会效应而言各有利弊，概而言之，夏"憃"、"愚"、"乔"、"野"，"朴而不文"，商"荡而不静，胜而无耻"，周"利"、"巧"、"贼"、"蔽"，"文而不惭"。那么，这种文化递嬗相承的真正历史动力又是在哪里呢？

  王曰："……有夏多罪，天命殛之。今尔有众，汝曰：'我后不恤我众，舍我穑事而割正夏？'予惟闻汝众言，夏氏有罪，予畏上帝，不敢不正……有众率怠弗协，曰：'时日曷丧？予及汝皆亡。'夏德若兹，今朕必往。尔尚辅予一人，致天之罚，予其大赉汝！"

(《尚书·商书·汤誓》)

商汤讨伐夏桀的主要罪名是其不务正业不恤民情,商汤对夏桀的讨伐是"上帝"命令商汤对夏桀进行的。而武王讨伐殷纣则是武王近于主动的"奉天伐罪",《泰誓》《牧誓》也主要是声讨纣王的失德和暴虐:

> 王曰:"……今商王受,弗敬上天,降灾下民。沈湎冒色,敢行暴虐,罪人以族,官人以世,惟宫室、台榭、陂池、侈服,以残害于尔万姓。焚炙忠良,刳剔孕妇。皇天震怒,命我文考,肃将天威,大勋未集……商罪贯盈,天命诛之……以尔有众,厎天之罚。天矜于民,民之所欲,天必从之……"(《尚书·周书·泰誓上》)

这里的受指的就是商纣王帝辛。武王姬发讨伐他的理由就是商纣王沉湎酒色,骄奢淫逸,大兴土木,劳民伤财,惨无人道,荼毒天下,"弗敬上天,降灾下民,沈湎冒色,敢行暴虐",甚至"焚炙忠良,刳剔孕妇"。以至于"皇天震怒","命我文考"即周文王"肃将天威"来替天行道,讨伐纣王。

> 王乃徇师而誓曰:"……今商王受,力行无度,播弃犁老,昵比罪人。淫酗肆虐,臣下化之,朋家作仇,胁权相灭。无辜吁天,秽德彰闻。惟天惠民,惟辟奉天。……惟受罪浮于桀。剥丧元良,贼虐谏辅。谓己有天命,谓敬不足行,谓祭无益,谓暴无伤。厥监惟不远,在彼夏王。天其以予乂民,朕梦协朕卜,袭于休祥,戎商必克……"(《尚书·周书·泰誓中》)

这里是说商纣王帝辛好大喜功,疏远贵族元老以至于众叛亲离。

> 王曰:"……今商王受,狎侮五常,荒怠弗敬。自绝于天,结怨于民。斫朝涉之胫,剖贤人之心,作威杀戮,毒痡四海。崇信奸回,放黜师保,屏弃典刑,囚奴正士,郊社不修,宗庙不享,作奇技淫巧以悦妇人。上帝弗顺,祝降时丧。尔其孜孜,奉予一人,恭行天

罚……"(《尚书·泰誓下》)

  王曰:"古人有言曰:'牝鸡无晨;牝鸡之晨,惟家之索。'今商王受惟妇言是用,昏弃厥肆祀弗答,昏弃厥遗王父母弟不迪,乃惟四方之多罪逋逃,是崇是长,是信是使,是以为大夫卿士。俾暴虐于百姓,以奸宄于商邑。今予发惟恭行天之罚。"(《尚书·周书·牧誓》)

  从以上几篇誓文明显可以看出上天意志的逐渐淡化和对人事道德的充分重视,至少在周公看来决定天命归属的是道德而不是上帝的意志:

  "皇天无亲,惟德是辅。民心无常,惟惠之怀。为善不同,同归于治;为恶不同,同归于乱。尔其戒哉!慎厥初,惟厥终,终以不困;不惟厥终,终以困穷。懋乃攸绩,睦乃四邻,以蕃王室,以和兄弟,康济小民。"(《尚书·周书·蔡仲之命》)[①]

  质言之,"尊礼尚施"的周代替"率民事神"的商无疑是历史地表明人的道德努力最终战胜了上天鬼神的意志。这时的天命思想也就有了新的内涵,而不再是"天命玄鸟,降而生商"[②]的那个天命了。"皇天上帝,该厥元子,兹大国殷之命,惟天受命。"(《尚书·周书·召诰》)这就是说,周王代替殷王是上天的安排,这首先就将周王与天命结合起来。其次,周初,商朝初期宗教传统还十分强大,鬼神信仰根深蒂固,周朝统治者害怕自己的统治基础被高度发达的殷文化同化,进行了对宗教的全面改造。"生则逸,不知稼穑之艰难,不闻小人之劳,惟耽乐之从。"(《尚书·周书·无逸》)周王依靠的不是神秘的"天",而是靠武王的

[①] 此篇今文无,古文有,近世疑为东晋晚出。大致而言,明清以降的疑古思潮是唐宋时期疑经运动的继续和发展,对《古文尚书》真伪的争论也是由来已久,而终经阎若璩《尚书古文疏证》而被定案为伪书。毛奇龄《古文尚书冤词》就力辩其真,今人张岩《审核〈古文尚书〉案》亦辩之甚详。

[②] 雒江生:《诗经通诂·商颂·玄鸟》,三秦出版社,1998年版,第901页。值得注意的是,这里出现了"天命"二字,但这里的"天命"是主谓结构,意思是"上天命令","天"是动作"命"的施动者,"天命玄鸟,降而生商"的"天命"亦属此类。孔子所说的"天命"则是偏正结构,意思是"上天(所赋予的)命数","天"是"命"的修饰成分。

第五章 道论——精神正义

德将"天命"延续下去。这就将周王上升到天子的地位。新政治神话比旧政治神话更富于人伦色彩,易于容纳社会活动与历史事变的因果关系和道德伦理内容,也更富于对历史事变的解释力。

> 昔桀纣乱天下,脯鬼侯以飨诸侯,是以周公相武王以伐纣。武王崩,成王幼弱,周公践天子位,以治天下。六年,朝诸侯于明堂,制礼作乐,颁度量,而天下大服。七年,致政于成王。(《礼记·明堂位》)

"甚矣吾衰也!久矣吾不复梦见周公!"(《论语·述而上》)周公"一年救乱,二年伐殷,三年践奄,四年建侯卫,五年营成周,六年制礼作乐,七年致政成王"(《尚书大传》),是西周制度文明的主要奠基者,也是西周德性政治的主要代表之一,所以才成为孔子终生追慕和学习的对象。尽管陈来先生认为"西周时代的天命论,总体上说,仍然是一种神意论,而不是后来发展的自然命定论或宇宙命运论,仍然披着皇天上帝的神性外衣"[1],可他又认为,"但也不可否认,其中已缓慢地向一种秩序和命运的思想发展。秩序的观念逐步凝结为'天道'的观念,而命运的观念则仍依旧存于'天命'观念之下来发展"[2]。继后,在其《古代思想文化的世界——春秋时代的宗教、伦理与社会思想》一书中,陈来先生最后总结道,"西周的'天命'主要是一种麦克斯·缪勒所谓'历史的上帝',即天命是个人、民族、国家之命运的主宰,而不是自然之神。同时,西周的天命观念中蕴含了一种'道德的秩序'"[3]。就历史逻辑而言,这里的"个人"不可能笼统指称社会上的任何普通个体,而只能是指对社会政治发展或历史文化承继有突出贡献的人,对此金太军、王庆五之《中国传统政治文化新论》有着较为详细的分疏:

---

[1] 陈来:《古代宗教与伦理——儒家思想根源》之第五章"天命",生活·读书·新知三联书店1996年版,第194页。
[2] 陈来:《古代宗教与伦理——儒家思想根源》之第五章"天命",生活·读书·新知三联书店1996年版,第194页。
[3] 陈来:《古代思想文化的世界——春秋时代的宗教、伦理与社会思想》,生活·读书·新知三联书店2009年版,第84页。

"从根本上看，支配着中国历史神话的基本精神，是对远古神祇——近古帝王身上'德'的尊崇。活跃在这种崇德气氛中的是一些富于伦理色彩对文明有重大贡献的文化超人。相反，有力地征服自然的超人反而居于不显著地位。中国上古各种文献所记载的文化成就，无论是艺术的，如《诗经》《楚辞》；历史的，如《春秋》及"三传"；思想的，如诸子百家；哲学的，如《老子》《庄子》《易经》；还是神话的，如《山海经》等，无不打上侧重伦理、注重社会功用的印记，对社会政治和公共事务的深刻关切超过了对发展个性的要求和对人生问题的哲理思索。把个性与个人的遭遇配置在社会整体秩序和伦理关系之中，有助于强化社会一致性的天命观念，它任命或暗示这个圣人或那个贤人成为天下伦理的表率、贤明政治的象征，使之完成世俗的超越性使命。因此，几千年形成了不可更改的天命观。首先，人人都有自己的命运，而只有一人才能享有天命。它反映出一个多样化的社会现实和文化心理状态，而至高无上的天命观则产生单一的、集权的、现实的和'普天之下，莫非王土，率土之滨，莫非王臣'的文化心理。其次，命运生而注定，天命则依靠人的道德才能有所移易。所以，难以用科学的、哲理的思考去解释天命，只能偏重对相对稳定的群体关系进行伦理思索。"①

首先，金太军、王庆五关于德性"对社会政治和公共事务的深刻关切超过了对发展个性的要求和对人生问题的哲理思索"的认识与陈来先生"早期德性人格的观念，是首先在政治领域作为对社会管理者的要求提出来的，任何普遍性的东西总是要通过特殊的具体的路径来表现，尤其在开始生长的阶段"② 这一论断是一致的；其次，在西周宗教神学笼罩之下，"人人都有自己的命运，而只有一人才能享有天命"的说法也十分深刻。

张岂之先生说，"明确地谈到天的意志的话，在《论语》中并不多

---

① 金太军、王庆五：《中国传统政治文化新论》，社会科学文献出版社2006年版，第49—50页。
② 陈来：《古代宗教与伦理——儒家思想的根源》，生活·读书·新知三联书店1996年版，第325页。

见。同时，孔子谈天的言论与《尚书》中的有关言论有一重大区别：《尚书》中谈天差不多总是与王朝的兴亡联系在一起，而孔子谈天差不多总是与个人命运联系在一起，孔子给天命赋予的主要是个人命运的含义[①]。如果说周公把"天命"由宗教神学概念转化为一个伦理政治概念的话，孔子的"天命"思想则更富于人文色彩，甚至成了影响和决定人性内涵的潜在基因。因为，在殷商时代，"天命"属于神圣领域，普通人是不能探究，也是不能随便谈及的。而在周公那里，这种神圣性就有了某种松动。因为，尽管一般而言只有在位的王者才有资格谈"天命"，但"天命"却可以随着在位者的道德高低而转移。也就是说，周公把天命做了一个政治与历史性的转化而孔子又把天命作了一个文化与社会性的推延——那就是一般人也有"天命"，而他自己就是一个超凡入圣的典型。[②] 大致说来，在孔子那里，"天命"大致有认识论、伦理学与超越的审美三重密不可分的意涵：所谓认识论意涵是说"天命"以知"道"或认识"天机"为前提，庄子说"其嗜欲深者，其天机浅"，不识天机者也没有资格谈"天命"。[③] 在这种意义上的"天命"近乎一种在洞悉社会发展规律和人类演进趋向基础之上而产生的对于历史使命感和文化责任感的高度自觉，这样的认识论又是把不懈地实践作为逻辑前提包含在其中的。正像张岱年先生所说，"是客观环境对于主观努力的最后限制，是尽人事之后才能了解的"[④]，而张岱年先生所说的"尽人事"就是"力行近乎仁"的"力行"。伦理学意涵是说，这种"天命"是指向为善的，而不可能是行恶的。考诸"皇天无亲，惟德是辅"（《尚书·周书·蔡仲之命》）、"天命有德，五服五章哉。天讨有罪，五刑五用哉"（《尚书·虞书·皋陶谟》）、"天其申命用休"（《尚书·虞书·益稷》）、"天监厥

[①] 张岂之：《中国思想史》，西北大学出版社1993年版，第22—23页。
[②] 程树德：《论语集释·卷十七·子罕上》，中华书局1990年版，第579—583页。太宰问于子贡曰："夫子圣者与？何其多能也？"子贡曰："固天纵之将圣，又多能也。"子闻之，曰："太宰知我乎！吾少也贱，故多能鄙事。君子多乎哉？不多也！"
[③] 除朱子一脉外，中国传统哲学上的认识论鲜有西方知性探究的意味，而更多是对于天道、人道、人心、人性、人生等的近于直观的体察和感悟，这种体察和感悟程度的高低不可避免地和认识者个人的精神境界相关联。因此，中国古代的认识论更具有工夫论和境界论的理论意味。
[④] 张岱年：《思想·文化·道德》，巴蜀书社1992年版，第292页。

德"(《尚书·商书·太甲》)、"有夏多罪,天命殛之"、"致天之罚"(《尚书·商书·汤誓》)、"天道福善祸淫"、"上天孚佑下民,罪人弗僭"(《尚书·商书·汤诰》)、"非天私我有商,惟天佑于一德"(《尚书·商书·咸有一德》)、"天亦哀于四方民"(《尚书·周书·召诰》)、"今天其相民"、"天閟毖我成功所……天亦惟用勤毖我民"(《尚书·周书·大诰》)、"惟天阴骘下民"(《尚书·周书·洪范》)可知,"天命"这一说法本身就蕴含着扬善抑恶的价值判断在其中。所谓超越的审美是说这种"天命"观具有一种居高临下、高屋建瓴的[①]近似于宗教性信仰的神圣美感,是超越世俗但又不属于宗教意义上的,也就是与宗教外在的超越性不一样。质言之,"天命"本身就涵盖了一种内在的超越性[②]在其中,这种内在的超越性主要体现在"敬鬼神而远之"的文化态度、"天生德与予,桓魋其如予何!"的人生自信以及道德生活本身就直接具有终极价值的坚定文化信仰上。与孔子天命观相为表里的是德性内涵的拓展与延伸:这时的德性已超越"在政治领域作为对社会管理者的要求"或"对社会政治和公共事务的深刻关切"的政治伦理局限而走向"对发展个性的要求和对人生问题的哲理思索"的社会道德拷问与历史文化反思。

---

① 程树德:《论语集释·卷三·为政上》,中华书局1990年版,第70—78页。子曰:"吾十有五而志于学,三十而立,四十不惑,五十而知天命,六十而耳顺,七十而从心所欲,不逾矩。"是说"知天命"后就可以"极高明而道中庸",也就是获得对于社会人生、历史文化高度的觉解以及由此而来的高度的精神生活和社会行动自由。在能否知"天命"或"天道"上,王夫之在《周易内传发例·十九》作了清晰而明确的表述:"若夫学《易》者,尽人之事也。尽人而求合乎天德,则在天者即为理。天下无穷之变,阴阳杂用之机,察乎至小、至险、至逆,而皆天道之所必察。苟精其义、穷其理,但为一阴一阳所继而成象者,君子无不可用之以静存动察、修己治人、拨乱反正之道……故乾大矣而但法其行,坤至矣而但效其势,分审于六十四象之性情以求其功效,乃以精义入神,而随时处中,天无不可学,物无不可用,事无不可为,由是以上达,则圣人'耳顺''从心'之德也……圣人之集大成,以时中而参天地,无过之尽者也,圣学之无所择而皆固执者,非但为筮者言也。"在最后他特意说明自己是就《周易》而言圣学——"非但为筮者言也。"

② "内在超越"这一概念虽然在20世纪50年代初期由唐君毅、牟宗三等人提出,而真正流行却是在30年后。新儒家对此的标准说法是:"天道一方面是超越的(Transcendent),另一方面又是内在的(Immanent与Transcendent是相反字)。天道既超越又内在,此时可谓兼具宗教与道德的意味,宗教重超越义,而道德重内在义。"参见牟宗三《中国哲学的特质》,台湾学生书局1974年版,第30—31页。今人彭国翔之《儒家传统——宗教与人文主义之间》对此问题亦有全面而深入透彻的讨论。

第五章 道论——精神正义

子产曰:"天道远,人道迩,非所及也,何以知之?"(《左传·昭公十八年》)庄子亦云:"六合之外,圣人存而不论。"(《庄子·齐物论》)中国古人向来不赞成对于"天"的知性探究。这是因为人们对自然的态度,主要采取顺从、敬畏、恐惧的消极立场,极少产生"制天命而用之,从天命而化之"的积极冲动。因此,代表自然力量的"天"自然成为震慑人心、约束人们行为、整合社会秩序、赏善罚恶的最后、也是最高的裁决者。"君子有三畏:畏天命,畏大人,畏圣人之言。小人不知天命而不畏也,狎大人,侮圣人之言。"(《论语·季氏》)当自然之"天"落实到人间社会,它必然被赋予人格化的特色,"天"成为人们的道德要求的象征。当"天"并非只是外在的权威,而要为人心内在的道德判决做主时,实际上,自然也就成了敦促人们将道德问题改造成纯粹内在的问题。[①] "夫子之文章,可得而闻也;夫子之言性与天道,不可得而闻也。"(《论语·公冶长》)"子罕言利与命与仁。"(《论语·子罕》)此时,对于"天"的知性探究既无必要,也无可能,人所要做的就是放弃对"天"的知性探究,从加强自身道德修养这条通道上不断体认以至于实现自己的天命。

"天命思想正是早期中国文化得以发展出独特形态的重要基础。由此才导致神格的淡化,逐渐发展起天数、天道的哲学观念"[②];而"文化的进步不仅体现为抽象思维的提高,更重要体现为价值伦理的贞定"[③],这种价值伦理的贞定表现为对道德生活决定人生归宿的坚定信仰,这种道德理想主义信仰在孔子身上表现得尤为突出:子曰:"天生德于予,桓魋其如予何!"(《论语·述而》)子畏于匡,曰:"文王既没,文不在兹乎?天之将丧斯文也,后死者不得与于斯文也;天之未丧斯文也,匡人其如予何?"(《论语·子罕》)他的这种信仰也深深影响了他的学生——司马牛忧曰:"人皆有兄弟,我独亡!"子夏曰:"商闻之矣,死生有命,富贵在天。君子敬而无失,与人恭而有礼。四海之内皆兄弟也,君子何

[①] 参见任剑涛《道德理想主义与伦理中心主义》,东方出版社2003年版,第70页。
[②] 陈来:《古代宗教与伦理——儒家思想的根源》,生活·读书·新知三联书店1996年版,第87页。
[③] 陈来:《古代宗教与伦理——儒家思想的根源》,生活·读书·新知三联书店1996年版,第87页。

患乎无兄弟也?"(《论语·颜渊上》)这种天命思想标志着自我的觉醒,自我的觉醒说到底也就是人的觉醒,而人的觉醒及其对自我价值的肯定正是文化发展历程中人文主义转向的重要标志。

周礼本身首先是封建宗法的政治建构,其次才是与封建宗法相应的礼仪规范。孔子说,"非礼勿视,非礼勿听,非礼勿言,非礼勿动",又说"克己复礼为仁。一日克己复礼,天下归仁焉。为仁由己,而由人乎哉?"(《论语·颜渊》)也就是说对于孔子而言,礼主要是主体通过对自己欲望的约束与克制使之符合于社会规范的种种要求。如此一来,从周公到孔子,礼就从外在的制度设计变成了一种内向的文化约束。对孔子而言,"郁郁乎文哉,吾从周!"也说明他对西周的企慕主要是基于社会文化的,而不是社会政治的。尽管就其自身而言孔子所理解的"天命"主要限定于社会文化的传承,但孔子的"天命观"实际上从精神气质和历史逻辑两方面同时解构了他所称羡和追慕的西周礼乐文明以贵族为核心和主导的社会政治文化模式,揭开了文化精英参与社会政治的历史先声,甚至潜在地开启了平民通过努力最终参与社会政治的文化通道。尽管从理论上来说人人平等,但由于先天禀赋、家庭环境、机会运气等自然偶然性和社会任意性因素的影响,人一出生便被放置于不平等的起跑线上,教育公平是弥补和纠正这种不平等最重要的途径和手段。那么,孔子又是如何看待教育的呢?

子曰:"有教无类。"(《论语·卫灵公》)马融曰:"言人在见教,无有种类。"梁黄侃疏:"子曰有教无类。人乃有贵贱,同宜资教,不可以其种类庶鄙而不教之也。教之则善,本无类也。"① 宋邢昺疏:"类谓种类,言人所在见教,无有贵贱种类也。"② 钱穆说:"人有差别,如贵贱、贫富、智愚、善恶之类。唯就教育而言,则当因地因材,披而进之,感而化之,作而成之,不复有类。孔门富如冉有、子贡,贫如颜渊、原思,孟懿子为鲁之贵族,子路为卞之野人,曾参之鲁、高柴之愚,皆为高第弟子,故东郭惠子有'夫子之门何其杂'之疑。"③ 诸家的解释都突出孔子在受教育问题上的社会公正思想。"无类"就是不分种类,不

---

① 《论语集解义疏》卷八,四库全书本。
② 《论语注疏》卷十五,十三经注疏整理本,北京大学出版社2000年版,第248页。
③ 钱穆:《论语新解》,生活·读书·新知三联书店2002年版,第423页。

考虑人的贵贱、贫富、智愚、善恶等各种差别,都应该享有受教育的权利。① 就此而言,如果说孔子是保守主义者,那么他也只是文化保守主义者,因为他主张继承文化传统,主张用文化对人的思想和行为进行限制与约束。在政治思想与意识形态方面,虽然不那么直截了当,但孔子实际上是激进的,乃至是革命的——"有教无类"所内涵的人格平等思想本身就宣告了专制文化和独裁政治的终结,而这才是他被后世称为"素王"的真正原因之所在,这种间接的潜在的革命思想得到了孟子进一步的继承和发扬。

> 齐宣王问曰:"汤放桀,武王伐纣,有诸?"孟子对曰:"于传有之。"曰:"臣弑其君可乎?"曰:"贼仁者谓之贼,贼义者谓之残,残贼之人谓之一夫。闻诛一夫纣矣,未闻弑君也。"贼,害也。残,伤也。害仁者,凶暴淫虐,灭绝天理,故谓之贼。害义者,颠倒错乱,伤败彝伦,故谓之残。一夫,言众叛亲离,不复以为君也。书曰:"独夫纣。"盖四海归之,则为天子;天下叛之,则为独夫。所以深警齐王,垂戒后世也。②

孔子的天命思想主要体现在教育和文化方面,更偏重于社会改良,其对社会的影响是缓慢的、潜在的。孟子的革命思想直接指向政治合法性,更富于革命色彩,其对社会的影响是直接的、激进的。③ 在孟子看来,政治合法性是否存在的根据在于是"四海归之",还是"天下叛之"。一个人即使高居君位,但如果他是"残贼之人""凶暴淫虐,灭绝天理""颠倒错乱,伤败彝伦"而导致"天下叛之"的话,他就丧失了君位的合法性而沦为人人得以诛之的独夫民贼。孟子政治革命的逻辑支点固然是民本思想,但一个普遍的趋势是,这种激进的社会政治革命思想不断内卷,乃至内化为社会文化上的道德要求,这在很大程度上削弱了其激

---

① 李振宏:《先秦时期"社会公正"思想探析》,《广东社会科学》2005年第6期。
② (南宋)朱熹:《四书章句集注·孟子集注·卷二·梁惠王章句下》,中华书局1983年版,第221页。
③ 从历史经验来看,在统治秩序比较稳定的时候,自上而下的社会改良即改革比较容易成功,而在统治秩序不稳定尤其是危机四伏面临崩溃的时候,自下而上的革命则比较容易成功。

进的革命性，而且更为遗憾的是，革命思想逐渐被道德要求所取代：

> 有天爵者，有人爵者。仁义忠信，乐善不倦，此天爵也；公卿大夫，此人爵也。古之人修其天爵，而人爵从之。今之人修其天爵，以要人爵；既得人爵，而弃其天爵，则惑之甚者也，终亦必亡而已矣。（《孟子·告子上》）

"天爵以道德境界为内容，人爵则涉及现实政治法律制度中的社会身份、社会等级。在孟子看来，社会成员不仅是法制关系中的人，而且也是道德关系中的人；人爵所代表的社会等级或发展关系中的存在形态，应当以天爵所体现的道德存在方式加以引导和制约。"① 人人生而平等，人与人之间社会身份与社会地位的平等应当求之于实际的社会生活，而不应仅仅求之于精神生活或心理认知。尽管孟子并不是要用属于内在善的"天爵"来排斥属于外在善的"人爵"，但他"古之人修其天爵，而人爵从之"的说法还是有让人从对现实社会正义的主动追求退回到精神自慰的某种嫌疑。荀子的"势荣、义荣，势辱、义辱"思想也体现了这种趋势：

> 荣辱之大分，安危利害之常体：先义而后利者荣，先利而后义者辱；荣者常通，辱者常穷；通者常制人，穷者常制于人：是荣辱之大分也。材悫者常安利，荡悍者常危害；安利者常乐易，危害者常忧险；乐易者常寿长，忧险者常夭折：是安危利害之常体也。（《荀子·荣辱篇》）
>
> 是有两端矣。有义荣者，有势荣者，有义辱者，有势辱者。志意修，德行厚，智虑明，是荣之由中出者也，夫是之谓义荣。爵列尊，贡禄厚，形势胜，上为天子诸侯，下为卿相大夫，是荣之从外至者，夫是之谓势荣。流淫污漫，犯分乱理，骄暴贪利，是辱之由中出者，夫是之谓义辱。詈侮捽搏，捶笞膑脚，斩断枯磔，藉靡舌

---

① 杨国荣：《儒家政治哲学的多重面向——以孟子为中心的思考》，《浙江学刊》2002年第5期。

第五章 道论——精神正义

缍,是辱之由外至者也,夫是之谓势辱。是荣辱之两端也。

故君子可以有势辱,而不可以有义辱;小人可以有势荣,而不可以有义荣。有势辱无害为尧,有势荣无害为桀。义荣势荣,唯君子然后兼有之;义辱势辱,唯小人然后兼有之。是荣辱之分也。圣王以为法,士大夫以为道,官人以为守,百姓以成俗,万世不能易也。(《荀子·正论篇》)

与孟子的"天爵"与"人爵"二元对立思想相比,荀子"势""义""荣""辱"四维组合思想更辩证更严谨,也更为丰富。在这里,"势"是外在的,指现实生活中的社会地位,"势荣"也就是孟子说的"人爵"。"义"是内在的,指精神生活中的道德素养,"义荣"也就是孟子说的"天爵"。顾名思义,会意字"荣"有草木繁盛,欣欣向荣之貌。《说文解字》:"辱,耻也。从寸在辰下。失耕时,于封疆上戮之也。辰者,农之时也。故房星为辰,田候也。"质言之,"荣"有广大、丰富、众多、高上之意,"辱"则有狭小、贫乏、稀少、低下之意。"势""义"为主词,"荣""辱"为谓词,主谓排列之的组合结果只有四种:"义荣","势荣";"义荣","势辱";"义辱","势荣";"义辱","势辱"。虽然做人的理想境界是追求"义荣势荣"兼而有之的君子而避免成为"义辱势辱"的小人,但荀子首重的还是"志意修,德行厚,智虑明,是荣之由中出者也,夫是之谓义荣"的"义荣",其次才推重"爵列尊,贡禄厚,形势胜,上为天子诸侯,下为卿相大夫,是荣之从外至者,夫是之谓势荣"的"势荣"。荀子尤为贬抑的是"流淫污漫,犯分乱理,骄暴贪利,是辱之由中出者,夫是之谓义辱"的"义辱",其次才是"詈侮捽搏,捶笞膑脚,斩断枯磔,藉靡舌缍,是辱之由外至者也,夫是之谓势辱"的"势辱"。这体现了荀子和孟子一样重道德素养而轻社会地位的价值取向[①],这种倾向固然有助于个人道德境界的提升,但

---

① 在孟子那里,"天爵"与"人爵"之间存在的是天然的对立与紧张,二者非此即彼,是不相容的。在荀子那里,"义荣"与"势荣"之间则没有对立与紧张,是完全可以兼容的。如果不能兼而有之,退而求其次,可以以"义荣"为主导选择"义荣、势辱"而决不能以"义辱"为主导选择"义辱、势荣"或"义辱、势辱"。由此可知,荀子虽然和孟子一样秉持道德理想主义态度,但与孟子"天爵人爵"思想相比,荀子"义荣势荣"思想中多多少少包含一些功利主义的理论成分。

在客观上可能会放松对社会现实的理论反思和武器批判。①

　　孟子的"天爵""人爵",荀子的"势""义""荣""辱""安危利害"都关涉到人自身价值在社会中能否实现以及以什么样的方式实现的问题,也就是所谓的"命运"问题。鲁迅先生有言,"命运不是中国人的事前的指导,乃是事后的一种不费心思的解释"②。也就是说,对于中国人而言,"命运观"或"天命观"是内嵌于中国人思维习惯或行为结构之中的。所谓"命运"或"天命"实际上是人类以社会或整个宇宙为背景对自身存在价值与意义的反思和追问,通俗地说,"命运"和"天命"尽管都是拿上天来说人事,但实际指向的最终对象却是人类自身。相较而言,所谓"天道"虽然也有相似的意涵,也内含着人类的价值判断于其中,但对于"天道性命"的认识结构而言,"天道论"则更多地指向宇宙本身的演化规律和价值逻辑。作为"天道性命"这一理论范式的价值预设和理论背景,"天道论"决定了"天命观"的理论性质和具体形式,无疑处于更为基础性的地位。

　　陈来先生认为,"春秋时代'天道'观念的发展,来自两条线索,一是人文主义,一是自然主义。人文主义的发展体现为对天的道德秩序的意义的重视,而自然主义的发展则是向自然法则的意义延伸"③。嗣后,陈来先生又把春秋时代的天道观念归结为"天道三义":第一种是宗教命运式的理解;第二种是继承了周书中道德之天的用法;第三种是自然主义理解。由于论题的需要,在此,我们以人文主义的天道观念即"天道三义"之第二种作为讨论的重点并力图寻找其发生的根源和路径,在此种意义上,天道乃是自然法则、历史逻辑与价值理想的完美结合。

　　陈来先生指出,"价值性的、人文性的'天'在西周政治文化中已经开始发展,自然主义的'天'则在春秋时代的天文和星象学中渐进转出"④。《国语》云,"天道皇皇,日月以为常"(《国语·越语下》)。这

---

①　相较之下,孟子和荀子都有些脱离社会实际的唯心主义倾向而孔子的"有教无类"更有利于让出身不利者通过接受教育改变自身命运,也更为切近社会正义的本质要求。
②　《鲁迅全集》第6卷,人民文学出版社1973年版,第132页。
③　陈来:《古代思想文化的世界——春秋时代的宗教、伦理与社会思想》,生活·读书·新知三联书店2009年版,第77页。
④　陈来:《古代思想文化的世界——春秋时代的宗教、伦理与社会思想》,生活·读书·新知三联书店2009年版,第78页。

里"天道"的本意是指日月星辰运行的路径和规律，并进一步扩展为自然法则的意义：

> 夏四月，陈灾。郑裨灶曰："五年，陈将复封。封五十二年而遂亡。"子产问其故。对曰："陈，水属也，火，水妃也，而楚所相也。今火出而火陈，逐楚而建陈也。妃以五成，故曰五年。岁五及鹑火，而后陈卒亡，楚克有之，天之道也。"（《左传·昭公九年》）

具体到裨灶所说的"天之道"，一方面是指岁星的运行规律；另一方面也指引致"逐楚而建陈"，"而后陈卒亡，楚克有之"这一历史事变背后所隐藏的深微的社会规律或历史逻辑。总的来说，裨灶是用前者吸收并兼容了后者，也就是说，他是直接用日月星辰运行的规律来解释历史事变的。卡西尔说，"人们不是出于发光、或带来光明和温暖、湿润的雨水的缘故而崇拜它们，而是把它们当作借以理解一切变化历程和法则的恒定时间尺度时——达到这一步，我们就站在根本不同的和更深刻的世界观的门槛上了。人类精神现在由可以在生命和存在中感受到的节律和周期性，上升到支配一切存在和变化"[①]。卡西尔所论刚好注解了裨灶以自然法则解释历史事变的人类学动因。陈来先生指出："在文化发展中，人们观察和思考的视野逐渐从个别的实体转进到整体的存在、生成、变化，从而产生了对自然节律与周期的关注；而作为时间秩序的周期又往往同时是命运秩序。在中国古代，作为宇宙和命运秩序的'天道'概念也正是在这样的过程中形成的。"[②] 诚然，由对日月盈仄、辰宿周行、四时往复的反复观察和理性认识极容易导向对"天道"的自然主义理解，并从而联想到人生老病死之不可抗拒与祸福荣辱之变幻无常，而这是人们对自身命运乃至整个宇宙秩序进行理论反思的自然前提。

---

① ［德］卡西尔：《神话思维》，黄龙保等译，中国社会科学出版社1992年版，第126—127页。
② 陈来：《古代思想文化的世界——春秋时代的宗教、伦理与社会思想》，生活·读书·新知三联书店2009年版，第86页。

四年春，王三月，楚武王荆尸，授师孑焉，以伐随。将齐，入告夫人邓曼曰："余心荡。"邓曼叹曰："王禄尽矣！盈而荡，天之道也……"（《左传·庄公四年》）

（伍子胥）将死，曰："树吾墓槚，槚可材也，吴其亡乎！三年，其始弱矣。盈必毁，天之道也。"（《左传·哀公十一年》）

子产曰："……美恶周必复……"（《左传·昭公十一年》）

吴王夫差既许越成，……申胥进谏曰："昔天以越赐吴，而王弗受。夫天命有反……"（《国语·吴语第十九》）

（史墨）对曰："……社稷无常奉，君臣无常位，自古以然。故《诗》曰：'高岸为谷，深谷为陵。'三后之姓，于今为庶，王所知也……"（《左传·昭公三十二年》）

范蠡曰："臣闻古之善用兵者，盈缩以为常，四时以为纪，无过天极，究数而止。天道皇皇，日月以为常，明者以为法，微者则是行。阳至而阴，阴至而阳；日困而还，月盈而匡。古之善用兵者，因天地之常，与之俱行。"（《国语·越语下第二十一》）

如果范蠡所说的"阳至而阴，阴至而阳；日困而还，月盈而匡"只是一种常识就能看到的自然现象的话，那么其所谓的"盈缩以为常"中的"常"字就意味着对反复出现的自然现象长期观察之后的一种总结归纳和提升，他说的"天道皇皇，日月以为常"的"天道"究其本质还是指日月星辰运行的自然规律。史墨所说的"三后之姓，于今为庶"表面看来只是陈述一种历史事实，但"三后"与"于今"之间巨大的时间跨度和历史间隙意味着事实陈述背后深刻的历史反思。相似地，史墨引《诗经》所谓的"高岸为谷，深谷为陵"也无非就是表述一种自然现象，但审视"高岸"与"深谷"的之间空间变换和时间落差同样内含着一种宏阔的历史感作为逻辑前提。邓曼所说的"盈而荡"、伍子胥所说的"盈必毁"、子产所说的"周必复"与范蠡所说的"天道"相比由于主词的泛化而具有了更高的抽象性和概括性，不仅是指自然现象的变化法则，而且隐隐约约地也把对人事与历史的思考融入了其中。这一点，在史墨"社稷无常奉，君臣无常位"和申胥"夫天命有反"的表述中才明白显豁起来。"物极则反""天命有反""盈而荡""盈必毁"的自然原理在

第五章　道论——精神正义

存在社会分层和极度封闭的社会中，极容易被附会为道德规劝背后不可抗拒的警诫力量。于是，自然原理便渐渐向道德法则靠拢——"天道赏善而罚淫。"（《国语·周语中》）这时人事就成了一个可以与天道相平衡的力量，甚至出现重人事而轻天道的倾向：

> 单子曰："君何患焉！晋将有乱。其君与三郤，其当之乎！"鲁侯曰："寡人惧不免于晋。今君曰：'将有乱'，敢问天道乎？抑人故也？对曰："吾非瞽史，焉知天道？吾见晋君之容而听三郤之语矣，殆必祸者也。"（《国语·周语下第三》）

> 君幼弱，诸臣不佞，吾何福以及此！吾闻之，"天道无亲，唯德是授"。吾庸知天之不授晋且以劝楚乎？君与二三臣其戒之！夫德，福之基也。无德而福隆，犹无基而厚墉也，其坏也无日矣。（《国语·晋语六第十二》）

> 单子曰："其咎孰多？"曰："苌弘必速及，将天以道补者也。夫天道导可而省否，苌弘反是，以诳刘子，必有三殃。"（韦昭注：以道补者，欲以天道补人事也。）（《国语·周语下第三》）

《尚书·汤诰》"天道福善祸淫"，《周书·蔡仲之命》"皇天无亲，惟德是辅"，都是单襄公、范文子此种用法的来源，在这种用法中，天道不是作为纯粹自然变化的法则，而是体现为道德意义的秩序和法则。"天道福善祸淫""天道赏善罚淫"的"淫"都是指"过多"的意思，和"盈而荡""盈必毁"的"盈"意思相近。"荡"和"毁"就是颠覆，其结果都是一种与主观意愿背道而驰的不如意和不完美，也就是说不如意和不完美也是自然天道的应有之义。推而广之，在人事上就是"瑾瑜匿瑕，国君含垢，天之道也"（《左传·宣公十五年》）。天地君亲师，从道德理想主义的角度看，国君应该是德才兼备光辉高大的完人。但既然"国君含垢"，也就是再也不能说国君绝对完美、无可指摘。在社会治理上，国君更不能理想主义地过于追求完美，否则就会脱离社会实际。[①] 于

[①] 《论语·颜渊》："君子之德风，小人之德草。风行草上，必偃。"虽然在实际事务处理上不能苛求国君永无过犯，但在道德修养上必须对国君提出理想主义要求。只有这样，才能在全社会范围内形成风行草偃的示范效应。一方面，允许国君犯错也是"恕"的应有之义；另一方面，国君意识到自身并非完美无瑕也更易于改过迁善三省吾身。因此，道德上理想主义要和实际上的现实主义考量非但不相冲突，反而相辅相成、相得益彰。

是,这里的"天道"就有了一些像后来谦卦所说的警示人们谦抑自制、戒其满溢的意味。

> 谦:亨,君子有终。《彖》曰:谦,亨。天道下济而光明,地道卑而上行。天道亏盈而益谦,地道变盈而流谦,鬼神害盈而福谦,人道恶盈而好谦。谦尊而光,卑而不可踰,君子之终也。《象》曰:地中有山,谦。君子以裒多益寡,称物平施。(《周易·谦》)

"天道导可而省否",是说天道顺是去非,成善弃恶。① 意味着天道主动地服从于"是非"的道德原则,也就是说,天道反映和表现了道德原则,或者说道德原则决定了天道究竟要起什么样的作用。而人又是道德行为的主体,于是人事就又被放置到了举足轻重的位置上:

> 太平之时,民行役者不踰时,男女不失时以偶。孝子不失时以养;外无旷夫,内无怨女;上无不慈之父,下无不孝之子;父子相成,夫妇相保;天下和平,国家安宁;人事备乎下,天道应乎上。故天不变经,地不易形,日月昭明,列宿有常;天施地化,阴阳和合;动以雷电,润以风雨,节以山川,均其寒暑,万民育生,各得其所,而制国用。(《韩诗外传》)

只要"人事备乎下",做到"民行役者不踰时,男女不失时以偶。孝子不失时以养;外无旷夫,内无怨女;上无不慈之父,下无不孝之子;父子相成,夫妇相保;天下和平,国家安宁",自然"天道应乎上"而"天不变经,地不易形,日月昭明,列宿有常;天施地化,阴阳和合;动以雷电,润以风雨,节以山川,均其寒暑,万民育生,各得其所,而制国用"。在这里,"天道"几乎完全成了被动呼应与配合"人事"的摆设。而人事的核心在于统治者克抑自我的种种欲望而不过多地干扰人民正常的生产活动和生活秩序。这种克抑自我,戒其满溢的道德修养很自

---

① 陈来:《古代思想文化的世界——春秋时代的宗教、伦理与社会思想》,生活·读书·新知三联书店2009年版,第82页。

然地会由"哀多益寡，称物平施"导向对普通民众的重视和关注，乃至于发展成民本思想。自然原理被道德法则所吸收和消化的一个必然结果就是天道的独立性仅仅表现为道德修养的一种形上依据和警示与约束力量。[①]"天叙有典，敕我五典五惇哉。天秩有礼，自我五礼有庸哉。"（《尚书·虞书·皋陶谟》）"礼也者，合于天时，设于地财，顺于鬼神，合于人心，理万物者也。"（《礼记·礼器》）"凡礼之大体，体天地，法四时，则阴阳，顺人情，故谓之礼。訾之者，是不知礼之所由生也。"（《礼记·丧服四制》）在先秦，人们普遍认为礼是对天道自然的模仿与同构，对礼的训导和认同就是对天道的追寻。于是，天道与礼合而为一并成了个体精神结构中的基础架构：

> 夫百姓内不乏食，外不患寒，则可教御以礼义矣。诗曰："蒸畀祖妣，以洽百礼。"百礼洽则百意遂，百意遂则阴阳调，阴阳调则寒暑均，寒暑均则三光清，三光清则风雨时，风雨时则群生宁，如是、则天道得矣。是以不出户而知天下，不窥牖而知天道。（《韩诗外传》）
>
> 齐侯侵我西鄙，谓诸侯不能也。遂伐曹，入其郭，讨其来朝也。季文子曰："齐侯其不免乎！己则无礼，而讨于有礼者，曰：'女何故行礼！'礼以顺天，天之道也。己则反天，而又以讨人，难以免矣。《诗》曰：'胡不相畏，不畏于天？君子之不虐幼贱，畏于天也。在《周颂》曰：'畏天之威，于时保之。'不畏于天，将何能保？以乱取国，奉礼以守。犹惧不终，多行无礼，弗能在矣！"（《左传·文公十五年》）

在这里，"礼"和"天"发生密切的关联，"礼"成了"天道"的象征和体现——"百礼洽"就能"不窥户牖而知天道"，这就为人们认识与理解"天道"提供了一条可操作性极强的现实路径。中国古人的历史使命感非常强烈，以至于通过可操作性极强的礼而把天道纳于主体的内在结构之中，也就是所谓的"人性本于天道"。这种潜在地以主体之

[①] 这在后来董仲舒的天人相应思想中表现得尤为突出。

内理论视角进程的价值建构和道德省视非但没有把天道降低到凡俗的地位，反而由于把人性提高到了天道的高度而使人得以突破有限，进入无限，这是借由道德实践获取的类似于宗教体验的道德理想主义的经典特性。庄子有云，"非彼无我，非我无所取，是以近矣"（《庄子·齐物论》）。陶德文认为中国文化的特性是"自我尚未完全发展到与自然分离"①。陶德文的观点尽管有些过于极端，但它确乎在某种程度上说明了中国文化的特性。

（三）天地与我并生，而万物与我为一

桑德尔说，"主体间的观念允许在某种道德环境中，对自我的相关描述容纳一个并非单一的、个体的人，只要我们将责任或义务归之于家庭或共同体或阶级或民族而不是某种特殊的人类"②。桑德尔的奥义在于他认为我们对自我的理解依赖于一种深刻的共同体背景，而实际上，对于人们所生活于其中的共同体的理解又最终依赖于我们对人本身的认识与理解。

马克思认为人在现实上是社会关系的总和。一个外在的解释是集体依赖于个人而存在——如果没有个人，就不再有集体。约翰·多恩说："没有人是座孤岛，独自一人，每个人都是一座大陆的一片，是大地的一部分。如果一小块泥土被海卷走，欧洲就少了一点，如同一座海岬少一些一样；任何人的死亡都是对我的缩小，因为我是处于人类之中；因此不必去知道丧钟为谁而鸣，它就是为你而鸣。"③ 个人对集体有着物质的生物学意义上的自然先在性，而集体对个人又有着精神的历史文化意义上的逻辑先在性。这就要求我们考察集体时不能脱离个人，考察个人时也不能脱离集体。更深刻的原因在于我们如何理解人本身的意义与价值：人究竟是目的还是工具？这直接影响到我们如何理解我们的共同体生活：是情感性共同体，是功能性共同体，抑或是构成性共同体？个体

---

① 转引自［德］罗哲海《轴心时期的儒家伦理》，大象出版社2009年版，第2页。
② ［美］桑德尔：《自由主义与正义的局限》，万俊人等译，译林出版社2001年版，第78页。
③ 参见熊逸：《春秋大义——中国传统语境下的皇权与学术》，陕西师范大学出版社2007年版，第168页。

第五章　道论——精神正义

之于集体生活是出于自然情感的互相依赖，是出于工具理性的彼此算计，还是由于每一个体都天然地属于集体之中不可或缺的平等分子？仁爱是道德情感的自然流露，尊重是人格平等的理性表达。在工具理性的精心算计之中，既不会有仁爱的情感基础，也不会有尊重的精神土壤。罗尔斯说，"尊重作为道德人的另一个人就是试图从他的立场来理解他的目的和利益，向他提交一些理由以使他接受对他的行为的约束"[①]。孔子亦云，"己所不欲，勿施于人"（《论语·卫灵公》《论语·颜渊》）。罗尔斯所理解的尊重其实就是换位思考，其本意与孔子所言极为接近。

就西方传统而言，在社会中，人们之间纯粹出于利益或兴趣的联结与考虑，全不受道德原则与法律条令之约束与限制。即使在指向更大共同体（即国家）的公民社会之中，人与人之关系亦非出于彼此的仁爱或尊重，而是出于对宪法制度和政治理念所达成的理解和共识。或许，于公民社会之中，人们之间不乏平等，但这种平等由于缺乏彼此之间的仁爱或尊重而趋于单调乏味，甚或是冷漠无情面目可憎。陈来先生在谈到胡塞尔的"生活世界"时说："……'生活世界'，即作为生活主体的个人在其特殊视界中所经验的世界。"[②] 实际上，陈来先生所谓"个人在其特殊视界中所经验的世界"主要就是桑德尔所言的"只要我们将责任或义务归之于或家庭或共同体或阶级或民族"[③] 中的"或家庭或共同体或阶级或民族"。桑德尔所言固为真知灼见，而中国传统之所见则非唯家庭、阶级与民族，乃至于天下万物均作一平等主体看待，甚至亦将宇宙大全包括其中。

"自天子以至于庶人，一是皆以修身为本。"中国传统的视角是道德主义的，而非功利主义的。人与人之间的差别仅在于道德之悬殊，而不系于地位之高下。社会良好秩序的形成发端于道德主体自身道德修养的完善、扩充与推延，这就是"古之欲明明德于天下者，先治其国；欲治其国者，先齐其家；欲齐其家者，先修其身；欲修其身者，先正其心；欲正其心者，先诚其意；欲诚其意者，先致其知；致知在格物，物格而

[①] ［美］罗尔斯：《正义论》，何怀宏、何包钢、廖申白译，中国社会科学出版社 1998 年版，第 338 页。
[②] 陈来：《有无之境——王阳明哲学的精神》，人民出版社 1991 年版，第 60 页。
[③] 与桑德尔类似，罗尔斯亦将自然万物排除于讨论之外。

后知至，知至而后意诚，意诚而后心正，心正而后身修，身修而后家齐，家齐而后国治，国治而后天下平"（《礼记·大学》）。《庄子·德充符》甚至说："幸能正生，以正众生。"宣云：舜能正己之性，而物性自皆受正。"①"有天地然后有万物，有万物然后有男女，有男女然后有夫妇，有夫妇然后有父子，有父子然后有君臣，有君臣然后有上下，有上下然后礼仪有所错。"（《周易·序卦》）《周易·序卦》不但描述了中国古人观念中的伦理发生学和文化演进论，同时也力图从历史视角说明中国传统的礼仪社会是一个典型的伦理型社会，而政治关系乃由此伦理社会生发而来。

伦理型的传统社会，是一个追求太平、安定、守成、静止的社会。这个社会所追求的是使"生产过程以及与之适应的社会关系的停滞状态"，并使这种停滞状态的温馨宁静的画面永久化。这种静止与安定消泯着一切异质的事物和一切事物的所有差别，乃至于空间的区隔和时间的流转。究其原因，乃是由于"伦理问题就是这样一个问题：即不计时间地同意一种在一个社会的全部历史过程中公正地对待所有世代的方式。一个民族的生活是被作为一种在历史中扩展的合作体系来领悟的"②。这里所谓的"在历史中扩展的合作体系"究其实质就是自古至今绵延不绝事死如事生的历史与文化传统，也就是说，伦理问题是内在地与传统联结在一起的。

"人的存在是有机生命所经历的前一个过程的结果。只是在这个过程的一定阶段上，人才成为人。但是人一旦已经存在，人，作为人类历史的经常的前提，也是人类历史的经常的产物和结果，而人只有作为自己本身的产物和结果才成为前提。"③首先，人是一种历史文化形态的存在，他一出生所必然要面对并生存、生活于其中的社会文化环境正是其他或尚在生存的今人或业已逝去的前人共同作用的产物和结果。从这个意义上来说，人从一出生就被放置于传统之中；传统不仅是他人生展开

---

① 国学整理社编：《诸子集成·庄子集解·卷二·德充符第五》，中华书局1954年版，第32页。
② [美]罗尔斯：《正义论》，何怀宏、何包钢、廖申白译，中国社会科学出版社1998年版，第290页。
③ 《马克思恩格斯全集》第26卷（下），人民出版社1956年版，第545页。

第五章　道论——精神正义

的前提、基础和起点，也将自始至终贯穿并影响他的一生。其次，对于每一个具体的生命个体而言，他只能生存活动于具体的、特定的时间空间之中。除不得不服从自然规律的生命有限性之外，在特定的时间空间之中他虽然可以根据实际的环境和条件随心所欲地选择自己的行为，但所有这些行为不可能在同一个时空维度中平行展开。在现实世界中，每一个人只能在选择一种行为时放弃所有其他行为。所以，人的每一次行为都是在既定时空中选择的结果，选择本身就意味着有所放弃，放弃意味着缺陷、不自由和不完美。这是人与生俱来的局限性，正是这种局限性使人们之间的合作成为必须。

"每一个人在某一个时间只能运用一种主要的官能；或宁可说，我们的整个本性允许我们在任何特定的时间从事某种单独形式的本能活动。因而从这里可以看出，人命定地只能得到部分的营养，因为当他使自己的力量朝向复杂多样的对象时他只能使这些力量衰弱。但是通过努力把他的本性的、独特的、通常只是分别地运用的官能联合起来；通过把一种活动的行将熄灭的火花，在它生命的每一阶段中和那些未来将燃亮的火花合乎本能地协调起来，并努力地提高和增加他所运用的那些能力；通过和谐地把它们联合起来而不是为了分别地运用它们而寻找单一种类的对象，人们就能避免这种片面性。就个人的情况而言，通过把过去、将来同现在结合起来所获得的东西，是在社会中通过不同成员的相互合作而产生出来的。因为，在每个人的生活的各个阶段中，他只能获得表现着人类特性的可能面貌的完美发展中的一种发展。因而正是通过以社会成员的内在的需要和能力为基础的一种社会联合，每一个人才能分享所有其他的人们的丰富的共同资源。"[①] "人的内部无限的认识能力和这种认识能力仅在外部被局限的而且认识上也被局限的个别人身上的实际存在二者之间的矛盾，是在至少对我们来说实际上是无穷尽的、连绵不断的世代中解决的，是在无穷无尽的前进运动中解决的。"[②] 人们之间在生产生活领域广泛的社会合作固然可以在共时态意义上解决个体的有限性问题，但在历时态意义上个体有限性的问题要通过文化的传承即传统

---

① [德] 威廉·冯·洪堡：《国家行为的局限性》，剑桥大学出版社1969年版，第16页。
② [德] 恩格斯：《反杜林论》，人民出版社1970年版，第118页。

的绵延来解决。"就其主要部分而言,我是我所继承的东西,我是一种在某种程度上展示了我的现在的特定的过去;我发现自己是历史的一部分,一般来说,无论我是否喜欢,无论我是否承认这点,我都是一种传统的承担者。"① 哈耶克也说"传统是本能与理智之桥",人从一出生就不可避免地被放置于历史传统的滋养之中,即使是变革和创新也要在传统的基础上才能进行。

"所以我们可以按照洪堡的看法说,正是通过建立在社会成员们的需要和潜在性基础上的社会联合,每一个人才能分享其他人变现出来的天赋才能的总和。我们达到一种人类共同体的概念,这个共同体的成员们从彼此的又自由的制度激发的美德和个性中得到享受;同时,他们承认每一个人的善是人类完整活动的一个因素,而这种活动的整个系统是大家都赞成的并且给每个人都带来快乐。这个共同体也可以被想象为经历着时间的,因而,在一个社会的历史中世代相继的各代人的共同的贡献也能以类似的方式被表达出来。我们的先辈们在为这些贡献提供了某些新事物之后把进一步发展这些贡献的任务留给了我们,这些新成就影响着我们努力的方向,规定着一个更广泛的背景,我们根据这个背景才能理解我们的目标。说人是历史的存在物,就是说生活在任何一个时间的个人的能力的实现要利用一长时间中许多代人(乃至许多社会)的合作。这也意味着这种合作在任何时候都受历史知识的指导,而历史则由社会传统来解释。"② 罗哲海说,"汉学研究中的新实用主义则认为一切思想,特别是伦理学,均置身于传统和文化情境之中,而这正是中国哲学义理深奥的标识"③。我们亦只有让自己置身于传统和文化情境之中,才能真正理解中国哲学深奥的义理。我们所说的传统是指以人为主体的,由人所创造的,世代承续的文化系统。传统赋予我们的生活以意义,是我们借以理解自身价值与意义的潜在标尺。但对于中国古人而言,他们不仅仅从纵向的、历史的、文化的、传统的角度把人本身纳入自我价值

---

① [美]麦金泰尔:《德性之后》,转引自《何谓正义:当代西方政治哲学研究》,人民出版社 2007 年版,第 245 页。
② [美]罗尔斯:《正义论》,何怀宏、何包钢、廖申白译,中国社会科学出版社 1998 年版,第 526—527 页。
③ [德]罗哲海:《轴心时期的儒家伦理》,大象出版社 2009 年版,第 2 页。

第五章　道论——精神正义

定位的参照系统之中；而且更倾向于从横向的、社会的、现实的角度把宇宙万物都作为自我意义找寻的价值之源，这就是"万物一体"的观念。万物一体的说法见于《庄子·齐物论》：

> 今且有言于此，不知其与是类乎？其与是不类乎？类与不类，相与为类，则与彼无以异矣。虽然，请尝言之。有始也者，有未始有始也者，有未始有夫未始有始也者。有有也者，有无也者，有未始有无也者，有未始有夫未始有无也者。俄而有无矣，而未知有无之果孰有孰无也。今我则已有谓矣，而未知吾所谓之其果有谓乎？其果无谓乎？夫天下莫大于秋豪之末，而大山为小；莫寿于殇子，而彭祖为夭。天地与我并生，而万物与我为一。既已为一矣，且得有言乎？既已谓之一矣，且得无言乎？一与言为二，二与一为三。自此以往，巧历不能得，而况其凡乎！故自无适有以至于三，而况自有适有乎！无适焉，因是已！（《庄子·内篇·齐物论》）

毋庸置疑，庄子的"万物一体"是从唯心主义认识论角度来讲的，是要从唯心主义认识论角度主观地消泯事物之间的合理差别与固有界限，所以陈来先生认为，"这种万物一体是在相对主义哲学基础上抹杀事物的差别性的结果"①。"一个人想要成为真正的人，他必须是一个特定的存在（存在在那里 dasein），为达此目的，他必须限制他自己。凡是厌烦有限的人，决不能达到现实，而只是沉溺于抽象之中，消沉暗淡，以终其身。"② 以庄子为代表的道家的作为个体主观体验与生命感悟的万物一体在人生境界意义自然有其价值，但面对现实生活时，他们往往"厌烦有限"，"沉溺于抽象之中，消沉暗淡"，通常是与现实两隔的。他们称不上，也不想成为"真正的人"。③ 与此相反，儒家的万物一体乃是基于对宇宙整体秩序的理解乃至对命运秩序即天道的体悟之后，又反过来肯定宇宙万物对于宇宙秩序本身的不可或缺的实际价值与终极意义。也就是说，道家的万物一体肯定的是作为个体意义上的"我"，在这种肯定

---

① 陈来：《有无之境——王阳明哲学的精神》，北京大学出版社 2006 年版，第 239 页。
② ［德］黑格尔：《小逻辑》，贺麟译，商务印书馆 1980 年版，第 204—205 页。
③ 这里所说的人就是马克思意义上社会关系的总和。

中隐含着对天地万物在内的他者的无视、消泯与压抑；儒家的万物一体肯定的是作为宇宙构成元素的万物，并将它们每一个都作为具有独立存在价值又对宇宙整体具有终极意义的主体来对待。在这种肯定与认同中彰显的是与万物休戚相关的同情，压制并竭力消泯的是非理性的自我，以凸显理性自我。这里"非理性的自我"即弗洛伊德出于单纯欲望意义上的"本我"，而"理性自我"即其出于纯粹道德意义上的"超我"。

> 故人者，其天地之德，阴阳之交，鬼神之会，五行之秀气也。（《礼记·礼运》）

这里《礼记·礼运》是说每一个人的存在都有其独特而自在的意义与价值，而且这种价值是在于天地、阴阳、鬼神、五行之上的，是"天地之德""阴阳之交""鬼神之会""五行之秀气"，也就是天地、阴阳、鬼神、五行的精华。因此，对于每一个人都要抱有最高的尊重、崇敬和同情。

> 君者，善群也。群道当，则万物皆得其宜，六畜皆得其长，群生皆得其命。故养长时，则六畜育；杀生时，则草木殖；政令时，则百姓一，贤良服。（《荀子·王制》）

统治者的责任是管理，国君更应该是高明的管理者。管理方法得当，就能使万物都找到属于自己最好的位置，牲畜也能充分发挥自己的优势，天下所有都能实现自己的使命。管理要符合事物自身的客观规律，只有这样才能六畜兴旺、五谷丰登，百姓热爱、贤良信服。

> 圣王之制也：草木荣华滋硕之时，则斧斤不入山林，不夭其生，不绝其长也。鼋鼍鱼鳖鳅鳝孕别之时，罔罟毒药不入泽，不夭其生，不绝其长也。春耕、夏耘、秋收、冬藏，四者不失时，故五谷不绝，而百姓有余食也。污池渊沼川泽，谨其时禁，故鱼鳖优多，而百姓有余用也。斩伐养长不失其时，故山林不童，而百姓有余材也。（《荀子·王制》）

这就要求管理者首先管理好自己不合理的欲望,从消极方面说既不要乱砍滥伐大兴土木,不要耽于享乐好逸恶劳,更不要纵情食色贪得无厌。从积极方面说,要兢兢业业恪尽职守。只有这样才能实现百姓富足社会和谐。

> 圣王之用也:上察于天,下错于地,塞备天地之间,加施万物之上,微而明,短而长,狭而广,神明博大以至约。故曰:一与一是为人者,谓之圣人。(《荀子·王制》)

客观性、普遍性对治情感主义和相对主义。正义指向的是共同体的善,亦要求去除特殊性、偶然性、任意性。要解决道德相对主义,只有把自己看成是共同体的成员。"万物一体"正由于把天体万物都看作同一共同体和自己完全一样的平等的一员而很好地解决了道德判断的特殊性、片面性和任意性问题。它的最终目的是要达到一种完全和谐的"天成秩序"[①]。

[①] 赵文静:《中国儒家与罗尔斯关于正义理论之比较研究》,硕士学位论文,大连海事大学,2008年。

第六章

结论

  黑格尔说,"就个人来说,每个人都是他那时代的产儿。哲学也是这样,它是被把握在思想中的它的时代"[①]。其实,早在汉代的《淮南子》中就表述过与黑格尔类似的观点:"诸子之学,皆起于救世之弊,应时而兴"(《淮南子·要略》),"百川异源而皆归于海,百家殊业而皆务于治"(《淮南子·氾论》),《淮南子》的说法客观地表明了先秦诸子创制百家之说的宗旨目的以及他们在中华文明发展过程中所应占有的地位与价值。但晚近以来,由于西方现代文明的强势入侵几使中华民族的民族自信丧失殆尽,于是出于工具理性而非价值理性的质疑乃至彻底否定中国传统学术的声音甚嚣尘上,在这股浪潮之中,儒学作为中国传统学术的主要代表,更是受到了严厉的责难和无情的批判。在一些人眼里,儒学是封建遗毒,是专制的根源,要为中国民主思想的缺失埋单;而在另一些人眼里,儒学不但是中华民族文化心理的主要奠基者,而且对于现代性问题的解决也提供了一些备选的方案。总之,"无论是正面还是负面的,儒学都可以被用来达到诠释的目的……随意以儒学来解释正面或负面的发展,确实使它看来类似于魔术师手中的魔杖,可以使物体同样轻易地出现或消失"[②]。而实际上,"这种看法其实是历史主义的幼稚假定,即我们必须置身于时代的精神中,我们应当以它的概念和观念、而

---

  ① [德]黑格尔:《法哲学原理·序言》,贺麟、王玖兴译,商务印书馆1961年版,第12页。
  ② 白鲁恂:《儒学与民主》,陈引驰译,载哈佛燕京学社、三联书店编《儒家与自由主义》,北京三联书店2001年版,第172页。

不是以我们自己的概念和观念来进行思考，并从而确保历史的客观性"[①]。对于先秦哲人而言，他们生活的政治环境是封建诸侯，他们所接受的文化遗产是礼乐文明。他们思考政治问题的逻辑框架亦不外乎天子、君臣、大夫、士，他们反思社会文化的逻辑支点也脱离不开仁义礼智信。一味地用民主、自由、平等和权利、宪法、契约等现代政治概念来要求他们不仅严苛得不近人情，而且近于荒谬。

然而，这只是问题的一个方面。另一方面，正如哈耶克所说"传统是本能与理智之桥"，也正如本书绪论所言，"传统与现代，不过是人们为研究当下和历史的方便而从时间角度对人类发展过程作出的界定与区分"，"只有这样从传统与现代之间必要的张力作为理论切入点，才能充分把握该种思想的深刻历史内涵和宝贵当代价值"。那么，先秦儒学中的正义思想具有什么样的特点，它在历史上产生过什么样的影响，对现代正义思想的研究乃至对当下公平正义的社会政治制度的合理建构又有什么启发呢？

一　先秦儒学正义思想的特点

正义作为人类普遍追寻的终极价值，关乎自由。但正如黄克剑所言，任何现实的存在都是对象性的存在。人的存在有别于他物，不在于其存在的对象性，而在于这对象性的取得乃因着人的生命活动的对象化。所谓对象性是指事物的存在乃是由于事物之间的相互性、关系性、条件性与有待性，因此，从这个意义上来说任何事物的存在都是有限的，也都是不自由的。与对象性不同，对象化一方面是指人不但能够以自身的生命活动过程和精神活动成果为对象进行理论反思和哲学探讨；另一方面是说人能够通过主观能动性的活动即实践把自己特有的思想、意志乃至意识变为独立于人意识之外的物质化的对象性的存在。人以对象化的生命活动取得自己存在的对象性，表明人在其创获的现实存在中自己是自

[①] ［德］汉斯·格奥尔格·伽达默尔：《真理与方法》（上卷），洪汉鼎译，上海译文出版社1999年版，第381页。

己唯一的根据和理由,在某种程度上说,这就是自由。因为同存在对象相对待因而对存在境域不能无所依待,所以在对象化意义上贞定的"自由"是相对的,也是有限的,它更大程度地显现于人的生活活动的有待性;它所关注的也主要是人类生存与生活所依赖的外部环境和物质条件。但人的生命活动也还有其非对待性的一面,这一面就是精神性的心灵之光的反观自照。首先,人的心灵之光反观自照的动机和理由当然在于人自己;其次,这种心灵之光的反观自照从某种程度上说不大依赖于人类所生存的外部环境和物质条件。因此,这是一种比前一种意义上更广泛、更普遍、更抽象的自由,是人兽揖别的根本原因之所在。据此,黄克剑认为自由有两种:前一种"自由"是人的生命在对待性向度或心灵投射的外向度上的"自由",后一种"自由"正可以说是人的生命在无对待性向度或心灵内向度上的"自由"。外向度上的自由使人既受动而又能动于人的生存境遇,内向度上的自由使人得以有道德的自我完善、心灵的自我督责、人格的自我提拔、境界的自我超越、精神的自我升华。人的生命存在拓展于内外两个向度之中,人因此在所有现实存在中乃为唯一堪以"自由"称说的存在。这两种自由不是互不相干、截然分开的,而是彼此补充、相互联系、互相为用的,外向度上的自由是躯体的、行动的、认知的,即从实践中获得的自由;内向度上的自由是精神的、思想的、体悟的,即从境界中获得的自由。如果勉强把自由与正义作一关涉和对应的话,那么我们可以说政治正义主要关乎外向度的自由,道德正义和精神正义则主要关乎内向度的自由。

黄克剑认为,"自由"的原始含义仅仅在于自己是自己的理由或所谓功过自承、休咎自取。说自由在于自己是自己的理由是准确的,因为自由的本质就是自本自根,无所依待;而说自由即所谓功过自承、休咎自取则意味着自由仅仅从消极意义上被"功过""休咎"所限定而不能反映自由的创生性和无限性。实际上,自由的根据只能是自由本身,"功过""休咎"的考量说到底只是一种功利主义态度;自由也只能仅仅因为自身的理由而绝对不允许以其他任何理由而被限定,这就是永恒的正义。以其自由观念为基础性的理论支点,黄克剑做出了这样的结论:"正""义"是中国儒家"成德之教"或为"为己之学"所孜孜以求的价值,"正义"在西方文化中所提撕的价值却自始即在伦理与政治之间;

前者更大程度地在人的生命的内向度上因而所重在修身，后者更大程度地在人的生命的外向度上因而更可能引发社会境遇的变革；前者即使关涉"外王"，也是"内圣"的向外发用，它并不意味着既得伦理或政治结构的改变，而只是以"正"心、存"义"或"尽心"、"尽性"求达家、国、天下的秩序再度焕发生机；后者即使寻求内向度上的承诺或支持，也只在于保证体现公正或衡平原则的某种"契约"或律法的履行，因为"契约"或律法的有效除开其他因素外，尚不能不有赖于履行者的最低限度的人格信用；前者是"正其道不谋其利"，终于未能成全一个法治社会所必要的"人权"观念和"权利"意识，后者却只是在愈益切中"权利"问题之肯綮、愈益诱发"人权"观念的自觉时，才愈益使其内涵臻于完满。[1]

黄克剑既从一般性立场上揭示人类自由的共性，也从特殊的、文化比较的立场上揭示了中西基于对自由的不同理解而形成了正义思想原生性的差异。黄克剑的概括虽言简意赅，但并不十分准确。实际上，以《荀子》为代表的中国古代正义思想亦不乏对制度建构的反思与关照，只不过这种反思与关照表现出了与西方风格迥异的理论特点。

（一）礼义等差的分配正义论

正义包括政治正义、道德正义、精神正义三方面的内容，虽然在历史拐角之处精神正义引导社会变革，但在社会稳定发展的阶段中，政治正义影响和形塑道德正义和精神正义，是正义的核心内容；而分配正义是政治正义中的又一个核心问题。分配之所以重要，在于它涉及的广度与深度远远超出利益的分配，不但关系到各种社会基本资源在人与人之间、民众与政府之间能否合理配置，而且还关系到政府在社会治理中的角色和定位。这些首要资源的配置将决定此后的收入格局、生活方式、家庭成员的能力培养、前景预期和人格尊严以及政府的公信力和人民的幸福度等诸多方面。现代价值所主张的分配正义固然建立在"契约平等"基础之上，但无论是东方还是西方，古典价值中占据主流的都是等

---

[1] 参见黄克剑《"正"、"义"与"正义"——中西人文价值趣求之一辨》，《福建论坛》（人文社会科学版）2002年第2期。

差分配，而先秦儒家的"礼义等差"思想又是古典分配正义中的典型。

首先，应该肯定的是，无论是礼义等差，还是契约平等，都是出于正义的考虑，而非简单地出于一集团、一阶级之私利。一个人类共同体是由利益不同观点对立甚至相互冲突的社会成分所构成的，如何以社会基本制度（立法）的形式兼顾各方利益并制止各种成分为私利而进行毁灭性争夺，对于共同体的存在和发展至关重要，而这就是"分配正义"的主题。"正义"这种价值与功利的目的无关，是道义论的而非目的论的，它虽然涉及财物的分配，但其目标并非"增加"或"最大化"，而是要在各种社会成分的应得与所得之间寻找一个合适的平衡或边界与"度"。而在先秦儒家眼中，"礼"就是这样的"度"。在荀子看来，如果任由人的自然性情，则亲如兄弟也会相互争夺而最后导致天下大乱；而用礼义教化人民，则对于外人也会以礼相让而使社会得到良性发展。礼义使人们之间由"纷争"变为"礼让"，因此，礼义是实现社会治理的重要工具。用孟子的话说："无礼义，则上下乱"（《孟子·尽心下》）。荀子关于"礼义"的起源的论述是较有逻辑性的：

> 礼起于何也？曰：人生而有欲，欲而不得，则不能无求。求而无度量分界，则不能不争；争则乱，乱则穷。先王恶其乱也，故制礼义以分之，以养人之欲，给人之求。使欲必不穷于物，物必不屈于欲。两者相持而长，是礼之所起也。（《荀子·礼论》）
>
> 人之生不能无群，群而无分则争，争则乱，乱则穷矣。故无分者，人之大害也；有分者，天下之本利也。（《荀子·富国》）

荀子说得很明白，人是一种社会性的动物，但生而有欲又是人的自然本性，有欲望自然就会有需求，如果需求不受合理的限制就会产生争夺，而争夺则会使整个社会陷入无序和混乱的状态之中。对于人类社会来说，无论是出于先天的原因，还是由于后天的影响，社会成员之间存在天赋、能力、机会、运气等差异是不争的事实。而这些看似偶然的、任性的因素又会必然地影响到他们在社会分工与政治地位和文化格局中的地位。天赋异禀、能力出众又好运连连的人自然会在激烈的竞争中胜出而占据有利地位，而那些天赋较差、能力一般又霉运当头的人则不可避免地被淘汰出局而不得不居于不利的地位而沦为颠沛流离生活无着甚至是食不果腹、衣不蔽体的社会弱势群体,这虽然无涉道德却事关正义①。而且,关键在于并非所有占据有利地位的人都会对社会弱势群体抱有感同身受、发自内心的深切仁爱和同情。于是,一部分人统治、压迫、奴役,另一部分人的自然分配秩序就成了历史的必然。问题在于如果完全听任弱肉强食的丛林法则来操控人类命运的话,不但由于被剥削、被压迫、被奴役而生不如死的人最后会忍无可忍群起反抗,就连统治者内部也会陷入尔虞我诈倚强凌弱永无休止的杀戮与争夺。历史证明,战争和动乱是人类社会的集体自杀,是对人类文明和人类自身的最大破坏。制止战乱的方法无非有两种:一是在战乱发生后以战止战;二是从源头入手,反对"自然"的专横,一开始就把统治者对被统治者的压迫和奴役控制在一定限度之内从而消除战乱于未萌。

确实,战争本身就有正义非正义之分。因此,"止争"本身并不一定就是正义,强制地止争也完全可以是非正义的,关键是要看止争的原则是什么。罗尔斯认为自己所论证、捍卫的"契约平等"是正义的,原因是这种正义观反对"自然"的专横。契约平等首先是一种身份平等,也就是在道德社会和文化政治意义上本照统一标准并把所有人放置于同一起跑线上而并不过分关注人们之间天然存在的各种自身差异,更不会去要求人们自觉克制利益最大化的非理性冲动进而把自身欲求限制在某种范围之内。而礼义等差首先关注的是人们之间在能力、家庭条件、社会背景、文化遗传等诸多天然存在的种种先在差异,并以此为基础来要求人们首先固守各自生活欲求和社会行为的合理界限,以维护社会稳定这一人类良性发展的前提条件。这极容易给人一种误解,认为礼义等差只是维护不平等的,但事实并非如此。

对于现代人,论证"平等"是正义,无论如何要比论证"差等"是正义要容易和自然些,在舆论上也更能获得大众的理解与同情。但是,儒家所倡导的礼义等差显然也是出于正义的考虑。我们这样说的理由是:儒家与等差正义所反对的,并不是"争平等,争自由"的思想,而是首先实事求是地承认并尊重历史遗传客观地给人们造成的种种先在性差异,

---

① 虽然天赋、运气与道德无涉,但家庭背景却关乎起点公平问题。

并力争把这些先在性差异所可能发挥的社会效应控制在合理的范围和限度之内。先秦时代虽然已经存在一些为儒家所不喜欢的所谓"平等主义",如墨子、许行的学说,但真正影响着整个社会尤其是社会当权者心态且为儒家所深切担忧的仍然还是社会生活主流中罗尔斯意义上任意专横的"自然"原则,是自然欲望冲破人为秩序而无序地向上争夺。这种争夺的目的并不是谋求自己与大众之间的"平等",而指向的仍然是"等差",是为了自己在"等差"之中占据更高的层级或更有利的地位。这种等差是更具灾害性的,也更难以从分配正义的角度得到辩护,因为它代表的是一种弱肉强食"强者为王"纯粹自私而无视他者生存利益的自然法则。这一法则在春秋战国时代和希腊内战之中,是社会关系中为人所遵循的普遍法则,实际上在不少现实主义政治伦理学家看来,它至今仍然是支配政治格局的普遍法则。所以儒家企图以"礼义"的秩序反对赤裸裸的"力量"崇拜,其用心正与柏拉图反对"僭主崇拜"一样,是在确定与捍卫超越自然法则的正义原则,或者说,是以"正义的等差"反对"自然的等差"。换句话说,是以悲天悯人的文化秩序反对野蛮粗暴的丛林法则。荀子对礼义的实质在于压制自然的强大冲力看得十分清楚,他说,只要我们试着把君主的权力、礼义的教化、刑罚的禁令去掉,就会立刻看到自然原则起作用的惨烈图景:"强者害弱而夺之,众者暴寡而哗之,天下之悖乱而相亡不待顷矣。"(《荀子·性恶》)荀子承认等差只是手段而不是目的,只是要维护社会的稳定而给人的发展提供一个基本的外部环境,其最终的指向还是一种悲天悯人的人文主义道德情怀。①

在礼义等差的分配正义中,君主圣明、按酬劳报、衡情度理,制定统一的礼义法度、同工同酬、不同工不同酬。荀子说:"故先王案为之制礼义以分之,使有贵贱之等,长幼之差,知愚、能不能之分,皆使人载其事而各得其宜。然后使谷禄多少厚薄之称,是夫群居和一之道也……夫是之谓至平。"(《荀子·荣辱》)"至平"的社会须具有社会正义的财富分配法。至平社会的人在社会分工中各得其所,各尽所能,

---

① 参见包利民《礼义等差与契约平等——有关分配正义的政治伦理思想比较》,《社会科学战线》2001年第3期。

各取所值,各遂其生。荀子所谓:"故知礼义以分之,使有贫富贵贱之等,足以相兼临者,是养天下之本。书曰:维齐非齐。此之谓也。"(《荀子·王制》)换句话说,在度量分界的礼法下,个体所获得的社会报酬,与他所付出的社会贡献相称等值,使他自觉所应得而心悦诚服。

在礼义等差分配论前提之下,先秦儒家认为德性和能力是促进社会各阶层流动以增强社会整体活力的重要因素,也是人们获取社会政治文化地位的合法资格。就此而论,德能等宜资格选拔论不仅是对礼义等差分配正义论必要的补充,更是对社会阶层固化趋势的一种修改和纠正。

(二)德能等宜的资格选拔论

自西周以来,崇德贵能的政治气氛就非常浓厚。"故大德必得其位,必得其禄,必得其名,必得其寿……自天申之,故大德者必受命。"(《礼记·中庸》)"后德惟臣,不德惟臣。"(《尚书·周书·冏命》)"德懋懋官,功懋懋赏。"(《尚书·商书·仲虺之诰》)不仅从分配意义上如此,政治合法性的论证也基本上是围绕着统治者的德能来进行的。

"德必称位,位必称禄,禄必称用"(《荀子·富国》)、"朝无幸位,民无幸生"(《荀子·富国》《荀子·王制》)荀子认为,分配正义作为社会制度结构是一种以德能为核心的相称等宜的应得原则,其理想的境界是"万物皆得其宜……群生皆得其命"(《荀子·王制》)。这种相称等宜的特征体现为在实现社会正义的等级结构中,一方面要因事分工,以职定岗,另一方面要顾及社会整体运行。因此,在人与事的安排上,做到才德和分位与公禄在横向上对称,纵向关系上有着合乎比例的等差,合乎"以类相从"(《荀子·正名》)的原则。

更重要的,先秦儒家还强调人在社会层级结构中应有上下流动性。不同智力的人,只有努力充实自己,发挥才学以贡献社会,则社会也依赖其社会贡献的大小程度,而反馈以相应应得的位分与公禄。反之,个人若不珍惜既有的社会职分和地位,不但不努力以贡献社会,力争上游,反而有负于社会分工中的应尽职责,则应下降其层级。荀子说:"无德不贵，无能不官，无功不赏，无罪不罚。"(《荀子·王制》)赏罚的得宜意味着社会报酬的正义得到伸张。荀子打破周代以来社会的封建性，使原为世袭的、一成不变的封闭社会，开放为一赏罚公道的、流动的、合理的社会。他说："贤能不待次而举，罢不能不待须而废……虽王公士大夫之子孙也，不能属于礼义，则归之庶人。虽庶人之子孙也，积文学，正身行，能属于礼义，则归之卿相士大夫。"(《荀子·王制》)显然，这是和现代价值所极力倡导的机会平等原则是一致的。①

问题在于不管机会如何均等，"资源的最初分配总是受自然和社会偶然因素的强烈影响。比方说，现存的收入和财富分配方式就是自然资质（自然禀赋，即自然的才干和能力）的先前分配积累的结果，这些自然禀赋或得到发展，或不能实现，它们的运用受到社会环境以及诸如好运和厄运这类偶然因素的有利或不利的影响。我们可以直觉到，自然的自由体系最明显的不正义之处就是它允许分配的份额受到这些从道德观点看是非常任性专横的因素的不恰当影响"②。比如，遗产本是前辈奋斗的结果，就其产生原因和形成过程而言而和继承者本人无关。但继承而来遗产本身及其利息或投资收益却属继承者所有，并受其支配。由于和继承者本人的努力无涉，根据应得原则，这种由继承而来的财产所有权和支配权就是不正义的。在社会主义公有制条件下虽然也不可避免，但在资本主义私有制条件下，这种情况会更广泛更普遍更严重。也就是说机会平等说到底只是一种形式平等，总有一些人由于先天或者后天的原因在社会竞争处于不利的地位而成为社会最不利者，要达到实质的平等就需要对统治者的欲望和初次分配结果进行合理的调整和限制。为此，罗尔斯提出了"差别原则"，其目的就是在二次分配时对社会最不利者的利益进行特别的照顾。先秦儒家并不乏此种思考，他们提出"养耆老以致孝，恤孤独以逮不足"(《礼记·王制》)，非但于人如此，他们甚至主张统治者应该兼爱天地万物而秉持万物一体的终极情怀。

---

① 杨豹：《荀子的社会正义观》，《东方论坛》2009年第2期。
② [美]罗尔斯：《正义论》，何怀宏、何包钢、廖申白译，中国社会科学出版社1998年版，第72—73页。

二 先秦儒学正义思想对中国古代
　　社会政治文化的影响

由上所述，无论是礼义等差的分配正义论（追本溯源，德能既是形成礼义等差的先在标准，也是对礼义等差进行微调的内控因素），是德能等宜的资格选拔论，还是万物一体的终极关怀论，德能，尤其德或者说"礼义"是贯穿始终的东西；而这对中国古代社会政治文化产生了深远的影响。

（一）伦理实体的形成

黑格尔说，"伦理的自我意识乃是实体意识"[①]，"伦理行为的内容必须是实体性的，换句话说，必须是整个的和普遍的；因而伦理行为所关涉的只能是整个的个体，或者说，只能是其本身是普遍物的那种个体"[②]。"实体"具有"普遍物"的特性，也是一个"整体"，但是，它不是抽象的普遍物或整体；"实体"包含个体，因而是具体的，但并不是个体的集合，它的本质是"单一物"与"普遍物"的统一，而不是个体与个体的统一；"实体"是一个统一体或同一体，是"单一物"与"普遍物"的统一体或同一体，既包含特殊，又包含普遍，是具体的和辩证的统一体。[③]个体沦于形式，实体关注内容；个体缺乏色彩，实体拥有灵魂；个体流于空洞，实体富于生命；个体囿于特殊，实体指向普遍。伦理虽为万事万物所共有，而伦理实体则仅为人类所独据。实际上，伦理实体是由伦理审视、伦理反思与伦理行为三者交互影响所建构并作为一种先在的理论背景而潜在地决定着我们道德反思的深度和范围。所谓伦理审视即以伦理眼光看待事物之间的关系，所谓伦理反思即以伦理标准反思事物之间的关系，所谓伦理行为即以伦理精神贯彻始终的自觉

[①] ［德］：《精神现象学》（下卷），贺麟、王玖兴译，商务印书馆1979年版，第8页。
[②] ［德］：《精神现象学》（下卷），贺麟、王玖兴译，商务印书馆1979年版，第9页。
[③] 樊浩：《道德形而上学体系的精神哲学基础》，中国社会科学出版社2006年版，第284页。

自为。在黑格尔看来，伦理实体包括家庭民族、市民社会与国家三部分，他立论的基础是人类精神的发展历程，其《法哲学批判》正是沿着这样的结构展开的，他所要展示的是建立在伦理反思基础上人类历史发展的辩证法。《逻辑学》和《自然哲学》固然把宇宙看作一个运动、变化、发展的有机整体并试图揭示宇宙内部所深藏的理性，但他所要揭示的宇宙理性乃是一种基于自然意义上的客观辩证法而不是基于人文意义上的价值理性。质言之，黑格尔所展示的宇宙理性缺少伦理审视的理论视角，更不具备伦理反思的人文内涵。"中国古代的自然哲学虽然是从现实的生活中概括出来，但是人们阐述它并不是为了去进一步认识自然，而是为了去解释社会。"① 与黑格尔殊异的是，中国古代对宇宙理性的探求一开始就注入了伦理反思的人文内涵。

> 夫百姓内不乏食，外不患寒，则可教御以礼义矣。诗曰："蒸畀祖妣，以洽百礼。"百礼洽则百意遂，百意遂则阴阳调，阴阳调则寒暑均，寒暑均则三光清，三光清则风雨时，风雨时则群生宁，如是则天道得矣。是以不出户而知天下，不窥牖而知天道。（《韩诗外传》）
>
> 太平之时，民行役者不逾时，男女不失时以偶。孝子不失时以养；外无旷夫，内无怨女；上无不慈之父，下无不孝之子；父子相成，夫妇相保；天下和平，国家安宁；人事备乎下，天道应乎上。故天不变经，地不易形，日月昭明，列宿有常；天施地化，阴阳和合；动以雷电，润以风雨，节以山川，均其寒暑，万民育生，各得其所，而制国用。（《韩诗外传》）

在"人事备乎下，天道应乎上"之类普遍联系的思维逻辑之下，人文价值"德"和宇宙理性"道"相互纽合，自然界的任何反常现象都会敲响人文反思的警钟。于是，便形成了天人合一、宇宙同体的伦理实体。孔子曰："夫礼，先王以承天之道，以治人之情，故失之者死，得之者生……是故夫礼，必本于天，殽于地，列于鬼神，达于丧、祭、射、御、

---

① 常金仓：《周代礼俗研究》，黑龙江人民出版社2005年版，第35页。

冠、昏、朝、聘。故圣人以礼示之，故天下国家可得而正也。"（《礼记·礼运》）礼义成了联结人文价值和宇宙理性的中介，实际上也就成了形塑普遍性伦理实体的本质内涵。"为物之将终也，故素服以送之；为物之已终也，故丧服以哀之。"[①] "天地之祭，宗庙之事，父子之道，君臣之义，伦也。"（《礼记·礼器》）从这里可以看出，祭祀之类的礼仪活动就是建构这样的伦理实体的伦理行为。对于先秦儒学而言，伦理实体的形成就意味着王道理想的确立；而王道理想的确立和圣人人格的贞定又是一个一而二、二而一的辩证统一的过程。

（二）王道理想的确立

孔子"甚矣吾衰也！久矣吾不复梦见周公"，孟子"言必称尧舜"。荀子与孔子、孟子一样，都是依傍圣王来建构自己的王道理想，他把"是礼义"与"法先王"联系起来，进而把"礼义"人格化，确立了"法圣人"王道理想。

首先，荀子提出了圣人创制礼法说。荀子在讨论礼法起源时指出，由于人们"性恶"，圣人为"化性起伪"而特地创制礼法。这样，荀子确立了圣人的最高创制权。其次，荀子通过"法圣人"确立了大一统的原则。因此，荀子讲群、讲分、讲礼法，其最高层次是"若夫总方略，齐言行，一统类"（《荀子·非十二子》）。"君子审后王之道，而论于百王之前，若端拱而议。推礼义之统，分是非之分，总天下之要，治海内之众，若使一人。"（《荀子·不苟》）"一天下，财万物……舜禹是也。"（《荀子·非十二子》）在荀子看来，"推礼义之统"，"总天下之要"、"一天下"等都是"舜禹"等圣王的功绩，也是圣王的制度。当今和后世"百王"必须遵循。最后，荀子指出："圣人备道全美者也，是具天下之权称也。"（《荀子·正名》）从而为人类树立了圣人的道德人格，为社会树立了圣人的政治法制，这便是荀子的"法圣人"的王道理想，而荀子的王道理想又包括王者之人、王者之制、王者之论、王者之法等四个方面的论说。

---

① （清）孙希旦：《礼记集解·卷二十五·郊特性第十一之一》，中华书局1989年版，第697页。

王者之人：饰动以礼义，听断以类，明振毫末，举措应变而不穷，夫是之谓有原。是王者之人也。(《荀子·王制》)

王者之制：道不过三代，法不二后王；道过三代谓之荡，法二后王谓之不雅。衣服有制，宫室有度，人徒有数，丧祭械用皆有等宜。声、则非雅声者举废，色、则凡非旧文者举息，械用，则凡非旧器者举毁，夫是之谓复古，是王者之制也。(《荀子·王制》)

王者之论：无德不贵，无能不官，无功不赏，无罪不罚。朝无幸位，民无幸生。尚贤使能，而等位不遗；析愿禁悍，而刑罚不过。百姓晓然皆知夫为善于家，而取赏于朝也；为不善于幽，而蒙刑于显也。夫是之谓定论。是王者之论也。(《荀子·王制》)

王者之法：等赋、政事、财万物，所以养万民也。田野什一，关市几而不征，山林泽梁，以时禁发而不税。相地而衰政。理道之远近而致贡。通流财物粟米，无有滞留，使相归移也，四海之内若一家。故近者不隐其能，远者不疾其劳，无幽闲隐僻之国，莫不趋使而安乐之。夫是之为人师。是王者之法也。(《荀子·王制》)

正是基于人心的崇礼尚义性，荀子提倡"义立而王"(《荀子·王霸》)说，提出"举义士""举义法""举义志"的王者条件，希望王者所树立的社会规范有内在的合理性，才能为社会成员所认可而服膺。此外，作为社会规范的"礼"，他认为必须清晰明确不得模糊不清，荀子在《天论》篇中指出："治民者表道，表不明则乱。礼者，表也。""在人者莫明于礼义。"[①]

荀子确立"法圣人"的理想法，将理想法置于现实法之上，将"圣王"置于时君世主之上，从而在二者之间的张力中显示出公正、正义的内涵。并以此批判和改造恶的现实法。正如俞荣根先生所言，儒家政治与儒家之法在秦汉以后的封建社会中，常常对现实政治和现实法保持一定的批判精神，其奥秘在于孔、孟、荀树立了一个理想的圣人权威，还确立了一个理想的圣人之法，陶冶了托古改制，以古讽今，以古谏今，

---

① 杨豹：《荀子的社会正义观》，《东方论坛》2009 年第 2 期。

"从道不从君"的政治法律文化价值指向。① 也正因如此，荀子对违反"圣人之法"的行为进行了强烈的批判，如荀子说："伊尹、箕子可谓谏矣，比干、子胥可谓争矣。平原君之于赵可谓辅矣，信陵君之于魏可谓拂矣。"《传》曰："行一不义，杀一不辜，而得天下，仁者不为也。"（《荀子·王霸》）

先秦儒家建构的王道理想政治一直影响着整个中国传统社会。特别是汉代儒学成为主流意识形态以后，王道作为理想政治模式，为中国传统社会提供了基本的政治原则导向和政治信仰，塑造了传统中国的政治行为方式，形成了独特的中国传统政治文化。可以说，中国传统政治哲学都是以王道为中心而建构起来的，早期儒家以天命为王道确立了天道权威、以上古三代的历史作为王道存在的现实证明、以人性可教化作为王道实现的现实可能性基础，从天人观、历史观、人性论三个方面论证并揭示王道理想的合法性和合理性。王道政治最基本的内容和价值观念则表现为德政、民本、圣王观、义利观等中国传统政治哲学及中国古代哲学中的主要范畴的命题，后期儒家的政治哲学思维模式都是以此为导向和前提的。②

（三）圣人人格的贞定

"聪明齐圣。"（《尚书·冏命》）"惟天聪明，惟圣时宪。"（《尚书·说命中》）"明作哲，聪作谋，睿作圣。"（《尚书·洪范》）"帝德广运，乃圣，乃神，乃武，乃文。"（《尚书·大禹谟》）《说文解字》："聖，通也。从耳，呈声。"《风俗通》："圣者，声也，言闻声知情，故曰圣"。《韩诗外传》云："孔子学鼓琴于师襄子……持文王之声，知文王之为人。"此即为闻声知情。《韩诗外传》又云："闻其末而达其本，圣也。"也就是说，圣是从耳闻的具体事物而通晓其根本。③ 大多学者认为圣之本义为"闻声知情"，引申为聪明睿智、思虑通达、见微知著，甚至是通晓天意、通达天道。但洼田忍则认为甲骨文中已有"圣"

---

① 参见俞荣根《儒家法思想通论》（修订本），广西人民出版社1992年版，第688—690页。
② 邵秋艳：《由王霸之辨看早期儒家理想政治的确立》，《三峡论坛》2011年第1期（总第234期）。
③ 顾颉刚：《"圣"、"贤"观念和字义的演变》，《中国哲学》第1辑，第86页。

字，并把这一类的"字"统一为"耳口"。他认为"耳口"字中的"口"不是嘴巴说话的口，而是古代巫师通天的法器，从而相应地认为"圣"作为"闻声知情"所通达的对象最初不是指一般的人情，而是上天的意志。① 质言之，洼田忍认为"通晓天意、通达天道"乃是"圣"字的本义，而非其引申义。但无论如何，"通晓天意、通达天道"乃是"圣"字的应有之义。正如陈来先生所言，"从春秋思想文化变化的发展来看，有如下渐进的发展：承继着西周文化发展趋向，充满了实证精神的、理性的、世俗的对世界的解释越来越重要，而逐渐忽视宗教的信仰、各种神力和传统的神圣叙事。宗教性和非宗教性的仪典形式逐渐让位于德性精神的强调，礼仪文化逐渐转化，形式性的仪典文明渐渐转变为理性的政治思考和道德思考"②。我们从"民之所欲，天必从之"（《尚书·泰誓上》）、"天视自我民视。天听自我民听"（《尚书·泰誓中》）、"天聪明，自我民聪明；天明威，自我民明威"（《尚书·皋陶谟》）等种种说法也可以推知，天意或天道的主要价值内涵也从上天的意志或宇宙的理性转向了以尊重民意民心为基础的民本思想。于是，"圣"也就有了爱民、抚民、安民的德性内涵。后来逐渐有了"圣人"的说法，圣人与愚人相对，强调其非同凡响的智慧能力和道德品性；圣人与君子相对，强调其高迈的理论前瞻性和秩序创造性。

> 太宰问于子贡曰："夫子圣者与？何其多能也？"子贡曰："固天纵之将圣，又多能也。"子闻之，曰："太宰知我乎！吾少也贱，故多能鄙事。君子多乎哉？不多也。"（《论语·子罕》）

太宰和子贡都以多能为圣，这大概是当时流行的看法，即认为圣人是具备多方面能力的人格。但孔子本人并不以多能为圣，他解释自己的多能是由于"吾少也贱，故多能鄙事"。子贡认为孔子"天纵之将圣"，圣的背后是天，保留了圣的神秘内涵。

---

① 成云雷：《先秦儒家圣人与社会秩序建构》，博士学位论文，华东师范大学，2006年。
② 陈来：《古代思想文化的世界》，生活·读书·新知三联书店2002年版，第10—11页。

第六章 结论

子贡曰:"如有博施于民而能济众,何如?可谓仁乎?"子曰:"何事于仁,必也圣乎!尧舜其犹病诸!夫仁者,己欲立而立人,己欲达而达人。能进取譬,可谓仁之方也已。"(《论语·雍也》)

可见,圣是比仁更高层次的德。仁是一种常德,而圣则是凡夫俗子所不能。把"博施于民而能济众"归结为圣,可见孔子比较重视圣人的政治功能。圣不仅是内在的品德,而且是实际的功能和效果。"博施于民而能济众"的目标的实现,仅仅有仁的道德情感还是不够的,还需要有建构秩序、实现天下有道的能力。圣人境界虽极为高远,但并非永远不能企及,而是可以学而至的,而这里的学就是孟子的"配义与道""集义以养气"和荀子的"虚一而静""注错习俗""积学积思"等修养工夫。

姜广辉指出:"'圣人'二字具有最高典范的意义,其主要内涵是'以治天下为事'。因而诸子的圣人观所表现的也就是他们的理想政治。"[①]"儒家的圣人理想同盛世理想始终是密切联系在一起的一种统一结构。"[②]"此理论由儒家特别提出,实则墨家、道家,在此点上并不与儒家相违异。此是中国传统思想一普通大规范,个人人格必先在普通人格中规定其范畴。圣人只是一个共通范畴、一个共通典型,只是理想中的普通人格在特殊人格上之实践与表现。圣人人格即是最富共通性的人格。"[③] 三浦国雄则指出,"中国的思想,一方面是作为抽象的哲理加以表现的,同时另一方面又跃动着不断使形而上学具体化、人格化的力量。换言之,在那里,'被思维的思想'和'活着的思想'宛如搓紧的绳子,相互缠绕在一起。'圣人'论正是能够捕捉到上述两条思想之流的适当视点"[④]。圣人人格的贞定对古代中国产生了深远的影响,自此以后,无数志士仁人以成贤成圣砥砺自己而为中国社会政治文化的发展做出了卓越的贡献。

---

① 姜广辉主编:《中国经学思想史》(一),中国社会科学出版社2003年版,第107—108页。
② 姜广辉主编:《中国经学思想史》(二),中国社会科学出版社2003年版,第226页。
③ 钱穆:《国史新论》,生活·读书·新知三联书店2010年版,第125页。
④ 参见王文亮《中国圣人论》,中国社会科学出版社1993年版,第2页。

三 先秦儒学正义思想对当下社会政治文化建设的意义

　　大规模杀伤性武器和环境问题的浓重阴影、网络技术应用导致的社会扁平化的现实威胁、基因工程迅猛发展对物种自然进化进程的挑战使以科学技术为代表的工具理性对人类社会发展的推动效应接近临界，而以工具理性为主的西方文化之中人文关怀、生态关注的微光又过于暗淡；一超独霸的国际格局又带来极端势力的拼命反抗。一方面，全球化时代的来临把富于人文关怀，崇尚持中守道、自然和谐的中国传统文化重新推上了历史的前台。经济全球化的推动，文化的交流、对撞与融合，新的国际形势下国家之间的交流与合作，人类所面临共同问题的协商与解决都需要参与各方秉持的一种相同或相似的价值参照体系。和平共处，用对话代替对抗，用唤醒和感召代替威慑与征服成了不可逆转的历史潮流，而"己所不欲，勿施于人"的道德黄金律更是凸显了儒学在新时代中巨大的人文价值。科技的进步，经济的发展似乎使个人的行动能力得到了无限扩展与延伸，而其行动效应也可能被信息时代的社会运转机制无限放大，用安东尼·吉登斯的话来说就是在现代性条件下每一个人对自己命运的找寻都会对整个社会形成颠覆性的力量。然而，商品化大潮的强力涤荡与熏染，又使人日渐异化，并导致了高度发展市场经济条件下以"经济人"作为主要生存情态的人的主体性的丧失；人际关系的疏离以及价值、尊严等人之为人的终极意义的泯灭与失落。在目下汹涌澎湃的全球经济一体化大潮的强烈冲击下，不管是个人还是民族都不得不面对自我认同的迷失——找寻——确立这一循环往复过程的强力冲击与阵痛。另一方面，宗教和政治已被或将被渐次祛魅，与此同时外在于人的各种约束也由于科技进步和网络时代的来临所带来的人与人及人与社会互动模式的革命性变革而被逐渐脱除，但社会作为一个共同体却需要每个人将自己的行为限制在相对合理的行动范围之内，否则，社会将难以存续。鉴于外在于人的各种约束的逐步解除，对于个人而言，不管是自我的道德裁抑还是主动找回失落的价值与意义，都需要，而且只能通过反求自我、发现本心的过程才能真正完成。

(一) 工夫论与理想人格的养成

钱穆先生有云："……每一项制度之推行与继续，也必待一种与之相当的道德意志与服务忠诚之贯注。否则徒法不能以自行，纵然法良意美，终是徒然。"[1] 杨国荣也说，"人既是政治法制关系中的存在，也有其道德的面向，作为人的存在的相关方面，这些规定并非彼此悬隔，而是相互交错、融合，并展开于人的同一存在过程。本体论上的这种存在方式，决定了人的政治生活和道德生活不能截然分离。从制度本身的运作来看，它固然涉及非人格的形式化结构，但同时在其运作过程中也包含着人的参与，作为参与主体，人自身的品格、德性等总是处处影响着参与过程，在此意义上，体制组织的合理运作既有其形式化的、程序性的前提，也需要道德的担保和制衡；离开了道德等因素的制约，社会生活的理性化只能在技术或工具层面上得到实现，从而难以避免片面性"[2]。

实际上，人说到底是一种精神性的存在。工夫就是在主体精神的主动引导下，通过用一定的方式方法对自身进行约束或训练而达到主体所期望的理想效果或精神境界。这是一个在精神指引之下，主体渐次突破自身各种局限不断向理想王国跃迁的过程。在这样的过程之中，主体会获得一种生理上的充盈感或心灵上的崇高感。生理上充盈感会使主体精力充沛并提高主体对外界感知的敏感度和思维的敏捷与活跃；心灵上的崇高感又会使主体获得一种超越的审美并进一步增强主体的道德自觉和精神觉醒。而这些工夫效应所带来的主体生理或心灵的优化又有助于主体在道德困境中做出更符合历史处境本来要求，更符合正义原则价值约束的道德选择。

(二) 天下论与世界秩序的重建

按照施密特的揭示，现代政治主要是在敌友的框架内展开的，"政治现象只有在"敌一友"阵营这种始终存在的可能性背景下，方能得到理

---

[1] 钱穆：《中国历代政治得失》，生活·读书·新知三联书店2012年版，第62页。
[2] 杨国荣：《儒家政治哲学的多重面向——以孟子为中心的思考》，《浙江学刊》2002年第5期。

解，而与这种可能性所包含的道德、审美以及经济因素无关"①。但是在敌友的理解框架之内，我们不可能找到朋友和敌人，有的只是利益。"没有永恒的朋友，也没有永恒的敌人，只有永恒的利益"这样的格言已经成为外交活动最本质的描述。但这种以利益为导向，以民族/国家之一体两面为思维逻辑的国际行为不但为世界各民族团结起来解决人类所面临的全球性问题设置了重重障碍，而且为不断爆发的地区之间、民族之间的社会、政治、经济、文化等种种冲突埋下了伏笔。那么，中国传统的天下观对于未来世界秩序重建又有着什么样的启发和意义呢？

首先，天下论的核心是"天下一家"，所确立的是天下为公和四海一家的大同意识，明显区别于从二元对立出发的民族/国家思维模式所蕴含的对抗意识。在天下论的视野之下，不同民族、不同国家之间的关系只有"远近"而没有"敌友"，这能有效地消除基于利益上的二元对立，摒弃对抗意识，增强不同族群之间的道德情感和利益一致性。借此，真正的世界和谐和共同发展才能实现。

其次，天下论确立了以德服人与人文转化的德性原则，推崇王道理想，明确反对使用武力的丛林法则。德性原则体现了人之所以为人的人性和尊严，而丛林法则却把人降低到了纯粹受利益和欲望驱使的兽类，是对人类尊严的极大侮辱和蔑视。

最后，天下论确立了求同存异的共生精神，明显区别于谋求人类霸权的单边主义。共生精神承诺了人类生活和人类利益的整体性，世界人民从此成为一个命运共同体。这有助于世界人民携起手来共同解决人类面临的如核扩散、文化冲突、全球变暖等威胁人类安全与发展的种种问题。

（三）境界论与生态问题的解决

陈来先生指出，"在西方哲学中很早就开始从自然中抽象出'存在'，从自我中抽象出'精神'的观念建构。这种抽象和分离当然是对原始有机统一的自然观的一种进步，但同时也包含了人与自然分裂的种

---

① ［德］施密特：《政治的概念》，刘宗坤等译，上海人民出版社 2004 年版，第 115 页。

子"①。樊浩也说,"就西方传统而言,近代以降,社会便被人为地区分为自然社会、市民社会和政治社会,三个社会的差别和对立不仅造成伦理与法律的异化,而且原本完整的社会生活和社会价值,在此基础上,有机的社会文明分裂和对抗的危机也日趋加剧。这种情况,又必然造成处于不同社会同的人,以及同一个人在不同社会领域中的分裂与自我分裂"②。工业化的发展更是把人与自然的紧张与矛盾推到了极致,以至于出现环境污染、资源枯竭、全球变暖等种种威胁人类生存与发展的迫切问题。相应地,具体到社会正义的理论视域来讲,西方哲学家鲜有把自然作为社会正义关照的对象加以讨论的。中国的传统则与此相反,他们不但把所有人而且把自然界的万事万物都作为具有独立价值的生命个体来尊重,甚至是崇拜。

> 飨农及邮表畷、禽兽,仁之至,义之尽也。(《礼记·郊特牲》)
> 皮弁、素服而祭。素服,以送终也。葛带、榛杖,丧杀也。蜡之祭,仁之至,义之尽也。此下二节,言当正蜡祭之礼也……丧服变除有葛带,丧服又有杖,今蜡祭以葛为带,以榛为杖,丧服之减杀者也。为物之将终也,故素服以送之;为物之已终也,故丧服以哀之。不忍其终者,爱恤之仁也;有始必有终者,裁制之义也。③

"为物之将终也,故素服以送之;为物之已终也,故丧服以哀之。"对物尚且悲悯如此,何况对人?!正如马克思所言,"凡是有某种关系存在的地方,这种关系都是为我而存在的;动物不对什么东西发生'关系',而且根本没有关系;对于动物来说,它对它物的关系不是作为关系而存在的"④。《礼记·礼器》云:"天地之祭,宗庙之事,父子之道,君臣之义,伦也。"这里的"伦"就是指一种关系,当然这种关系不是

---

① 陈来:《孔夫子与现代世界》,北京大学出版社2011年版,第55页。
② 樊浩:《道德形而上学体系的精神哲学基础》,中国社会科学出版社2006年版,第29页。
③ (清)孙希旦:《礼记集解·卷二十五·郊特牲第十一之一》,中华书局1989年版,第696—697页。
④ [德]马克思、恩格斯:《马克思恩格斯选集》第1卷,人民出版社1956年版,第35页。

纯粹自然的关系，而是被赋予了文化意义的社会关系。毋庸置疑，这种对自然事物价值的肯定来自于家族伦理的推延和扩展，也就是以对待家庭成员的态度来观照自然万物。在环境问题日益严峻的当下，重温中国古老的以家族为自然基础的伦理智慧建构社会同一性的努力，或许可以为我们思考全球环境问题提供一个全新的视角。

参考文献

一　专著

（清）王引之：《读书杂志》，江苏古籍出版社 2000 年版。
《尚书》，中华书局 1998 年版。
《尚书通论》，中华书局 2000 年版。
《十三经》，上海书店 1997 年版。
《十三经注疏　附校勘记》，中华书局 1980 年版。
彭林：《周礼注疏》，上海古籍出版社 2010 年版。
陈来：《古代思想文化的世界——春秋时代的宗教、伦理与社会思想》，生活·读书·新知三联书店 2009 年版。
陈来：《有无之境》，北京大学出版社 2006 年版。
陈来：《朱子哲学研究》，华东师范大学出版社 2000 年版。
国学整理社编：《诸子集成》，中华书局 2006 年版。
陈来：《古代宗教与伦理——儒家思想的根源》，生活·读书·新知三联书店 1996 年版。
陈梦家：《殷墟卜辞综述》，中华书局 1988 年版。
陈弱水：《公共意识与中国文化》，新星出版社 2006 年版。
程树德：《论语集释》，中华书局 1990 年版。
崔宜明：《道德哲学引论》，上海人民出版社 2006 年版。
单继刚、孙晶、容敏德：《政治与伦理——应用政治哲学的视角》，人民出版社 2006 年版。
樊浩：《道德形上学体系的精神哲学基础》，中国社会科学出版社 2006 年版。

费孝通：《乡土中国》，上海人民出版社 2007 年版。

冯卓慧、胡留元：《夏商西周法制史》，商务印书馆 2006 年版。

郭齐勇主编：《儒家伦理争鸣集》，湖北教育出版社 2004 年版。

郭仁成：《尚书今古文全璧》，岳麓书社 2006 年版。

韩星：《儒法整合——秦汉政治文化论》，中国社会科学出版社 2005 年版。

何平：《中国传统政治思维探源》，天津人民出版社 2003 年版。

胡厚宣：《甲骨学商史论丛初集》，河北教育出版社 2002 年版。

黄俊杰、江宜桦：《公私领域新探：东亚与西方观点之比较》，华东师范大学出版社 2008 年版。

季乃礼：《三纲六纪与社会整合——由〈白虎通〉看汉代社会人伦关系》，中国人民大学出版社 2004 年版。

金太军、王庆五：《中国传统政治文化新论》，社会科学文献出版社 2006 年版。

瞿同祖：《中国封建社会》，上海世纪出版集团 2005 年版。

李承贵：《德性源流——中国传统道德转型研究》，江西教育出版社 2004 年版。

李宪堂：《先秦儒家的专制主义精神——对话新儒家》，中国人民大学出版社 2003 年版。

李学勤：《中国古代文明与国家形成研究》，云南人民出版社 1997 年版。

李振宏：《历史与思想》，中华书局 2006 年版。

林义正：《春秋公羊传伦理思维与特质》，台湾联经出版社 2003 年版。

刘文英：《漫长的历史源头——原始思维与原始文化新探》，中国社会科学出版社 1996 年版。

吕思勉：《先秦学术概论》，云南人民出版社 2005 年版。

吕思勉：《中国通史》，上海古籍出版社 2009 年版。

雒江生：《诗经通诂》，三秦出版社 1998 年版。

马瑞辰：《毛诗传笺通释》，中华书局 1989 年版。

蒙文通：《先秦诸子与理学》，广西师范大学出版社 2006 年版。

任剑涛：《伦理王国的构造——现代性视野中的儒家伦理政治》，中国社会科学出版社 2005 年版。

任剑涛：《道德理想主义与伦理中心主义》，东方出版社2003年版。

孙春增：《先秦法哲学思想研究》，山东大学出版社2009年版。

孙希旦：《礼记集解》，中华书局1989年版。

仝晰纲、查昌国、于云瀚：《中华伦理范畴·义》，中国社会科学出版社2006年版。

王敬华：《道德选择研究》，中国社会科学出版社2008年版。

王引之：《经义述闻》，江苏古籍出版社2000年版。

王钟陵：《中国前期文化——心理研究》，上海古籍出版社2006年版。

吾淳：《中国哲学的起源》，上海人民出版社2010年版。

熊逸：《春秋大义——隐公元年》，广西师范大学出版社2009年版。

徐元诰：《国语集解》，中华书局2002年版。

许倬云：《中国古代社会史论——春秋战国时期的社会流动》，广西师范大学出版社2006年版。

杨师群：《反思与比较——中西方古代社会的历史差距》，花城出版社2010年版。

姚大志：《何为正义——当代西方政治哲学研究》，人民出版社2007年版。

詹世友：《公义与公器——正义论视域中的公共伦理学》，人民出版社2006年版。

张师伟：《民本的极限——黄宗羲政治思想新论》，中国人民大学出版社2004年版。

张雄：《经济哲学——从历史哲学向经济哲学的跨越》，云南人民出版社2001年版。

赵馥洁：《价值的历程——中国传统价值观的历史演变》，中国社会科学出版社2006年版。

郑开：《德礼之间——前诸子时期的思想史》，生活·读书·新知三联书店2009年版。

［德］奥特弗利德：《政治的正义性——法和国家的批判哲学之基础》，庞学铨、李张林译，上海译文出版社2005年版。

［德］恩斯特·卡西尔：《国家的神话》，华夏出版社1999年版。

［德］恩斯特·卡西尔：《人文科学的逻辑》，关子尹译，上海译文出版

社2004年版。

[德] 恩斯特·卡西尔：《人论》，李化梅译，西苑出版社2009年版。

[德] 斐迪南·滕尼斯：《共同体与社会》，林荣远译，商务印书馆1999年版。

[德] 黑格尔：《精神现象学》，贺麟、王玖兴译，商务印书馆1979年版。

[德] 罗哲海：《轴心时期的儒家伦理》，陈永明、瞿德瑜译，大象出版社2009年版。

[德] 威廉·冯特：《民族宗教心理学纲要——人类心理发展简史》，陆丽青、刘瑶译，单纯校，宗教文化出版社2008年版。

[法] 爱弥尔·涂尔干：《乱伦禁忌及其起源》，汲喆、付德根、渠东译，渠东、梅非校，上海人民出版社2006年版。

[法] 保罗·里克尔：《恶的象征》，公车译，上海人民出版社2005年版。

[法] 谢和耐：《中国社会史》，黄建华、黄迅余译，人民出版社2010年版。

[加拿大] 查尔斯·泰勒：《自我的根源》，韩震、王成兵、乔春霞、李伟、彭立群译，译林出版社2001年版。

[美] L. 科尔伯格：《道德发展心理学——道德阶段的本质与确证》，郭本禹、何谨、黄小丹、谢东华等译，华东师范大学出版社2004年版。

[美] L. 科尔伯格：《道德发展的哲学》，单文经译，台湾地区黎明文化事业公司1986年版。

[美] L. 科尔伯格：《道德教育的哲学》，魏贤超、柯森等译，浙江教育出版社2000年版。

[美] 菲利克斯·格罗斯：《公民与国家——民族、部族和族属身份》，新华出版社2003年版。

[美] 郝伯特·芬格莱特：《孔子——即凡而圣》，彭国翔、张华译，江苏人民出版社2002年版。

[美] 郝大维、安乐哲：《先贤的民主——杜威、孔子与中国民主之希望》，江苏人民出版社2004年版。

[美] 倪德卫：《儒家之道——中国哲学之探讨》，周炽成译，江苏人民出版社2006年版。

［美］桑德尔:《自由主义与正义的局限》,万俊人等译,译林出版社2011年版。

［美］约翰·罗尔斯:《正义论》,何怀宏、何包钢、廖申白译,中国社会科学出版社1988年版。

［意］维柯:《新科学》,费超译,京华出版社2000年版。

［意］维柯:《维柯论人文教育——大学开学典礼演讲集》,张小勇译,广西师范大学出版社2005年版。

［英］布莱恩·巴里:《正义诸理论》,孙晓春、曹海军译,吉林人民出版社2004年版。

［英］戴维·米勒:《社会正义原则》,应奇译,江苏人民出版社2001年版。

［英］乔治·弗兰克尔:《道德的基础》,王雪梅译,国际文化出版公司2007年版。

［英］威廉·葛德文:《政治正义论》,何慕李译,关在汉校,商务印书馆1980年版。

二　学术论文

包利民:《礼义等差与契约平等——有关分配正义的政治伦理思想比较》,《社会科学战线》2001年第3期。

曹玉涛:《论马克思对"社会正义"的批判及其当代意义》,《河南师范大学学报》(哲学社会科学版)2005年5月第32卷第3期。

陈红英:《马克思的社会正义思想探析》,《求实》2007年第3期。

陈来:《中国早期政治哲学的三个主题》,《天津社会科学》2007年第2期。

陈升平:《儒家义利观内涵辨正》,《朱子学与21世纪国际学术研讨会论文集》。

陈毅:《博弈规则:社会正义的制度之维》,《长春工业大学学报》(社会科学版)2006年12月第4期。

程寿:《论制度正义与道德自觉》,《四川行政学院学报》2004年第1期。

褚松燕:《论社会正义的制度安排》,《理论学刊》2002年7月总第110

期第 4 期。

范逢春：《罗尔斯社会正义理论对康德主义契约论的超越与重建》，《广西民族学院学报》（哲学社会科学版）2002 年 5 月院庆专辑。

冯国超：《论先秦儒家德治思想的内在逻辑与历史价值》，《哲学研究》2002 年第 7 期。

冯颜利：《公正与正义》，《道德与文明》2002 年第 6 期。

冯颜利：《社会正义：现实性和历史性的辩证统一》，《江西社会科学》2005 年第 7 期。

郭大为：《个人命运与社会正义》，《学习与探索》2008 年第 4 期。

郭大为：《正义观念的三个支点》，《中共中央党校学报》2007 年 6 月第 3 期。

何建华：《正义是什么：效用、公平、权利还是美德》，《学术月刊》2004 年第 10 期。

何永军：《先秦儒家公正思想发微》，《成都师范高等专科学校学报》2003 年 3 月第 22 卷第 1 期。

何中华：《正义理论的新拓展——〈社会正义论〉评介》，《哲学动态》1999 年第 8 期。

贺志敏、杨秀军：《略论社会正义的道德心理学基础》，《桂海论丛》2006 年 3 月第 22 卷第 2 期。

洪广欣：《正义问题的历史与现实》，《前沿》2002 年第 3 期。

胡海波：《正义与正义观的哲学理解》，《教学与研究》1997 年第 8 期。

胡海波、宋禾：《正义、正义观与正义理论》，《求是学刊》1998 年第 3 期。

胡吕银：《现代社会正义作为契约自由限制的依据和限度》，《盐城师范学院学报》2003 年 5 月第 23 卷第 2 期。

胡希伟：《"外圣内王"何以可能——对儒家传统政治哲学的反思》，《新视野》2007 年第 3 期。

黄斌：《正义辨义》，《探索》2002 年第 3 期。

黄克剑：《"正"、"义"与"正义"：中西人文价值趣求之一辨》，《福建论坛》（人文社会科学版）2002 年第 2 期。

黄万盛：《全球视域中的儒家内圣外王之道》，《西安交通大学学报》（社会科学版）2007 年 9 月第 27 卷第 5 期。

黄玉顺：《儒家正义论：对"义"范畴的现象学阐释》，中国哲学史学会 2004 年会暨中国传统哲学当代价值学术研讨会论文。

黄玉顺：《中国正义论纲要》，《四川大学学报》2009 年第 5 期。

江立成、赵敦华：《社会正义二说》，《理论建设》1994 年第 1 期。

蒋国保：《试论先秦儒家的分配正义观》，《娄底师专学报》2002 年 7 月第 3 期。

焦金波：《政治正义理念的多维解读》，《理论探讨》2005 年总 127 期第 6 期。

焦金波：《中国传统政治正义理念的历史建构》，《人文杂志》2005 年第 3 期。

焦金波：《中国传统政治正义认知的历史建构》，《理论探讨》2007 年第 2 期。

李静：《论实体正义的困境》，《求是学刊》2006 年 7 月第 33 卷第 4 期。

李可、畲俊臣、程旭：《中西正义观之比较》，《黄山高等专科学校》2001 年 8 月第 3 卷第 3 期。

李梅：《历史进步的道德基础——康德论社会正义的原则》，《哲学研究》1997 年第 1 期。

李巍、仲崇盛：《论社会正义的基本内涵》，《理论与现代化》2006 年 7 月第 4 期。

李霞：《道家平等思想及其现实意义》，《安徽大学学报》（哲学社会科学版）2001 年 7 月第 4 期。

李祥俊：《儒家差异思想阐微》，《哲学研究》2006 年第 3 期。

李友谊、王明文、于秀艳：《社会正义构造论》，《武汉科技学院学报》2005 年 12 月第 18 卷第 12 期。

李振宏：《先秦时期"社会公正"思想探析》，《广东社会科学》2005 年第 6 期。

李振宏：《先秦思想家对社会公正的探讨》，《求是杂志》2006 年第 21 期。

李振宏：《先秦诸子平均思想研究》，《北方论丛》2005 年总第 190 期第 2 期。

李振宏：《中国古代均平文化论纲》，《学术月刊》2006年2月第38卷2月号。

梁峰：《自发秩序与社会正义——哈耶克与罗尔斯的分歧》，《江淮论坛》2004年第2期。

林进平、徐俊忠：《历史唯物主义视野中的正义观——兼谈马克思何以拒斥、批判正义》，《学术研究》2005年第7期。

刘宝才、马菊霞：《中国传统正义观》，2007年10月《中国宝鸡张载关学与东亚文明学术研讨会论文集》。

刘宝才、马菊霞：《中国传统正义观的内涵及特点》，《西北大学学报》（哲学社会科学版）2007年11月第6期。

刘建华：《内圣、外王与中国政治构建》，《吉林广播电视大学学报》2007年第3期。

刘清平：《儒家伦理与社会公德》，《哲学研究》2004年第1期。

吕锡琛：《论道家对社会正义的诉求》，《湖北大学学报》（人文社会科学版）2005年11月第32卷第6期。

麻宝斌：《社会正义何以可能》，《吉林大学社会科学学报》2006年7月第4期。

麻宝斌：《政治正义的历史演进与现实要求》，《江苏社会科学》2003年第1期。

马奔：《两种正义观：罗尔斯与孟轲》，《济南市社会主义学院学报》2003年第2期。

马德普：《个人自由与社会正义的冲突——哈耶克自由与正义思想述评》，载《孝感学院学报》（哲学社会科学版）2001年4月第2期。

蒙培元：《略谈儒家的正义观》，《孔子研究》2011年第1期。

苗贵山：《批判与超越——马克思恩格斯对正义的追问》，《河南大学学报》（社会科学版）2006年5月第46卷第3期。

缪境奇：《浅议中国正义观及现实构想》，《法制与社会》，2008年9月（上）。

倪勇[①]：《正义问题界说》，《淄博师专学报》1996年第3期。

聂长建、冯金朋：《论墨子的领域正义观》，《职大学报》2005年第3期。

欧阳英：《关于正义的不同认识》，《哲学动态》2006年第5期。

彭定光：《论制度正义的两个层次》，《道德与文明》2002年第1期。

任正圣：《论社会正义三原则：需要、应得与平等》，《内蒙古民族大学学报》（社会科学版）2005年10月第31卷第5期。

邵秋艳：《由王霸之辨看早期儒家理想政治的确立》，《三峡论坛》（三峡文学·理论版）2011年第1期。

沈慧芳：《道德需要与制度公正》，《福建农林大学学报》（哲学社会科学版）2003年6月第4期。

沈晓阳：《社会发展与社会正义》，《天津社会科学》1996年第6期。

舒年春：《论正义原则》，《荆州师范学院学报》2001年第4期。

宋洪兵：《秩序与正义之间——略论先秦儒法之理想政治及其实现途径》，《社会科学研究》2009年第4期。

宋立人：《论罗尔斯的社会正义二原则》，《华北矿业高等专科学校学报》2001年3月第3卷第1期。

宋增伟：《制度公正与人性制约》，《南京师大学报》（社会科学版）2005年9月第5期。

---

① 倪勇：《当代人学发展及其面临的困境》，《淄博师专学报》1997年第2期。
倪勇：《论正义标准》，《文史哲》2000年第1期。
倪勇：《论正义问题》，《武汉大学学报》（人文社会科学版）1998年总第234期第1期。
倪勇：《马克思主义正义观及其当代走向》，《武汉大学学报》（人文社会科学版）2007年7月第60卷第4期。
倪勇：《平等及其与正义的关系》，《东岳论丛》2000年7月第21卷第4期。
倪勇：《原始社会的正义观》，《淄博学院学报》2000年第1期。
倪勇：《正义本质论》，《淄博学院学报》（社会科学版）1999年总第50期第1期。
倪勇：《正义观的特点与功能》，《淄博师专学报》1997年第4期。
倪勇：《正义观概说》，《淄博师专学报》1996年第4期。
倪勇：《正义问题的起源》，《淄博学院学报》（社会科学版）1999年总第53期第4期。
倪勇：《正义问题及其源流》，《山东社会科学》2000年第3期。
倪勇：《自由及其与正义的关系》，《襄樊学院学报》2000年5月第21卷第3期。
倪勇对正义问题的阐述大都采用西方的问题意识和展开方式。虽与中国传统正义问题关涉不多，但鉴于其论述具有一定的普遍性，故而按其论文发表的时间顺序列出。

孙祥生：《论荀子礼法正义思想及其现代意义》，《中共长春市委党校学报》2006 年第 2 期。

唐士其：《儒家学说与正义观念：兼与西方思想的比较》，《国际政治研究》2003 年第 4 期。

涂良川、胡海波：《论马克思哲学视阈中的正义》，《贵州社会科学》2007 年 2 月总第 206 期第 2 期。

汪丁丁：《社会正义》，《社会科学战线》2005 年第 2 期。

王桂艳：《正义、公平、公正辨析》，《南开学报》（哲学社会科学版）2006 年第 2 期。

王京京：《正义的普适性与正义的多元性》，《湖北社会科学》2005 年第 2 期。

王南湜：《实践哲学视野中的社会正义问题——一种复合正义论论纲》，《求是学刊》2006 年第 3 期。

王寅丽：《自由意志与社会正义——康德论道德和政治的关系》，《长沙电力学院学报》（社会科学版）1998 年第 2 期。

魏勇：《义生然后礼作：〈礼记〉"义"思想探析》，《西南民族大学学报》（人文社会科学版）2008 年第 2 期。

吴强玲：《社会正义及其在公共行政中的差序性实现》，《上海经济研究》2007 年第 3 期。

肖述剑：《对公正与正义内涵的辨析》，《理论观察》2007 年第 4 期。

杨国荣：《儒家政治哲学的多重面向——以孟子为中心的思考》，《浙江学刊》2002 年第 5 期。

杨瑞：《浅析社会正义与政府合法性基础》，《内江科技》2008 年第 7 期。

姚大志：《社会正义——罗尔斯与诺齐克之辩》，《江海学刊》1998 年第 3 期。

叶万军：《略论社会正义的涵义和性质》，《吉林工程技术师范学院学报》（社会科学版）2006 年 8 月第 22 卷第 8 期。

易小明：《论差异性正义与同一性正义》，《哲学研究》2006 年第 8 期。

易小明、黄宏姣：《中国传统文化中平等的实现方式》，《北京大学学报》（哲学社会科学版）2006 年 5 月第 43 卷第 3 期。

易小明、孟昭武：《人之差异与同——社会正义的两个基点》，《齐鲁学刊》2004 年总第 181 期第 4 期。

尹长云：《论孔子的正义观》，《邵阳学院学报》（社会科学版）2008 年 6 月第 7 卷第 3 期。

张秉福：《中国传统法文化正义观的从属性及其成因》，《郧阳师范高等专科学校学报》2006 年 2 月第 26 卷第 1 期。

张传有：《正义的困境》，《山东大学学报》（哲学社会科学版）2003 年第 4 期。

张春华：《对社会正义的追问》，《企业家天地》2007 年 6 月号。

张刚、杨思基：《简论儒家政治公平思想》，《理论学刊》2004 年 6 月第 6 期。

张践：《因果报应论对传统政治正义观的补充》，《理论学刊》2007 年 1 月总第 155 期第 1 期。

张仲涛：《中国社会正义缺损问题之思考》，《南京政治学院学报》2005 年第 21 卷总第 123 期第 5 期。

赵馥洁：《论中国哲学价值思维的融通性特征》，《人文杂志》1998 年第 2 期。

赵馥洁：《中国传统价值观的内在冲突及其现代意义》，《理论导刊》1991 年第 1 期。

赵磊：《论公平的涵义及其与平等之区别》，《文史哲》1991 年第 2 期。

赵映诚：《奴隶社会对政治文明的追求》，《湖北社会科学》2004 年第 4 期。

郑湘萍、李绍元：《论罗尔斯多元正义论的形成》，《桂海论丛》2002 年 12 月第 18 卷第 6 期。

仲崇盛：《论社会正义对国家和政府的规约》，《理论探讨》2006 年总第 130 期第 3 期。

仲崇盛：《社会正义的政治性解读》，《思想战线》2006 年第 4 期。

周慧敏、王广：《马克思恩格斯对正义观念的科学分析》，《学术研究》2008 年第 2 期。

周礼文、阳建国：《社会正义何以可能——波普尔社会正义观述评》，《衡阳师范学院学报》2005 年 8 月第 26 卷第 4 期。

周少来:《个人权利与社会正义原则》,《青海师范大学学报》(哲学社会科学版) 1994 年第 4 期。

周文华:《中国传统法文化中正义观念的从属性及原因》,《四川理工学院学报》(社会科学版) 2005 年 3 月第 20 卷第 1 期。

周志刚:《论以劳动价值论为基础的社会正义观》,《现代商贸工业》2007 年 12 月第 19 卷第 12 期。

祝成生:《道德体系公正原则的历史类型与现实思考》,《江西社会科学》2002 年第 6 期。

[韩] 李东俊:《孔子的人道精神与社会正义》,《中国社会科学院研究生院学报》1996 年第 2 期。

三　学位论文

硕士学位论文

陈琳:《先秦儒家德治思想的现代诠释》,苏州大学,2003 年。

丁建彪:《正义的内在价值:关于柏拉图正义理念的思考》,吉林大学,2007 年。

段迎春:《伦理道德及其社会控制》,河北师范大学,2004 年。

葛晓莉:《孟子政治伦理思想研究》,西北师范大学,2007 年。

黄守红:《王船山政治哲学研究》,湘潭大学,2003 年。

蒋龙祥:《先秦儒家德治思想述论》,吉林大学,2004 年。

焦金波:《中西传统政治正义理念及比较研究》,南京师范大学,2004 年。

金筱萍:《论道德的自律与他律》,武汉大学,2003 年。

李怀玲:《论个体的道德社会化》,中南大学,2006 年。

李西杰:《政治伦理的研究视阈与力量旨趣》,苏州大学,2004 年。

刘海燕:《当代自由主义解读正义的两种维度》,东北师范大学,2006 年。

刘丽霞:《道德规范层次性问题研究》,东北师范大学,2003 年。

刘美玲:《道德品质的内化机制研究》,内蒙古大学,2004 年。

木蒂达:《先秦儒家"义利之辩"思想探析》,四川大学,2003 年。

彭鹏:《论社会正义》,陕西师范大学,2000 年。

冉小平:《社会契约与制度正义:〈正义论〉制度伦理思想的一种解读》,西北师范大学,2007 年。

孙江文：《道德与人的生存：兼论当代道德建设的崇高使命》，扬州大学，2004年。

唐静：《个人权利与社会正义：诺齐克与罗尔斯正义理论比较研究》，华东师范大学，2005年。

王洪杰：《中国传统政治文化现代转换探析》，东北师范大学，2003年。

王美玲：《孟子正义思想研究》，中央民族大学，2006年。

王星星：《先秦儒家"内圣外王"的伦理思想及其现代价值》，首都师范大学，2007年。

吴建萍：《正义的嬗变：从"应有"到"共识"》，2005年。

吴欲波：《正义的求索：休谟经济伦理思想探析》，江西师范大学，2002年。

吴云：《论人的主体性在道德内化中的作用》，南京师范大学，2004年。

肖杰：《人学视域中的社会正义》，陕西师范大学，2004年。

肖之进：《儒家"大学"观及其现代价值阐释》，曲阜师范大学，2007年。

张文超：《孔子政治伦理思想初探》，上海师范大学，2006年。

张秀玉：《儒道人性论与治国理论的关系》，西北大学，2001年。

赵文静：《中国儒家与罗尔斯关于正义理论之比较研究》，大连海事大学，2008年。

周华：《社会正义研究》，华东师范大学，2005年。

朱蕾：《正义中的善：程序中的道德问题思考》，山东大学，2007年。

博士学位论文

晁天义：《先秦道德与道德环境研究》，陕西师范大学，2006年。

成云雷：《先秦儒家圣人与社会秩序建构》，华东师范大学，2006年。

成云雷：《先秦儒家圣人与社会秩序建构》，华东师范大学，2006年。

韩星：《先秦儒法源流述论：兼论秦汉政治文化整合》，西北大学，2001年。

贾景峰：《孔子政治思想的基础：从周代政治、宗教、哲学等角度分析》，吉林大学，2007年。

李刚：《道治主义政治文化及实践》，西北大学，2001年。

李克建：《儒家民族观的形成与发展》，西南民族大学，2008年。

林立公：《道德治理及其实现方式研究》，吉林大学，2005年。

欧阳向英：《论政治哲学中的道德预设：对"善"和"正义"的哲学考察》，北京师范大学，2003年。

彭柏林：《道德需要论》，湖南师范大学，2006 年。
宋增伟：《制度公正问题研究：从人的发展视角分析》，山东大学，2008 年。
万绍和：《从古代正义到现代正义》，浙江大学，2004 年。
杨文霞：《古代儒家德治论》，中共中央党校，2006 年。
易小明：《正义新论》，湖南师范大学，2003 年。
余涌：《道德权利研究》，中国社会科学院，2000 年。
张洪高：《从仁爱到正义：中国道德教育核心价值的转变》，2007 年。
张树平：《从辨物居方到明分使群：中国传统政治知识形态生成研究》，复旦大学，2006 年。
［韩］尹益洙：《中国儒家政治伦理思想研究》，南京师范大学，2004 年。